삶의 미학

예술의 종언 이후 미학적 대안

삶의 미학

지은이 / 리처드 슈스터만
옮긴이 / 허정선·김진엽
펴낸이 / 강동권
펴낸곳 / (주)이학사

1판 1쇄 발행 / 2012년 5월 10일
1판 2쇄 발행 / 2017년 8월 5일

등록 / 1996년 2월 2일 (등록번호 제 03-948호)
주소 / 서울시 종로구 윤보선길 65(안국동 17-1) 우 03061
전화 / 02-720-4572 · 팩스 / 02-720-4573
홈페이지 / ehaksa.kr
이메일 / ehaksa1996@gmail.com
페이스북 / facebook.com/ehaksa · 트위터 / twitter.com/ehaksa

한국어판 © (주)이학사, 2012, Printed in Seoul, Korea.
ISBN 978-89-6147-160-2 93100

Performing Live by Richard Shusterman
Copyright © Richard Shusterman, 2000
All Rights reserved.

Korean translation edition © Ehak Publishing Co., Inc., 2012
This edition is published by arrangement with Richard Shusterman.
All rights reserved.

이 책의 한국어판 저작권은 (주)이학사가 가지고 있습니다.
저작권법에 의해 한국 내에서 보호를 받는 저작물이므로 무단 전재와 무단 복제를 금합니다.

* 책값은 뒤표지에 표시되어 있습니다.

이 도서의 국립중앙도서관 출판시도서목록(CIP)은 e-CIP 홈페이지(http://www.nl.go.kr/ecip)와 국가자료공동목록시스템(http://www.nl.go.kr/kolisnet)에서 이용하실 수 있습니다. (CIP제어번호: 2012002010)

삶의 미학

예술의 종언 이후 미학적 대안

리처드 슈스터만 지음 | 허정선 · 김진엽 옮김

이학사

일러두기

1. 이 책은 Richard Shusterman, Performing Live: *Aesthetic Alternatives for the Ends of Art*(Cornell University Press, 2000); "Entertainment: A Question for Aesthetics"(*British Journal of Aesthetics*, vol. 43, no. 3, July 2003)를 우리말로 옮긴 것이다.
2. 원서의 이탤릭체는 고딕체로 표기하였다. 단 이탤릭체로 된 단어를 원어 그대로 사용해야 할 경우에는 이탤릭체로 표기하였다.
3. 부호의 쓰임은 다음과 같다.
   『 』: 도서명
   「 」: 시, 논문명
   〈 〉: 노래, 영화, 프로그램명
   [ ]: 본문에서 옮긴이의 부연 설명, 인용문과 괄호에서는 지은이의 부연 설명
   [*]: 인용문과 괄호에서 옮긴이의 부연 설명

한스페터 크뤼거Hans-Peter Krüger에게

한국어판 머리말

이 한국어판이 나의 책 *Performing Live*(2000)에 기초하고 있지만 이 책을 구성하고 있는 글들 중 두 개의 글이 영어판 원본과 다르다. 그렇기 때문에 이 새로운 재료들을 더 나은 방향으로 통합하고, 텍스트를 개선하기 위해 다른 변화들이 수반되어야 했다. 프래그머티즘 철학자로서 나는 책이란 것이 사색을 위한 도구이지, 원본의 형식을 물신화하는 대상으로 간주되어서는 안 된다고 생각한다. 따라서 나는 영어판 원본의 재생산이나 번역 또는 복제품을 한국 독자들에게 제공하는 것보다는 유용하고 상황에 맞게 갱신된 텍스트를 제공하는 데 더 관심이 있다. 고대 아시아 사상이 말해주듯이 변화는 불가피한 것이므로 개선의 의지를 갖고 변화에 대응하되 완고하게 저항하지 않는 것이 최선이다. 번역은 항상 변화를 의미하며, 이 책의 제목조차 그러한 변화에 민감해야 한다. "performing live"라는 문구는 아마도 한글로 정확히 묘사하기 어려운 고유한 영어식 표현일 것이다. 그것은 개인적으로 목격하는 예술 퍼포먼스art performance에 대한 직접적이고 생생한 경험이라는 개념과 삶 자체가 예술적으로 가꾸어져야 하며 심미적으로 향유될 수 있는 퍼포먼스라는 개념을 또한 내포하고 있다. 나는 한국어판 제목 "삶의 미학"이 이러한 복합적 의미를 전달할 수 있기를 바란다.

이 책은 내가 『프래그머티즘 미학Pragmatist Aesthetics』(1992[한국어판 2009])과 『실천하는 철학Practicing Philosophy』(1997)에서 탐구하기 시작했던 삶, 예술, 체화embodiment, 철학 그리고 문화라는 주제에 대한 일반적인 연구 노선을 지속하면서 예술과 감정, 쾌, 지식, 엔터테인먼트entertainment, 문화 그리고 스타일의 본질적 관련성이나 미적 경험에 대한 훨씬 더 풍성한 구체적 분석을 제공한다. 이 책은 미학의 관례적 영역을 뛰어 넘어 철학의 가장 핵심적인 문제들과 삶의 행위를 다루는 분야인 나의 몸미학somaesthetics 이론에 대한 해명을 더욱 발전시킨다. 삶의 예술arts of living을 탐구함에 있어서 몸미학 이론은 개인의 스타일과 문화다원론적 맥락과 관련하여 발생되는 패러독스를 해명해준다. 점차 글로벌화되어가는 사회에서는 문화다원론적 맥락에 입각하여 삶의 예술을 추구하게 된다.

나의 프래그머티즘 철학의 주된 목적은 순수예술의 영역을 넘어서서 일상에 스며들어 있는 미적 경험의 중요성을 인식하여 예술과 삶을 더욱 밀접하게 통합하는 것이다. 이것은 우리가 다양한 삶의 예술을 고양시킴에 있어서, 예술적 스타일artistic stylization의 가치를 더욱 깊이 인식하는 것을 의미한다. 예술적 스타일은 개인의 품성을 이루어가는 윤리적 예술, 즉 (조화와 차이의 형식을 인정하는 가운데) 자신의 품성과 타자들의 품성의 관계를 매력적으로 맺어가는 것, 그리고 품성의 미로 고무시키고 가르칠 수 있는 모범적인 기품grace의 길로 우리 자신을 인도하는 것을 포괄한다.

몇몇 비평가는 삶의 예술을 실질적인 윤리적 차원이나 사회적 차원이 결여된 단지 사적인 차원의 유미주의 프로젝트로 오해하기도 한다. 그들은 단지 삶의 예술을, 삶을 미화시키거나 윤리적 가치를 단순한 매력적인 이미지로 평가절하하는 포스트모더니즘의 부정적인 일면과 결부시킨다. 나의 프래그머티즘적 포스트모더니즘은 시뮬라크르simulacra 또는 이미지보다 오히려 생생한 경험을 강조하고, 더욱 적극적이고 건강한 의식, 즉 윤리와 공적 삶이 밀접하게 연계되어 있다는 의식을 갖고 삶을 미적으로 가꾸는 데 목적이 있다. 나에게 윤리적인 것의 심미화는 윤리적인 것의 파괴나 축소가 아니다. 그것은 전근대적이고 비서구적인 사고라고 널리 인식되어왔으며, 서구 근대성이 구획화의 논리로 윤리적인 것과 미적인 것을 대조시키거나 대립시킴으로써 무색하게 만들어버린 윤리학과 미학의 심오하고 총체적인 연관성을 새롭게 인식하는 문제이다.

삶의 예술로서 윤리학이라는 이념은 단지 포스트모던적인 일시적 유행이 아니라 나의 책 『실천하는 철학』에서 주장하듯이, 고대 이래 아주 오랫동안 지속적으로 영향력을 끼쳐온 철학의 관념들 중 하나이다. 고대 그리스인들은 아름다운 것과 선한 것을 엄격하게 구별하지 않았기 때문에 윤리적-미적 이상이 추구하는 매력적인 미를 얻기 위해 미덕을 칭송하면서, 아름다운 삶이라는 윤리적-미적 이상을 지지할 수 있었다. 그들은 종종 아름답고 선한 것kalon-kai-agathon 등의 용어로 아름다운 것과 선한 것을 함께 언급했고, 윤리적으로 가치 있는 행위를 아름답다고 묘사하곤 했다. 그리스인들은 미와 예술이 인간의 품성과 윤리적 행위를 형성하는 데 미칠 수 있는 가장 큰 영향력이라는 점을 인식했다. 플라톤이 종종 예술을 혹독하게 비판한 점과 예술가를 무시한 점 때문에, 우리는 가끔 미와 예술이 플라톤의 윤리 사상에서 얼마나 중요한 것인지를 간과할 때가 있다. 플라톤이 『국가The Republic』 10권에서 당대의 모방예술을 비난했지만, 그것은 그가 윤리학과 미학의 심오하고 영향력 있는 연관성을 확신했기 때문에 그렇게 했던 것이다. 다시 말해 플라톤은 예술 일반을 비난한 것이 아니라 우리 정신의 가장 낮은 부분에 호소하거나 비윤리적인 행위를 자극하고 품성을 더럽히기 쉬운 정념을 유발하는 환영illusion과 선정성sensationalism 때문에 모방예술을 비난했다.

  플라톤은 『국가』의 초반부에서(그리고 나중에는 『법률Laws』 2, 7권에서) 정의에 필수적인 윤리적 품성을 창조하는 데 있어서 미와 예술이 차지하는 핵심적 역할을 주장한다. 플라톤은 정의가 본질적으로 인간 영혼의 타당한 질서를 다스림으로써 구성되는 심적 미덕이라고 주장하면서, 영혼을 바르게 다스리는 질서라는 관점을 국가의 공적 질서에 투사시킨다. 국가는 상이한 유형의 영혼을 가진 시민들과 공동체 전체의 더 나은 이익을 위해 최선을 다하는 각각의 집단들, 그리고 지침을 안내하고 지배 집단인 수호자들을 가르치는 최고의 역할을 맡은 철학자들의 타당한 영혼의 질서에 의해 통치될 때 국가로서 존재한다. 플라톤은 수호자들에게 타당한 교육을 보장하고 개인에게 정의의 미덕을 갖추게 해주는 정신의 타당한 질서를 보장하려면, 미학적 이슈들을 중요하게 다루어야 한다고 권고한다. 지성뿐만 아니라 감정과 욕망도 바른 질서를 인식하고 이해할 수 있도록 교육되어야 한다. 그렇기 때문에 우리는 바른 질서를 욕망하고 사랑한다. 미와 예술의 조화는 이러한 교육의 핵심적인 도구로 간주된다(『국가』 401~402). 아름다운 예술은 엄격하고 기계적인 규칙에 의해 결정되지 않고 바람직한 것으로 선호될 수 있는 훌륭한 질서를 보여주어야 한다. 그러한 예술은 사람들에게 훌륭한 질서를 이해하고 인식하도록 교육시킬 수 있는 우수한 도구를 제공할 뿐만 아니라 훌륭한 정치적 질서의 모델로 제공될 수도 있다. 이 정치적 질서의 모델은 우리의 모든 행위를 엄격하게 규정하는 불변의 법칙이나 규약으로 환원될 수 없는 것이다. 미를 사랑하는 그리스인들에게 본보기가 되는 미덕의 삶은 아름다운 삶으로 간주되었고, 미덕의 아름다움은 그러한 삶을 바람직하고 가치 있는 것으로 만들어주는 중요한 이유로 받아들여졌다. 미덕의 아름다움은 의무를 규정하고 불순종에 대한 처벌을 규정하는, 고정된 규약에 따른 도덕적 규칙들의 강제적 부과에 의해서가 아니라 미덕 그 자체의 매력에 이끌려 우리의 칭찬과 경쟁을 통제할 때 공적으로 효능이 있다.

하지만 최근 수년 동안 삶과 예술의 통합이라는 관념에 대한 나의 신념을 보다 풍부하게 뒷받침해주었던 것은 그리스철학의 전통이라기보다 오히려 동아시아 유가사상의 전통이라고 할 수 있다(이 책의 영어판이 출간된 이후 친분이 있는 중국, 한국 그리고 일본의 많은 학자들의 격려도 나의 신념을 뒷받침해주는 데 큰 도움이 되었다). 이처럼 풍성하고 힘 있는 전통이 삶을 더욱 미적으로 만들려는 목적을 반드시 서양의 나르시시즘이나 개인주의 그리고 포스트모던한 자본주의적 자유주의의 퇴폐적 산물로서만 간주하지 않으려는 나의 신념을 확고하게 뒷받침해주었다. 그리고 미적인 자기 수련이 공적인 영역에서의 윤리적 개선을 확장시켜가는 데 중대한 역할을 한다는 나의 신념 또한 견고해졌다. 공자가 고정된 도덕적 규약이나 계율에 대한 단순한 복종보다 "조화의 달성"이라는 윤리적-미적 이상을 강조한 것처럼(『논어』「학이편學而篇」12), 유가사상의 주된 원리인 '이

理'는 상이한 삶의 실천들이 갖는 의례화를 통해 삶을 예술적으로 형성하게 만드는 실체이다. 공자는 또한 시, 음악, 예禮 그리고 춤과 같은 미적 실천이 연구되고 연행될 때 (개인적이고 사회적인) 조화를 수립하고 보존하도록 이끄는 중대한 방식을 강조한다. 음악(시와 춤을 포함하는 것으로 이해된다)과 예는 실로 공자의 윤리학을 구성하는 두 개의 기둥과 같은 것이다. 그리하여 공자는 제자들에게 "젊은 벗들 보게나, 왜 시詩를 배우지 않는가? 시를 읊는 것은 자네들의 감수성을 솟아나게 하고, 관찰 능력을 키워주고, 타인들과 사이좋게 지낼 수 있는 능력을 고양시켜주며, 예리한 비판력도 길러주는 것일세. 그것은 가깝게는 부모를 공경하게 하고 멀게는 군주를 잘 섬기게 하는 것일세."(『논어』「양화편陽貨篇」9)라고 권고했다. 『예기』에서도 예의 중요성이 기록되어 있듯이, 공자는 제자들에게 예의 미학을 배운다면 공적 영역에서 "어디에 서 있어야 하고" 어떻게 해야만 바르게 행동하는지를 배울 수 있을 것이라고 역설했다(『논어』「계씨편季氏篇」13). 공자에게 있어서 군자, 즉 윤리적 행위의 모델이 되는 사람은 "예의 범절과 음악의 리듬"을 통해 품성을 조율함으로써 미적으로 연마되어야 한다(『논어』「계씨편」5). 공자는 훌륭한 미덕이 도덕적 계율이나 위협, 또는 처벌에 의해서가 아니라 선한 경쟁과 사랑을 통해 그 영향을 나타내게 된다고 주장한다. "군자는 품위로 벗들의 마음을 사로잡고, 이로써 훌륭한 품행[즉 덕행, 인仁]을 장려하게 된다."(『논어』「안연편顔淵篇」24) 군자는 "덕을 겸비함으로써 적합한 것이 무엇인지를 이해하며", 벗들은 그의 "매력" 때문에 "그와 협력하려고" 애쓴다(『논어』「이인편里仁篇」1, 16, 17). (조화의 길로 사람들을 안내하거나 질서와 통일성을 갖춘 본보기를 제시하는) 미적 활동들이 윤리적인 자기 수련과 공적 통치에 없어서는 안 될 막중한 실천들의 핵심에 놓여 있기 때문에 유가철학자들은 미적인 것을 윤리적 영역에 대립되거나 이질적인 것이라고 비난할 생각이나, 미적인 것을 개인의 사적인 취미의 문제라고 비난할 생각은 꿈에도 없었다.

유가철학은 나의 미학 이론이 서양의 동료 학자들로부터 쾌락주의적이라고 비난받았을 때, 예술에 대한 경험에 있어서 정감affect과 쾌pleasure의 가치를 옹호할 수 있도록 나에게 큰 용기를 안겨주었다. 오늘날 너무나 많은 서양 미학자들이 예술의 지적 내용이나 예술의 형식과 해석적인 의미 또는 진리를 강조하기 위해, 느낌feeling과 향유enjoyment를 경시하는 경향이 있다. 유가철학자들은 그 대신에 예술의 인식적이고 윤리적인 그리고 형식적인 가치와 모순되기보다 오히려 그것들을 심화시키거나 풍성하게 해주는, 예술의 정서적 측면이나 기쁨의 중요성을 강조한다.[1] 순자는 예의 미적 실천을 통한 "정서와 형식 양자"의 "충실한 실현"이 "쾌와 미"를 달성하게 하고, 질서의 합리성과 "중용"의 지식을 깨닫게 한다는 점을 명백히 설명한다(『순자』「예론禮論」2). 이理는 정서에 자양분을 공급하고 정서가 요구하는 표현을 할 수 있도록 해줄 뿐만 아니라 정서의 표현을 형식적으로 더욱 적합하게 하고, 균형을 이루게 하며, 보다 아름다운 것으로 만들어준다. 그리하여 '이'는 타자들의 품행을 더욱 조화롭게 이끌어

---

1 공자의 사상은 인식을 자극하는 쾌의 역할 등 쾌의 긍정적 효과에 대한 현명한 평가를 내리고 있다. 공자의 『논어』는 공부와 쾌를 연결하는 것으로 시작하는데, 현인賢人이 말하길, "도Way를 단순히 아는 것보다 도를 사랑하는 것이 더 낫고, 도를 단순히 사랑하는 것보다 즐기는 것이 더 낫다."고 할 때(『논어』「옹야편雍也篇」20), 쾌와 정감이 갖는 고도의 가치가 훨씬 더 강조된다. 나의 미학의 쾌락적 차원이나 공자 사상과의 관련성에 대한 보다 구체적인 옹호는 Richard Shusterman, "Pragmatism and East-Asian Thought", in Richard Shusterman, *The Range of Pragmatism and the Limits of Philosophy*(Oxford: Blackwell, 2004), 13~42를 참조하라.

가면서 내적 품성을 개선시킨다. 그렇기 때문에 순자는 '이'를 "국가의 힘을 구축하는 뿌리"라고 주장한다(『순자』「의병議兵」4). 순자는 또한 음악을 통해 형성되는 '이'가 인간의 절대적인 정서적 본성으로부터 도출되기 때문에 필연적인 동시에 만족스러운 것이라고 주장했다. "음악은 기쁨이다. 기쁨의 표현은 인간의 정서적 본성의 본질적 부분이기 때문에 필연적으로 불가피하다." 그러나 음악은 단지 인간의 직접적인 정서를 표현하는 것이 아니라 직접적인 정서와 인간의 보편적인 품성을 정화시켜 통일성과 조화, 질서 그리고 "중용"의 지식을 겸비한, 더욱 매력적이고 균형 있는 표현으로 다듬는다. 음악은 "내적 정신을 순화시키기" 때문에 "…… 인간에게 질서를 가져다주는 가장 완벽한 방식이며", 윤리적, 사회적, 정치적 측면에서 볼 때 간과해서는 안 될 중요성을 함축하고 있다(『순자』「악론樂論」1, 3).

생기 있고 지각력 있는 신체는 우리의 미적 감정과 쾌의 핵심에 놓여 있다. (서양의 지배적인 관념론 전통에 의해 좌우되는) 대부분의 서양 철학자는 미적 경험에서 신체의 역할을 무시했지만, 나는 신체의 역할을 미적 경험에서 핵심적인 것으로 만들려고 시도함으로써 "몸미학"이라고 불리는 교과를 발전시켰다. 나는 이 지점에서 다시 퇴폐적이고 나르시시즘적인 포스트모던 유미주의를 지지한다는 비난을 받았다. 철학자들은 몸의 배려를 윤리학과 정치학이 지향하는 폭넓은 사회적 목적에 위배되는, 본질적으로 개인적이고 사적인 관심이거나 심지어 이기적인 관심이라고 간주했다. 나는 이러한 관점이 철저히 잘못되었다고 주장한다. 신체는 사회적인 것에 의해(사회가 주입하는 신체적 습관을 통해) 형성되고, 동시에 사회적인 것에 기여한다. 우리의 신체는 정신과 마찬가지로 공적이다. 신체는 우리의 정신이 만나는 곳이기도 하다. 나는 당신이 하는 말뿐만 아니라 신체적 표현으로도 당신이 느끼고 생각하고 있는 것을 알 수 있다. 더구나 나는 나 자신의 신체적 반응을 점검함으로써 나의 심적 반응을 감지할 수 있다. 결국 우리는 신체를 통해서만 행동할 수 있기 때문에 타인들을 섬기는 우리의 능력도 우리 자신의 신체적 조건에 의해 좌우되기 마련이다.[2] 우리가 먼저 우리 자신을 배려하지 않으면 타인들을 배려할 수 없다. 이런 점에서 몸미학은 중요한 사회적, 윤리적 역할을 해야 할 것이다.

의약, 무술 그리고 명상 등의 다양한 동아시아 전통이 마치 몸미학적 예리함은 물론 몸과 마음의 조화 그리고 실행을 고양시키는 훌륭한 실천 방법론을 제공하듯이, 적어도 나에게 있어서 유가철학은 신체의 미적, 인식적, 윤리적 그리고 사회-정치적 구심성을 위한 풍성한 토대를 제공하는 것 같다. 나는 먼저 미덕을 통해 드러나는 "적절한 몸가짐", "품행" 그리고 "말투"가 사회의 성공적인 조화와 훌륭한 정부의 형성에 공헌하게 됨을 강조하는 공자 사상에 주목한다(『논어』「태백편泰伯篇」 4). 예를 들면 효도는 바른 스타일과 바른 신체 표현으로 바른 임무를 행할 것을 요구하기 때문에 결국 바른 임무를 수행하는 것 이상이다. 공자가 언급했듯이 "효도는 적절한 몸가짐을 보여줄 때 바로 그 안에 존재한다."(『논어』「위정편爲政篇」 8) 다음으로 신체의 미적 수련은 기품과 조화를 통해 온전한 품성을 연마하기 위한 매체

---

2   나는 또한 펠덴크라이스Feldenkrais 요법의 신체 치료사로 활동했을 때 얻은 전문적인 경험으로부터 이러한 사실을 알게 되었다. 내가 수강생에게 펠덴크라이스 요법을 시행할 때 수강생의 신체적 긴장, 에너지, 움직임의 특질 그리고 호흡 상태를 민감하게 파악해서 힘들이지 않고 적절한 메시지를 수강생에게 전달하기 위해 먼저 나 자신의 몸이 반듯하고 편안한지 확인해야 했다. 내 스스로 수강생의 몸을 다루기가 불편하거나 자세가 반듯하지 못하면, 불편함을 느끼게 돼 집중력을 잃게 되고 결국 수강생에게 이런 불편함을 전달하게 된다.

가 된다. 그리고 이처럼 매력적인 모범적 품성을 지닌 개인은 타인들에게 우아하고 조화로운 행동을 하도록 고무하고, 개인들이 상호작용을 통해 공중과 조화를 이루도록 만든다.

더구나 유가철학은 삶의 예술에 있어서 가장 설득력 있는 교훈이 단지 말의 형식이나 이론적 텍스트에 의해 전달되는 것이 아니라 군자의 신체적 품행과 우아한 행동, 즉 말로 표현할 수 없는 어떤 힘을 통해 전달될 수 있다고 주장한다. 즉 군자는 자신의 말을 보충하고 해석해주는 자신만의 고유한 스타일로 훈육한다. 맹자가 공자에 대해 언급했듯이, "군자의 온몸이 말 없는 증명을 한다."(『맹자』「진심盡心상」 21) 『논어』의 전체 구절은 그러한 미덕을 입증하는 신체 태도, 얼굴 표정 그리고 의복의 종류를 설명하는 데 전념한다.

고대 중국과 달리 현대 글로벌 사회에서, 몸의 느낌에 대한 몸미학의 연구가 "타자"를 취급해야 하는, 다소 까다로운 정치적 문제를 해결하는 데 도움이 될 수 있을 것이라고 생각한다. 이 문제는 국부적으로든 국제적으로든 다문화 현상이 대두되는 곳이라면 응당 전개되고 있는 당면 과제이다. 인종적이고 민족적인 불화가 문화다원적 관용을 위한 언어적 설득이라는 논리적 수단과 이성적 호소를 통한 해결을 거부하고 있다는 것은 서글픈 현실이다. 왜냐하면 그러한 불화는, 우리의 태도에 영향을 미치겠지만 보통 우리의 주의력을 끌지 못하는 타자성에 대한 불온한 감정, 즉 더욱 노골적인 편견을 지니고 있기 때문이다. 우리가 그러한 편견이라는 문제들을 성공적으로 다루고 싶다면, 인간의 권리와 공평함이라는 이성적 원칙 그 너머를 보아야 한다. 우리가 인종적이고 민족적인 편견을 초래하는 불쾌한 낯섦에 대한 뿌리 깊은 노골적 감정을 의식적으로 유의하지 않는 한, 그러한 감정을 극복할 수도 없고, 또 그러한 감정이 불러일으키는 인종적 반목을 극복할 수도 없다. 몸미학이라는 교과는 우리 몸의 느낌에 대한 집중적이고 체계적인 탐지를 포괄함으로써 우리가 불온한 몸의 감각들을 미리 감지해서 더 나은 방향으로 조절하고 중재할 수 있도록 도와줄 것이며 더구나 우리는 몸미학의 트레이닝을 통해 불온한 몸의 감각들을 극복할 수 있을 것이다. 나의 가장 최근 저작인 『몸의 의식Body Consciousness』(2008[한국어판 2010])은 이러한 개념들과 몸미학의 윤리적이고, 정치적이며, 심리적인 차원과 관련된 많은 논제를 다루고 있다. 물론 이 책에서도 서양의 영향력 있는 정신적-신체적 훈련과 치료법에 대한 비교를 통한 비판적 설명을 포함하여, 이미 몸미학의 상세한 논의들을 다루고 있는 두 개의 글을 만날 수 있다. 나는 『삶의 미학』이 아시아와 서양 철학의 풍성한 교차 문화적 대화를 끌어내, 삶의 예술을 포함한 다양한 예술 분야에서 우리의 실천을 개선시키고 경험을 살찌우게 할 수 있는 훌륭한 가교 역할을 하기를 소망한다.

차례

한국어판 머리말 / 7

서론: 예술의 종언 이후 미학적 대안 / 21

제1부 미적 경험과 대중예술
1장 미적 경험의 종말? / 41
2장 엔터테인먼트: 미학을 위한 하나의 제안 / 81
3장 컨트리 뮤지컬의 정감과 진정성 / 118
4장 부재의 도시 미학: 베를린에서의 프래그머티즘적 성찰 / 160

제2부 몸, 자기 그리고 사회
5장 몸미학 그리고 몸/매체 논쟁 / 195
6장 몸으로의 전환: 현대 문화에서 신체 배려 / 227
7장 문화다원론과 삶의 예술 / 278
8장 천재, 그리고 자기 스타일의 패러독스 / 311

옮긴이의 말 / 345
찾아보기 / 349

서론: 예술의 종언 이후 미학적 대안

> 종말은 또 하나의 시발점이다.
> ─ T. S. 엘리엇

I

새 천년이 시작되는 시점에 미학은 슬프게도 종말이라는 시각에 사로잡혀 있었다. 종말이라는 시각이나 이론은 현재 예술이 처한 신뢰성의 위기를 일시적인 슬럼프로 간주하는 것이 아니라 오랫동안 우리 문화를 지배하고 있는 뿌리 깊은 원리들의 필연적인 결과로 간주한다. 예술의 종말에 대한 이론은 적어도 이미 19세기에 예술이 그 발전 과정의 종점에 도달했다고 주장한 헤겔까지 거슬러 올라간다. 절대정신Spirit의 진화에 있어서 형성 단계로서의 예술은 물질적 구현에 크게 구속받지 않는 정신적 표현의 고차원적 단계를 향해 논리적으로 발전해야만 했고, 그리고 그 단계에 굴복해야만 했다. 헤겔에 의하면 예술은 보다 초월적인 기독교적 영역으로 인도되고, 궁극적으로 정신적 진보의 최고 정점인 관념론 철학으로 인도됨으로써 정신적 선구자의 역할을 끝내야 했다. 헤겔은 "예술이" 한때 예술에 형식적 힘을 부여했던 "정신적 요구를 더 이상 충족시킬 수 없기" 때문에 현재 희미하게나마 존속되고 있을지라도, 예술을 "과거의 것a thing of the past"이라고 낙인찍었다.[1]

예술과 자연과학 분야에서 19세기의 진보가 낳은 격정은 헤겔의 스토리를 다소 약화시켰다. 과학이 종교적 신념을 뒤흔듦에 따라 철학의 정신마저도 아카데미의 진부한 현학성에 짓눌려버린 듯했다. 따라서 예술은 20세기에 들어서 절대정신을 가장 매력적으로 구현하는 것이거나 아니면 절대정신을 가장 독창적이고 자유롭게 표현하는 것으로 간주되었다. 예술은 점점 기계화되어가는 세상에서 정신적 초월성의 주역을 맡았다. 말하자면 예술은 의혹을 받게 된 종교적 신념, 맥 빠진 과학적 물질주의, 그리고 생기 잃은 철학의 추상적 개념에 대응하는 보다 설득력 있는 세속적 대체물이 되었다. 그러나 1930년대에 예술의 종말에 대한 서사들이 헤겔 이후 철학자들에 의해 다시 표면화되기 시작했고, 그것들은 다소 상이한 형식들 속에서 다양한 논증을 전개한다.

발터 벤야민은 다음과 같은 두 가지 종말론적 서사를 공식화한다.[2] 예술은 주술과 종교 의식의 힘에서 비롯되었기 때문에 예술작

---

1 G. W. F. Hegel, *Introductory Lectures on Aesthetics*(London: Penguin, 1993), 12~13을 참조하라.
2 Walter Benjamin, *Illuminations*(New York: Schocken, 1969), 222, 특히 다음 글 "The Storyteller", "The Work of Art in the Age of Mechanical Reproduction"; Gianni Vattimo, *The End of Modernity*(Baltimore: Johns Hopkins University Press, 1988), 52; Arthur Danto, "The End of Art", in *The Philosophical Disenfranchisement of Art*(New York: Columbia University Press, 1984); *After the End of Art*(Princeton: Princeton Uni-

품에 권위를 부여하는 유일성을 통해 강력한 아우라aura를 오랫동안 유지해왔다. 이러한 예술작품의 유일성은 그 누구도 흉내 낼 수 없는 천재의 독창적인 수법을 드러나게 하는 것, 즉 초월성의 근원 혹은 신성의 근원으로 간주되는 힘이었다. 그러나 새로운 기계 복제 매체는 이러한 주술적인 유일성을 파괴시켰으며, 따라서 점차적으로 예술이 갖는 "아우라의 쇠퇴"를 가져왔다. 비열한 상업적 수익과 불쾌한 정치적 의제에 복제 가능한 예술적 이미지들이 부당하게 이용됨에 따라 가치의 숭고한 영역으로서의 예술은 종말에 달한 것처럼 보였다.

종말에 대한 벤야민의 두 번째 서사는, '예술의 아우라'가 점진적으로 상실되어간다는 이야기가 아니라 예술을 충분히 만족스럽고 유의미한 것으로 만드는 특별한 종류의 경험, 즉 일관되고 지속적이며 천천히 향수되고 깊이 느껴지는 경험이 상실되어간다는 이야기이다. 여기서 예술의 전통적인 힘과 역할이 종말에 이르게 된 이유는 예술적 이미지의 특수한 복제성 때문이 아니라 서로 관계없는 정보들의 범람 때문이다. 그 정보는 질서 있는 경험의 의미를 뒤엉킨 연속적인 큰 사건들과 복잡한 기삿거리 속으로 분해시켜버린다. 벤야민에 의하면 이러한 사실은 스토리텔러의 예술storyteller's art이 점차 사라지고, 일간신문의 뉴스 보도들이 복잡하게 병치되는 점만 보아도 알 수 있다. 이처럼 질서 있는 경험이 정보 속으로 분산되어버린다는 것은 오랫동안 예술을 정의해왔던 전통적인 미적 경험의 종말을 의미한다.

이러한 통찰력에 기초하여, 최근의 사상가들은 새로운 변주를 예

versity Press, 1997)를 참조하라.

술의 종말이라는 이야기에 덧붙였다. 잔니 바티모Gianni Vattimo는 "예술의 죽음"과 아우라의 상실을 "형이상학의 종말"로 인한 일종의 선험적 가치의 약화로 간주한다. 그러나 그에 의하면 이러한 쇠퇴는 특별한 영역으로서의 예술의 자율성이 상실됨에 따라 더욱 가속화된다. 일상 속에서 예술이 부당하게 이용되기 때문에 예술은 "잡종의 예술 산품artistic products의 세계로" 분해되면서 "존재의 보편적 미화general aestheticization of existence" 속으로 증발해버린다. 바티모는 이 세 번째 줄거리를 예술의 종말이라는 서사로 엮으면서, 특권을 부여받은 예술의 자율성뿐만 아니라 전통적인 미적 경험의 쾌에 대한 정당성이 20세기 아방가르드에 의해 어떻게 훼손되었는지 주목한다.

아서 단토Arthur Danto에 이르면, 예술의 종말 서사는 분석철학자를 스토리텔러로 만든다. 헤겔은 예술이 절대정신의 진화를 위한 특정 단계를 대표하는 것으로서, 종교와 철학이라는 보다 고차원적인 단계를 향해 논리적으로 발전해야 함은 물론 그 단계에 굴복해야 한다고 주장했다. 반면에 단토는 예술이 이미 그 자체의 고유한 철학으로 진화했다고 논증한다. 단토의 논증은 도대체 무엇이 하나의 대상을 예술로 만드는가 그리고 그것이 왜 예술이 되는가의 문제에 초점을 두면서, 예술의 주된 관심사를 미적인 것이 아니라 철학적인 것으로 만들었다. 말하자면 예술은 수세기 동안 미메시스mimesis라는 목적이 제공해온, 전통적 권한으로서의 발전적 진보를 상실했기 때문에 철학적 목적에 관심을 두게 되었다는 것이다. 이미지를 복제할 수 있는 새로운 기계 매체의 등장은 예술의 진보를 구축하는 명백한 시각적 모방 기준의 상실을 초래했다. 그리고 예술이 표현에 있어서나 철학적 전개에 있어서나 진보progress라는 의미를 발견하는 데 계속 실패함에 따라, 예술에는 진보에 대한 그 어떠한 실제적 관념이나 지침도 존재하지 않게 되었다. 우리는 진보라는 관념 없이, 계획된 목적을 지향하는 예술의 지속적인 발전에 대해 더 이상 그 어떤 것도 언급할 수 없는 노릇이다. 그런 까닭으로 우리는 예술의 종말이라는 서사가 예술의 소멸을 의미하는 것은 아니지만, 예술이 [어떤 단계의] 종말에 달한 것으로 간주해야 한다.

『삶의 미학』은 이와 같이 예술의 종말에 대한 상이한 이야기들을 다루고 있다. 그러나 나는 이 책의 서두에서 예술의 종말에 대한 또 하나의 철학적 논증을 개괄하고자 한다. 이 논증이 다른 철학적 논증들보다 설득력이 있기 때문이 아니라 이 책의 주된 목적—예술의 종말에 대한 주장들이 단언되는 분위기 속에서 미학적 갱생의 씨앗을 찾으려는 목적—을 위해 예리한 논쟁의 토대를 마련해주기 때문이다. 이러한 새로운 논증은 예술의 종말(그리고 시작)을 근대성의 종말(그리고 시작)과 연결한다.

이 새로운 논증에 의하면 예술은 자연적 현상이나 보편적 현상이 아니라 특별한 사회 역사적 제도이다. 회화, 조각, 시, 음악 그리고 드라마와 같은 활동이 고대 그리스와 로마(그리고 비서구) 문화권에서도 번성했지만, 우리의 사고와 우리의 미적 경험을 결정짓는 예술의 개념은 사실상 근대의 산물일 뿐이다. 18세기에 처음 만들어진 순수예술fine art로서의 예술 개념은 막스 베버Max Weber가 설득력 있게 기술했듯이, 구획적 자율성을 통해 전문성을 육성하려는 보편적 근대화의 경향에 의해 장려되면서, 19세기와 20세기에 지속되어온 근대성의 기획과 더불어 더욱 강화되었다. 여기서 예술은 그 자체의 특수한 목적, 전문가, 그리고 논리가 있는 전문적인 자율적 문화의 한 분야 혹은 제도가 된다.

예술의 종말에 대한 주장은 포스트모더니티를 지향하는 최근의 움직임을 또한 환기시킨다. 예술의 자율성과 진보라는 근대적 관념에 대한 포스트모더니티의 도전이 시사하듯이 우리가 포스트모던으로의 전환을 이룩했다면, 그리고 예술이 필연적으로 근대성의 역사적 산물이라면, 예술은 근대성의 종말과 함께 당연히 종말에 이르게 된다. 왜냐하면 근대성은 근대적 예술 개념의 생성 토대와 구조의 근간이 되기 때문이다. 최근의 예술사를 특징짓는 일련의 위기설과 권력, 신념, 지침 등의 점진적 상실은 이러한 종말론의 진통을 반증한다.

이러한 주장은 미학의 전체 영역에 이중의 종말을 제시하고 있기 때문에 특히 논란의 대상이 된다. 위르겐 하버마스Jürgen Habermas와 리처드 월하임Richard Wollheim처럼 서로 견해차를 보이고 있는 철학자들도 예술과 마찬가지로 미적 경험은 단순히 근대성에 의해 창조된 개념이며, 근대성이 이룩한 예술의 제도를 떠나서는 결코 실현될 수 없다고 주장한다.[3] 19세기 중반에 알렉산더 바움가르텐Alexander Baumgarten에 의해 처음으로 주조된 후 칸트와 칸트 이후 독일관념론 철학자들에 의해 정제되고 명확하게 수립된 "미적인aesthetic"이라는 개념은 형식(감각적 형식, 즉 감각적 형식을 통해 이념적 내용들이 가장 현저하게 표상된다)에 대한 무관심적 감상이라는 자율적 영역을 나타내기 위한 것이었다. 미학은 자율성, 무관심성 그리고 형식주의라는 근대의 이데올로기를 기반으로 하여 수립되었다. 그러나

---

3 나는 *Pragmatist Aesthetics: Living Beauty, Rethinking Art*(Oxford: Blackwell, 1992), 2nd ed.(New York: Rowman & Littlefield, 2000), 47~49[한국어판의 제목은 『프라그마티즘 미학: 살아 있는 아름다움, 다시 생각해 보는 예술』(김광명·김진엽 옮김, 북코리아, 2009)이다. 이 책에서는 외래어표기법에 따라 『프래그머티즘 미학』이라고 표기한다]에서 이러한 주장을 비판적으로 분석한다. 이후부터 이 책은 *PA*로 표시한다.

포스트모더니티가 근대의 이데올로기를 전복시킨다면, 단지 예술에 대한 종말만이 아니라 미학의 전 영역에 대한 종말을 알리는 셈이다.

이러한 종말 서사에 대한 논증은 용인되어서는 안 된다. 말하자면 특별한 예술 개념, 특히 (생산적일지라도) 압축적인 예술 개념의 종말이 예술의 종말을 간단히 의미하거나 미적 경험의 종말을 의미해서는 안 되는 것이다. 이러한 주장을 수용하는 것은 아마도 포스트모던 조건들 속에서 예술을 소생시키기 위한 가장 유망한 선택일 것이다. 이러한 선택은 예술의 에너지를 갱생시키고, 순수예술이라는 구획적 개념이 지니고 있는 전통적인 근대적 한계들을 초월하려는 노력이다. 이것은 예술의 새로운 방향을 발견하기 위해 보다 폭넓은 미적 경험과 미적 가치의 개념을 회복시키고자 하는 것이다.

나는『프래그머티즘 미학』에서 미학의 갱생을 위한 이러한 전략을 이미 간략하게나마 제시했으며, 이 책은 미학의 갱생을 위한 기획의 필연적인 계기들을 다시 공식화하고 있다. 그러나 이 책은 한 걸음 더 나아가 이러한 기획이 좀 더 폭넓은 영역의 미적 문제들과 새로운 예술 장르에 적용된다는 것을 밝힌다. 예를 들면 이 기획은 정감affect과 진정성authenticity, 천재와 스타일의 문제, 테크노 클럽techno club과 컨트리 뮤지컬country musicals 그리고 몸미학과 사이버공간에 대한 문제에 이르기까지 폭넓은 미적 문제와 예술 장르를 다루고 있다.

만약 근대성이 낳은 구획적 시각이 예술을 이해하는 유일한 방식이라는 가정이 있다면, 『프래그머티즘 미학』은 그러한 가정에 도전함은 물론 미적 경험이 근대적 시각을 넘어서 존재할 수 있다는 것을 보여주었다 하겠다. 이 때문에 나는 예술의 역사적 측면에는 둔감한 본질주의적 자연주의를 장려했다는 비난을 받기도 했다(나는 듀이Dewey가 이러한 실수를 자초했다고 책망했지만). 나는『프래그머티즘 미학』에서 다루었던 반본질주의적 측면을 제시함으로써 이러한 비난을 단순히 논박하기보다, 프래그머티즘의 역사주의적 접근을 보여주면서 이 책의 첫 장을 열고자 한다. 이는 미적 경험이 직면한 현재의 위기를 파악하고 그것의 가치를 회생시키기 위해, 미적 경험이라는 개념이 어떻게 발전해왔는지 또한 어떻게 오용되어왔는지 그 역사를 조명하는 분석적 작업이다. 그렇다면 미적 경험의 역사적 맥락에 대한 이해는 듀이가 나에게 가르쳐준 미적 경험의 자연적 뿌리에 대한 거부를 의미하는 것인가? 전혀 그렇지 않다. 구분을 이분법으로 잘못 알고 있는 이원론의 죄수가 아닌 한, 전혀 그렇지 않을 것이다. 왜냐하면 프래그머티즘은 세상을 여러 가지 혼합물로 구성된 복합체로 간주하기 때문이다. 하지만 미적 경험의 자연적 뿌리와 역사적 구성이 상반된다고 가정하는 사람들에게는 그렇지 않다는 것을 입증해주어야 한다.[4]

그러나 자연주의와 역사주의가 아마도 오늘날 미학을 주도하거나 분열시킬 수 있는 가장 보편적인 지침을 형성하고 있기 때문에 나는 이 양자의 명백한 갈등을 탐색해보고자 한다. 자연주의는 예술을 진보적 문화든 원시적 문화든 모든 문화에서 표현되는 인간 본성에 그 기원을 두고 있는 것으로 정의한다. 말하자면 예술은 자연인natural human의 욕구나 충동으로부터 생성되는 것으로 간주된다. 그러한 욕구나 충동은 균형이나 형식 혹은 유의미한 표현에 대한 자연적 욕망, 즉 일종의 고양된 미적 경험에 대한 갈망이다. 이러한 미적 경험은 생물체living creature로서의 인간에게 즐거움뿐만 아니라 삶에 대

---

4 나는 이러한 중심적 태도가 프래그머티즘의 "구분적 태도disjunctive stance"를 특징적으로 보여준다고 보고, 이 점에 대해 "Introduction to the Second Edition", *PA*, x~xiii에서 좀 더 상세하게 논의한다.

한 생생하고 고양된 의미를 부여해준다. 이러한 관념에 의하면 예술은 인간의 본성이 존속되고 발전되는 과정에서 자연적인 것뿐만 아니라 도구적인 것에도 그 뿌리 깊은 토대를 두고 있다.[5]

진화론자들은 우리에게 쾌를 주는 것들이 종의 생존과 성장에 이로운 것이라고 생각한다. 왜냐하면 우리는 의식적인 계획에 의해서가 아니라, 단지 자연스런 선택에 의해서 생존하고 진화해왔기 때문이다. 말하자면 우리는 생각할 겨를도 없이 자연적 쾌natural pleasures를 통해 이러한 선택을 해왔다. 예를 들면 강렬한 성적 쾌는 종의 생존을 위한 출산을 재촉한다. 논란의 여지가 있겠지만, 예술의 미와 쾌는 진화론적 가치를 지니고 있다. 즉 예술의 미와 쾌는 우리의 지각과 손의 솜씨 그리고 구조에 대한 감각을 예리하게 만들어줄 뿐만 아니라, 상징적 형식들에 대한 이해를 공유하게 함으로써 분리된 개인들을 유기적인 공동체로 묶어주는 유의미한 이미지들을 창조하게 한다. 이와 같이 자연적 쾌에 근거한 예술의 쾌는 삶에 생존의 가치를 부여한다는 점에 있어서 진화론적 가치를 지니고 있다. 이러한 사실은 인간이 생존을 위해 최선을 다한다는 사실을 입증할 수 있는 최고의 보증서이기도 하다. 궁핍과 억압의 상황에도 불구하고, 기나긴 예술의 존속과 예술에 대한 열정적인 추구, 그리고 예술의 교차 문화적 현존은 그러한 자연주의적 근원에 의해 모두 설명될 수 있다.

이와 대조적으로 역사주의는 예술이라는 개념을 서구의 근대성의 기획에 의해 만들어진 특정한 역사적/문화적 제도라고 더 협소하게 정의한다. 이러한 견해의 지지자들은 선사시대의 예술 형식이나 비

---

[5] 이러한 논제들에 대한 더욱 상세한 논변은 PA와 이 책의 1장 「미적 경험의 종말?」을 참조하라.

유럽권 예술 형식을 고유한 예술이 아니라 공예품이나 종교 의식의 대상으로 해석하거나 기껏해야 자율적인 예술의 전조前兆에 지나지 않는 전통으로 해석한다. 역사주의자들은 순수예술과 미적 경험에 대한 현재의 개념들이 18세기가 되어서야 비로소 뚜렷한 형태를 취하기 시작했고, 또한 19세기의 사회적 발전을 통해서만 현재의 "자율적" 형식들을 달성했다고 지적한다. 예술의 자율적 형식은 바로 19세기 "예술을 위한 예술"의 개념 속에서 그 절정을 맛보았다.

여전히 논란의 여지가 있겠지만, 20세기 예술은 자율성을 획득했고 예술 그 자체의 목적과 주제를 수립했다. 예술이 현실의 맥락과 구별되는 사회 역사적 산물로 여겨짐에 따라, 예술의 의미와 가치는 예술을 예술 이외의 삶의 부분과 구별하는 사회적, 제도적 장치에 의해서 단순히 구성되는 것으로 간주된다. 물론 레디메이드 예술품을 가능하게 하고 이것을 일상적인 비예술품과 구별시켜주는 것은 사회 역사적인 제도적 장치이다. 말하자면 박물관, 갤러리 그리고 다른 예술 기관들은 단지 예술품을 전시만 하는 것이 아니라, 예술을 위한 사회적 공간을 창조하는 데에도 일조를 한다. 이러한 사회적 공간이 없다면 현실과 구별되는 사회 역사적 산물로서 예술은 적절히 구성될 수조차 없을 것이다. 하지만 이와 같은 예술의 구성은 미나 만족스러운 형식, 또는 즐거운 미적 경험에 전혀 의존하지 않는다. 왜냐하면 이러한 예술은 이것들을 모두 다 낡은 dépassé 것으로 간주하는 것은 아니지만, 그렇다고 본질적인 것으로 간주하지도 않기 때문이다.

우리는 자연주의와 역사주의를 두고 양자택일을 해야 하는가? 이 양극화된 관점들 가운데 하나를 그저 선택하는 것은 어리석은 일인 것 같다. 왜냐하면 각각은 심각한 한계를 지니고 있기 때문이다. 자연주의적 관점이 예술의 실천을 구축하고 예술의 수용을 관리하는 사회제도와 역사적 관례를 충분히 설명하지 못한다면, 사회 역사적 관점은 예술의 실천과 제도가 무엇을 위해 발전되었는지, 그 목적을 적절하게 설명하지 못한다. 말하자면 사회 역사적 관점은 예술적 실천과 제도가 인류의 선에 어떻게 기여해야 하는지, 또 비서구적이고 비근대적인 문화가 왜 마찬가지로 예술의 실천을 추구하는지에 대해 적절히 설명할 수 없는 것이다. 예술을 단순히 근대성의 산물이라고 정의하는 것은, 서구 예술의 전통을 구성하고 있는 그리스 로마 시기로부터 중세와 르네상스 예술을 거쳐 순수예술의 기원으로 간주되는 근대에 이르기까지의 역사적 흐름을 의혹의 시각으로 바라보게 한다.

우리가 미적 자연주의와 역사적 관례주의, 즉 생생한 경험과 사회제도를 두고 양자택일을 해서는 안 되는 또 한 가지 이유가 있다. 그것은 양 개념이 대립되기도 하지만 한편으로 상호 의존성을 지니고 있기 때문이다. 언어가 자연발생적이면서도 사회적 관례와 역사에 의해 구성된다고 보는 관념은 자연적인 것과 사회 역사적인 것을 분리하고자 하는 우리의 이분법적인 어리석음을 깨닫게 한다. 삶이 없는 역사가 불가능한 것과 마찬가지로 역사 없는 자연적인 삶은 무의미하다.

만일 예술의 역사를 피할 수 없다면, 최소한 예술의 역사는 근대 이전까지 확장될 수 있어야 하고, 또한 역사적 전환기인 포스트모던 시기도 예술의 역사에 마땅히 포괄될 수 있어야 한다. 최근에 순수예술이라는 모더니즘의 성역 그 바깥에서 왕성하게 활동하는 대안적인 미적 형식들은 근대성이 낳은 구획적 이데올로기의 한계를 넘어서서, [자연적인] 예술적 충동들을 영속시키기 위한 훌륭한 논증을 제공한다. 이러한 대안들의 힘이 예술의 근대적 패러다임의 쇠퇴와 더불어 증대하고 있기 때문에 우리는 근대성이 낳은 예술적 독점의 종말이 예술의 상이한 형식들을 위한 새로운 시작의 징조가 되는 것을 체험하게 된다. 오늘날 미적 대안의 가장 두드러진 두 영역 중 하나는 매스미디어 대중예술이고, 다른 하나는 미적 라이프스타일에 대한 오늘날의 집착 속에서 드러나듯이 육체의 미와 삶의 예술을 위한 복합체이다. 어쨌든 두 문화 영역의 공통점은 퍼포먼스에 대한 관심이다. 그렇지만 두 문화 영역은 미적 경험의 가치와 즐거움, 아름다움과 보다 심화된 느낌에 대한 욕구 그리고 이처럼 풍부한 경험을 일상으로 통합시켜야 한다는 깊은 인식을 또한 공유하고 있다.

II

이 책의 제1부와 제2부의 글들은 이 두 가지 대안적인 예술 분야의 미학을 탐구한다. 먼저 1장에서는 미적 경험이라는 핵심적 개념을 가지고 이에 대한 탐구에 임할 것이다. 대륙과 영미 철학 이론가들이 사용해온 미적 경험의 개념을 면밀히 살펴보고, 그들이 미적 경험을 남용하고 있는 점도 살펴봄으로써 미적 경험의 개념이 서로 다를 수 있다는 점과 미적 경험이 쾌pleasure는 물론 인식과 연결된다는 점, 그리고 미적 경험의 생존을 위태롭게 하는 현실에 대해 살펴볼 것이다. 미적 경험에 있어서 철학자들의 비판보다 더 위험한 것은 지식인들의 청교도적 예술계artworld가 감정을 오성의 적이라고 위선적으로 경멸하면서 미적 경험을 거부하는 것이다. 그리고 이것보다 미적 경험에 훨씬 더 위협적인 것은 점점 광적으로 치닫고, 파편화되고, 둔감해지는 생활세계lifeworld의 부식물들이다. 이로 인해 우리가 느낄 수 있는 감정능력이 썩어감으로써 미적 경험의 달성이 좌절되지만 이럴 때일수록 미적 경험의 치료적 측면인 통일성과 정감이 더욱더 요구된다.

대중예술은 상업적 마케팅 때문만이 아니라 부분적으로 유쾌한 미적 경험을 추구하기 때문에 (그리고 자주 제공하기 때문에) 인기가 있지만, 예술철학자들에게는 별로 인기가 없다. 왜냐하면 그들은 대중예술을 본질적으로 무가치한 것으로 간주하기 때문이다. 이어지는 2개의 장에서는 대중예술에 대한 미학적 옹호를 제시한다. 이것은 대중예술의 결점과 한계뿐만 아니라 대중예술의 성공적인 사례와 잠재력을 인정하는 비판적 개선론critical meliorism의 관점에서 다루어진다. 나는 이를 위해 엔터테인먼트 개념에 대한 계보학적 연구를 시작한다. 엔터테인먼트라는 개념에 연루된 천박성, 쾌락성 그리고 기능성은 대중예술을 탄핵하는 근간을 제공해온 것 같다. 왜냐하면 대중예술 자체가 종종 예술성을 결여한 엔터테인먼트라고 매도되었기 때문이다. 그러나 역사는 우리가 지금 고급예술로 간주하는 것이 엔터테인먼트의 한 형식이었거나 아니면 대중 엔터테인먼트로 간주되어왔음을 보여준다. 엔터테인먼트가 예술적이라면, 대중문화 역시 예술적일 수 있다. 쾌와 기능성 때문에 대중예술이 미학적 지위를 상실해야 할 이유는 없다.

하지만 대중예술은 그것의 구체적인 장르나 특정 작품의 실제적 예술성을 입증하지 않고서는 제대로 옹호될 수 없다. 나는 이전에 출간한 몇 권의 책에서 대중음악 장르인 랩에 전념했다. 내가 존경하는 두 사상가, 리처드 로티Richard Rorty와 피에르 부르디외Pierre Bourdieu는 내가 대중예술을 방어하기 위해 랩을 선택한 점을 비판했다. 왜냐하면 그들은 내가 랩이 취하는 차이에 대한 의식적 태도와 공적 주류 문화에 대한 랩의 도전적인 저항을 고급예술의 아방가르드 전통과 동일한 것으로 간주했다고 보았기 때문이다. 나는 여기서 단지 (바흐친Bakhtin과 그람시Gramsci 등에 의해 윤곽이 잡힌) 대중문화의 저항 전통만 강조하면서 대중예술을 옹호하지 않고, 대중음악의 한 장르, 바로 지식인들이 랩보다 훨씬 더 경멸하는 컨트리 뮤직country music에 대한 미학적 사례를 만드는 일에 도전한다.

  3장에서 컨트리 뮤직이 통속적인 상업적 제작에도 불구하고, 진정성의 분위기를 부여해주는 정감과 전형적인 주제라는 두 가지 전략으로 어떻게 성공을 거두는지 보여준다. 또한 컨트리 뮤직 때문에 생성된 새로운 영화 장르인 컨트리 뮤지컬country musicals에서 그러한 정감과 진정성의 논리가 어떻게 제시되는지를 탐구한다. 랩과 컨트리 뮤직은 명백한 차이점이 있지만 양자 모두 감정의 강도를 깊이 체화하고 거침없이 표현함으로써 호소력을 갖는다. 이러한 미적인 것은 랩과 컨트리 뮤직의 특징적인 댄스 문화를 생성시켰을 뿐만 아니라 기예적인 라이프스타일에서도 표현된다. 예술적인 스타일은 자세, 움직임 그리고 말투의 특징적인 표현 방식은 물론, 특이한 패션이나 몸단장 그리고 행동 스타일에서도 충분히 표현된다. 비록 예술적으로 자기 스타일을 가꾸려는 욕구가 제도화된 예술의 전통적 틀로부터 추방되고 혼돈의 도가니와 같은 포스트모던적 삶에 의해 위협받고 있지만, 그러한 인간의 욕구는 억누를 수 없다.

  4장은 대중적인 미적 경험을 위한 대안적 영역으로서 도시의 삶이라는 테마를 탐구하기 위해 테크노 뮤직으로 휩싸인 동베를린의 시끄러운 밤과 더불어 시작된다. 대안적 영역으로서 도시는 가지각색의 다양한 것을 도시국가polis와 같은 단일체로 묶으면서, 항상 훌륭한 예술품들의 창작을 육성하고 종종 모든 시민이 향유할 수 있는 미적인 걸작들을 구성하여 미적 경험을 증진시켰다. 인구 과밀의 문제가 도시의 삶을 지나치게 소비적이고도 소모적으로 만들고, 또한 최신 원거리 통신 매체의 영향으로 어떤 종류의 사업이든 이제 도시 집중이 반드시 필요하지 않게 되었다는 사실에도 불구하고, 도시의 미적 호소력은 도시 인구의 증가를 초래하는 주된 요인으로 부상하고 있다. 그러나 말할 것도 없이 도시 삶의 과밀함과 광적인 긴장은 우리의 감정능력을 닳아 없어지게 해 역설적이게도 미적 경험의 달성을 위협하고 있다.

4장에서는 이와 같이 미적 낭비aesthetic profusion가 일종의 마취 효과를 일으킨다는 변증법적 논리를 탐구하면서, 도시 미학의 원리로서 부재의 효용성에 대한 사례를 소개한다. 나 자신이 직접 겪은 도시 삶의 경험에 입각하여 그 사례를 그려나가고 있지만, 루이스 멈퍼드Lewis Mumford와 발터 벤야민 그리고 (특히 무정한 태도로 도시 생활을 정의했던) 게오르크 짐멜Georg Simmel의 도시 이론을 비판적으로 차용하면서, 미적 충만aesthetic fullness을 위한 필연적 토대와 수단으로서 비어 있음void의 가치를 입증할 것이다. 심지어 이 비어 있음의 가치는 근대에 출현한 산책자flâneur의 자기 패션화의 노력self-fashioning efforts에서조차 뚜렷이 요구된다.

제2부에서는 미적인 삶의 주요 이슈들을 탐구한다. 인간의 삶을 구축하는 기초적 토대로서 신체는 분명 삶의 예술에 필연적이다. 그러나 로고스와 언어에 전념해온 전통적인 철학과 오랫동안 육체성을 혐오해온 철학의 관념론적 경향 때문에 몸의 경험은 거부되거나 무시되는 경향이 있다. 그리하여 오늘날 자신들의 전문적인 일이 삶의 예술이라고 주장하는 철학자들조차 삶의 예술이라는 영역을 읽

기, 쓰기, 명제 분석 그리고 논증이라는 텍스트적 예술에 국한시킨다. 내가 『실천하는 철학』과 「해석의 아래에」에서 철학적 삶이라는 보다 강렬하게 체화되는 미학을 주장했을 때, 엄청난 비난을 불러일으킨 것도 어쩌면 당연하다.[6]

그러므로 5장과 6장은 나의 몸미학 이론을 명료하게 하고 읽기와 쓰기가 철학의 신체적 실천을 가로막는다는 만연한 전제에 비판적으로 대응한다. 먼저 나는 바움가르텐이 하나의 교과로서 정초한 미학의 프로젝트를 몸미학이 감각적 지각에 대한 개선론적 연구로 어떻게 확장시켜나가는지를 보여준다. 몸미학의 개선론적 연구는 바움가르텐의 프로젝트에 이론적이고 실천적인 부분을 다 포괄시켜야만 가능한 것이었다. 사실 몸미학은 바움가르텐 자신이 당시의 반反신체적 편견 때문에 무시했던, 감각적 지각에 대한 신체의 중대한 역할을 대신 채워 넣어야 했다. 그리고 나는 몸미학이 지식, 자기 인식, 덕행, 행복, 정의를 추구하는 철학의 가장 오래되고 핵심적인 목적에

---

6 『보스턴 북리뷰Boston Book Review』(June 1997, 24~25)의 한 비평가는 내가 철학 안에서의 체화embodiment를 지나치게 요구한다고 공격했다. 이를테면 스탠리 카벨Stanley Cavell의 경우 "'의자에 앉는 것'이 무엇을 의미하는지" 알려면 "의자에 앉았을 때 [*실질적으로] 편안한 것과 불편한 것이 무엇인지"에 대해 알아야 할 필요성을 문제 삼지만 나는 철학 안에서의 체화의 문제를 보다 중요시한다는 것이다. 편안하게 앉아서 독서할 수 있는 팔걸이의자와 같이 체화된 철학이라는 개념은 신체적인 것에 대한 현재의 철학 입장이 믿을 수 없을 만큼 얼마나 무력하고, 답답하고, 읽기를 지향하는지 알 수 있게 한다. 『프랑크푸르터 알게마이네 차이퉁Frankfurter Allgemeine Zeitung』(November 28, 1996, 10)의 한 비평가도 마찬가지로 몸철학somatic philosophy에 대한 빈곤한(읽기 중심의 고정된) 시각을 보여준다. 그는 몸미학에 대한 나의 생각도 비꼬듯이 비판했는데, 이것은 그가 몸미학이 "칸트를 읽을 때 느껴지는 자기 채찍질self-flagellation 같은 것이거나, 니체를 읽을 때 느껴지는 등산 같은 것, 그리고 하이데거를 읽을 때 느껴지는 호흡운동 같은 것"이라고 가정했기 때문일 것이다.

어떤 방식으로 반응하는지 설명한다. 6장은 현대인들이 신체 배려에 점점 더 사로잡히는 이유를 설명함은 물론, 이른바 세 가지 심리 육체적 분과psycho-somatic disciplines(즉 알렉산더 기법Alexander Technique, 라이히의 생체에너지학Reichian bioenergetics 그리고 펠덴크라이스 요법Feldenkrais Method)에 대한 비교론적 연구를 통해 몸미학을 지속적으로 탐구한다. 이 비교론적 연구는 세 가지 심리 육체적 분과가 반성적이고 더욱 체화된 삶의 예술로서 어떻게 철학 속에 병합될 수 있는지 보여준다.

우리가 창조적인 자기 표현과 미적인 자기 패션화를 추구할 때—즉 우리 스스로를 충만하고 흥미롭고 매력적이고 감탄할 만한 존재로 만들려 하고, 또한 우리 자신의 현재 모습에 진실해지려는 욕망을 가질 때—우리의 삶 자체는 하나의 예술적 기획이나 다름없다. 타고나기도 하고 스스로 창조해가기도 하는 우리 자신은 단지 체화되는 존재일 뿐만 아니라 불가피하게 문화적인 존재이기도 하다. 오늘날 문화다원적 정체성을 살리려는 정책의 열정은 어떤 인종의 특별한 문화적 자원들을 통한 자기 표현이 그들의 특징적인 가치로 평가될 수 있도록 특수한 인종적 유산이 존중될 필요가 있음을 반영한다. 반면에 우리 문화와 다른 문화의 근본적 차이를 강조함으로써 우리 문화를 지지하는 것은 문화다원적 이해의 공유보다 오히려 문화적 분열을 조장할 수 있다. 7장은 문화적 타자에 대한 탐구와 수용을 통해 문화다원적 자기 창조라는 미적 대안을 모색하면서, 문화다원론multiculturalism의 수수께끼 같은 모호성과 변증법적 논리를 탐색한다.

창조적인 자기 패션화의 기술에는 집단의 정체성을 지지하는 것보다 개인의 고유한 스타일을 만들어내고 표현하는 것이 요청된다.

그런데 개인의 스타일을 구성한다는 것은 무엇인가. 또한 진실한 미적 자기 표현을 구성한다는 것이 비범하거나 근본적으로 독창적인가? 독창적인 스타일을 획득하는 것은 종종 초월적 천재의 특권으로 간주되지만 천재가 덜 한정적이면서도 칭찬하는 말로 설명될 수 있다면 보다 많은 개인이 마땅히 스스로를 삶의 예술가라고 인식할 수 있지 않을까? 이와 같은 질문들은 이 책의 마지막 장의 핵심을 이루고 있다. 신성시되는 자율적인 근대적 예술 제도가 일종의 종말에 도달했다면, 오늘날 미적 에너지는 삶의 예술에 다시 집중되는 것 같다. 슬프게도 창조성만큼이나 순응주의를 육성하는, 다층적이고 시장화된 라이프스타일이 추구되는 이 시대에는 개인의 스타일이라는 개념에 더욱 비판적으로 주목할 필요가 있다.

우리는 철학의 특성이라고 할 수 있는 비판적인 자기 반성의 태도로 이 책의 스타일에 대한 질문을 던질 수 있다. 이 책의 다양한 텍스트는 개별적인 스타일이나 최소한 합리적으로 일관된 스타일을 분명하게 보여주는가? 독자들은 이것을 스스로 판단해야 한다. 그러나 독자들은 텍스트의 스타일이 내가 무릇 철학자의 스타일이라고 이해하는 것의 일차적 층위일 뿐이라는 점을 상기해야 한다. 왜냐하면 나는 철학을 단순한 언어 이상의 삶의 퍼포먼스로 간주하기 때문이다.

제1부
미적 경험과 대중예술

1장
미적 경험의 종말?

> 종말은 모든 것에 왕관을 씌운다.
> — 셰익스피어

I

경험이란 우리가 우리 자신의 과오에 덧붙인 이름이라고 오스카 와일드Oscar Wilde는 빈정거렸다. 그렇다면 미적 경험은 근대 미학이 저지른 중요한 실수에 붙여진 이름인가? 미적 경험은 미적 개념들 가운데 가장 본질적인 것이라고 오랫동안 간주되어왔지만 지난 반세기 동안 지속적인 비판을 받아오기도 했다. 미적 경험의 가치뿐만 아니라 존재 그 자체도 의문의 대상이 되고 있다. 한때 중요한 개념이었던 미적 경험이 어떻게 그 호소력을 잃게 되었는가? 미적 경험은 어떤 가치를 아직도 제공하는가? "미적 경험의 종말"이라는 다소 모호한 제목은 다음 두 가지 목적을 시사한다. 즉 그것은 미적 경험이 쇠퇴하게 된 이유를 이치에 맞게 설명하고, 미적 경험의 목적을

다시 세우고 되찾기 위한 논변을 하는 것이다.[1]

여기서는 미적 경험의 개념에 대한 유럽 대륙에서의 비판을 간단히 언급하겠지만, 20세기 영미철학에서 그 개념이 점차 쇠퇴하게 된 점에 초점을 둘 것이다. 왜냐하면 20세기 영미철학 속에서 그 쇠퇴가 가장 극명하게 드러날 뿐만 아니라, 나 자신의 미학 연구가 이러한 영미철학의 전통—존 듀이, 먼로 비어즐리, 넬슨 굿맨 그리고 아서 단토의 전통—속에 자리 잡고 있기 때문이다.[2] 듀이는 미적 경험을 자신의 예술철학에 있어서 가장 핵심적인 것으로 간주하면서 찬양한 반면, 단토는 (뒤샹 이후) 미적 경험의 개념이 지니고 있는 "미적 쾌락은 피해야 되는 위험물이다."라고 경고하면서, 그 개념을 사실상 멀리하였다.[3] 듀이로부터 단토로 내려오면서 나타나는 미적 경

---

1 내가 미적 경험이라는 개념에 관심을 갖게 된 한 가지 이유는 미적 경험이 나의 프래그머티즘 미학에 있어서 중요한 역할을 하기 때문이다. Richard Shusterman, *Pragmatist Aesthetics*(Oxford: Blackwell, 1992), 2nd ed.(New York: Rowman & Littlefield, 2000), 특히 2장을 참조하라.
2 나는 조셉 마골리스Joseph Margolis와 리처드 로티도 내 연구의 바탕이 된 미학적 전통에서 주된 인물이라고 생각한다. 그러나 그들의 이론은 이번 장에서 다루는 주제와 직접적 관련성이 없다.
3 Arthur Danto, *The Philosophical Disenfranchisement of Art*(New York: Columbia University Press, 1986), 13을 참조하라. 이후부터 *PD*로 표시한다. 또한 단토의 다른 저서, 비어즐리, 듀이 그리고 굿맨의 저서를 인용할 때에도 다음과 같이 약어들을 사용한다. Arthur Danto, *The Transfiguration of the Commonplace*(Cambridge: Harvard University Press, 1981)는 *TC*로, Monroe C. Beardsley, *Aesthetics: Problems in the Philosophy of Criticism*(New York: Harcourt Brace, 1958)은 *A*로, Beardsley, *The Aesthetics Point of View*(Ithaca: Cornell University Press, 1982)는 *APV*로, John Dewey, *Art as Experience*(Carbondale: Southern Illinois University Press, 1987)는 *AE*로, Nelson Goodman, *Languages of Art*(Oxford: Oxford University Press, 1968)는 *LA*로, Goodman, *Ways of Worldmaking*(Indianapolis: Hackett, 1978)은 *WW*로, Goodman, *Of Mind and Other Matters*(Cambridge: Harvard University Press, 1984)는 *OMM*으로 표시한다.

험의 쇠퇴는 미적 경험이라는 개념의 다양한 형태와 그것의 이론적 기능들에 대한 깊은 혼란을 반영하고 있다. 그러나 미적 경험의 쇠퇴는 이 시대가 예술적 아방가르드의 반反미적 움직임을 점차적으로 지지하고 있다는 사실을 또한 반영하고 있다. 이 시대의 예술적 아방가르드는 경험 중심 문화에서 정보 중심 문화로 진행됨에 따라 우리의 기초적 감수성에 나타나는 광범위한 변화에 대해 공감하고 있다.

미적 경험이라는 개념의 쇠퇴를 평가하기 위해서 먼저 그 개념의 일차적인 중요성을 살펴보아야 한다. 미적 경험이라는 개념이 근대 이전의 미학에서 미완성 상태의avant la lettre 다양한 모습으로 중요한 역할을 했다고 보는 사람들도 있다(예를 들면 플라톤과 아리스토텔레스 그리고 아퀴나스의 미의 경험에 대한 설명 그리고 알베르티Alberti와 그라비나Gravina의 단조로움lentezza과 망상delirio이라는 개념에 있어서 그러하다).[4] 그러나 미적 경험이라는 개념이 지배적인 영향력을 행사하게 된 것은 의심할 여지없이 "미적인aesthetic"이라는 용어가 공식적으로 확립된 근대에 이르러서이다. 근대의 과학과 철학이, 미와 같은 특성들은 세상의 객관적 속성이라는, 고대에서부터 중세를 거쳐 르네상스까지 지속되던 믿음을 부수어버리자 근대 미학은 그것들을 설명하고 그 기반을 다지기 위해 주관적 경험으로 관심을 돌렸다. 실재적 객관주의의 중요한 과제라고 할 수 있는 상호주관적인 합의나 기준을 추구할 때조차도, 철학은 주관적 경험을 통하여 미적인 것의 정체성을 확인했을 뿐만 아니라 미적인 것을 주관적 경험과 동일시하기도 했다.

---

4 예를 들면 미학의 역사를 저술한 폴란드의 저명한 미학자 블라디슬로프 타타르키비츠의 설명을 참조하기 바란다. W. Tatarkiewicz, *A History of Six Ideas*(The Hague: Nijhoff, 1980), 310~338.

흄은 취미의 기준에 대해 논의하면서, "미는 사물들 그 자체에 있는 성질이 아니다. 미는 그 사물들을 감상하는 마음속에 존재할 뿐이다."라고 말했다. 칸트는 "쾌 또는 불쾌"에 대한 주체의 경험을 미적 판단의 "결정적 근거"라고 생각했다.[5] 더욱이 미적 경험이라는 개념은 미와 다르기는 하지만 취미나 예술과 밀접하게 연관된 다양한 성질을 포괄하는 개념, 즉 숭고sublime나 풍려picturesque와 같은 개념들을 제공한다.

19세기와 20세기 초에는 (과학에서뿐만 아니라 산업화의 참상에서도 등장했던) 기계적 결정론의 위협에 맞서기 위해 영향력 있는 생철학자들Lebensphilosophien이 경험을 찬양하였는데, 이 때문에 미적 경험이 훨씬 더 큰 중요성을 얻게 되었다. 여기서는 경험이 원자적 감각atomic sensation을 대신하여 기초적인 인식적 개념으로 자리 잡았고, 생생하게 느껴지는 삶과 경험이 맺는 연관은 경험Erlebnis이라는 독일어 단어에서뿐만 아니라 베르그손, 제임스, 듀이의 생기론적인 경험 이론에서도 분명히 드러난다. 예술이 물질적 세계에 비초자연적 영성nonsupernatural spirituality을 제공하여 종교의 역할을 포괄함에 따라 경험도 자연적이지만 비기계적인 마음의 표현으로 대두되었다. 예술과 경험의 결합은 엄청난 문화적 중요성과 종교적 강렬함을 지닌 미적 경험의 개념을 가능하게 했다.

미적 경험은 미적 경험이 아니었더라면 물질적이고 법칙에 의해 결정되고 말 차가운 세상 속에서, 자유, 미 그리고 이상적 의미의 섬이 되었다. 미적 경험은 최고의 쾌를 누리는 자리일 뿐만 아니라 영

---

5 David Hume, "Of the Standard of Taste", in *Essays Moral, Political, and Literary* (Oxford: Oxford University Press, 1963), 234; Immanuel Kant, *The Critique of Judgement*(Oxford: Oxford University Press, 1957), 41~42를 참조하라.

적 전환과 초월의 수단이기도 하였다. 그 결과 미적 경험은 예술의 독특한 본성과 가치를 설명하는 중심 개념이 되었지만, 예술은 물질적 삶과 실천praxis의 큰 흐름으로부터 점점 벗어나서 자율적으로 되어갔다. 예술을 위한 예술이라는 교의는 예술이 그 자체의 경험을 위해 존재한다는 것을 의미할 수 있을 뿐이다. 그리고 이 교의를 지지하는 자들은 예술의 영역을 확장하려고 시도하면서, 만약 적절한 경험을 만들어내는 것이라면 어떠한 것이든 예술이 될 수 있다고 주장하였다.

물론 미적 경험에 대한 이러한 성급한 계보학은 이 개념이 전개되어온 복잡한 발전 과정이나 이 개념이 포용하는 다양한 이론과 개념을 공정히 다루지 못하고 있다. 그러나 적어도 이 계보학은 미적 경험의 전통에서 중심적인 네 가지 특징을 잘 드러내고 있다. 이 네 가지 특징은 상호작용하여 미적 경험의 개념에 대한 20세기의 설명들을 형성하였으나 혼란스럽게 했다. 첫째, 미적 경험은 본질적으로 가치 있고 즐겁다. 이를 미적 경험의 평가적 차원evaluative dimension이라고 부르자. 둘째, 미적 경험은 생생하게 느껴지고 주관적으로 음미된다. 그리고 정감으로 우리를 끌어들여 우리의 관심을 미적 경험의 직접적 현존에 두게 한다. 그 결과 미적 경험은 틀에 박힌 경험의 일상적 흐름과는 구분된다. 이를 미적 경험의 현상적 차원phenomenological dimension이라고 부르자. 셋째, 미적 경험은 단순한 감각이 아니라 의미 있는 경험이다. 이를 미적 경험의 의미적 차원semantic dimension이라고 부르자. (의미적 차원에서 미적 경험의 정감 능력과 의미는 미적 경험이 어떻게 변형될 수 있는지를 설명해준다.) 넷째, 미적 경험은 예술의 특성을 밝히는 일과 밀접하게 관련되어 있으며 예술의 본질적 목적을 나타내는 특징적 경험이다. 이를 구획적인 정의적 차원demarcational-definitional dimension이라고 부르자.

이러한 미적 경험의 특징들은 얼핏 보면 전체적으로 모순을 이루는 것 같지 않다. 그러나 앞으로 우리가 보게 되듯이, 이 특징들은 이론적 긴장을 발생시키고, 그에 따라 근래의 분석철학은 미적 경험이라는 개념을 점차 사소한 것으로 간주하고 심지어 (특히 조지 디키의 경우처럼) 미적 경험의 존재 자체를 부인하는 방향으로 나아간다.[6] 우리는 영미의 상황을 집중적으로 다루기 전에, 근래에 유럽 대륙에서 이루어진 미적 경험에 대한 비판을 충분히 조명해볼 것이다. 왜냐하면 비교를 통해서만 미적 경험에 대한 분석적 가치 절하를 제대로 파악할 수 있기 때문이다.

II

비판이론과 해석학에서부터 해체와 계보적 분석에 이르기까지, 미적 경험에 대한 대륙의 비판은 대부분 미적 경험의 현상적 직접성 phenomenological immediacy과 본질적 구별에 대한 도전이다. 테오도어 아도르노는 미적 경험이 지니고 있는 쾌의 속성이 부르주아계급의 쾌락주의에서 나타나는 이데올로기적 오염이라고 거부하기는 하지만 사실상 미적 경험이 가치 있고 유의미한 것일 뿐만 아니라 예술철학에 있어서 중대한 개념이라는 대륙의 만장일치적 평결에 동

---

[6] George Dickie, "Beardsley's Phantom Aesthetic Experience", *Journal of philosophy* 62(1965), 129~136을 참조하라. 에디 제마치Eddy Zemach도 (히브리어로 쓴) 자신의 책, *Aesthetics*(Tel Aviv: The Aviv University Press, 1976) 42~53에서 미적 경험과 같은 것은 그 어떤 것도 존재하지 않는다고 주장한다.

의한다. 아도르노에 의하면 간단한 주관적 쾌와 달리, "실제적인 미적 경험"은 "예술작품 자체의 객관적 구성"에 대한 "자기 단념self-abnegation"과 순응을 "요구한다."[7] 그러므로 이것은 단순한 쾌보다는 해방을 위한 새로운 수단과 새롭게 소생하는, 더욱 유망한 행복에 대한 약속promesse de bonheur을 제시하기 때문에 주체를 변형시킬 수 있다.

여기서 우리는 미적 경험의 변형적이고, 정열적인 측면을 보게 된다. 그것은 바로 행해지고 겪게 되는 측면이다. 경험하는 주체가 생기 있고 역동적이지만, 그 주체는 철저히 통제하는 대행자agent와 결코 멀어질 수 없으며, 자신이 몰입하고 있는 예술작품을 구성하는 이데올로기적 특징들에 사로잡혀 있거나 맹목적이다. 그런 까닭에 예술에 대한 적절하고 해방적인 이해는 직접적 경험을 넘어서는 것, 즉 내재적 이해Verstehen를 초월하여 예술작품의 이데올로기적 의미와 예술작품을 형성하는 사회 역사적 조건들에 대한 외재적 비판("이차적 반성")을 요구한다. 아도르노는 변증법적으로 다음과 같이 결론 내린다. "경험은 본질적이다. …… 그렇지만 직접적 경험의 측면을 뛰어넘어 이차적 반성을 요구하는 것으로 간주되기도 한다. 왜냐하면 어떤 예술작품도 직접적 사실로만 그 의미를 적합하게 묘사하지 않거니와 그 자체로만 이해될 수 없기 때문이다."(AT, 479)

아도르노는 미적 경험이 "사악한 현실ungodly reality"과 현저하게 구별된다는 것을 또한 변증법적으로 확신하면서도, 그러한 명백한 자율성이 사회적 권력의 산물일 뿐이라고 생각한다. 또한 그는 궁극

---

[7] Theodor Adorno, *Aesthetic Theory*(London: Routledge, 1984), 474, 476. 이후부터 AT로 표시한다.

적으로 사회적 권력이 예술작품의 구조와 예술작품에 대한 우리의 반응 양상을 구속함으로써 미적 경험의 본성을 결정짓는다고 생각한다(*AT*, 320~322, 478~479). 비미적인 세계의 변화들이 경험에 대한 우리의 감수성과 능력에 영향을 주기 때문에 미적 경험은 불변하는 천부적 성향을 드러낼 수 없다.

그런데 그러한 변화는 경험의 직접적 의미에 대한 발터 벤야민의 비판에서 중심적 주제가 되었는데, 경험의 직접적 의미는 현상학에서는 특별한 지지를 받았다. 근대의 삶에서 빈번히 만나는 분열과 충격적인 사건들, 생산품 조립 라인의 기계적인 반복 노동 그리고 우연히 병치되는 매스미디어의 잡다한 정보와 노골적인 선정성 등은 사물에 대한 우리의 직접적 경험을 더 이상 유의미하고 일관된 전체가 되지 못하게 한다. 그러나 이러한 조건 속에서 우리의 직접적 경험은 파편화되고 통합되지 않은 감각들이 한 덩어리로 뭉쳐진 것, 즉 유의미하게 경험되는 것이라기보다 단순히 겪게 되는(*erlebt*) 것이나 다름없다. 벤야민은 이러한 경험 대신에 일관되고 전달 가능한 지혜와 같은, 간접적이면서 시간적인 축적을 요구하는 (체험Erfahrung으로서의) 경험의 개념을 옹호했다. 그렇지만 그는 이러한 경험이 근대사회에서 이루어질 수 있는지에 대해서는 의문을 가졌다.[8]

---

8 벤야민은 '경험Erlebnis'보다 '체험Erfahrung'을 옹호하지만, 신칸트주의와 실증주의의 체험 개념이 너무 이성적이며 설득력이 부족한 것이라고 비판한다. 벤야민의 입장에 대한 나의 간결한 설명은 다음과 같은 그의 글들, 즉 "The Storyteller", "On Some Motifs in Baudelaire", "The Work of Art in the Age of Mechanical Reproduction"을 토대로 하였다. 이 모든 텍스트는 발터 벤야민의 *Illuminations*(New York: Schocken, 1968)에 들어 있다. 경험에 관한 벤야민의 입장에 대한 더욱 깊이 있는 논의는 Richard Wolin, *Walter Benjamin: An Aesthetic of Redemption*(New York: Columbia University Press, 1982); Martin Jay, "Experience without a Subject: Walter Benjamin and Novel", *New Formations* 20(1993):

또 한편으로 벤야민은 근대화와 과학기술이 미적 경험을 독특하고 초월적인 예술의 자율성과 동일시하는 것을 무용화시켰다고 주장했다. 예술의 초월적 자율성과 동일시되는 경험은 벤야민이 아우라라고 불렀던 것, 즉 예술작품의 유일성과 일상적 세계와의 거리가 초래하는 숭배적 특질을 한때 갖고 있었다. 그러나 사진과 같은 기계적 양상을 띠는 복제 기술의 출현과 더불어, 예술의 독특한 아우라는 상실되었고, 미적 경험은 대중문화를 구성하는 일상적 세계와 심지어 정치에까지 스며들게 된다. 미적 경험은 더 이상 고급예술의 영역을 규정하거나 한정하는 데 사용될 수 없다. 아도르노와 달리 벤야민은 (파시스트 미학에 있어서 아우라의 상실과 구별이 낳는 치명적인 결과를 비난하기도 했지만) 결국 아우라의 상실과 구별을 희망적인 것으로 간주했다. 어쨌든 벤야민의 비판은 미적 경험의 중요성이 지속된다는 사실을 부정하지 않으며, 나아가 미적 경험이 지니고 있는 의미의 순수한 직접성과 삶으로부터의 고립이라는 미적 경험의 낭만주의적 개념도 부정하지 않는다.

하이데거의 미적 경험에 대한 비판에서 영향을 받은[9] 한스게오르크 가다머도 개념상 연결되어 있는 듯한 직접성과 구별이라는 두 가지 특징을 공격한다. 미의식은 본질적으로 예술작품을 그것이 창조

145~155에서 볼 수 있다.
9   하이데거는 예술이 초연하고도 직접적인 "감상과 즐김"을 위한 것이라는 개념에 도전하면서, "예술이 본래 …… 진리가 탄생하는, 즉 역사적인 것이 되는 하나의 독특한 방식"이라고 주장한다. 그러므로 예술은 단순히 경험되는 쾌라는 협소한 목표를 위해 진리를 발현하는 세계와 분리될 수 없다. 이런 의미에서 하이데거는 "아마도 경험은 예술이 죽게 되는 요인일 것이다."라고 경고한다. Martin Heidegger, "The Origin of the Work of Art", in *Poetry, Language, Thought*(New York: Harper & Row, 1975), 78, 79를 참조하라.

되고 수용되는 사회 역사적 세계와 구별하고, 순수하게 직접적인 미적 기쁨의 대상으로 취급함으로써 예술작품의 의미를 직접 경험되는 것으로 환원시킨다. 그러나 가다머는 이러한 태도로는 우리의 삶과 세계에 대한 예술의 의미와 그 지속적인 영향을 절대로 공정하게 평가할 수 없다고 주장한다.

> 예술의 판테온pantheon은 예술을 순수한 미적 의식에 부여하는 초시간적 현존이 아니라 예술이 스스로 역사적으로 실현한 인간 정신의 업적이다. …… 우리가 세상 속에서 예술작품을 만나는 한, …… 미적인 것the beautiful과 예술에 대해 직접성에 호소하지 않고 인간의 역사적 현실에 상응하는 태도를 취하는 것은 필연적이다. 직접성, 일순간의 천재성, 이러한 "경험"의 의의에 대한 호소력은 인간 존재의 자기 이해의 지속성과 통일성에 대한 주장을 뒷받침할 수 없다.[10]

예술작품을 단지 경험되는 직접성으로 간주하는 것은 예술작품으로부터 소통적 전통을 통해 지속되는 전체성과 축적되는 의미를 빼앗아버리는 것이다. 즉 그것은 "미적 대상의 통일성을 가지각색의 경험"으로 분해하여(*TM*, 85), 세상과 예술의 관계 및 진리에 대한 예술의 주장을 무시하는 것이나 다름없다.

그러나 이와 같이 직접적이고 구별되는 미의식에 대한 비판은 미학에 있어서 핵심적인, 경험의 중요성이 거부된다는 것을 의미하지

---

10 Hans-Georg Gadamer, *Truth and Method*(New York: Crossroad, 1982), 86~87. 이후부터 *TM*으로 표시한다.

는 않는다. 실제로 가다머는 이러한 경험이 순수한 현존의 직접성을 초월해가는 "이해understanding를 내포하고 있다."고 강조하면서, 미학이 "예술에 대한 경험을 공정하게 드러내주는" 임무를 감당해야 한다고 주장한다(TM, 89, 90).[11] 가다머는 분석철학에서와 같이 예술을 그 대상과 동일시한다기보다는 오히려 다음과 같이 주장한다. "예술작품이 그 자체를 경험하는 사람을 변화시키는 어떤 경험이 된다는 사실하에서, 예술작품은 그 자체의 진실한 본성을 드러낸다." 이러한 경험은 "예술작품을 경험하는 사람의 주관적 성질이 아니라 예술작품 그 자체이다."(92) 경험은 선수들이 경기[규칙]에 따라 경기를 하는 것처럼, 예술작품을 이해하고자 하는 사람들에게 예술작품의 엄격한 구조를 따르게 한다.

데리다Derrida와 바르트Barthes의 해체주의는 경험적 통일성과 안정성에 대한 가다머의 신념을 거부하지만, 기본적으로 가다머와 거의 유사한 입장을 취한다. 교과 간의 견고한 경계와 "현존의 신화"에 대한 해체주의의 근본적인 비판은 미적 경험의 중요성과 주이상스jouissance의 힘을 무시하지 않고, 미적 경험을 다른 경험과 구별하는 것과 미적 경험의 직접성이라는 개념에 도전한다. 피에르 부르디외는 이와는 아주 다른 관점을 취하고 있지만 사회학에서는 익숙한 계보적 비판의 관점에 입각하여 마찬가지로 이 두 가지 대상을 공격한다. 순수하고 자율적인, "의미와 가치를 직접적으로 부여받는 예술작

---

[11] 가다머는 미적 경험의 인식적 차원을 강조하면서, 다음과 같이 언급한다. "우리가 예술작품에서 경험하는 것과 우리가 예술작품으로 인도되는 것은 예술작품이 얼마나 진실한가의 문제, 즉 우리가 그것을 어느 정도로 인식하고 또 우리 자신을 얼마나 알고 있느냐의 문제이다." 미적 경험이 낳는 기쁨은 "앎knowledge에 대한 기쁨이다"(TM, 101, 102).

품에 대한 경험"은 본질적으로 오류이다. 미적 경험은 "역사적 창안의 산물인 제도 그 자체"이다. 말하자면 미적 경험은 예술의 제도적 영역과 미적 관조라는 주입된 습관이 상호적인 강화 작용을 통해 초래하는 결과물이다.[12] 예술의 제도적 영역과 미적 관조라는 주입된 습관이 일반적인 사회 영역뿐만 아니라 각 개인의 미적 수련의 과정에 정착되기까지는 상당한 시간이 걸린다. 더구나 이러한 정착은 보다 광범위한 사회 영역에 의존하는데, 이 광범위한 사회 영역은 개인이 그러한 정착에 연루될 때 개인의 선택을 결정할 뿐만 아니라 그 정착의 실현 가능성, 힘, 흡수력에 대한 제도의 조건들을 결정한다.

우리는 대륙의 비판이 가하는 두 가지 주된 공격을 어떻게 다룰 것인가? 미적 경험은 순수예술의 순수한 자율적 수용과 동일시되는 고정된 개념으로 간주될 수 없다. 왜냐하면 그러한 수용은 빈곤할 뿐만 아니라 미적 경험의 영역도 순수예술을 넘어서서 (예를 들면 자연으로까지) 확장되기 때문이다. 더구나 미적 경험은 예술의 영역만이 아니라 일반적으로 우리가 갖는 경험의 능력에 영향을 미치는 비예술적인 세계의 변화에 의해서도 좌우된다.

이와 마찬가지로 미적 경험이 충만한 의미를 획득하기 위해서는 단순히 현상적인 직접성 그 이상이 요구된다는 대륙의 두 번째 비판도 설득력이 있다. 직접적 반응들은 종종 서투르거나 잘못되기도 한다. 그래서 보통 우리의 경험을 고양시키기 위해서는 해석이 요구된다. 더욱이 직접적인 것으로서 경험되는 적절한 반응을 형성하기 위해 반응에 선행하는 해석 행위를 포함하여 가정들과 지각의 습관이

---

[12] Pierre Bourdieu, "The Historical Genesis of a Pure Aesthetic", in Richard Shusterman, ed., *Analytic Aesthetics*(Oxford: Blackwell, 1980), 147~160을 참조하라. 인용문은 148, 150.

필요하다. 해석적인 것에 대한 이러한 주장은 미적 경험에 대한 굿맨과 단토의 비판에서 핵심이기도 하다. 그리하여 가다머가 "미학이 해석학으로 흡수되어야 한다."고 주장할 때(TM, 146), 그는 정확히 지배적인 분석적 노선을 드러낸다.

그러나 미적 경험이 현상적 직접성과 생생한 느낌 그 이상을 내포해야 한다는 주장은 직접적 느낌이 미적 경험에 있어서 매우 중대하다는 것을 배제하지는 않는다. 마찬가지로 미적 경험이 문화적 개입을 요구한다는 부르디외의 설득력 있는 주장은 미적 경험의 내용이 직접적인 것으로 경험될 수 없다는 것을 의미하지는 않는다. 영어가 언어가 되고 내가 그 언어를 배우는 것은 틀림없이 어느 정도의 시간을 필요로 하지만, 나는 언어의 의미들을 장미의 냄새만큼이나 직접적으로 파악하면서 경험할 수 있다(장미의 의미를 파악하는 것은 정원을 가꾸는 일과 감각 및 개별화라는 복합적인 인식적 과정의 개입을 필요로 할 것이다).[13]

분석철학에 있어서 미적 경험의 쇠퇴는 부분적으로 이러한 잘못된 추론[미적 경험의 현상적 직접성은 문화적 개입을 배제한다거나 미적 경험의 의미는 현상적 직접성으로 파악되지 않는다는 추론]을 반영한다. 그러나 미적 경험의 쇠퇴는 또한 영미철학에서 듀이로부터 단토에 이르기까지 미적 경험이라는 개념의 역할이 바뀌고 있기 때문에 야기되는 혼동 탓이기도 하다. 또한 그것은 특히 미적 경험의 개념이 갖는 역할의 다양성이 적절하게 인식되지 못했기 때문이기도 하다. 만약

---

[13] 이러한 입장에 대한 더욱 상세한 논변은 Richard Shusterman, "Beneath Interpretation", in *Pragmatist Aesthetics*를 참조하라. 나는 *Sous l'interpretation*(Paris: L'eclat, 1994)과 *Practicing Philosophy: Pragmatism and the Philosophical Life*(New York: Routledge, 1997)에서 더 진전된 논변을 발전시킨다.

미적 경험이 한 가지 뜻만 가지는 개념으로 간주된다면, 미적 경험은 너무 혼돈스러워 보여서 그 유용한 가치를 회복할 수 없을 것이다. 이러한 이유 때문에 그[미적 경험의 유용한 가치를 회복하기 위한] 첫 번째 임무는 서로 대비되는 미적 경험의 개념들을 명료히 하는 작업이 될 것이다.

III

   서로 대비되는 미적 경험의 개념들은 서로 다른 세 개의 대비축을 통해 명료하게 드러나는데, 이 대비축들의 양 극은 이미 위에서 언급한 네 가지 차원을 모두 함축하고 있다. 첫째, 미적 경험이라는 개념은 본질적으로 가치적 개념인가 아니면 기술적으로 가치중립적 개념인가? 둘째, 이 개념은 현상적 개념인가 아니면 의미적 개념인가? 즉 미적 경험의 본질적 차원이 정감과 주관적 의도성인가 아니면 미적 경험이 단지 어떤 종류의 의미나 어떤 스타일의 상징인가? 셋째, 이 개념의 주요한 이론적 기능이 미적 영역을 수정하고 확대하는 변형적 기능인가 아니면 미적 지위를 정의하고 제한하고 설명하는 구획적 기능인가?

   여기서 내가 주장하려는 바는 듀이 이래로 미적 경험에 대한 영미의 이론들이 위에서 언급한 대비축들의 전자의 극에서 후자의 극으로 점진적으로 이동하였으며, 그 결과 이 개념이 지닌 힘과 이점이 상실되었다는 점이다. 즉 미적 경험에 대한 듀이의 평가적, 현상적, 변형적 개념이 점차 기술적, 의미적 개념으로 대치되었다. 기술적, 의미적 개념의 주된 목적은 예술과 미적인 것을 인간의 다른 활동 영역들과 분리하는 기존의 구분을 설명하고 뒷받침하는 것이다. 이러한 대치를 통해 이루어진 변화는 미적 경험이라는 개념 그 자체를 의심하게 만드는 긴장을 조성한다. 더구나 단토가 내린 결론처럼 미적 경험이 구별적 정의를 해낼 수 없다고 간주될 때, 미적 경험이라는 개념 전체가 정의의 기능을 수행하는 데 유망한 개념인 해석을 위해 폐기된다. 미적 경험이 다른 목적들을 위해 유용할 수도 있다는 점은 아주 간단하게, 생각건대 그것도 부당하게 무시되었다. 이러한 대강의 줄거리와 논증을 구체화하기 위해 듀이, 비어즐리, 굿맨 그리고 단토의 이론들을 살펴보아야 할 것이다.

듀이가 미적 경험이라는 개념을 사용한 주된 목적은 예술을 삶의 다른 부분과 구별하는 데 있지 않았다. 오히려 "미적 경험이 삶의 정상적 과정과 맺는 연속성을 회복시켜", 예술과 삶이 모두 양자의 더 큰 통합을 통해 개선되는 데 있었다.[14] 듀이의 목표는 그가 "예술에 대한 박물관적 개념"이라고 이름 붙인 숨 막히는 감옥을 부수는 것이었다. 예술에 대한 박물관적 개념은 미적인 것을 실제 삶과 분리시켜, 미적인 것을 일상적인 남녀의 활기찬 관심과는 동떨어진 독립적 영역에 가두어놓는다. 이처럼 "순수예술이라는 비밀스런 관념"은 박물관과 개인 소장품 속에 격리되어 있는 예술대상들을 신성화함으로써 힘을 얻는다. 그리하여 듀이는 이와 같은 관례적인 교의에 의해 예술이라 인정되고 물신화되었던 물리적 대상보다 역동적인 미적 경험이 우위에 있음을 주장하였다. 듀이에게 있어서 예술의 본질과 가치는 그 자체로는 인공품일 수밖에 없는 물리적 대상 속에 있지

---

14 그리하여 듀이는 미적 경험을 예술에서뿐만 아니라 경험철학에서도 중요한 개념으로 간주한다. 그는 "미적 경험에 더하여 …… 철학자는 경험이 무엇인지를 이해해야 한다."고 주장한다(*AE*, 11).

않고 그러한 인공품을 창조하고 지각하게 되는 역동적이고 발전적인 경험적 활동 속에 있다. 그리하여 듀이는 일단 창조되고 나면 "인간의 경험으로부터 동떨어져" 존재하는 물리적 "예술품art product"과 "경험과 더불어 그리고 경험 속에서 작용하는 실제적 예술작품actual work of art"을 구별하였다(AE, 9, 167, 329). 미적 경험을 물리적 예술대상보다 우위에 두는 일은 예술을 물신적으로 대상화하지 않을뿐더러 순수예술이라는 전통적 영역에 한정시키지도 않는다. 왜냐하면 미적 경험은 자연에 대한 감상에서 볼 수 있는 것처럼 순수예술의 한계를 분명코 뛰어넘기 때문이다.[15]

듀이는 미적 경험이 과학과 철학에서도, 스포츠와 고급 요리에서도 발생할 수 있다고 주장하였다. 미적 경험은 사실상 행위의 모든 영역에서 발생할 수 있는 것이다. 왜냐하면 모든 경험이 일관되고 유의미하기 위해서는 미적 통일성과 발전의 씨앗을 필요로 하기 때문이다. 듀이는 미적 경험의 관점에서 예술을 다시 생각해봄으로써 예술의 영역을 확장하고 민주화할 수 있을 것이라는 희망을 품었다. 예술의 영역 확장과 민주화는 예술을 충분히 실제 세계 속으로 통합시킬 때 가능한 것이며, 앞서 언급한 다양한 삶의 예술을 추구함으로써 크게 개선될 수 있는 것이다.

예술의 잠재적 확장 가능성은 미적 경험이 일상적 경험과 구별될 수 없다는 점을 의미하지는 않는다. 양자의 구분은 기본적으로 질적

---

15 나는 이것이 명백하다고 생각하지만, 이러한 사실을 부정하는 논변이 있다. 이러한 논변은 실제로 우리의 모든 미적 경험이 그러하듯 자연미에 대한 감상이 순수예술이라는 근대적 개념에 전적으로 의존하거나 구속되어 있다고 주장한다. 이러한 논변에 대한 비판과 듀이의 입장에 대한 한 걸음 더 진전된 논의는 *Pragmatist Aesthetics*, 1장과 2장을 참조하라.

인 문제와 관련되어 있다. 미적 경험은 독특하게 기억될 수 있는 가치 있는 전체로서의 경험인데, 이것은 단조로운 흐름을 보이는 판에 박힌 경험과는 단연코 구별된다. 듀이는 이러한 경험을 그저 단순한 경험이 아닌 "하나의 경험an experience"이라고 규정했다. 그러한 경험 속에서 우리는 "최상의 생생한" 느낌을 갖게 되며, 그리고 통합된 전체에 기여하는 인간의 모든 (감각적, 정서적, 인지적) 능력을 능동적이고 만족스럽게 작용시킴에 따라 충족감을 느낀다. 미적 경험은 그 자체 내에 어떤 특정한 요소를 독특하게 지니고 있거나 어떤 특별한 차원에 독특하게 초점을 두기 때문에 구별되는 것이 아니라 일상적 경험의 모든 요소를, 흡수하고 발전시키는 하나의 전체 속으로 더욱 강렬하게 통합시키기 때문에 구별된다. 그리고 그러한 전체가 일종의 "만족스러운 정서적 특질"을 제공하며, 지각의 경계를 넘어서기 때문에 미적 경험은 그 자체만으로 평가될 수 있다(AE, 42, 45, 63).[16] 그러한 평가의 본질을 구성하는 것은 바로 미적 경험에 대한 직접적, 현상적 느낌이다. 말하자면 미적 경험의 통일성, 정감 그리고 가치는 어떤 다른 시점 또는 목적을 위해 지연된다기보다 "직접적으로 충족되는" 것이다.

듀이적인 미적 경험이 지니고 있는 변형적, 현상적, 평가적 차원이 이제 명확해져야 한다. 그리고 듀이적인 미적 경험의 개념이 지니고 있는 유용성, 즉 이전에는 비미적인 것이라고 간주되었던 것들 속에서 예술적 잠재성과 미적 만족을 깨닫게 해주는 유용성 또한 이제 명

---

[16] 듀이가 나중에 부언하듯이, "그러한 경험[미적 경험]은 일상적 경험에서 일어나는 모든 심리학적 요소를 단일한 반응으로 환원하는 것이 아니라, 그러한 심리학적 요소들을 일상적 경험보다 훨씬 더 많이 포괄하는 특징을 드러낸다."(AE, 259)

확해져야 한다. 듀이적인 미적 경험의 개념은 우리에게 순수예술에서조차 최고의 가치를 지니는 것이 예술품의 수집 활동이나 학구적인 비평이 아니라 직접적으로 만족을 얻는 경험이라는 사실을 일깨워준다는 점에서 한층 더 유용하다. 현상적 직접성과 정감에 대한 이러한 강조가 미적 경험의 의미적 차원을 배제하지는 않는다. 의미가 질qualia이나 정감과 상반되는 것은 아니다.

불행하게도, 듀이 자신은 변형적 도전의 차원에만 미적 경험을 한정시키지 않고 예술에 대한 이론적 정의의 차원으로서 미적 경험도 제시하였다. 표준적인 철학적 기준에 비추어 보면, 이러한 정의는 말할 것도 없이 부적합한 것이며, 예술에 대해 현재 우리가 갖고 있는 개념을 잘못 대변하는 셈이다. 많은 예술, 특히 나쁜 예술은 듀이적인 미적 경험을 산출하지 못하며, 한편으로 듀이적인 미적 경험은 예술의 제도적 경계 바깥에서 종종 일어난다. 더구나 예술이란 개념이 (역사적으로 결정된 개념으로서) 어느 정도 재형성될 수는 있지만, 미적 경험에 의해서만 전개되는 식의 전면적 방법으로 정의될 수는 없다. 석양에 대한 미적 경험이 아무리 강렬하고 보편적이라 해도, 석양을 예술이라 재분류하려고 하지는 않을 것이다.[17] 듀이는 미적 경험이라는 개념을 예술이 실제로 무엇인지 정의하는 데 그리고 예술을 자주 다른 무엇으로 변형시키는 데 동시에 사용함으로써 상당

---

17 우리가 이러한 재분류화에 영향을 미칠 수 있다 해도, 미적 경험으로서의 예술에 대한 듀이의 정의는 여전히 문제의 여지가 있을 수 있다. 한 가지 문제는 미적 경험이 듀이에 의해 그 자체로는 결코 명백히 정의되지 않지만, 그 본질적인 직접성 때문에라도 미적 경험은 궁극적으로 정의될 수 없다고 간주된다는 점이다. 듀이는 "미적 경험이 오로지 느껴질 수 있는, 말하자면 직접적으로 경험될 수 있는 것이다."라고 말한다(*AE*, 196). 경험으로서의 예술이라는 듀이의 정의에 대한 더욱 구체적인 비판은 *Pragmatist Aesthetics*, 1장과 2장을 참조하라.

한 혼란을 일으켰다. 그런 까닭에 분석철학자들은 미적 경험에 대한 듀이의 생각 전반을, 심각한 폐해를 초래하는 재난으로 간주하여 전면적으로 무시했다.

그러나 먼로 비어즐리는 예외적인 분석철학자라고 할 수 있다. 그는 이러한 개념을 자신의 분석적 예술철학의 핵심으로 재구성하였다. 그의 분석적 예술철학도 대부분의 분석적 미학이 그러하듯이 구별에 열중하였다. 예술과 삶의 다른 부분들을 결합하는 듀이의 탐색과는 달리, 비어즐리의 목적은 예술과 미적인 것을 다른 활동들과 명백히 구별하는 것이다. 이는 미적 경험의 변형적 사용에 대한 부정을 의미한다. 비어즐리에게 있어서 미적 경험이라는 개념은 예술작품을 구분 짓는 요소와 예술작품의 가치를 구성하는 요소를 정의하는 데 기여한다.

비어즐리가 취하고 있는 논증의 전략은 다음과 같다. 만약 예술작품들이 "다른 것들은 할 수 없는 일을 할 수 있거나 완벽하게 또는 충만하게 할 수 있는" 특별한 기능을 갖고 있다면, 예술은 독특한 기능을 갖춘 분류로 정의될 수 있다(A, 526). 비어즐리는 미적 경험의 산출이 이러한 기능이라고 주장하며, 예술의 일반적 가치와 개별적인 예술작품들의 상이한 가치가 모두 미적 경험의 기초적 가치와 본질적 쾌를 통하여 발현된다고 본다. 비어즐리에 의하면 좋은 작품들이란 "더욱 커다란 양의 미적 경험"을 산출해낼 수 있는 것들이다(531). 그러므로 비어즐리의 미적 경험은 듀이적인 평가적, 정감적, 현상적 특징을 보유하고 있다. 그는 미적 경험이 "어떤 강렬함을 맛보는 경험", 즉 "본질적으로 즐거운" 경험이라고 말한다. 이러한 경험 속에서 "주의력"과 "심적 상태들의 연속적 흐름"이 어떤 현상적 영역에 집중되고, 결국 그러한 현상적 영역이 우리의 주의력과 심적 상태들의 연속적 흐름을 인도한다. 그런데 이것은 일관성이나 "전체성"에 대한 만족스러운 "느낌"을, 그리고 "능동적으로 활동하는 마음의 구성적 힘에 대한 감각"을 산출해내는 방식으로 이루어진다(*APV*, 287~289). 그는 매우 상세하게 이러한 경험을 정의하는 특징적인 요소들을 분명하게 밝히고 있다.[18]

분석적 미학은 주의 깊은 검토 후에 세 가지 주요한 근거에서 비어즐리의 이론을 거부했다. 하나는 그의 이론이 현상적으로 타당한가에 대한 의심이다. 분석적 미학의 비판 노선을 가장 설득력 있게 대변한 조지 디키는 두 가지 주된 주장을 제시하였다.[19] 첫째, 비어즐리가 미적 경험을 통일되고 일관된 것 등으로 묘사하고 있는데, 이것은 범주적 혼돈을 범하기 때문에 잘못된 것이다. 왜냐하면 비어즐리는 "경험"이라는 용어가 실재하는 그 어떤 것도 지칭할 수 없는 용어라는 것을 깨닫는 대신, 그 용어를 마치 통일되고 일관된 실재의 대상을 지칭하는 것처럼 취급하기 때문이다. 미적 경험에 대해 언급하는 것은 지각되거나 경험된 것으로서의 미적 대상에 대하여 우회적이고 존재론적으로 부풀려 언급하는 것일 뿐이다. "경험의 통일성"에 대한 비어즐리의 주장은 예술작품을 경험하게 될 때 갖는, 예술작품의 현상적 통일성을 잘못 묘사한 방식일 뿐이다. 예술작품은 그 자체로 일관성과 전체성과 같은 특성을 지닐 수 있다. 그러나 예술작품으

---

18 정의의 기능을 갖는 미적 경험의 특징들에 대한 비어즐리의 명확한 목록이 해를 거듭함에 따라 조금씩 바뀐다. 그러나 그의 모든 설명의 대부분이 내가 언급하는 특징들을 거의 마찬가지로 주장하고 있다. 미적 경험에 대한 비어즐리의 가장 상세한 논의는 그의 책 *Aesthetics* 외에도, "Aesthetics Experience Regained", "Aesthetics Experience"(reprinted in *APV*, 77~92, 285~297)에서 발견된다.
19 George Dickie, "Beardsley's Phantom Aesthetics Experience"; Dickie, *Art and the Aesthetic: An Institutional Analysis*(Ithaca: Cornell University Press, 1974).

로부터 초래되는 특별한 주관적 정감들은 이러한 특성을 지닐 수 없으며, 이러한 특성을 지니고 있다고 여겨지는 총체적인 미적 경험은 단지 언어적으로 구성된 형이상학적 망상일 뿐이다. 둘째, 디키는 혹여 미적 경험이라고 간주되는 것이 있다면 그것도 비어즐리가 주장하는 정감적 내용을 항상 지니고 있는 것은 아니라고 주장했다. 디키를 비롯한 분석적 미학의 비판 노선은 우리가 미적 경험이라고 부르는 것이 항상 즐거움을 주거나 통일된 것은 아니라는 전통적 주장으로 확장될 수 있다.

우리는 이 두 주장에 어떻게 대처해야 하는가? 첫 번째 주장에 적절하게 반응하기 위해서는 경험심리학자들이 (미적 경험을 포함하여) 경험이라는 실체를 반드시 인정한다는 점과 그들이 경험의 대상을 설명하는 데 자주 사용되는 (통일성과 강렬함과 같은) 수식 어구들로 경험의 실체를 설명하고 있으며, 경험에 대한 이러한 설명을 타당하다고 인정하는 점을 살펴보아야 한다.[20] 물론 우리는 경험심리학자들의 주장을 혼돈스런 서민 심리학folk psychology이라고 간단히 무시하고, 한때 유행했던 의식의 역할이나 1인칭적 경험의 역할을 멸시하는 정신철학philosophy of mind의 지배적 경향을 채택함으로써 이러한 반응에 대항할 수도 있을 것이다. 그러나 (미학적 이유를 포함하여) 여러 가지 이유 때문에 나는 이러한 경향이 용인되어서는 안 된다고 생각한다. 의식은 최근의 정신철학에서 다시 영향력을 발휘

---

[20] 비어즐리 자신은 최상의 경험에 대한 마슬로우의 심리학적 접근을 인용한다 (*APV*, 85). A. H. Maslow, *Toward a Psychology of Being*(Princeton: Princeton University Press, 1962)을 참조하라. 경험이라는 개념의 사용과, 경험의 일관성과 강렬함이라는 관점에서 경험의 개념을 특징화하는 것은 마슬로우의 심리학적 접근보다 현대 실험심리학에서 쉽게 발견된다. 예를 들면 영향력 있는 책인 Daniel Stern, *The Interpersonal World of the Infant*(New York: Basic Books, 1985)를 참조하라.

하고 있다.²¹

정감과 통일성, 그리고 쾌에 대한 비어즐리의 현상적 해명이 사실 현상적으로 잘못되었다는 주장은 그의 이론에 대한 두 번째 주요한 비판과 더불어 조명되고 있다. 이 두 번째 비판은 미적 경험만이 (즉 미적 경험을 산출하는 능력만이) 예술작품을 식별하고 구분하게 한다고 주장하는 비어즐리의 현상적 해명을 거부한다. 여기서 취해진 표준적 전략은 그러한 정의가 너무 넓기도 하고 너무 좁기도 하다는 점을 동시에 보여주려는 것이다. 예를 들면 미적 경험에 대한 비어즐리의 기준에 따르면 멋진 성적 경험도 예술에 포함될 수 있다는 잘못된 결론이 도출될 수 있다는 비판이 제기되었다. 듀이는 이 잘못된 결론을 반길지도 모르지만, 관례화된 분류화를 설명하는 비어즐리의 분석적 목적에 반대하는 것만은 확실하다.²²

그러나 비어즐리의 정의는 대체로 너무 협소하다고 자주 공격받는다. 많은 예술작품이 반드시 통일성이나 정감을 갖는 즐거운 경험을 산출하는 것은 아니다. 비어즐리는 이러한 즐거운 경험을 산출할 수 없는 많은 예술작품을 부당하게도 미적 경험에 대한 정의에서 모두 배제하고 있다. 어떤 좋은 예술작품들은 그러한 경험들을 산출하지 않음은 물론 산출하려고 애쓰지도 않는다. 그러나 나쁜 작품들의 경우에 그런 문제는 분명 심각하다. 미적 경험에 대한 비어즐리의 개

---

21 의식의 중요성에 대한 단호한 옹호로는 John Searle, *The Rediscovery of the Mind* (Cambridge: MIT Press, 1992)를 참조하라. 더 구체적으로 나는 직접적 경험을 옹호하며, 직접적 경험이 인식적으로 공허하고 천부적인 것 the given에 대한 토대주의 신화에 구속되어 있다는 비난에 반대한다. Richard Shusterman, *Practicing Philosophy*, 6장을 참조하라.

22 Joel Kupperman, "Art and Aesthetic Experience", *The British Journal of Aesthetics* 15(1975)와 *APV*, 296의 비어즐리의 답변을 참조하라.

념이 본질적으로 가치의 문제와 개념적 정의의 문제에 초점을 두기 때문에 나쁜 예술작품은 미적 대상이나 예술작품에 포용될 수 없다. 그렇지만 다른 분석철학자들은 나쁜 예술작품도 예술로 분류되어야 한다고 생각한다. 예술과 미적인 것의 개념들은 나쁜 사례들도 고려해야 한다. 예술작품이 되는 것은 반드시 좋은 예술작품이 되는 것만을 함축할 수 없다. 만약 예술작품이 좋은 예술작품이 되는 것만을 함축한다면 예술작품에 대한 부정적 평가는 불가능할 것이다.

이것은 세 번째 주요한 난제로 이어진다. 말하자면 미적 경험에 대한 비어즐리의 이론이 가치에 대한 우리의 판단을 설명하기에는 부적절하다는 것이다. 비어즐리가 정의하는 미적 경험은 유쾌하고 긍정적인 것이기 때문에 단지 긍정적인 미적 경험의 부재만으로는 설명될 수 없는 (섬뜩함이나 혐오와 같은) 매우 부정적인 미적 판단에 대해서는 그 어떠한 설명도 할 수 없다. 부정적 판결은 미학의 영역에서 여전히 중심적이며, 미학의 영역을 정의하려는 어떠한 개념도 좋은 예술뿐만 아니라 나쁜 예술도 설명할 수 있어야 한다.[23]

두 가지 결론이 이 모든 비판으로부터 도출된다. 미적 경험이 예술의 전체 영역에 대한 경계를 지어주는 일을 하는 것이라면, 미적 경험이 본질적으로 지니고 있다는 가치적 내용 evaluative content은 폐기되어야 한다. 더구나 우리가 주관성과 직접적 느낌을 의심한다면,

---

23 미적 경험이 본질적으로 너무 파악하기 어렵고, 말로 나타낼 수 없으며, 주관적으로 다양하고 수량을 측정할 수 없어서 특별한 평가적 판결을 정당화하는 충분한 토대를 제공할 수 없다는 문제가 또한 제기된다. 그리하여 미적 경험이 실제적인 비평 행위에 개입하게 된다면, 실제 작품에 대한 경험을 논증하는 것이 아니라 그 작품의 통일성, 복합성 그리고 강렬함을 논증해야만 한다고 비어즐리는 보고 있다. 하지만 그는 후자의 논증이 전자의 능력을 추정할 수 있게 해주며 실제적인 미적 가치를 구성하는 것이 전자(즉 경험)라고 주장했다.

1인칭적 현상이 아닌 의미에 대한 비주관적 설명에 초점을 둔 미적 경험의 개념을 발견해야 할 것이다. 이러한 두 가지 추론은 미적 경험에 대한 넬슨 굿맨의 이론이 지향하는 새로운 의미론적 방향을 설정해준다. 굿맨은 비어즐리의 구획적 정의, 즉 "미적 대상과 미적 경험 그리고 비미적 대상과 비미적 경험을 일반적으로 구별하려는" 분석적 목표를 공유하고 있다(LA, 243). 하지만 그는 그러한 구분이 "미적 가치에 대한 모든 고려와 무관"해야 한다고 주장한다. 왜냐하면 나쁜 예술이 존재한다는 사실은 "미적으로 되는 것이 미적으로 나쁘게 되는 …… 것을 배제하지 않음"을 보여주기 때문이다(244, 255). 미적 경험은 정신적 상태나 직접적 느낌 그리고 의미에 대한 현상적 설명과는 무관하게 정의되어야 한다. 그 이유는 굿맨이 의도적 실체를 거부하기 때문이다. 굿맨은 모든 의미를 지시체의 다양성이라는 관점에서 설명하기를 선호하기 때문에 지시체의 상징적 재현에 앞서서 또는 그러한 재현과 동떨어져서 직접적으로 주어지는 어떤 것이 존재한다는 생각을 부인한다.

어떠한 미적 경험이라도 그것의 독특한 정서적 특징에 따라 구별될 수 없다. 왜냐하면 "예술작품들은 정서적 내용을 거의 가지고 있지 않거나 아예 전혀 가지고 있지 않은 것도 있기" 때문이다. 굿맨은 정서는 그것이 출현할 때조차 예술작품에 "감수성의 양상"을 제공함으로써 "작품이 지니고 있거나 표현하고 있는 특성들을 식별해내는" 인식적 역할을 할 뿐이라고 주장한다(LA, 248, 250, 251). 그러나 (듀이도 끈질기게 주장했듯이) 정서의 인식적 활용은 과학에서도 마찬가지로 존재한다. 굿맨은 정서가 미적으로 영구적인 것은 아니지만 어떤 종류의 인식은 미적으로 영구적인 것이라고 결론지었다. 그러므로 그는 미적 경험을 "지배적인 어떤 상징적 특징들 때문에 [과학 및

다른 영역들과] 구별되는 인식적 경험"이라고 정의한다(262).²⁴

굿맨은 이러한 특징들을 "미적인 것의 징후들"이라고 명명한 후, 이것들을 다섯 가지로 세분하였다.

(1) 구문론적 밀도syntactic density. 어떤 점에서는 가장 미세한 차이점들이 상징들 간의 차이를 만든다. 예를 들면 눈금을 정확히 잴 수 없는 수은 측정 방식의 온도계가 정확하게 측정할 수 있는 디지털 전자 방식의 온도계와 대비되는 경우가 그러하다. (2) 의미론적 밀도semantic density. 어떤 점에서 상징은 가장 미세한 차이점들에 의해 구별되는 대상에게 부여된다(구문론적으로 의미를 드러내는 것은 아니지만, 수은 측정 방식의 온도계뿐만 아니라 일상 영어에도 마찬가지로 상징이 부여된다). (3) 상대적 충만relative repleteness. 하나의 상징에 상대적으로 나타나는 여러 양상은 유의미하다. 예를 들면 호쿠사이Hokusai의 드로잉 작품에서 형, 선, 농도 등 모든 특징 가운데 드러나는 일획의 선은 주식시장의 일일 평균주가를 나타낸 순위표의 선과 대조를 이룬다. 순위표 밑바탕 위에 그려진 선의 높이만이 주가를 설명해주는 것이다. (4) 예증exemplification. 하나의 상징은 그것이 어

---

24 이러한 특징들이 현상적 의식과 관련이 없기 때문에 굿맨의 미적 경험의 개념은 현상적인 특징보다 오히려 의미론적인 특징을 보이고 있다. 듀이와 비어즐리처럼 굿맨은 미적 경험의 역동적 성질을 주장하지만, 그는 그들처럼 우리가 작품에 몰입하게 되는 수동적 측면을 강조하지는 않는다. 그러한 수동성이 굿맨에게는 너무 주관적이고 정감적으로 비추어졌을지 모른다. 그러나 경험의 어원은 무엇을 겪는undergoing 위험을 암시하며, 그리고 "이해understanding"라는 단어 속에도 under가 보여주듯 수동성이 함축되어 있다. 이 점에 대해서는 각주 29를 참조하라.

떤 것을 가리키든 가리키지 않든, 그것이 글자 그대로 혹은 은유적으로 지니고 있는 특성들의 본보기로 기능할 때 상징화된다. 마지막으로 (5) 다층적이고 복합적인 지시체multiple and complex reference. 하나의 상징은 다른 상징들을 통하여 직접적으로나 간접적으로 몇 가지 통합적이고 상호적인 지시적 기능들을 수행한다(*WW*, 67~68).

그러므로 굿맨은 어떤 대상의 "기능이 이 모든 징후를 보여준다면", "아마도 그 대상은 예술작품일 것이고, 만약 대상이 이러한 징후들을 거의 아무것도 보여주지 않으면, 그것은 아마도 예술작품이 아닐 것이다."라고 주장한다(*OMM*, 199). 우리가 예술 개념을 정의하는 데 있어서 이러한 징후들 각각이 필요조건이 되지 못하고, 그 각각이 상호 연결되어 충분조건이 되지 못하는 경우가 있겠지만, 굿맨은 이러한 점을 결여할 수밖에 없는 원인을 다음과 같은 사실 탓으로 돌린다. 말하자면 예술 개념에 대한 일상적 사용이 너무 "모호하고 종잡을 수 없어서", 어떤 명확한 정의를 허용할 수도 없고, 수정도 필요로 하지 않는다는 사실이다(*WW*, 69). 그러므로 그의 징후들은 이러한 명료화를 달성하려는 "정의의 탐색"에 잠정적으로 제공될 뿐이다(*OMM*, 135).

굿맨 이론에 대한 비판은 잠정적인 징후들에 초점을 맞추기보다 이 징후들을 발생시키는 기초적인 전제들에 초점을 두어야 한다. 다음 세 가지 사항이 가장 핵심적인 전제인 것 같다. 첫째, 철저한 미적 구별이라는 전제이다. 이것에는 미적 경험의 개념이 수행하는 기능이 다른 영역과 엄격하게 구별되는 예술의 특징을 설명하는 것이라는 필연적 가정이 수반된다. 비어즐리의 이론과 같이 굿맨의 이론은 예술을 다른 모든 영역으로부터 명확히 구별해내어 정의하려는 목표, 즉 "미적 경험을 다른 모든 경험으로부터 구별해내는 방법"을 추구하는 목표에 사로잡혀 있다(LA, 251). 그러므로 그는 예술과 과학 간의 밀접한 친연성을 강조하지만, 미적 경험과 과학적 경험을 확실하게 떼어낼 수 있는 정의를 어쩔 수 없이 탐색해야 한다고 생각한다. 그는 이러한 정의를 달성하기 위해 자신의 상징적 징후들을 환기해보지만, 곧 상징적 징후들이 그것을 제대로 해낼 만큼 그러한 정의에 필요·충분조건을 제공할 수 있는지 염려한다.

그러나 그러한 염려는 미적 경험이라는 개념이 반드시 예술에서만 일어나야 한다는 가정, 즉 미적 경험이 과학이나 다른 비예술적 활동에서는 일어날 수 없고 아무리 나쁜 예술이라도 예술에만 적용된다는 가정 때문에 일어나는 것이다. 이러한 가정에 도전하는 풍부한 증언들이 있지만 굿맨은 그것을 무시한다. 그는 미적 경험으로 예술을 구별해내려는 계획을 방법론적으로 고집하기 때문에 영역의 경계를 넘어서는 미적 경험이라는 개념을 인정할 수 없다. 말하자면 굿맨은 즐겁게 고양되고, 정감적이며, 유의미한 경험이라는 미적 경험의 평가적 의미를 주장하지만 영역의 경계를 넘어서는 미적 경험의 개념을 인정할 수 없다. 그러나 이러한 미적 경험의 개념은 듀이에게서뿐만 아니라 일상적 용도로도 풍부하게 사용된다.

굿맨의 미적 경험의 정의가 안고 있는 두 번째 문제는 사물에 대한 의식적이고 현상적인 느낌으로서의 경험이 완전히 피상적으로 묘사된다는 것이다. 미적인 것이 감성이나 직접적 느낌 그리고 정감과 본질적으로 관련되지 않고, 전적으로 어떤 상징화의 양상이 지배적으로 나타나는가에 따라 정의된다면, 도대체 미적 경험에 대해 말하고자 하는 요점은 뭔가? 만약 그러하다면 우리는 예술이나 미학에 대한 의미론적 징후에 대해서만 논의하고, "경험"이라는 용어는 논외로 두는 것이 좋을 것 같다(사실 굿맨은 가장 최근에는 그렇게 논의하고 있다). 그러나 한때 의식에 대해 가졌던 특별한 의혹은 별개의 문제로 두더라도, 미적 경험이라는 개념이 질적 측면의 직접성과 정감의 직접성을 포함하는 현상적 차원을 간과해야 할 어떤 이유라도 있는가? 굿맨의 논의는 (결코 충분한 설명을 뒷받침하지는 않지만) 다음 논증을 제시한다. 미적 경험은 상징들을 사용하기 때문에 본질적으로 유의미하고 인식적이다. 상징들의 사용은 정보의 개입과 역동적인 처리 과정을 함축하고 있는 데 반해 현상적 느낌과 정감은 의미를 설명할 수 없는 수동성과 직접성을 함축하고 있다. 그런 까닭으로 굿맨에게서 미적 경험은 본질적으로 현상적일 수도, 직접적일 수도, 정감적일 수도 없다.

이러한 논증은 많은 문제의 여지를 안고 있다. 첫째, 이 모든 전제를 가정한다 해도, 문제는 현상적 특징들이 미적 경험에 중심적이지 않은 것이 아니라 미적 경험이 현상적 특징 그 이상을 요구한다는 것이다. 둘째, 의식의 단계에 따른 직접적 이해가 무의식적인 개입 과정을 필요로 하거나 과거의 의식적 개입이라는 배경에 의존하지만, 우리는 현상적 의식이 의미에 대한 직접적 지각을 포함할 수 있다고 주장할 때 그러한 전제에 도전할 수 있다. 더구나 (심리학적이고 생리학적인 수준 모두에서) 정감이 수동성의 의미 이상을 내포하고 있는 것과 마찬가지로, 우리는 현상적 감정이 직접성의 의미 이상을 내포한다고 주장할 수 있다. 또한 굿맨은 정감이 예술작품에 대한 경험에 항상 존재하는 것만은 아니기 때문에 미적 경험에 있어서 그다지 중요한 것이 아니라고 주장한다. 우리가 굿맨의 이러한 주장에 대응하려면 먼저 미적 경험이 예술적인 구분의 개념으로서만 오로지 이해될 수 있다는 가정을 거부해야 한다. 즉 미적 경험이 모든 예술작품을 대할 때 반드시 일어나기 때문에 예술작품이 아무리 미약한 것일지라도 그것을 대할 때 미적 경험이 반드시 일어난다는 가정은 거부되어야 한다.

결국 미적 경험에 대한 굿맨의 기호적 이론은 세 번째 심각한 문제를 초래하게 된다. 그것은 미적 경험의 현상학과 미적 경험의 비예술적 확장을 무시할 뿐만 아니라 예술의 영역을 구별지어주는 미적 경험의 지칭적 역할에도 전적으로 부적합한 것이다. 왜냐하면 미적 경험에 이러한 구별의 역할을 부여하려면 우리가 취급하고 있는 것이 예술작품인지 여부를 미리 알고 있어야 하기 때문이다. 이를 위한 굿맨의 논증은 다음과 같다. 어떤 대상은 그것의 상징적 기능이 상징화라는 징후적인 미적 양상들을 뚜렷하게 지니고 있을 때 예술작품이 된다. 그러나 어떤 대상은 그것의 상징적 사용을 분명하게 드러내지 않는다. 시각적으로 동일한 기호가 상이한 상징적 체계들 속에서 아주 다르게 기능할 수도 있다. 예를 들면 굿맨이 언급하고 있듯이, 똑같이 그려진 선이 산을 예술적으로 재현하는 "충분한" 특징을 보일 수도 있고 아니면 차트에서 단순히 이윤만을 나타내는 불충분한 특징을 보일 수도 있다. 우리는 대상이 예술품인지 아니면 단순한 차트인지를 알게 될 때에야 비로소 대상이 함축하고 있는 상징적 기능을 알게 된다. 그러므로 상징적 기능(따라서 상징적 기능으로서의 미적 경험)은 대상의 예술적 지위를 규정하는 토대가 될 수 없다.

물론 이러한 논증은 아서 단토가 채택한 비식별성indiscernibles을 변형시킨 논증이다. 단토는 미적 경험과 관련된 지각적 속성들을 포함하여, 지각적 속성들만으로는 예술작품과 비예술작품, 즉 워홀의 〈브릴로 박스Brillo Boxes〉와 이와 똑같이 생긴 비예술적 상자들을 구별하기가 충분하지 않다고 주장한다. 단토에 의하면 우리의 경험은 "예술작품에 대한 반응인지 아니면 예술작품과 쉽게 구별될 수 없는 단지 실물real thing에 대한 반응인지에 따라서" 달라질 수밖에 없다. 그러나 "우리는 예술의 정의를 구하기 위해 …… [그러한 차이들에] 호소해서는 안 된다. 왜냐하면 실물이 아닌 예술작품에 적합한 미적 반응의 종류를 식별하기 위해서는 예술의 정의가 [먼저] 필요하기 때문이다."(TC, 94~95) 단토가 언급하고 있듯이, 미적 경험은 또 다른 문제를 안고 있다. 말하자면 미적 경험은 그 속성상 긍정적인 것이라고 전통적으로 정의되어왔지만, 많은 예술작품들은 나쁜 것으로 간주되어 부정적 반응을 유발하는 것으로 정의되어왔다(92).

단토는 미적 경험이 예술을 적절하게 식별해낼 수 없다고 보고 미적 경험을 사실상 무시하였으며, (굿맨이 옹호했던 것과 동일하게 의미론에 강조점을 두면서) 예술의 정의를 내릴 수 있다고 간주되는 다른 개념에 미적 경험을 종속시켰다. 이 다른 개념은 바로 해석이다. 단토는 "해석이 없는 감상이란 없다."고 말한다. 왜냐하면 "해석은 예술작품을 구성하는 것이며", 또한 "해석은 예술작품과 그것의 물질적 상응물과의 관계를 결정하기 때문이다."(TC, 113; PD, 45) 나는 「해석의 아래에」라는 논문에서 주장하였듯이, 이러한 단토의 주장이 문제가 있다고 생각한다. 단토의 주장을 받아들인다 해도, 이것이 미적 경험이라는 개념을 무용화시키는 것에 동의하는 것은 아니다. 미적 경험이 현재 우리가 갖고 있는 예술 개념에 대한 비평가적 정의를 제공하지 못한다는 점이 미적 경험이 미학에서 그 어떤 중요한 역할도 하지 못한다는 말은 아니다. 물론 미적 경험이 어떤 역할을 해낼 수 있다는 것을 구체화할 필요가 있기는 하다.

그렇지만 단토는 자신의 논증을 한 걸음 더 진전시킨다. 미적 경험이라는 개념은 무용할 뿐만 아니라 "위험"하기도 하다. 왜냐하면 미적인 것이라는 개념 그 자체가 예술을 의미나 진리에 적합한 것이 아니라 "쾌에만 적합한 것"으로 간주함으로써 예술을 본질적으로 평범한 것으로 취급하기 때문이다(PD, xiv, 13). 이러한 단토의 논증은 역설적이게도 미적인 것 자체를 가장 협소한 의미에서의 칸트적인 형식주의와 동일시하는 과오를 범한다. 또한 쾌와 의미, 감정과 인식, 향유와 이해의 분리를 잘못 제시한다. 사실 이러한 것들은 상호작용을 통해 예술을 구성하는 힘을 서로에게 부여해준다. 엘리엇이 말했듯이, "시를 이해하는 것은 올바른 근거로 시를 향유하는 것이나 다름 없다."[25]

우리는 비식별성에 입각한 단토의 논증을 사용하여 이러한 관점과 미적 감정의 중요성을 거듭 강조할 수 있지만, 이번에는 이것을 대상이 아닌 주관에 적용해보자. 매우 강렬한 그림과 시 앞에서 동일한 해석을 하는 외견상으로 동일한 두 명의 관람자를 상상해보라. 한 명은 자신이 보고 해석하면서 대상에 대해 전율하는 인간이다. 다른 한 명은 어떤 감각적 성질도 경험하지 못하고, 어떤 쾌나 어떤 감정도 느끼지 못하며 단지 지각적 정보나 예술계와 관련된 정보를 처리하여, 자신의 해석적 진술만을 전달하는 사이보그cyborg일 뿐이다.

---

[25] T. S. Eliot, "The Frontiers of Poetry", in *Of Poetry and Poets*(London: Faber, 1957), 115. 엘리엇은 이러한 언급이 "어떤 시를 다른 시들과 비교해서 상대적으로 합당한 수준이나 합당한 방식으로 향유"하는 것을 의미하며 또한 "만약 시의 사악함이 우리의 유머 감각에 호소하는 것이라면, 우리가 그 사악한 시들을 이해는 할 수 있어도 그것들을 즐겨서는 안 된다는 것을 의미한다."라고 덧붙여 말한다. 엘리엇의 문예 이해론에 대한 보다 상세한 설명은 Richard Shusterman, *T. S. Eliot and the Philosophy of Criticism*(New York: Columbia University Press, 1988), 5장과 6장을 참조하라.

우리는 여기서 사이보그가 예술작품들을 진정으로 이해하지 못한다고 단호하게 말할 수 있을 것이다. 비록 사이보그가 스스로는 느낄 수 없는 어떤 감정이 다소 적합한 것임을 깨닫는다 할지라도, 포괄적으로 보아서 사이보그는 예술작품의 핵심을 파악하지 못한다. 왜냐하면 대체로 핵심은 정확히 말해 예술의 감각적 성질과 의미를 느끼거나 음미하는 것이지 예술작품의 기호와 예술계의 맥락으로부터 산출되는 해석적 결과를 계산하는 것이 아니다.

이러한 이유로 사이보그의 해석적 제안이 인간의 그것보다 기술적으로 더욱 정확할지라도, 우리는 예술에 대한 인간의 일반적 반응이 더욱 우월하다는 점과 사이보그가 전혀 아무것도 느끼지 못하기 때문에 예술이 무엇에 관한 것인지를 실제로 파악하지 못한다고 여전히 말할 수 있다. 이제 한 걸음 더 나아가, 우리가 모두 사이보그로 변형되었거나 사이보그에 의해 전멸당해 미적 경험이 전적으로 우리 문명에서 완전히 없어졌다고 상상해보라. 예술이 불활성inertia에 의해 그 명맥을 희미하게나마 유지할 수 있을지 모르지만, 계속 번영하거나 굳건히 살아남을 수 있을까? 만약 예술이 어떠한 풍부한 현상적 감정이나 쾌도 기약하지 못한다면, 예술을 창조하고 예술에 주목하는 행위의 핵심은 무엇인가?

예술의 미래에 대한 이러한 공상과학적인 불확실성은 예술의 개념을 위하여, 평가적 의미와 현상적 의미에서의 미적 경험이 중요한 것임을 함축하고 있다. 미적 경험이 예술이란 개념의 적용을 위한 필요충분조건은 분명 아니라 해도, 예술을 위한 보다 일반적인 배경 조건으로 간주될 수도 있다. 달리 말해 많은 예술작품이 만족스러울 정도로 고양되고, 강렬하며, 유의미하고도 정감적인 경험이라는 의미에서의 미적 경험을 산출하지 못하지만, 만약 그러한 경험이 작품의 제작을 통해 결코 이루어질 수 없다면, 예술은 아마도 결코 존재할 수 없었을 것이다. (단지 본질적인 관점을 이해하려는 경우에서만이 아니라) 예술작품이 보편적으로 이러한 관심을 업신여긴다면 예술은 사라질 것이다.[26] 예술을 구분하는 경계의 측량을 목적으로 하는 필요충분조건과 대조적으로, 그러한 배경 조건은 예술이라는 개념의 확장보다는 관점과 관련된다. 미적 경험이 이러한 관점에 명분을 부여하고 그 특징을 드러내는 이상, 미적 경험은 무용한 개념이 아니다.[27]

[26] 점점 그 수가 증가하고 있는 사회생물학 연구자들은 한 걸음 더 나아가 미적 경험이 주는 만족감이 예술의 출현과 그 힘의 유지를 설명해줄 뿐만 아니라 인류의 생존 그 자체를 설명해주기도 한다고 주장한다. 옥스퍼드의 해부학자 영은 그러한 경험들은 "생물학적 기능들 가운데 가장 핵심적인 기능, 즉 생명의 가치를 주장하는 기능, 결국 생명의 존속에 대한 궁극적 보증서가 되는 기능을 가지고 있다."라고 말한다. J. Z. Young, *An Introduction to the Study of Man*(Oxford: Oxford University Press, 1971), 38. 예술과 예술의 정감적 경험의 진화론적 가치에 대한 근래의 더욱 상세한 연구는 Ellen Dissanayake, *Homo Aestheticus: Where Art Comes From and Why*(New York: Free Press, 1992)에서 볼 수 있다. 또한 Nathan Kogan, "Aesthetics and Its Origins: Some Psychobiological and Evolutionary Considerations", *Social Research* 61(1994), 139~165를 참조하라.

[27] 나는 미적 경험이 예술의 확장을 공식적으로 정의하지 못하지만 예술의 관점과 가치를 이해하는 데 있어서 필연적이라는 개념을 『프래그머티즘 미학』의 1장과 2장에서 보다 상세하게 논의한다. 나는 여기서 예술의 귀중한 사용은 미적 경험의 창조를 넘어선다는 것을 강조한다. 나는 또한 리처드 월하임이 "Danto's Gallery of Indiscernibles", in Mark Rollins, ed., *Danto and His Critics*(Oxford: Blackwell, 1993), 28~38에서 어떤 개념을 "적용하는 조건"과 그 조건의 배경인 "적용 가능성의 전제"라는 다소 유사한 특징을 묘사하고 있는 점에 주목할 것이다.

IV

내가 지어낸 미래의 사이보그 우화들은 그다지 상상하기 어려운 일이 아니다. 왜냐하면 이 우화들은 최근의 미학과 현대 삶에 있어서 실제로 발전되고 있는 양상들을 반영하고 있기 때문이다. 단토 자신이 "예술철학에 있어서 유미주의에 대한" "강하고 냉정한" 전통적 "파악"이라고 불렀던 것을 거부하지만, 그는 굿맨을 비롯한 다른 많은 이론가와 함께 본질적으로 이른바 미학의 비심미화anaestheticization of aestheics에 합류하고 있다. 느껴지는 경험은 사실상 무시되거나 전적으로 예술적 상징화와 그것의 해석에 대한 3인칭적 의미론에 완전히 종속된다. 한때 예술의 의미와 가치를 구현할 수 있었던 미적 경험은 이제 "해석되고" 있다.

예술에 대한 기호학적 정의를 위해 미적 경험을 포기하는 것은 의미론에 집착하는 언어철학자들이 단지 제멋대로 기호학적 정의를 선호하기 때문이 아니다. 굿맨과 단토는 더 많은 해석을 요구하는 예술계의 발전의 국면들을 민감하게 살펴보고 있었다. 왜냐하면 예술은 단토가 예술 자체에 대한 헤겔적 탐구라고 설명한 것을 추구하면서 점점 더 지적으로 개념화되었고, 결국 예술은 그 자신의 철학, 즉 예술 이론으로서의 예술이 되려고 했기 때문이다. 굿맨과 단토는 또한 대부분의 현대 예술이 즐거운 정감이나 일관된 의미를 갖는 강렬한 경험을 환기하지도 않을뿐더러 아예 환기하는 것을 목표로 삼지도 않는다고 주장하였다. 예술계의 실체에 대한 이러한 반응은 비어즐리와 듀이의 입장과는 반대되는 것이다.

현대 예술은 자신의 철학적 변형을 이룩하면서 1980년대에 철학적 사변으로 흐르게 되자 [정부나 후원처로부터] 재정적 지원을 중단당

했는데, 혹자는 현대 예술이 스스로를 뒷받침하는 경험적 관점과 대중을 잃은 것이 현대 예술의 상황을 더욱 힘들게 했다고 말한다. 왜냐하면 대중은 미적 경험에 대한 강한 욕구를 지니고 있지만, 현대 예술이 예술적으로 도태됨에 따라 대중은 이러한 욕구를 현대 예술의 공식적 영역 바깥에서, 하얀 입방체의 갤러리 공간을 넘어서 충족시키는 법을 배웠기 때문이다. 그리하여 대중예술에 대한 미학적 관심이 증가하고 있다. 왜냐하면 대중예술이 쾌, 정감, 유의미한 일관성이라는 경험적 목표를 성취하는 데 종종 실패하기도 하지만, 그래도 대중예술은 아직도 그러한 경험적 목표를 회피하는 방식에 익숙하지 않기 때문이다. 저명한 예술가인 코마르와 멜라미드Komar and Melamid는 예술계가 대중을 잃어가는 것을 탄식하며, 대중음악처럼 광범위하고 강력하게 사람들을 참여시킬 수 있는 새로운 조형예술을 발전시키기 위해 『네이션』지와 함께 대중의 미적 취미에 대한 과학적인 시장조사를 하였다. 여론조사의 통계 결과 가운데 한 가지는 예술이 일관성을 통해 긍정적이고 정감적인 경험을 제공하길 바란다는 점이다.[28]

우리는 이러한 요구가 질식할 정도로 보수적이라고 폄하하면서, 예술이 유쾌한 통일성이나 정서를 제공하는 것에 제한되어서는 안 된다고 주장할 수도 있다. 또한 우리는 오늘날 우리에게 가장 흥미롭고 가치 있는 예술적 만남의 대부분은 불쾌한 충격이나 파편화를 내포하고 있다고 곧바로 주장할 수도 있다. 그러나 우리는 생생하고 유의미한 현상적 경험에 대한 전통적이고 형식적인 중요성을 인정하

---

28 "Painting by Numbers: The Search for a People's Art", in *The Nation*, March 14, 1994, 334~348, 특히 질문 68과 70을 참조하기 바란다. 이 질문들은 "우리를 행복하게 만드는" 예술의 일관성과 능력을 다루고 있다.

지 않고 하나의 전체로서 예술을 이해할 수 있는가? 생생하고 유의미한 현상적 경험은 항상 즐겁고 통일된 경험은 아니지만 경험의 가치가 직접적으로 느껴지는 경험이다.

물론 현상적 경험의 현존이 예술의 현존을 의미하지는 않는다. 그러므로 현상적 경험의 현존이 그 자체로 대중예술을 진정한 예술이라고 정당화할 수는 없다. 이는 현상적 경험의 현존 그 자체만으로는 소정의 작품이 좋은 예술이라는 주장을 정당화할 수 없는 것과 마찬가지이다. 이 모든 경우에 경험은 스스로 침묵하기 때문에 비판적 담론이 필요하다. 그러나 미적 경험의 힘은 우리에게 감지되는 미적 경험의 가치를 통해 담론의 정당성을 확보하도록 촉구한다. 이것은 대중에게 미적 경험의 힘이 발견될 수 있는 예술로 나아가도록 촉구하는 것과 마찬가지이다. 만약 경험이 이와 같은 힘을 가지고 있다면, 그러한 경험의 개념은 우리에게 그 경험의 힘을 상기시킴으로써 그 힘을 사용하도록 이끄는 가치를 지니고 있다.

만약 예술이 종말에 처하거나 예술을 떠받쳐주는 진보의 서사를 빼앗김으로써 단토가 지적한 바 있는 예술의 "탈역사posthistory" 안에서 방향성을 잃고 암중모색한다면 도대체 어떻게 되겠는가. 예술의 암중모색이 목표가 없는 만큼이나 외로운 것이라면, 그리고 그것이 민주적인 문화 안에서 대중적인 취미의 조류로부터 단절된 것이라면 미적 경험이라는 개념은 상기될 가치가 있다. 예술의 형식적 정의를 위해서가 아니라 예술의 생동성과 그 목적의 의미를 회복시킬 수 있는, 가치와 집단populations을 지향하는 예술의 새로운 방향을 위해서 말이다.[29]

[29] 이 가치는 고상한 긍정적인 정감뿐만 아니라 비개념적인 것과 감각적인 것

예술이 즐길 수 있고 정감적인 통일성을 갖는 미적 경험으로부터 등을 돌리는 것은 단토나 굿맨의 의미론적 반反미학이 그러하듯 옹고집을 부리는 것이나 다름없다. 그들과 마찬가지로 현대 예술가들은 우리가 보다 통일된 경험적 문화에서 점차 규격화되고 정보적인 문화로 이동함에 따라 우리의 생활세계의 변화에 단순히 반응하고 있을 뿐이다. 이것은 복잡한 정보의 흐름과 파편적인 것을 강조하는 예술을 낳는다. 이러한 정보의 흐름은 가끔 너무 당혹스럽게 진행되어 전통적인 미적 경험이 집중되고 축적된 정감을 즐겁게 느끼는 데 필요한 일관성을 제공하지 못한다. 1930년대에 발터 벤야민은 우리가 현대 생활의 파편화와 신문의 어지러운 선정주의 때문에 심오한 경험과 감정의 능력을 상실하고 있다는 우려를 표명하면서, 이미 경험과 정보의 현저한 대비를 기술한 바 있다. 우리는 그 이후로 텔레비전과 팩시밀리에서 인터넷과 사이버공간 및 가상현실이라는 더욱 새로운 상호 소통적 체계에 이르기까지 훨씬 더 광범위한 일련의 정보혁명을 수행해왔다.

이러한 정보 과잉이 이루어졌을 때, (프레드릭 제임슨이 언급했

에 대한 고양된 감상도 내포하고 있다. 미적 경험의 가치 가운데 또 다른 유망한 가치는 우리를 변형시킬 수 있는 미적 경험의 힘을 통해 우리가 다음과 같은 이점들을 깨닫게 되는 데서 생성된다. 그 이점들은 우리가 마음대로 다루고 사용하는 단순한 대상들이라고 주로 간주되는 것들을 향해 우리 스스로 마음을 열거나 순응할 때에 도출될 수 있다. 물론 이것은 예술뿐만 아니라 자연에 대한 경험에서도 마찬가지로 주장될 수 있으며, 이것은 경험의 변형적 역할을 나타내고 있다. 즉 듀이가 주장한 것처럼, 우리는 경험을 행할 뿐만 아니라 겪기 때문에 경험의 주체이면서 동시에 대행자이기도 하다. 하이데거는 다음과 같이 이와 유사한 입장을 보이고 있다. "어떤 것에 대한 경험을 겪는다는 것은 어떤 것이 우리에게 벌어지고, 우리와 맞부딪치고, 우리를 엄습하고, 우리를 감동시키고 변형시키는 것을 …… 의미한다." Martin Heidegger, *On the Way to Language*(New York: Harper & Row, 1971), 57.

던 것처럼) "정감의 쇠퇴"가 우리의 포스트모던 조건에 대한 주된 증후로 진단되는 것은 놀랄 일이 아니다.³⁰ 우리가 만든 정보처리 기술에 의해 우리가 철저히 재형성되고 있기 때문에 우리의 경험적이고 정감적인 능력이 너무 약해져서, 일터에서나 놀이에서 우리의 가장 친숙한 동반자가 되어버린 기계적 정보처리 장치에 우리가 동화될 위험이 있다는 염려가 학계를 넘어서서 일반 대중에게도 일고 있다. 이러한 염려는 사이보그 픽션에서 보다 명료하게 드러난다. 인간존재와 시각적으로 그들과 동일한 사이보그인 터미네이터Terminators나 레플리컨트Replicants를 구별하는 유일한 길은 느낄 수 있는 인간의 능력이다. 느낄 수 있는 인간의 능력 자체는 미래 삶의 통제할 수 없는 흐름flux과 소용돌이에 의해 계속 방해받고 위협받는다. (영화에서는 그렇지 않지만) 『블레이드 러너Blade Runner』 스토리에서, 이러한 정감적인 경험적 능력을 강화시켜주는 중요한 장치인 "감정이입 상자"까지 나온다. 가상현실을 통해 이 상자는 같이 접속되어 있는 다른 사람들과의 강렬한 미적-종교적 감정이입의 경험을 산출한다.³¹

미적 경험이 우리가 예술에서 한때 추구했던 일종의 생생하고 감동적이고 공유되는 경험 능력과 기질을 복원시킴으로써 감정이입 상자와 같은 기능을 할 수 있다고 주장하는 것은 매우 "복고적retro"으로 보일 수도 있다. 아마도 정보화가 이미 너무 많이 진전되었기 때문에 메트로폴리탄 오페라하우스에서의 아름다운 저녁은 월 스트

---

30 Fredric Jameson, *Postmodernism, or the Cultural Logic of Late Capitalism*(Durham, N. C.: Duke University Press, 1991), 10~16.
31 Philip K. Dick, *Blade Runner*(원제: *Do Androids Dream of Electric Sheep?*)(New York: Ballantine, 1982).

리트 증권시장의 혼잡한 거래소 위에 놓여 있는 삶을 조금도 뒤바꿀 수 없을지도 모른다. 아마도 미적 경험이라는 개념의 철학적 가치뿐만 아니라 미적 경험 그 자체도 이미 종말에 도달했는지도 모른다. 철학이 미적 경험의 전면적 상실을 방지하기 위해 무엇을 할 수 있는가?

먼저 이러한 질문은 우리에게 미적 경험이라는 개념이 여전히 고양되고, 유의미하며, 가치 있는 현상적 경험으로서 다양성을 포용하고 있음을 상기시킨다. 그러므로 위협받고 있는 전통적 형식의 패배는 전통적 형식의 전멸을 의미하는 것이 아니다. 다음으로 가치 있는 전통적 형식들 가운데서도 미적 경험은 경험될수록 더욱 강화되고 보존될 것이다. 다시 말해 우리가 그러한 경험으로 인도될수록 미적 경험은 더 많이 경험될 것이다. 그리고 우리를 그러한 경험으로 인도하는 좋은 방식이 있다면, 그것은 미적 경험이라는 개념에 이전보다 더 주목함으로써 미적 경험의 중요성과 풍부함을 더 충만하게 깨닫는 것이다.

그러므로 우리는 적어도 이 개념에 대한 철학적 인식이 지니고 있는 한 가지 좋은 용도를 발견하게 된다. 그것은 미적 경험이라는 개념이 지칭하고 있는 경험을 가지도록 방향을 제시하는 것이다. 미적 경험이라는 개념은 예술을 정의하거나 비판적 평결을 정당화하기보다 우리에게 방향을 제시하는 것, 즉 우리에게 예술에서나 예술 이외의 삶의 부분에서 추구할 가치가 있는 무언가가 있다는 사실을 일깨워주는 것이다. 비트겐슈타인은 "철학자의 일은 특정한 목적을 일깨워주는 것들을 조합하는 것이다."라고 말하였다.[32] 만약 이 말이 철학

---

32 Ludwig Wittgenstein, *Philosophical Investigations*(Oxford: Blackwell, 1956), sec. 127.

적 개념들에도 똑같이 해당된다면, 미적 경험이라는 개념은 폐기되어서는 안 된다.[33]

---

33 이 장에서의 논변, 특히 쾌에 관한 나의 관심에 대한 날카로운 비판으로는 Alexander Nehamas, "Richard Shusterman on Pleasure and Aesthetic Experience", *Journal of Aesthetics and Art Criticism* 56(1998), 49~51; Wolfgang Welsch, "Rettung Durch Halbierung? Zu Richard Shustermans Rehabilitierung ästhetischer Erfahrung", *Deutsche Zeitschrift für Philosophie* 47(1999), 111~126을 참조하라. 나는 "Interpretation, Pleasure, and Value in Aesthetic Experience", *Journal of Aesthetics and Art Criticism* 56(1998), 51~53과 "Provokation und Erinnerung", *Deutsche Zeitschrift für Philosophie* 47(1999) 127~137에서 그들의 비판에 답한다.

2장
엔터테인먼트: 미학을 위한 하나의 제안

I. 머리말

최근 미학 이론에서 중요한 쟁점으로 부상하고 있는 것 가운데 하나는 대중예술의 예술적 지위와 그 문화적 가치에 대한 문제이다. 대중예술은 오늘날 사회 각계각층의 대다수 사람에 의해 가장 많이 향유되는 예술이기 때문에 대중예술의 지위는 민주주의 문화를 좌우하는 중요한 요인이 되고 있다. (바흐친과 그람시와 같은) 몇몇 영향력 있는 좌파 사상가들이 대중예술을 옹호해왔지만, (아도르노, 아렌트Arendt, 부르디외 같은) 진보적 지식인들이 관여하는 문화 보수주의 계열은 여전히 대중예술을 거부하고 있다. 그들은 대중예술, 대중문화, 대중미학이 본질적으로 모순되는 개념이며 범주상의 오류를 범하는 것이라고 주장한다. 나는 그들의 비판을 논박하기 위해 프래그머티즘의 시각을 바탕으로 개선론meliorism의 관점에서 대중예술을 아주 분명하게 옹호했다. 개선론은 대중예술의 결점과 폐해를 인정하면서 동시에 그것의 장점과 잠재력을 인정한다. 즉 개선론에 의하면 대중예술은 많은 단점을 지니고 있기 때문에 응당 개선될 필요도 있고, 또 한편으로 실제적인 미적 장점을 지니고 있거나, 가치 있는 사회적 목적에 실제로 기여할 수도 있기 때문에 개선될 가능성 또한 충분히 내포하고 있다.[1]

이러한 나의 주장으로 인해 야기된 비판의 사례들을 살펴보면서, 나는 대중예술에 대한 거부가 보다 기초적이며 보편적인 개념들에 대한 태도에서 비롯된 것임을 깨달았다. '대중예술'이라는 특정 용어는 비교적 현대에 와서 사용된 것이지만 다소 모호하게 사용된다. 대중예술이 영어로 쓰이기 시작한 것은 겨우 19세기부터이고, 오늘날에는 엔터테인먼트 산업의 현대 매스미디어 아트뿐만 아니라 서민예술이라 칭하기에 걸맞은 것에도 적용될 수 있는 듯하다.[2] 대중예술은 다른 경쟁적 용어들에 의해 도전받고 있다. '대중예술'이라는 용어가 여러 이론에서 선호되고 있고 일반적인 용도로도 선호되고 있지만, 많은 이론가는 그것보다 더욱 경멸적인 용어인 '군중 문화mass culture', '군중 예술mass art' 또는 '군중 엔터테인먼트mass entertainment'를 더 고집한다.[3]

---

1 Richard Shusterman, *Pragmatist Aesthetics: Living Beauty, Rethinking Art*(Oxford: Blackwell, 1992).
2 "Popular" in *The Oxford English Dictionary,* 2nd ed., vol. 10, 125.
3 나는 '대중적인popular'이라는 용어를 선호한다. 왜냐하면 '군중mass'이라는 용어는 일단의 무리라는 말과 구별되지 않는, 주로 몰인정한 집합체를 나타내는 반면, 대중예술의 청중들은 어떤 점에서는 다소 중첩되는 경우가 있지만 실제로 일단의 무리와는 종종 엄격히 구별되기 때문이다. 예술이 대중적이기 위해

대중예술이란 용어를 사용하면서 내가 옹호하는 대중음악, 대중소설, 연극, 영화 그리고 TV 드라마 등의 종류를 기술하는 일이 미학적 의문을 불러일으킨다고 혹자는 주장할 수 있다. 왜냐하면 예술이란 용어 자체가 이미 미적 가치를 함축하고 있기 때문이다. 물론 모든 예술작품이 미적 가치를 보여주는 것은 아니다. 일부 비평가들은 내가 논의한 몇몇 대중음악과 영화에 대한 미적 값어치aesthetic worth를 선뜻 인정했다. 그러나 그것은 그 작품들이 지니고 있는 대중예술의 가치를 인정한다는 의미가 아니라 단지 그것들이 대중문화를 규정지어주는 엔터테인먼트의 영역을 넘어섰음을 뜻한다. 또 한편으로 대중음악이나 영화의 미적 장점 그리고 그 예술적 지위를 단호하게 인정하지 않는 비평가들도 있었다. 하지만 그들은 자신들도 실제로 대중음악이나 영화를 예술로서 좋아하는 것이 아니라 엔터테인먼트로서 좋아한다는 사실을 단언해야, 학자로서 최소한의 체면을 유지할 수 있을 것이다. 이러한 사실은 고급예술과 대중예술 사이의 완고한 위계적 이분법 아래에 예술 대 엔터테인먼트라는 훨씬 더 기초적인 대립이 작용한다는 것을 깨닫게 해준다. 그러나 이러한 개념들을 나타내고 있는 언어 게임의 복잡한 그물망은 엔터테인먼트가 예술에 단순히 대비되는 것이 아니라 예술과 동류의 범주이거나 예술 안에 포괄되는 범주이기도 하다는 점을 드러낸다. 신문에는 '예술과 엔터테인먼트Arts and Entertainment' 지면이 있으며, 예술은 간혹 엔터테인먼트의 형식으로 기술되기도 한다. 엔터테인먼트 개념

서 가장 보편적 취미를 가진 군중이나 주류 청중을 요구할 필요는 없다. 대중예술은 내가 언급한 바 있는 이른바 '다중적multitudinous' 청중을 충분히 확보하고 있다. 이처럼 '다중적' 청중을 확보한다는 점에서 펑크록이나 랩 음악과 같은 장르는 주류 사회의 취미와 가치에 반대될 때에도 대중예술이 될 수 있다.

은 예술 개념과 매우 복합적으로 깊숙이 관련되어 있는 듯하고, 또한 대중예술 개념보다 더욱 폭넓고 그 역사가 오래되었다. 그렇기 때문에 엔터테인먼트 개념에 대한 분석은 대중예술의 문제뿐만 아니라 미학 전반을 위해서도 시사하는 점이 크다. 그러므로 나는 이 장에서 프래그머티스트의 관점에 입각하여 엔터테인먼트 개념을 분석하는 데 전념한다.

프래그머티즘은 관념의 원인에 입각해 그 관념을 판단하는 것이 아니라 그것이 끼친 영향력으로 관념을 판단하는 미래지향적인 철학이다. 그러나 무엇보다도 프래그머티즘은 철학적 문제나 철학적 개념들은 역사적 맥락을 통해 대두되기 때문에 역사적 인식을 통해서만 그것들을 적절하게 이해할 수 있다고 주장한다. 그래서 나는 엔터테인먼트를 지칭하는 용어들의 어원에 대한 연구를 시도함으로써 엔터테인먼트 개념을 분석하고자 한다. 그다음으로 철학에서의 엔터테인먼트 개념의 전개에 대한 간단한 계보적 비판을 시도한다. 또한 나는 이러한 분석에서 나타나는, 엔터테인먼트 개념의 주요한 패러독스에 집중한다. 생각건대 이 패러독스는 미학과 오늘날 예술에 대한 몇 가지 중요한 교훈을 던져준다. 이러한 교훈들에 대한 인식은 틀림없이 엔터테인먼트에 대한 훌륭한 철학적 평가를 가능하게 할 것이다. 그러나 이러한 가능성을 확보하기 위해 나는 쾌와 삶이라는 두 가지 중요한 개념을 분명하게 밝혀야만 한다. 쾌와 삶은 엔터테인먼트의 가치를 평가하는 데 있어서 매우 핵심적이지만 오히려 엔터테인먼트를 시시하고 편협하다고 비판하는 무기로 사용되어왔다.

본격적인 논의에 앞서 엔터테인먼트 개념을 이해하는 데 영향을 미치는 문화적 요인들에 대한 두 가지 일반적 언급을 하고자 한다.

첫째, 이 요인들은 문화와 갈등 관계 속에서 주로 위계적이고 경쟁적인 성격을 띤다. 대중예술과 마찬가지로 엔터테인먼트는 철학 자체든 고급예술의 형태든 간에 철학이 문화의 고급 형태라고 간주했던 것과 대비해 저급한 것으로 널리 규정되어왔다. 결과적으로 엔터테인먼트와 대중예술에 관한 이론들은 대개 두 가지 전략 사이에 놓이게 되었다. 첫 번째 전략은 엔터테인먼트가 고급문화를 차용하고 타락시키는 것이라고 주장하면서, 결국 엔터테인먼트를 고급문화 분야에 전적으로 의존하고, 종속되며, 그것으로부터 파생되는 것으로 간주한다. 두 번째 전략은 엔터테인먼트를 고급문화계와 동떨어진 영역, 즉 고급문화계에 도전함으로써 대립적인 태도를 유지하지만 엔터테인먼트 자체의 자율적 규칙, 가치, 원리와 미적 기준을 갖고 있는 것으로 정의한다.

  철학은 대체로 전자의 전략을 선호해왔다. 이것은 예술이 현실계의 모방을 통해 엔터테인먼트라는 퇴폐적 즐거움을 제공한다고 비난했던 플라톤으로부터 이미 시작되었다. 현실계의 모방은 바로 진리와 지혜를 담아내는 것처럼 가장하지만 진실한 지식에 내재된 인식적 타당성을 결여하고 있으며, 우리 영혼의 보다 저속한 부분을 자극함으로써 도덕적 타락을 가중시킨다. 그리하여 예술의 엔터테인먼트 가치는 철학으로부터 도입된 진리의 관념과 기준, 도덕적 특성 그리고 정치적 가치에 완전히 종속된다. 이보다 훨씬 드물게 나타나는 두 번째 전략은 대중예술과 엔터테인먼트가 물질적 본성의 재발생적 가치를 드러내는 세속적이고, 육체적이며, 신성을 더럽히는 것으로 간주되어왔지만, 바로 그러한 속성 때문에 고급문화와 대립되는 쾌와 가치를 제공함으로써 고급문화에 도전적으로 대응한다고 간주한다. 이러한 전략을 가장 잘 대표하는 것이 아마도 미하일 바흐친의 카니발 이론일 것이다.

  이러한 접근들 가운데 어느 것도 극단적인 형식을 취할 때에는 엔터테인먼트와 대중예술의 본성을 다루는 데 적절하지 않은 것 같다. 플라톤식의 접근은 모든 가치를 철학적 진리 안에 종속시킴으로써 형식과 즐거움의 미적 가치에 대한 어떠한 상대적 자율성도 인정하지 않는다. 반면에 대중예술과 엔터테인먼트에 대한 극단적인 자율적 접근은 고급문화와 저급 엔터테인먼트 사이의 복합적이고 친밀한 관계를 정당하게 평가하지 않는다. 또한 이 접근은 전자가 후자에게 여전히 휘두르고 있는 오래된 헤게모니의 흔적도 제대로 평가하지 않는다. 개선론은 비난과 찬양 그 어느 쪽에도 편중되지 않고, 고급문화에 대한 단순한 종속과 날카로운 도전 이 양자를 조율하는, 엔터테인먼트의 이론을 요구한다.

  앞에서 언급한 두 번째 일반적 언급은 대중예술과 엔터테인먼트의 개념 형성에 영향을 미치는 문화적 요인들이 역사적으로 바뀌고 있다는 것이다. 그러므로 그러한 개념의 외연도 역사적으로 변화하며, 그러한 개념과 진지한 예술 사이의 경계도 역사적으로 변화한다. (그리스 시대나 엘리자베스 시대의 극과 같은) 대중 엔터테인먼트는 후대에 와서 종종 고급예술의 고전이 되기도 했다. 브론테와 디킨스의 소설도 우리가 오늘날 위대한 문학작품으로 간주하는 것과 달리 그 당시에는 가벼운 대중소설로 받아들여졌다. 영화 역시 이와 유사하게 지위상의 진화를 겪었다. 실제로 같은 문화적 시기에서조차 어떤 작품이 어떻게 상연되고 해석되느냐에 따라서, 그리고 공중에 의해 어떻게 평가되느냐에 따라서 그것이 대중 엔터테인먼트의 기능을 할 수도 있고 고급예술의 기능을 할 수도 있다. 19세기 미국에서 셰익스피어의 극은 고급 연극인 동시에 보드빌 쇼vaudeville이기도 했다.[4] 그러므로 엔터테인먼트의 명확한 의미는 문맥에 많이 의존하게 되는데, 가끔 엔터테인먼트와 뚜렷이 대비되는 뜻에 의해 명료해지기도 한다. 근대에 와서 점차적으로 엔터테인먼트와 대비되는 용어가 진지한 예술이 되었다. 그러나 근대 이전에 엔터테인먼트나 오락은 철학이나 삶의 진지한 일거리와 대비되는 것으로 여겨졌고, (일반적으로 고급 엔터테인먼트와 저급 엔터테인먼트를 여전히 구별할지라도) 순수예술은 엔터테인먼트를 그 하위에 두고 있는 것으로 간주되었다. 이러한 오래된 대비가 오늘날에도 남아 있는데, 예를 들면 우리가 일과 엔터테인먼트를 구별할 때, 혹은 교훈을 얻기 위한 독서와 오락을 위한 독서를 구별할 때 그러하다.

II. 용어의 복합성

서구의 긴 철학사 중에서, 엔터테인먼트entertainment라는 개념은 다소 상이하지만 중첩되는 의미들을 갖는 다양한 용어로 표현되어 왔다. 나는 여기서 아주 간략하게 세 가지 주된 언어, 즉 영어, 불어, 독어에만 한정시켜 유럽 현대 철학에서 사용되는 엔터테인먼트 개념을 다루고자 한다. 영어에는 '엔터테인먼트'라는 용어 이외에 이러한 개념을 나타내는 데 사용되는 다른 단어들, 즉 'amusement[오락]', 'pastime[소일]', 'distraction[기분풀이]', 'divertissement[여흥]', 'recreation[레크리에이션]'이 있다. (그러나 play[유희]와 game[게임]처

---

[4] Lawrence W. Levine, *Highbrow/Lowbrow: the Emergence of Cultural Hierarchy in America*(Cambridge: Harvard University Press, 1988).

럼 이와 관련된 단어들도 가끔 사용된다.) 불어에서는 'amusement', 'divertissement', 'distraction'과 같은 용어들이 주로 사용되지만 또한 'rejouissance[축제]'와 'passetemps[소일]' 같은 용어들도 사용된다. 독어로 'Unterhaltung[즐김, 연예]'은 영어의 '엔터테인먼트'를 일컫는 가장 보편적인 용어이지만 'Zerstreuen[분산]', 'Zeitvertreib[소일거리]' 그리고 'Belustigung[오락]'이라는 용어들도 사용된다. 영어의 '엔터테인먼트'는 근본적으로 라틴어의 '*inter*'와 '*tenere*'의 합성어로부터 유래한 것인데, 이 합성어는 '단결하다', '대접하다', '떠받들다'를 의미한다. 영어의 엔터테인먼트는 16세기 때 제일 처음 사용되었는데, 이때 엔터테인먼트라는 말은 실제로 대접하기라는 의미와 지지하기라는 의미를 전적으로 나타내는 것이었다. (특히 손님이나 병사들과 같은) 사람들을 물질적으로 대접하는 것과 행위에 있어서 바른 예절과 예우로 대접하는 것을 의미한다. (셰익스피어의 『사랑의 헛수고Love's Labors Lost』에서 발견되는) 또 다른 엔터테인먼트의 초기 용법 가운데 하나는 '시간을 갖는 것' 혹은 '시간을 보내는 것'이다. 이러한 초기의 의미들이 엔터테인먼트의 주된 미적 의미가 되었는데, 그것은 바로 '기분 좋게 (사람의) 주목을 끄는 행동', 즉 '관심거리나 오락을 제공하는 행동'을 말한다. 이와 같이 '엔터테인먼트'라는 단어의 초기 의미로부터 '관심을 끌어내거나 즐겁게 해주는 공적 퍼포먼스public performance 혹은 전시'라는 말이 유래된 것 같다. 독어의 'Unterhaltung'은 명백히 영어의 '엔터테인먼트'와 비견되는 것인데, 이 'Unterhaltung'은 부양 혹은 지지라는 함축적 의미에서 시간을 즐겁게 보내게 한다('Belustigung'과 마찬가지로)는 개념으로 바뀌었다. 이와 같이 어원에 함축되어 있는 직설적인 철학적 교훈은, 누군가를 대접하는 데 있어서 필연적인 방법은 아닐지라도 훌륭한 방법이 있다면 그것은 누군가를 만족스럽게 해주거나 흥미로운 것에 전념시키는 것임을 의미한다. 이와 똑같은 개념이 'recreation'이라는 용어에도 나타나는데, 우리는 레크리에이션에서의 즐거운 활동을 통해 자신의 에너지를 재생하고 재창조함으로써 우리 자신을 유지하고 있다. 쾌가 생존과 그 번창에 이롭다는 사실은 진화론적 생물학자들에 의해 강조되고 있다.

그러나 우리가 영어와 불어의 'amusement', 'divertissement', 'distraction'라는 용어를 고려하면 그러한 철학적 교훈은 더욱 복합적인 의미를 띠게 된다. 여기서는 누군가(또는 손님)에 대한 대접을 강조하는 대신에, 우리의 관심을 사로잡는 그 밖의 다른 문제, 즉 아마도 훨씬 덜 중요한 문제로 그 강조점이 분산되는 것 같다. 영어의 'amusement'는 동사 'to muse[명상하다]'에서 유래되었는데, 이것이 처음 사용되었을 때는 어떤 생각에 사로잡히는 것, 경탄하는 것, 깜짝 놀라는 것, 어쩔 줄 모르는 것 등의 의미를 지니고 있었다. 그러나 이 두 가지 영어 단어는 불어의 'muser[유희하다]'라는 의미로 거슬러 올라가는데, 이것은 가벼운 문제에 무익하게 매달림으로써 시간이나 정력을 소모하는 것을 의미한다.[5] 그래서 우리는 오락에 이끌려 우리 자신과 다른 사람들을 대우하는 진지한 일을 멈추게 된다. 'distraction', 'diversion[기분전환]', 'divertissement'는 모두 (이 단어들의 근본적인 의미인 '떼어내다' 혹은 '옆으로 비키다'로 미루어 보면) 우리가 습관적으로 주의를 기울이는 것으로부터 멀어지게 되며, 그 대신에 그 이외의 다른 것에 관심을 쏟게 되는 것을 암시한다.

---

5 어떤 이들은 이 단어를 빤히 응시하다, 빈둥거리다, 게으름을 피우다를 의미하는 이탈리아어 'musare'와 연결시킨다.

마찬가지로 독일어 'Zerstreuen'(발터 벤야민이 영화와 다른 대중 엔터테인먼트를 통한 기분풀이를 설명하기 위해 사용한 것이다)은 엔터테인먼트에서 주의를 기울이는 주체가 분산되고 흩어진다는 것을 나타낸다. 그것은 고급예술에서 요구되는, 벤야민이 'Sammlung[집중]'(마음을 가다듬는 것 또는 자기 평정의 개념을 전달하는 용어)이라고 지적한 자기 집중과는 대조적이다.

이와 같이 기분풀이의 어원 연구로부터 배우게 되는 더욱 역설적이고 변증법적인 중요한 철학적 교훈이 있다. 자기 자신을 지탱하기 위해 우리는 자신을 잊고 자신 이외에 다른 것을 바라볼 필요가 있다. 집중력을 지속시키고 회복하고 심지어 심화시키기 위해, 우리는 또한 집중력을 분산시킬 필요가 있다. 그렇지 않으면 집중력은 약화되고 단조로움 때문에 둔감해진다. 우리는 이러한 교훈들이 우리 시각의 해부학적 구조에 각인되어 있다고 말할 수도 있다. 즉 우리는 내부가 아니라 외부를 봄으로써 신체의 지탱과 생기를 보장받을 수 있다. 이와 같이 엔터테인먼트의 역설적인 구조, 즉 주의력과 기분전환, 집중력과 기분풀이, 진지한 대접과 유희적 오락이라는 외관상의 대립 쌍들을 생산적인 변증법으로 묶는 구조는 또한 엔터테인먼트라는 개념의 계보 속에서 집중적으로 발견된다.

III. 계보적 고찰

엔터테인먼트 개념의 역사는 너무 복합적이어서 간결한 서사로 담을 수 없다. 그래서 나는 단지 시기별로 가장 영향력 있었던 이슈에 초점을 맞추어 몇 가지 주요한 사항을 집중적으로 조명하고자 한다. 우리는 먼저 플라톤의 『파이드로스』(276a~277a)로부터 시작할 수 있다. 이 책 속에서 우리는 소크라테스가 글로 쓰는 철학이라는 관념을 논박하면서, 철학과 엔터테인먼트의 날카로운 대비를 묘사하고 있음을 알 수 있다. [소크라테스는] 글로 된 연설문, 심지어 철학적인 글조차도 구두 대화를 통한 '진지한' 철학적 '변증술art of dialectic'과 달리 "오로지 오락을 위해서만" 가치 있는 것으로 간주한다. 진지한 철학적 변증술은 정신을 적극적으로 활성화하며, "또한 이를 가진 사람은 가장 행복한 인간으로 묘사된다." 그리하여 철학은 교육적 활동으로 추구되든 아니면 쾌를 위해 추구되든 오락보다 늘 우수하다. 여기에 사용된 그리스어 '오락'은 파이디아paidia인데, 이것은 그리스어로 교육을 의미하는 파이데이아paideia라는 말과 아주 흡사하다. 이 두 단어는 어린이와 관련된 어근을 공통적으로 가지고 있는데, 바로 플라톤이 『법률』 제2권에서 이 점을 지적했다. 그러나 엔터테인먼트는 유치한 '농담'이나 유희처럼 하찮은 것으로 취급되고 있고, 진지하고 통제되어야 하는 진정한 교육과 대비되고 있다.⁶ 플라톤에게 있어서, 강렬한 엔터테인먼트 기능을 갖는 모방예술은 진리로부터 멀어지게 하는 유치한 기분풀이에 지나지 않을 뿐만 아니라 진리에 대한 기만

6 라틴어로 엔터테인먼트entertainment는 '오블렉타티오oblectatio'인데, 이것은 유혹적인 기분전환이나 기분풀이라는 주된 의미를 갖고 있는 동시에 어린아이와 같은 것이라는 함축적인 의미를 지니고 있다. 왜냐하면 오블렉타티오는 동사 '락토lacto'에서 파생되었는데, 락토는 유혹하다라는 의미와 젖을 먹는다라는 의미를 다 지니고 있기 때문이다. 어머니의 젖가슴은 생명을 유지시킨다는 점에서 그리고 불쾌한 감정이나 불안으로부터 벗어나게 해 만족스러운 위안을 안겨준다는 점에서 아이에게 엔터테인먼트를 제공한다. 어머니의 젖가슴은 아마도 처음으로 우리에게 엔터테인먼트를 제공하는 대상일 것이다. 엔터테인먼트에 대한 철학의 오만한 가치절하는 남성이 어머니나 여성에게 '어린아이와 같이' 의존한다는 것을 무의식적으로 거부한다는 의미가 아닐까?

적인 왜곡과 영혼의 타락이었다. 그러므로 그는 『국가』 10권에서 모방예술의 추방을 주장할 정도로 모방예술을 강하게 비난한다.

아리스토텔레스는 『시학』에서 비극의 미적 가치를 평가하는 몇 가지 독립적 기준—비극의 형식적 통일성에서 비롯되는 쾌와 카타르시스적 해방감—을 소개했다. 그러나 당대의 예술적 엔터테인먼트에 대한 아리스토텔레스의 옹호는 여전히 철학의 높은 가치인 진리에 의존했다. 그래서 예술의 모방적 쾌는 철학의 높은 인식적 기쁨을 저급하게 변형한 것으로 정의된다. 한편 아리스토텔레스는 시가 "역사보다 더 철학적이며 더 위대한 의미"를 갖고 있다고 칭찬했다. 왜냐하면 시는 단지 과거의 우발적인 특정 사건들을 기술하는 것이 아니라 "일어날 만한 일종의 사건, 즉 개연적이면서 필연적인, 있음직한 것"을 기술하기 때문이다. 그러므로 시가 특별한 사건들의 고유한 이름을 사용하지만, 시의 진술은 오히려 보편적인 성질을 띠고 있는 반면 역사의 진술은 개별적인 성질을 띠고 있다.[7]

근대적 사고가 동틀 무렵 몽테뉴는 독서에 관한 논의에서 엔터테인먼트와 진지한 철학적 지혜에 대한 고대의 구분을 고찰한다. 그러나 그는 독서의 목적이 일차적으로 쾌를 얻는 것이라고 확언하면서, 진지한 사유와 유희적 오락에 대한 전통적 위계에 도전한다.[8] 몽테뉴는 「책에 대하여Of Books」(II, 10: 297[『수상록』 제2권 10장])에서 다음과 같이 언급한다. "나는 책 속에서 순수한 오락을 통해 쾌를 얻으려고

---

7 Aristotles, *Poetics*, 1451b, trans. Ingram Bywater(Oxford: Clarendon Press, 1909), 27.
8 Michel de Montaigne, *Essais*(*édition conforme au texte de l'exemplaire de Bordeaux avec les additions de l'édition poshume*), Maurice Rat, ed.(Paris: Garnier, 1962), vol. 1, 447~462; vol. 2, 237~261. 괄호 안의 쪽수는 도날드 프레임의 훌륭한 번역을 따른 것이다. Donald Frame, *The Complete Works of Montaigne*(Stanford, CA: Stanford University Press, 1957)를 참조하라.

노력할 뿐이다. 그렇지 않고 내가 책을 면밀히 숙독한다면, 그것은 오로지 지식을 다루는 것을 스스로 터득하기 위해서이며, 또한 어떻게 하면 잘 죽고 잘 사는가에 대한 교훈을 스스로 터득하기 위해서이다." 몽테뉴는 그다음에 「세 가지 사귐에 대하여Of Three Kinds of Association」에서 오락에 대한 애호를 더욱 분명히 밝힌다. 또한 여기서 그는 청년 시절에는 허식으로 책을 읽었지만, 그 이후에는 지혜를 얻기 위해 읽었고 지금은 단지 "레크리에이션을 위해" 읽는다고 기술한다. 몽테뉴는 오락의 애호에 대한 비판을 예상하고 이에 대응한다.

> 누군가 나에게 뮤즈의 여신들the Muses을 단지 장난감이나 소일거리의 대상으로 취급하는 것이 그들의 품위를 격하시키는 것이라고 말한다면, 그는 내가 그랬듯이 즐거움, 유희 그리고 소일거리의 가치를 모르기 때문이다. 나는 그 이외에 어떤 다른 목적을 추구하는 것도 우스꽝스러운 짓이라고 말하고 싶을 정도다 (III, 3: 629).

우리는 몽테뉴를 시시하고 경박한 정신의 소유자로 간주해서는 안 된다. 이것은 몽테뉴의 위대한 『수상록』을 완성하게 한 열정적인 자기 성찰의 업적만 보아도 단연코 알 수 있는 사실이다. 그는 "우리의 사유를 즐겁게 하는" 명상 활동이 엔터테인먼트의 한 형식이라고 주장하면서, 엔터테인먼트가 강렬한 정신 상태를 동반할 때는 지적인 노력을 요하거나 쾌를 추구하는 면에 있어서 모든 다른 활동에 못지않다고 말한다. 그러나 몽테뉴는 자기 명상self-meditation이 너무 오랫동안 계속되거나 지나치게 왕성하면 심신을 지치게 하거나 불안정하게 할 수도 있다는 것을 알게 되었다. 그러므로 그는 마음을 "진정시키고 휴식을 취하기" 위해 다른 쾌로 정신을 환기시킬 필요가 있음을 인정했다. 독서는 그가 가장 좋아하는 기분풀이의 한 형식이었다. 왜냐하면 책을 통한 '오락'은 자기 성찰의 엄격함에 휴식을 제공할 뿐만 아니라 우리 마음에 망령처럼 달라붙어 다니는 "어떤 골칫거리로부터 벗어날 수 있도록" 해주기 때문이다(III, 3: 621, 622, 628). 그다음 장 「기분전환에 대하여 Of Diversion」(III, 4: 630~638)에서 그는 우리가 골치 아플 정도로 어떤 문제에 몰두하는 것을 극복하기 위해 기분풀이의 실제적이고 치료적인 가치를 더욱 집중적으로 다루고 있다.[9]

엔터테인먼트 개념에 대한 몽테뉴의 설명이 매우 간략하고 산발적이지만, 여기에는 세 가지 중요한 점이 있다. 첫째, 엔터테인먼트는 노력을 크게 요하는 명상의 형식을 취할 수도 있다. 따라서 엔터테인먼트는 쾌뿐만 아니라 우수한 정신 훈련을 포괄한다. 그런 까닭으로 엔터테인먼트, 쾌 그리고 진지한 지적 활동의 추구는 서로 일관성이 없는 것으로 간주되어서는 안 된다. 둘째, 쾌는 사소한 가치를 지닌 것이 아니기 때문에 엔터테인먼트가 쾌와 깊이 연관되어 있다는 것은 엔터테인먼트의 품격을 떨어뜨리는 것이 아니라 오히려 그 품격을 높이는 것이다. 셋째, 정신을 전환시키는 엔터테인먼트의 특성은 결코 부정적인 것만이 아니다. 왜냐하면 엔터테인먼트의 기분전환은 주의력을 분산시킴으로써 정신력을 감퇴시키는 것이 아니라 오히려 변증법적 방식으로 정신력을 강화시킨다. 즉 기분전환은 정신 활동의 초점과 양식을 바꾸고자 할 때 정신에 해방감은 물론 대안

---

9 몽테뉴는 고전 사상가들, 특히 키케로와 루크레티우스가 이러한 개념에 대해 밝힌 초기 입장을 인용한다.

적 실행을 제공한다.

18세기에 엔터테인먼트 개념은 생활과 사유의 진지한 실천뿐만 아니라 보다 진지한 예술형식과 대조되기 시작한다. 그리하여 18세기 영국 신고전주의의 핵심 인물인 새뮤얼 존슨Samuel Johnson은 '엔터테인먼트'의 속성을 '하위 희극'의 특수한 응용으로 보았으며, 또한 "음악이 음송recitation이나 묘기 등과 혼합되는 경우처럼 엔터테인먼트가 다양한 특성을 보이는 퍼포먼스를 한데 묶은 것"이라는 의미로 점차 사용되고 있는 점에 주목했다.[10]

디드로의 『백과전서』에 실린 '여흥Divertissement' 항목은 이와 다소 유사한 점을 이야기한다. 이 항목은 먼저 당대 예술에서의 '여흥'의 기술적인 의미에 주목한다. 기술적인 의미의 여흥은 "연극이나 연주회에서 음악 공연을 할 때 낭송되는 짧은 시들, 가끔 2막이나 1막으로 구성된 희극이 끝날 무렵 배치되는, 노래와 함께하는 춤" 그리고 "오페라의 막간에 줄거리와 상관없이 에피소드로 도입되는 춤과 노래"를 지칭하는 것이다. 또한 여기서 '여흥'은 보다 일반적으로 "특별한 오락, 레크리에이션 그리고 축제[rejouissance]를 포함하는 속명"으로 정의된다. 이 네 가지 용어의 다소 상이한 뉘앙스에도 불구하고 그것들은 "동의어라고 간주되거나 기본적으로 기분풀이[dissipation] 혹은 쾌의 의미를 지니고 있는" 것으로 간주된다. 이 항목의 말미에서 "유용하거나 필요한 것을 목표로 삼지 않는 모든 여흥이 게으름의 결실이며 또한 쾌를 지나치게 애호한 결과"라고 경고하고 있다. 이 경고는 결국 엔터테인먼트가 진실한 예술과 대조된다는 것을 암시

---

10 "Entertainment" in *The Oxford English Dictionary*(Oxford: Clarendon Press, 1933), vol. 3, 214.

한다. 그러나 디드로는 다른 곳에서 진정한 예술의 최고 장점이 즐거운 것the pleasant과 유용한 것the useful을 결합하는 것이라고 기술하고 있다. 물론 이는 예술 자체가 엔터테인먼트의 형식이 아니라거나 엔터테인먼트가 무익한 쾌를 좇는 게으른 일에만 제한된다는 것을 의미하지는 않는다.[11]

임마누엘 칸트의 『판단력비판』에서 '엔터테인먼트' 개념은 '저급의' 의미와 '고급의' 의미를 동시에 함축하는 것으로 사용된다. '엔터테인먼트' 개념은 미적인 것the beautiful을 쾌적한 것the agreeable과 구별하는 데 필요한 감각적 쾌, 즉 '관심적' 쾌에 적용된다(1부 7절). 그러나 엔터테인먼트는 나중에 무관심적인 것(특별한 목적이 없는), 즉 미에 대한 우리의 경험을 특징짓는 심적 능력의 자유로운 유희("freie und unbestimmt-zweckmässige Unterhaltung der Gemütskräfte")로 사용된다.[12] 프리드리히 실러는 미적인 것the aesthetic을 유희와 가상의 영역과 동일시하면서 엔터테인먼트에 대한 인간의 적극적인 욕구가 유희 개념을 통해 표현된다고 인식한다. "인간은 인간이라는 말의 충만한 의미에서 인간일 경우에만 유희하며, 유희할 때에만 오로지 전

---

11 "Divertissement" in *Encyclopédie ou dictionnaire raisonné des sciences, des arts et des métiers, mis en ordre et publié par Diderot & quant à la partie mathématique par d'Alembert. Nouvelle impression en facsimile de la première edition de 1751-1780*(Stuttgart: Friedrich Frommann Verlag, 1966), vol. 4, 1069를 참조하라. 이 항목은 조쿠르M. le Chevalier de Jaucourt가 썼다. 그리고 Denis Diderot, "D'Alemberts Dream: Conclusion of the Conversation", in John Kemp, ed., *Diderot: Selected Writings*(New York: International Publishers, 1943), 119.

12 Immanuel Kant, *Kritik der Urteliskraft*(Hamburg: Felix Meiner, 1974), 50, 84("Allgemeine Anmerkung zum ersten Abschnitte der Analytik"). 영역판 *The Critique of Judgement*, trans. J. C. Meredith(Oxford: Oxford University Press, 1952), 53, 88을 참조하라. 메레디스는 이 독어 구문을 다소 어색하게 "정신력의 자유로운 그리고 불확정적인 궁극적 엔터테인먼트"로 번역했다.

적으로 인간이다."¹³ 실러는 유희가 인간의 자유에 대한 표현이면서 동시에 비강제적이고 효율적인 도덕적 교화의 한 형식이기 때문에 매우 가치 있다고 주장한다. 가상Schein 개념은 유희Spiel 개념 그리고 볼거리의 의미에서의 엔터테인먼트와 명백히 관련되어 있다. 실러는 이러한 가상이 결국 자유의 요체이자 도구라고 규정한다. 칸트의 『판단력비판』에서 관심적인 추구와 자유로운 추구 양자 모두를 위한 (그래서 더욱 낮은 영역의 쾌적한 것과 더욱 높은 인식적 영역의 아름다운 것 사이에서의 필연적인 양면성을 갖는) 아슬아슬한 균형이 엔터테인먼트 개념을 통해 유지되는 것처럼, 우리는 실러가 제시한 유희 관념을 통해 엔터테인먼트가 (더욱 고상한 형식으로) 스스로 관념적인 형식과 물질적 삶 사이에서 완벽한 평형을 제공함은 물론 그것을 상징하고 있음을 알 수 있다.

그러나 이처럼 엔터테인먼트에 대한 균형 잡힌 관점은 영향력 있는 헤겔의 미학에 의해 결정적으로 방해를 받는다. 왜냐하면 헤겔의 미학은 치명적일 만큼 관념적인 것을 지향하는 정신화로의 전환을 초래했기 때문이다. 헤겔로 인해 엔터테인먼트는 예술이라는 이름에는 역부족한 것으로 분명히 간주된 듯하다. 『미학강의Vorlesungen über die Ästhetik』에서 예술의 가치를 단언하는 최초의 언급을 살펴보면, 그는 '진실한 예술'과 '노예근성의' 예술적 기분풀이artistic distraction를 예리하게 구별해야 한다고 생각한다. 이 예술적 기분풀이는 "쾌와 엔터테인먼트에 봉사하는, 단지 덧없는 게임(ein flüchtiges Spiel ... dem Vergnügen und Unterhaltung zu dienen)"과 같은 것이며 또한 "삶과

---

13 Friedrich Schiller, *On the Aesthetic Education of Man*, bilingual edition(Oxford: Clarendon Press, 1982), Letter 15, 107. "der Mensch spielt nur, wo er in voller Bedeutung des Worts Mensch ist, und er ist nur da ganz Mensch, wo er spielt."

관련된 즐거움"이라는 "외재적" 목적("dem Äusseren der Lebensverhältnisse Gefäligkeit")에 지나지 않는 것으로 간주된다. 그리하여 엔터테인먼트는 쾌와 그 외재적 목적에 예속된 보다 열등한 영역에 속하게 된다. 대조적으로 순수예술(die schöne Kunste)은 이러한 예속으로부터 자유로울 때 오로지 진실한 예술(wahrhafte Kunst)이 된다. 우리는 이미 여기서 오늘날 대중예술에 대한 논쟁에서 여전히 지배적인, 예술과 엔터테인먼트의 날카로운 대비를 보게 된다.

그러나 헤겔은 순수예술의 자유로움에 대한 자신의 명백한 주장에도 불구하고 순수예술을 자유롭게 두지 않는다. 왜냐하면 그는 불가피하게 순수예술에 "최상의 사명"을 부과하기 때문이다. 말하자면 "순수예술은 신적인 것과 인류의 가장 깊은 관심, 그리고 정신의 가장 포괄적인 진리를 의식화하고 언표하는 방식으로" 임무를 감당한다.[14] 따라서 헤겔은 엔터테인먼트─가상(das Schein)을 통한 쾌를 그 목적으로 하기 때문에 '예속적인' 것이라고 규정된다─와 실재적 예술─그 자유가 역설적이게도 신, 진리 그리고 이념적인 것에 예속되는 것으로 규정된다─의 엄격한 대비를 확고히 하면서도 동시에 흐려놓기도 한다. 이와 같은 헤겔의 태도는 애석하게도 오늘날 미학을 여전히 지배하고 있다. 오늘날 미학에서 관념론으로의 선회로 인해 예술의 영역에서 미와 쾌보다 진리에 더욱 권한을 부여하게 되었으며, 또 한편으로는 자연의 장려함보다 예술의 영역에 더욱 높은 권한을 부여하게 되었다.

니체는 엔터테인먼트에 대한 더욱 복합적이면서 더욱 건전한 관

---

14 G. W. F. Hegel, *Ästhetik*(Berlin: Aufbau Verlag, 1984), vol. 1, 18~19. 영어판 *Introductory Lectures on Aesthetics,* trans. Bernard Bosanquet(London: Penguin, 1993), 9를 참조하라.

점 그리고 엔터테인먼트와 예술 및 사상의 관련성을 제시한다. 그러나 그는 가끔 엔터테인먼트가 천박한 즐거움을 좇는 하찮은 관심과 지겨움을 덜기 위한 시간 때우기라는 아주 경멸적인 의미로 쓰일 수도 있음을 보여준다. 실제로 그는 예술적 표현의 영역에서뿐만 아니라 지식이나 철학 자체의 영역에서도 그러한 하찮은 것을 비난하기 위해 엔터테인먼트를 사용하기도 한다. 니체는 또한 「교육자로서의 쇼펜하우어」(§6)에서 학구적인 책들과 그 책 속의 하찮은 진리가 어떻게 단순한 "엔터테인먼트의 수단이나 지겨움을 물리치는 도구(Mitteln der Unterhaltung und an Fliegenklappen gegen die Langeweile)" 또는 "유희충동(Spieltrieb)"이나 "오락(Ergötzlichkeit)"으로 기능하는지를 밝히고, 그것에 대한 불만을 표하고 있다. 게다가 니체는 「바이로이트의 리하르트 바그너」에서 천재를 지향하는 진실한 예술과 문화를, 당대의 예술, 즉 이른바 "타락한(verderbliche)" "예술-엔터테인먼트(Kunst-Unterhaltungen)"와 대비하고 있다. 그러나 어쨌든 이러한 "오락이나 엔터테인먼트에 대한 졸렬하고 은밀한 탐닉(schlecht verhehlte Sucht nach Ergötzlichkeit, nach Unterhaltung um jeden Preis)"은 평범한 사람들이 대중예술을 향유할 때 확인되는 것이 아니라 오히려 "교양을 겸비한 사람들(Gebildeten)"과 "학자들(Gelehrten)"이 관례화된 고급예술을 향유할 때 확인된다. 이것은 바그너가 평범한 사람들을 "시적인 서민들(das dichtende Volk)"이라고 간주한 것과 너무나 대조된다.[15]

---

[15] Friedrich Nietzsche, "Schopenhauer als Erzieher"(§6) and "Richard Wagner in Bayreuth"(§§4, 5, 8), in *Unzeitgemässe Betrachtungen*, in *Sammtliche Werke*(Stuttgart: Alfred Kröner, 1976), 266~267, 322~324, 335. 이 작품들은 영어로도 번역되었다. R. J. Hollingdale, *Untimely Meditations*(Cambridge: Cambridge University Press, 1988), 172~173, 210~211, 218, 229. 나는 간혹 내 번역을 사용하기도 한다.

반면에 니체는 『이 사람을 보라』(§3, 「나는 왜 이렇게 영리한지」)에서 "레크리에이션(Erholung)" 개념을 통해 엔터테인먼트의 긍정적인 힘을 피력한다. 그는 레크리에이션이 기후와 영양 공급과 더불어 자기 배려self-care에 매우 중요하며, 또한 자신은 물론 자신이 자청한 "심각함(Ernste)"에서 벗어날 수 있게 한다고 간주한다. 실제로 니체는 "모든 종류의 독서가 나의 레크리에이션에 속한다."고 주장한다.[16] 몽테뉴와 마찬가지로 자기 명상을 열정적으로 실천했던 니체는 기분풀이라는 엔터테인먼트의 생산적인 패러독스를 확신하는 듯하다. 우리는 이미 이러한 기분풀이의 의미를 엔터테인먼트의 어원 연구에서는 물론 몽테뉴에게서 확인할 수 있었다. 이에 따르면 자기는 자신에게 주의 집중하는 것으로부터 해방됨으로써 유지되고 강건해지며, 진지한 자기 배려는 또한 자기 자신으로부터 기분 좋게 벗어난다는 의미를 포함하고 있다. 그리고 더 나아가 나는 이러한 패러독스가 변증법적 교훈을 함축하고 있다고 생각한다. 말하자면 자기는 자신을 잊어버림으로써, 또한 자신의 관심을 더욱 넓은 세계로 향하게 함으로써 신장되고 개선된다. 진정한 도약은 더 위대한 것을 품기 위해 기존의 상태에서 벗어나는 것을 의미한다. 이러한 교훈은 오늘날 예술에도 적용될 수 있을 것이다. 현대 예술은 예술 자체에 (즉 그것이 처하고 있는 자연과 인간의 삶이라는 더욱 폭넓은 세계보다는 오히려 그 자체의 내적 역사, 이론, 걸작 그리고 추정되는 실체presumed essence에) 강렬한, 그리고 종종 편협한 관심을 보임으로써 힘과 호소

---

[16] Friedrich Nietzsche, *Ecce Homo*("Warum ich so klug bin", §3), in *Sammtliche Werke*(Suttgart: Alfred Körner, 1978), 320~321. 8절 후반부에서 그는 레크리에이션이 자기 보존의 본능을 포함한다고 제시한다(329). Walter Kaufmann(New York: Vintage, 1969)의 영어판, 242, 252를 참조하라.

력을 상실하게 되었다.

몽테뉴와 니체는 엔터테인먼트의 가치를 강조했다. 엔터테인먼트의 기능, 즉 기분을 전환시키는 유희나 기운을 회복시키는 긴장해소가 정신력을 변증법적으로 강화시킨다는 점 때문이었다. 나는 한 걸음 더 나아가 엔터테인먼트의 인식적 공헌에 대한 가정을 과감히 제시하고자 한다. 엔터테인먼트의 긴장해소 기능은 집중력을 회복시킬 수 있도록 해방감이나 기분전환을 제공할 뿐만 아니라 감각의 방해를 억제함으로써 지각의 감수성을 또한 민감하게 한다. 지나친 노력이나 과로 때문에 생기는, 근육수축의 긴장 상태는 바로 감각의 방해를 일으키는 주원인이다. 이러한 가정은 적어도 정신물리학이 일구어낸 고전적 발견에 의해 뒷받침되고 있다. 정신물리학은 유명한 베버-페히너 법칙Weber-Fechner Law을 통해 구체화되었는데, 이 법칙은 우리가 평범한 경험으로부터 알게 되는 진리를 공식화한다. 즉 이 법칙에 의하면 우리가 자극받는 감각기관을 통해 경험하게 되는 기존의 자극이 약하면, 약한 외부 자극을 경험하게 될 때에도 더욱 명료하고 쉽게 감지할 수 있다. 그러나 기존의 자극이 강하다면 외부 자극은 훨씬 더 강해야만 감지될 수 있다.[17] 예를 들면 타오르는 햇빛 속에서는 담뱃불이 짧은 거리에서도 거의 보이지 않지만 밤의 어둠 속에서는 멀리서도 보인다. 바람에 날리는 나뭇잎의 소리가 한밤중의 고요한 나무숲에서는 잘 들리지만, 한낮의 도시의 소음 속에서는 잘 들리지 않는다. 마찬가지로 주먹을 단단하게 쥐고 있거나 손가락을 팽팽하게 펼치고 있는 손은 근육의 긴장을 풀고 있는 손에 비

---

[17] 베버-페히너 이론에 대한 이르지만 매우 명석한 분석으로는 William James, *The Principles of Psychology*(Cambridge: Harvard University Press, 1983[1890]), 503~518을 참조하라.

해 정교하게 접촉감이나 질감을 식별하는 데 둔감하다. 그리하여 엔터테인먼트의 긴장해소 기능은 단지 기운을 회복시키는 해방감만이 아니라 새로운 통찰력을 얻을 수 있도록 하는 더욱 정교한 감수성을 제공할 수도 있다.

불행하게도 니체 이후 독일 철학의 지배적인 경향은 예술의 엔터테인먼트 기능을 단호하게 격하시키는 것이다. 마르틴 하이데거는 예술품이 "단지 예술적 향유를 위해서만 제공된다면", 그것이 정당하게 제시되거나 보존되지 않는다고 주장한다. 왜냐하면 예술을 규정하는 본질은 쾌 또는 엔터테인먼트에 있는 것이 아니라 진리의 생성에 있기 때문이다. 가다머도 자신의 미학에서 유희 개념을 강조하고 있지만, 사실은 예술의 엔터테인먼트 기능을 무시하고 예술의 존재론적이고 해석적인 계시revelation를 강조하고 있다. 또한 그는 "미적 직접성"과 "경험Erlebnis"의 유혹적인 위험성에 대해 경고하고 있다.[18] 독일 미학에서 쾌보다는 진리에, 심지어 미보다도 진리에 특권을 부여하는 헤겔 철학의 경향은 아도르노에게서 훨씬 더 현저하게 나타난다. 아도르노는 막스 호르크하이머와 함께 대중예술인 엔터테인

---

18 Martin Heidegger, "The Origin of the Work of Art" in *Poetry, Language, Thought*(New York: Harper, 1975), 68, 71; Hans-Georg Gadamer, *Truth and Method*(New York: Crossroads, 1982), 58~90. 나는 아도르노에 비해 가다머가 대중음악에 대해 훨씬 더 관대한 입장을 취하면서 대중음악의 예술적 '정당성'을 주장했다는 것을 물론 기억하고 있다. 그러나 그는 이러한 정당성을 쾌의 관점에서가 아니라 "[폭넓은] 커뮤니케이션을 성립시킬 수 있고" 또한 "지식을 갈망하는" 비평에 재료를 공급할 수 있는 역량이라는 관점에서 바라보았다. 가다머는 또한 예술을 축제의 개념과 관련시키는데, 이 축제 개념은 다소 선험적이고 종종 명백히 이론적인 관점에서 이해되는 것이다. Hans-Georg Gadamer, *The Relevance of the Beautiful and Other Essays*(Cambridge: Cambridge University Press, 1986), 39, 51을 참조하라.

먼트를 격하시키기 위해 '문화 산업culture industry'이라는 비난적 개념을 도입했다. 그들에 의하면 대중예술의 수동적이고 어리석은 쾌는 "공허한 시간을 더욱 공허함으로 채운다." 아도르노에게 있어서 예술을 향유하는 쾌는 인식과 거의 뚜렷이 대립되는 것 같다. 말하자면 "사람들은 예술작품에 대해 많은 것을 알게 될수록, 예술작품을 보다 적절하게 향유할 수 없다. 그 역도 마찬가지다." 예술적 가치에 대한 논쟁을 통해 아도르노는 쾌가 진리에 희생되어야 한다고 분명히 밝힌다.

> 허위의 세계에서 모든 쾌락은 허위적인 것이다. 이것은 예술적 쾌에도 적용된다. 간단히 말해서 향유가 예술에 없어서는 안 될 본질적 요소라는 바로 그 개념은 폐기될 필요가 있다. 예술작품이 진실로 우리에게 요구하는 것은 지식이나 공정하게 판단하는 인식능력이다.[19]

그러나 왜 진리와 엔터테인먼트, 지식과 쾌가 본질적으로 대립한다고 가정해야 하는가? 영향력 있는 영미의 시인이자 문예비평 이론가인 엘리엇에 주목해보자. 그는 현명하게도 이 개념들의 풍부한 상호 연결성을 주장하고, 예술의 인식적 중요성을 부정하지 않으면서 예술의 엔터테인먼트를 긍정한다. 레미 드 구르몽Rémy de Gourmont의 사상에서 영향을 받은 엘리엇은 시를 "우수한 오락"으로 정의하면서, 이것이 곧 "우수한 사람들을 위한 오락을 의미하는 것은 아니

---

19 Theodor Adorno and Max Horkheimer, *Dialectic of Enlightment*(New York: Continuum, 1986), 121; Theodor Adorno, *Aesthetic Theory*(London: Routledge, 1984), 18~21.

다."라고 지적하고 있다. 엘리엇은 예술이 우수한 오락에 속한다고 주장한다. 왜냐하면 예술의 쾌는 감각에만 호소하는 것이 아니라 오성understanding에도 호소하기 때문이다.

> 시를 이해하는 것은 올바른 근거로 시를 향유하는 것이나 다름 없다. 어떤 사람은 이것이 시가 줄 수 있는 즐거움을 그 시로부터 얻는다는 것을 의미한다고 말하기도 한다. 시에 대한 그릇된 이해 속에서 시를 향유하는 것은 시에 투영된 우리 자신의 정신만을 단지 향유하는 것이기 때문이다. …… 우리가 시를 이해하지 못하면 우리는 시를 충만하게 향유하지 못한다. 마찬가지로 우리가 시를 향유하지 않는다면 우리는 시를 충만하게 이해하지 못한다. 그리고 이것은 어떤 시를 다른 시들과 비교해서 상대적으로 합당한 수준이나 합당한 방식으로 향유한다는 말이다.[20]

엘리엇은 미적 쾌와 인식, 이 양자의 대립을 해체하면서, 고급예술—아마도 (헤겔주의의 관점에 따르면) 숭고한 진리에 헌신할 것이다—과 통속적인 대중 엔터테인먼트—아마도 단순한 즐거움에 영합할 것이다—라는 이분법에도 부단히 도전하려 했다. 엘리엇

---

[20] T. S. Eliot, "Preface" to *The Sacred Wood*(London: Methuen, 1968), viii~ix; *Of Poetry and Poets*(London: Faber, 1957), 115를 참조하라. 이것은 "만약 시의 사악함이 우리의 유머 감각에 호소하는 것이라면" 우리가 그 사악한 시들을 이해는 할 수 있어도 그것들을 즐겨서는 안 된다는 것을 의미한다. 이어지는 엘리엇의 인용문은 *The Use of Poetry and the Use of Criticism*(London: Faber, 1964), 154에서 인용하였다. 쾌와 이해에 관한 엘리엇의 관점에 대한 더욱 구체적인 설명은 Richard Shusterman, *T. S. Eliot and the Philosophy of Criticism*(London: Duckworth; New York: Columbia University Press, 1988)을 참조하라.

은 고급예술과 엔터테인먼트를 연속체로 보면서, 훌륭한 시인은 "대중 엔터테이너popular entertainer처럼 …… 시의 즐거움을 전하고 싶어 한다."고 주장한다. 엘리엇은 시인은 예언력을 가진 천재 혹은 심오한 진리를 깨닫는 자라는 낭만주의적 개념의 신비를 신랄하게 벗겨낸다. 엘리엇은 "사회에서 시인의 역할이 공연홀의 희극배우처럼 가치 있다고" 보장받기를 바라면서, 자신의 시적 성과를 보다 폭넓은 청중에게 미치도록 하기 위해 신중하게 연극으로 관심을 돌렸다. 공연홀의 열성적 팬이었던 엘리엇은 고급예술과 대중예술의 청중이 섞일 수 없다고 생각하는 것은 고지식한 발상이며, 마찬가지로 고급예술작품이 광범위한 대중성을 획득할 수 없다거나 저속한 대중문화로부터 유래된 작품이 수준 높은 미적 가치를 획득할 수 없다고 생각하는 것은 잘못된 것임을 깨달았다.[21]

21 이른바 대중이 지니고 있는 복합성은 대중예술에 대한 20세기의 가장 대표적인 이론적 옹호자, 그람시와 바흐친에 의해 수립된 입장이다. 그들은 또한 엔터테인먼트의 기능이 대중의 문화적 표현으로부터 중요한 미적, 인식적, 정치적 기능을 빼앗지 않는다는 사실을 인정한다. 두 이론가는 대중the popular이 '민중the people'이라는 특정 계층에 그 기원을 두고 있다고 보는 것이 아니라 대중이 본질적으로 공적 문화와 대립적 관계를 유지하고 있다고 본다. 왜냐하면 그람시가 언급하듯이 "민중은 동질적인 문화 집단이 아니기" 때문이다. A. Gramsci, *Selections from Cultural Writings*(Cambridge, MA: Harvard University Press, 1991), 195를 참조하라. 바흐친은 축제의 대중 미학이 [공동체의] 소통을 증대시키기 위해 공적 위계를 잠시나마 없애버림으로써 사회의 모든 계층과 모든 작품을 포용한다는 점에 역점을 두면서, 유희와 엔터테인먼트의 역할을 강조한다. 바흐친은 기분풀이의 생산적인 힘에 대한 변증법적 논쟁의 변주를 통해, 우리로 하여금 공적 역할과 기존의 확립된 진리에 대한 압박감을 일시적으로 잊어버리게 하는 가운데, 또한 유토피아적 이상과 새로운 가능성을 향해 우리의 가슴과 정신을 활짝 열게 해주는 가운데 축제의 엔터테인먼트가 회복력이 있다고 제안한다. 회복력 있는 이러한 유토피아적 기능이 사회의 모든 계층에게 제공될 수 있기 때문에 대중적 엔터테인먼트의 호소력이 일개의 특정 사회 계층과 협소하게 연계될 수 없다고 한다.

그럼에도 불구하고 대부분의 문화비평가는 엔터테인먼트를 하층계급의 속물근성이나 무의미한 즐거움을 추구하는 것으로 간주해, 예술과 엔터테인먼트를 첨예하게 대비시킨다. 문화적 경제와 개념적 경제cultural and conceptual economy의 많은 요인이 이와 같은 입장을 매우 설득력 있는 것으로 만들었다. 쾌라는 개념이 주로 육체의 쾌락을 의미하게 됨에 따라 관념론 철학과 내세 지향적 기독교는 자신들의 가치계를 저급한 물질적 타락의 세계로부터 멀어지게 하는 음모를 꾀했다. 북미와 유럽에서 오랫동안 추구되어왔던 노동과 검소함이라는 프로테스탄트적 윤리 역시 쾌에 사악한 명분을 부여하였다. 더구나 이론가들의 전형적인 아비투스habitus를 형성하고 있는 지적 금욕주의는 그들로 하여금 쾌의 풍부한 가치를 충분히 인식하지 못하도록 부추겼다. 자연계natural world의 세속화 경향과 전통적인 종교적 신념의 상실이라는 근대성의 일면 때문에 예술은 점차적으로 신성화의 요체로 기능하게 되었다. (발터 벤야민이 주장하듯이) 예술의 신성한 아우라가 예술품의 기계적 복제에 의해 도전받고 있지만, 예술의 초월적, 정신적 가치를 유지하려는 욕망은 여전히 남아 있다. 세속적인 사회에서 우리는 정신의 고양을 위해, 주말에는 교회 대신 박물관을 방문하게 되었고, 문학의 고전들은 우리의 신성한 텍스트가 되었다.

그러나 예술이 신성시되려면 예술은 엔터테인먼트와 명료하게 구별되어야 한다. 왜냐하면 엔터테인먼트는 예술의 낭만적 '신학'이 찬양하는 영혼 불멸이라는 초월적 영역에 주로 기여하기보다 오히려 체화된 인간의 삶을 새롭게 하는 데 기여하는 세속적인 쾌와 관련되어 있기 때문이다. 프래그머티즘 미학이 예술에 있어서 두 가지 핵심적인 가치라고 인식하고 있는 쾌와 삶은 역설적이게도 엔터테인먼트를 비난받게 만드는 두 가지 주된 죄가 된다. 상식적으로는 불필요한 일이지만, 나는 이 장의 마지막 절에서 예술에서의 주된 가치인 쾌와 삶의 문제를 옹호하기 위해 몇 가지 주장을 개진할 것이다.

IV. 쾌와 삶

나는 예술과 삶에 있어서 쾌가 그 유일한 가치 혹은 최고의 가치라고 결코 주장하지 않지만, 나의 미학이 쾌락주의의 측면을 지니고 있다는 비판을 자주 받았다.[22] 이런 이유 때문에 나는 여기서 쾌의 문제를 먼저 다루고자 한다. 칸트 이후의 미학이 쾌의 논리의 복합성 및 쾌의 형식과 용도의 다양성을 깨닫지 못하고, 부당하게도 쾌의 중요성을 기각시켜버리는 경향이 있는 것 같다. 이러한 다양성은 한 가지 단어를 초월하여 쾌와 관련된 수많은 어휘 속에 나타나 있다. 전통적으로 대조되는 관능적 쾌락(*voluptas*)과 종교적 환희의 성스러운 고양(*gaudium*) 외에도 쾌적delight, 유쾌pleasantness, 만족gratification, 기쁨gladness, 의기양양elation, 감흥titillation, 재미fun, 흥분exhilaration, 향유enjoyment, 광희exultation, 지복bliss, 희열rapture, 무아경ecstasy 등이 있다. 가벼운 의미를 전하는 재미와 유쾌는 하찮은 쾌를 의미할 수도

---

22 예를 들어 Rainer Rochlitz, "Esthétiques Hédonistes", *Critique* 540(1992), 353~373; Alexander Nehamas, "Richard Shusterman on Pleasure and Aesthetic Experience", *Journal of Aesthetics and Art Criticism* 56(1998), 49~51; Wolfgang Welsch, "Rettung Durch Halbierung: Zu Richard Shustermans Rehabilitierung ästhetischer Erfahrung", *Deutsche Zeitschrift für Philosophie* 47(1999), 111~126; Kathleen Higgin, "Living and Feeling at Home: Shusterman's *Performing Live*", *Jounal of Aesthetic Education*, vol. 36(2002), 84~92에서 비판적 관점을 볼 수 있다.

있지만 희열, 지복 그리고 무아경은 쾌가 얼마나 심오하고도 의미 있는 것인지를 분명하게 환기시킨다. 희열, 지복, 무아경과 같은 쾌는 진리만큼이나 신성한 의미를 구성하며, 인간의 가장 심오한 가치를 구축하고 강화할 수 있다.[23]

근대의 경험주의는 쾌를(그리고 더욱 보편적으로는 경험을) 경험하는 주체의 사적인 정신세계에만 존재하는 수동적 감각이라는 관점으로 이해하고 있다. 위에서 살펴본 대로 쾌는 하찮은 것처럼 보일 수도 있다. 그러나 쾌는 고립된 수동적 감각이 아니라 아리스토텔레스가 인정하였듯이 오히려 어떤 활동을 '완성하고' 고양하는 특질을 띤다. 말하자면 쾌는 활동을 더욱 열정적이고, 가치 있는 것으로 만들어주며, 또한 활동에 대한 관심을 강화시킴으로써 그 활동을 완성하도록 촉진한다. 그리하여 쾌는 이러한 활동 안에서 경험하게 되므로, 그 활동과 분리될 수 없다. 테니스를 즐기는 것은 땀에 젖은 라켓의 감촉이나 질주하는 두 발에 대한 기분 좋은 느낌(즉 우리의 주의력을 경기로부터 분산시키는 느낌)을 강렬히 경험하는 것이 아니라, 매우 흥겹게 주의력을 몰입시켜 테니스를 치는 것이다. 마찬가지로 예술을 향유하는 것은 우리가 맛 좋은 에스프레소 커피나 증기 목욕과 같은 예술 이외의 다른 어떤 것으로부터 즐거운 흥분을 얻는 것과

---

[23] 이와 같이 고양된 쾌의 힘과 의의를 강조하면서, 이보다 가벼운 쾌의 가치를 폐기시켜버리는 것은 바람직하지 않다. 명랑함은 무아경의 정신적 긴장으로부터 벗어나는 편안한 해방감을 제공할 수 있으며, 그뿐만 아니라 무아경의 숭고성을 부각시킬 수 있는 대비를 제공한다. 게다가 이처럼 기분전환의 효용이 있는 보다 가벼운 쾌들은 그 자체의 고유한 매력을 지니고 있다. 쾌의 다양성을 배우는 목적은 최고의 쾌만 선택하고 그 나머지는 거부하는 데 있는 게 아니라 모든 쾌, 즉 최소한 우리가 기분 좋게 대할 수 있는 모든 쾌를 향유함으로써 최고의 쾌를 얻는 데 있다.

는 다르다. 예술작품을 향유하는 것은 오히려 그 작품의 특질과 의미를 지각하고 이해하는 가운데 쾌를 얻는 것인데, 이러한 쾌는 작품에 대한 우리의 지각과 이해를 촉진한다는 점에서 그 작품에 대한 주의력을 강화시킨다. 이러한 쾌의 개념에 대한 아리스토텔레스적 관점은 바로 시적 향유와 시적 이해의 본질적 연관성을 주장하는 엘리엇의 관점에도 깔려 있다.

쾌는 우리의 활동을 강화함으로써 삶의 완전성에 기여한다. 스피노자는 급진적인 쾌락주의자는 결코 아니지만 실제로 "쾌가 인간을 불완전함에서 완전함으로 전환시켜주는 것"이라고 정의한다. 말하자면 "우리에게 영향을 주는 쾌가 크면 클수록 우리는 더욱더 완전성에 이르게 된다." 아리스토텔레스는 진지하게 다음과 같이 주장한다.

> 우리가 쾌를 위한 삶을 선택하든 삶을 위한 쾌를 선택하든 간에 쾌와 삶은 함께 묶여 있으며 분리가 허용되지 않는 것 같다. 왜냐하면 활동 없이 쾌는 생성되지 않으며, 모든 활동은 이에 수반되는 쾌로 인해 완전해지기 때문이다.[24]

현대의 진화론은 삶과 쾌의 연계성을 입증하고 있다. 가장 강렬한 삶의 쾌는 (적어도 새로운 유전공학의 기술이 개발되기 이전까지는) 종의 생존에 필수적인 자양분의 공급 활동 및 생식 활동과 밀접하게 연결되어 있다. 욕망이 주재하는 쾌의 논리는 사려 깊은 이성이 할 수 있는 것보다 더 신속하고 강렬하게 우리를 원하는 곳으로 인도한

---

24 Benedict de Spinoza, *The Ethics in Works of Spinoza*(New York: Dover, 1955), 174; Aristotle, *Nicomachean Ethics*, 1175a in *The Basic Works of Aristotle*(New York: Random House, 1968), 1100.

다. 쾌는 삶을 단순히 즐겁게 만드는 것 이상으로 가치 있는 삶에 대한 희망을 제공함으로써 삶의 지속을 가능하게 한다. 미적 엔터테인먼트aesthetic entertainment는 확실히 이러한 삶을 충만하게 하는 쾌에 기여한다.

비록 영향력 있는 칸트주의 전통이 매우 특수한 형태의 미적 쾌, 즉 우리의 인식능력의 조화로운 유희로 인해 일어나는, 순수한 형식을 취하는 지적 쾌를 주장하지만, 프래그머티즘 전통은 쾌를 포괄적으로 파악한다. 우선 가장 단순하게, 색채, 형태, 소리, 움직임 등의 풍부한 특질을 경험하는 각양각색의 감각적 쾌가 있다. 그리고 예술작품의 매력적인 감각적 특질로 인해 일어나는 고양된 지각의 쾌는 예술이라는 이름에 합당한 특별한 미적 경험이다. 이것은 일상적인 지각의 흐름과는 현저히 다른 경험이며, 우리의 주의력을 흡수하여 삶의 지루한 일과로부터 벗어나 흥겨운 기분풀이를 가능하게 하는 경험이다.

실제로 미적 쾌는 종종 매우 강렬한 기쁨을 안겨주기 때문에 더욱 지고한 실재의 영역을 향한 형이상학적 초월 혹은 종교적 초월을 암시하곤 한다. 인도 철학에서 라사rasa(모든 예술에서 표현되지만 특히 극에서 표현되는 특수한 정감)라는 미적 쾌는 그것의 힘과 '지복bliss'의 특질 때문에 '초월적이고' '비세속적인' 것으로 간주된다.[25] 신성한 즐거움이라는 의미는 영어의 엔터테인먼트에 해당하는 일어

---

[25] P. J. Chaudhury, "The Theory of Rasa", *Journal of Aesthetics and Art Criticism,* vol. 24(1965), 145, 146. 위대한 인도 미학자 아비나바굽타Abhinavagupta는 10세기의 저술에서 라사의 쾌를 "궁극적 실재를 맛보는 것과 다름없는" 것으로 묘사하고 있다(*Ibid.,* 148). 라사 이론과 미적 경험이나 쾌에 대한 프래그머티즘의 관점을 간략하게 비교하려면 나의 "Definition, Dramatization, and Rasa", *Journal of Aesthetics and Art Criticism,* vol. 61, no. 3(2003)을 참조하라.

고라쿠goraku의 어원에서도 명료하게 나타나는데, '고라쿠'는 천상의 소녀로부터 환대를 받는다는 뜻이다.[26] 미적 쾌는 강렬하지만 질서화된 감정의 경험을 포함하며, 또한 의의를 추구하고 소통하려는 우리의 욕구를 채워주는 의미와 표현에 대한 만족감도 포함한다. 그러한 쾌는 창조적 예술가나 창조적 연예인뿐만 아니라 해석에 관심을 두는 비평가와 공중에게도 동기를 부여해준다. 이러한 해석은 그들이 경험하는 쾌를 설명해줌은 물론 풍부한 분석을 통해 쾌의 의미를 더욱 깊이 있게 만든다.

의미와 표현에 대한 미적 쾌는 미적 쾌의 눈에 띄지 않는 다른 측면, 즉 그것의 사회적 차원을 자주 가리킨다. 예술 또는 엔터테인먼트의 향유는 단지 주관적이며, 그렇기 때문에 본질적으로 사적이거나 협소하게 개인적인 성질을 갖는다고 종종 간주된다. 그러나 쾌는 단순히 개인적 만족을 넘어서서 발산되는 특징을 띠고 있다. 왜냐하면 쾌는 전이되는 성질을 지니고 있기 때문이다. 예를 들면 어떤 아이가 즐겁게 노래하고 있는 것을 볼 때 우리는 그 아이를 잘 모르고 그 노래가 특별히 아름답다고 생각하지 않아도 그 아이가 누리는 쾌를 공유하려는 경향이 있다. 또한 우리는 기쁨을 경험할 때 대체로

---

[26] 일어 고라쿠goraku의 초기 의미는 일본 고전 문학작품 『곤자쿠모노가타리今昔物語』(12세기)와 『다이헤이키太平記』(14세기)에서 발견된다. 이 단어를 형성하는 간지(또는 한자)는 입을 크게 벌린 채, 너무나 기뻐서 폭소를 터트리며 머리를 뒤로 젖히고 있는 사람을 연상시킨다. 나는 광범위하게 사용되는 일본어 사전인 *Nihon Kogugo Daijiten*(Tokyo: Shogakukan, 1974), vol. 8, 433에 기초한 고라쿠의 어원에 대해 가르쳐준 사토시 히구치 교수에게 감사를 드린다. 유가사상 역시 개인에게 있어서뿐만 아니라 전체 사회에서의 조화와 훌륭한 질서를 만들어가는 데 있어서 미적 쾌의 가치 있는 역할을 옹호한다. 이 점에 대해서는 Richard Shusterman, "Pragmatism and East-Asian Thought", *Metaphilosophy*(Wiley-Blackwell, 2004)를 참조하라.

다른 사람들과 그 기쁨을 공유하기를 원한다. 마찬가지로 우리는 어떤 미적 경험을 공유하는 것과 똑같이 미적 쾌를 공유할 수 있다. 아트 쇼art show나 영화, 록 콘서트를 보는 우리 각자는 자기 자신의 고유한 의식을 통해 미적 쾌를 느끼지만, 이것은 공유되는 향유의 특성을 부정하지 않으며, 또한 향유의 공유감으로 인해 우리의 향유가 고양된다는 사실도 부정하지 않는다. 미적 경험은 의미 있고 가치 있는 것의 공유를 통해 더 강렬해지는데, 여기에는 쾌를 공유하는 느낌도 포함된다. 소통이라는 매혹적인 쾌를 통해 사회를 단결시키는 예술의 힘은 실러로부터 듀이에 이르기까지 지속적으로 다루어진 주제이다. 마찬가지로 사회를 통일시키는 매스미디어 엔터테인먼트mass-media entertainment의 힘도, 비난을 받기도 하지만 일부 대중예술 비평가의 인정을 받고 있다.[27]

나는 예술과 엔터테인먼트를 통해 얻는 미적 쾌를 하찮은 것으로 취급해서는 안 된다고 주장해왔다. 왜냐하면 예술과 엔터테인먼트의 미적 쾌는 여러 가지 유의미한 방식으로 삶을 유지하고 삶에 의미를 부여함은 물론 삶을 윤택하게 하는 데 기여하기 때문이다. 그러나 이러한 삶에 대한 공헌은 역설적이게도 일부 철학자가 엔터테인먼트를 하찮고 저급하며 문화적 가치를 결여한 것이라고 비난하는 원인이 되었다. 이와 같은 주장의 노선은 미적인 것이 무관심적이며 목적 없는 것이라고 보는 칸트의 이념과 순수예술의 자유와 그 정신적 초월성에 대한 헤겔의 관념론적 개념을 결합하면서, 예술과 엔터테인먼트를 첨예하게 대비시킨다. 그러므로 이 노선에 의하면 엔

---

27 듀이는 "예술이 현존하는 소통의 양식 가운데 가장 효율적인 양식"이라고 주장한다. John Dewey, *Art as Experience*(Carbondale: Southern Illinois University Press, 1987), 291.

터테인먼트는 삶에 기여하는 실제적인 기능을 하는 것이며, 진정한 예술작품은 수단과 기능이라는 보잘것없는 역할을 의도적으로 회피하고, 필멸의 삶의 영역을 초월해간다. 한나 아렌트는 이러한 접근의 대표적인 사례를 보여준다.

그녀는 엔터테인먼트가 '사회적 삶의 과정'을 위해 실제로 유용하다고 인정한다. 왜냐하면 엔터테인먼트는 '노동의 생물학적 주기'에서 생기는 '공백 시간'을 경험의 소비를 위한 오락물로 채우기 때문이다. 그러나 아렌트는 영속적인 것을 창조하는 예술과 "대중 엔터테인먼트의 요란한 경박성"을 대비시키면서, 후자를 여전히 비난하고 있다. 그녀는 이러한 예술의 창조를 "생물학적 삶"의 영역과 그 필연성의 바깥 영역에 전적으로 존재하는, 특별하고 영구적인 문화의 세계에 속하는 것으로 보며, 이러한 창조의 아름다움과 가치는 불멸하는 자유의 영역에 거주하면서 모든 욕구와 기능을 초월한다고 간주한다.[28] "문화는 대상들과 관련되며 세계의 현상이다. 엔터테인먼트는 사람들과 관련되며 삶의 현상이다."(208) "우리는 모두 삶의 커다란 주기의 영향을 받기 때문에 어떤 식으로든 엔터테인먼트와 오락을 필요로 하지만", 결코 엔터테인먼트와 오락을 미적인 추구나 문화적인 추구와 혼동해서는 안 된다. "엔터테인먼트는 노동이나 수면과 같이 생물학적 삶의 과정에서 없어서는 안 될 부분이다." 말하자면 엔터테인먼트는 소비의 '신진대사'이다. 그리하여 엔터테인먼트는 경험의 소비를 위한 단순한 '일용품', 즉 그저 사용되거나 완전히 '소모되는' 기능적 '소비 상품'을 제공한다(205, 206, 208). "이 소비 상품

---

28 Hannah Arendt, "The Crisis of Culture", in *Between Past and Future*(New York: Viking, 1961), 197~226. 인용문은 205~206쪽에서 가져왔다. 이후부터 이 논문을 참조할 때는 해당 쪽수를 괄호로 표시할 것이다.

들은 …… 사실상 생물학적인 …… 시간, 즉 노동과 수면으로 채워진 시간 이외의 남는 시간을 때우는 데 …… 사용된다."(205) 대조적으로 예술작품은 소모되는 것이 아니라 순수한 '무관심적' 관조를 통해 감상된다. 이러한 '영속성'은 바로 삶의 과정에서의 용도나 '기능성에 반대되는 것이다'(아렌트에 의하면 그러한 용도는 완전히 '소모되는' 것을 의미하기 때문이다). "예술작품은 사회의 삶의 과정에서 어떠한 기능도 발휘하지 않는 유일한 것이다. 엄격히 말하자면 예술작품은 인간을 위해 제작된 것이 아니라 생물체의 수명보다 훨씬 더 오래 존속할 수밖에 없는, 세계를 위해 제작된 것이다."(208, 209, 210) 간단히 말해서 엔터테인먼트는 인간의 삶을 유지하고 개선하는 데 기여하는 '수단'인 데 반해, 예술작품은 순수한 목적 그 자체, 즉 "내재적이고 독립적인 가치"를 갖는 것, 또는 "실리적이고 기능적인 모든 관련성과 무관하게 존재하는 것", "질적인 수준을 항상 동일하게 유지하는 것"이다(215~216). 아렌트에 의하면 예술의 "미는 불후성의 현시"이며, '엔터테인먼트 산업'은 영구적이고 불멸하는 아름다운 예술 대상을 약탈하고 부패시킬 우려가 있는 위협적인 존재이다. 그리하여 결국 엔터테인먼트 산업은 예술대상을 인간의 일회용 소비 상품으로 변질되게 한다(207, 218).

그녀의 입장은 처음부터 우리를 사로잡을 수 있을 만큼 고귀한 위엄과 무관심하고 사심 없는 순수성을 지닌 것처럼 보일 수도 있다. 물론 예술은 소비라는 삶의 생물학적 과정의 유연한 기능을 위한 단순한 수단 그 이상이다. 그러나 우리는 삶이나 기능성의 문제를 그렇게 협소한 생리적 개념과 동일시해야 할 이유가 있는가? 인간의 삶은 항상 생물학적인 것 그 이상이기 때문에, 본질적으로 고유한 의미meaning, 제작making, 행위conduct를 포함하고 있다. 그리고 인간의 삶과, 인간의 삶에 생기를 불어넣는 유한한 사람들의 경험이 없으면, 문화의 세계는 도대체 어떻게 될 것인가? 사물의 집합은 불멸하는 것이라기보다 오히려 생명이 없는 것이다. 기능과 수단은 저급하거나 천한 것이 아니다. 철학이나 예술에 대한 연구는 그것이 지혜나 미의 목적에 봉사하기 때문에 단지 예속적일 뿐인가? 아렌트의 이론은 아테네의 계급제도로부터 계승된 철학, 즉 그 귀족적 태도에 근거하고 있다. 이러한 태도는 제작 수단과 제작 활동을 하층 노동계급인 하인과 연결하는 것이며, '독창성이 없는' 그들의 일을 '자유의 신분으로 태어난 가장 고귀한 사람들'의 순수한 관조와 대조하는 태도이다. 아렌트에 의하면 (예술의 생산을 포함하는) "형식을 갖는 모든 제조fabrication"의 위험은 "본질적으로 실리를 추구하며", "항상 수단을 내포하고 있고", "독창성이 없는 정신성"을 조장하는 것이다(215, 216, 219). 프래그머티즘은 보다 민주적인 관점을 취하는 철학으로서, 우리가 목적을 가치 있게 여긴다면, 그것을 달성하기 위한 필수적인 수단도 동일하게 취급해야 한다고 주장한다. 더구나 프래그머티즘은 목적에 기여하는 수단이 실질적으로 어떻게 그 목적에 융합되는지를 보여주기 위해 수단의 개념을 재구성한다. 예를 들면 붓질, 물감 등 회화의 수단은 그 궁극적 실행의 일부를 형성하게 되는 것이다.

문화, 예술 그리고 미의 세계는 인간의 삶의 욕구와 목적을 초월하여 존재한다는 아렌트의 주장은 사물things에 대한 근대 미학의 인간중심적 접근에 싫증을 느낀 이론가들에게 호소력을 갖는다. 그러나 예술, 미 그리고 엔터테인먼트라는 다양한 삶의 가치를 긍정하는 프래그머티즘을 오로지 인간 세계에만 국한해 해석할 필요는 없다. 색, 형, 움직임 그리고 선율의 아름다움은 보다 폭넓은 자연 세계의 생명의 춤을 이루는 부분이다. 인간은 바로 이 자연 세계에 속해 있고 이

자연 세계를 통해 존속한다.

따라서 인간 주체의 미적 경험을 구성하는 에너지와 재료는 보다 포괄적인 세계에 속해 있다. 말하자면 미적 경험은 인간 주체의 머릿속에만 결코 거주하는 것이 아니라 그 주체가 예술의 대상이나 자연미의 대상과 상호작용하는 가운데 가능해지는, 보다 폭넓은 맥락에 항상 존재한다. 프래그머티즘에 의하면 인간 주체 자체가 자연과 역사라는 보다 큰 세계의 재료와 에너지로부터 생성되었기 때문에 가변적인 일시적 구성체일 뿐이다. 아이러니컬하게도 아렌트는 인간이 삶에 대한 봉사를 초월하는 방법으로서 (엔터테인먼트에 대립하는) 예술을 옹호한다. 또한 그녀는 스스로 완고하게 '휴머니즘'이라고 주장하는 관점에 입각하여, 인간에 의해 만들어지는 영구적인 문화의 세계와 이 세계의 '문화적 관습cultura animi'이 드러내는 영광을 논증한다(225). 그리고 그녀는 예술과 미를 삶의 기능성과 전혀 관련이 없는 쾌적한 가상delightful appearance의 순수한 목적으로 간주한다. 그러나 그녀는 이 순수한 목적이 실제로 삶에 대한 가장 위대한 공헌을 수행한다고 주장하는데, 이것은 그녀의 이론에 있어서 또 하나의 역설적인 측면이다. 그럼에도 불구하고 그녀는 결국 불멸성을 통한 그러한 공헌의 정당성을 주장한다.

> 말과 행위의 덧없는 위대성은 미가 [예술작품을 통하여] 말과 행위에 부여되어야 이 세상에 존속할 수 있다. 말하자면 미 없이는 인간 세상에서, 즉 인간의 삶 속에서 잠재적인 불멸성을 명백하게 드러내는 어떠한 눈부신 영광도 쓸데없는 것이 될 것이며, 어떠한 위대성도 존속할 수 없을 것이다(218).

그녀에 의하면 역으로 미는 그것의 불멸성을 달성하고 존속시키기 위해, 매체로서 인간의 문화적 창조인 공적 대상public objecthood을 필요로 하는 것 같다. 예술이 삶에 불멸성을 채워준다면 엔터테인먼트는 그 의미와 쾌가 일시적인 것으로 추정되기 때문에 비난의 대상이 된다.

아렌트가 주장하는 미의 불후성과는 대조적으로, 프래그머티즘에서 예술이나 엔터테인먼트의 쾌는 일시적이기 때문에 비난받을 필요는 없다. 프래그머티즘은 전체 우주를 어떠한 절대적 영속성도 가지지 않는, 오로지 상대적 안정성을 갖는 유동의 영역으로 간주하면서, 오히려 부서지기 쉽고 무상한 미와 쾌의 성질 때문에 미와 쾌를 더욱 높이 평가한다. 프래그머티즘은 실재와 영구성을 동등한 것으로 취급하지 않는다. 일시적인 매력에 대한 기쁨 혹은 잠시 동안의 경련과 같은 기쁨도 순간적이기 때문에 실재적이고 감동적이며 소중한 것이다. 진실로 미, 예술 그리고 엔터테인먼트에 의한 대부분의 쾌들은 영속적이지 않기 때문에 오히려 더욱 가치 있다. 철학이 내가 깨어 있는 대부분의 시간을 즐겁게 해주며, 그렇기 때문에 철학을 즐길 수 있는 예술이라고 고백한다면, 아마도 당신은 그것에 동의하지 않을지도 모른다. 그러나 (모든 쾌와 마찬가지로) 철학의 쾌는 일시적이며, 또한 종종 바로 그러한 이유 때문에 더욱 위대하다. 이 글을 읽는 것도 바로 그러한 철학적 쾌일 수 있고, 나는 그와 같이 깨지기 쉽고 의문의 여지가 있는 즐거움이, 연장되어 부서지지 않기를 바란다.

3장
컨트리 뮤지컬의 정감과 진정성

> 정감affection은 판단에 적지 않은 영향을 끼친다.
> — 단테

I

 윌리엄 제임스는 자신의 유명한 글에서 사회적으로 구축된 취미의 편견 때문에 형성되는 미적 문맹aesthetic blindness에 대해 설명하고 있다. 그는 자연의 미를 감상하려고 노스캐롤라이나 산맥을 통과하다가 생경한 농가의 광경을 보고 충격을 받은 적이 있다. 왜냐하면 그 농가는 숭고한 산을 마치 "무시무시한 …… 종기"와 같이 흉한 초록색으로 더럽혔기 때문이다.[1] 그러나 제임스는 그후에 자신의 시야에 거슬렸던 농가가 거주자들에게는 경작을 손쉽게 할 수 있는 매력

---

1 William James, "On a Certain Blindness in Human Beings", in J. McDermott, ed., *The Writings of William James*(Chicago: University of Chicago Press, 1977), 630~631.

적인 안식처로 보일 수 있음을 알게 되었다. 말하자면 거주자들에게 그 농가는 복잡한 보스턴의 삶으로 돌아가기 전에 그저 재미 삼아 한 번 방문할 수 있는 자연이 아니라 황무지를 일구어 삶의 터전을 쟁취했다는, 이른바 생존 투쟁에 대한 감동적 상징이다.

제임스가 미국 남부 두메산골 농가의 미적 매력에 무지했다면, 오늘날 철학자들은 산속의 농가를 연상하게 하는 대중음악의 호소력에 둔감하다. 컨트리 뮤직이 미국에서 가장 대중적인 음악이 되었음에도 불구하고, 그것은 지식인들에게는 가장 인정할 수 없고 음미할 수 없는 음악 장르로 남아 있다.[2] 어떤 연구 결과는 교육을 많이 받은 사람일수록 컨트리 뮤직 팬이 되기를 꺼려한다는 점을 보여준다. 아론 티핀Aaron Tippin의 〈노동자의 박사Working Man's Ph. D.〉와 존 콘

---

2   나는 컨트리 뮤직을 하나의 장르로 언급하면서, 컨트리 뮤직이 역사상 올드타임 뮤직old-time music, 블루그래스bluegrass, 컨트리 가스펠country gospel, 컨트리 부기country boogie, 컨트리 록country rock, 웨스턴 스윙western swing, 로커빌리rockabilly, 홍키통크honky-tonk 등과 같이 매우 상이한 스타일을 갖춘 하부 장르들을 포함한다는 사실을 주장한다. 이러한 다양한 형식은 가끔 진정성과 정감과 관련된 그것들만의 특별한 이슈를 지닌다. 그러나 나는 보다 명료하고 간명한 철학적 논변을 위해, 일반적으로 언급되는 컨트리 뮤직에 대한 철학적인 추상적 개념을 이용할 수밖에 없을 것이다. 물론 나는 20세기 후반기에 공론화되어서 "컨트리 뮤직"이라는 명칭을 얻기 시작했으며, 1990년대에 예기치 않은 인기를 얻었던 최신 컨트리 뮤직에 특별한 관심을 갖고 있다. 1992년 3월에 『포브스Forbes』에 실린 리사 구베릭Lisa Guberick과 피터 뉴콤Peter Newcomb의 기사("The Wal-Mart School of Music")는 컨트리 뮤직이 앨범에서뿐만 아니라 라이브 콘서트에서 거둔 상업적 우위를 기록했다. 이 라이브 콘서트에는 텔레비전이나 라디오에서 "유료로 방송되는" 콘서트도 포함된다. 컨트리 뮤직 라디오 방송 채널 수가 다른 것보다 월등히 많았는데, "산업 통계에 따르면 [90년대 중반부터] 매주 미국 대중의 72%가 라디오로 컨트리 뮤직을 듣는다." Cecilia Tichi, "Editorial", *South Atlantic Quarterly* 94(1995), 4를 참조하라. 컨트리 뮤직의 공론화에 대한 더 자세한 내용은 Richard Peterson, *Creating Country Music: Fabricating Authenticity*(Chicago: University of Chicago Press, 1997)를 참조하라.

리 John Conlee의 〈보통 사람Common Man〉과 같은 컨트리 히트송들은 컨트리 뮤직을 꺼려하는 지식인들의 경향을 더욱 부추긴다. 왜냐하면 이러한 히트송들은 "제 할 일을 하지 않는" 지식인들을 맹공격하기 때문이며, 또한 "그들이 분별력을 상실하게 된" 점을 비난하기 때문이다.[3]

컨트리 뮤직의 중심지는 세계적인 도시도 아니요 학식이 넘치는 캠퍼스도 아니요, 바로 미국 남부의 시골 지방이다. 컨트리 뮤직의 가치 또한 기존 질서를 위반하려는 성향을 띤다기보다 전통을 추구하는 성향을 띤다. 이러한 지리적 특성과 전통성 때문에 컨트리 뮤직에는 록 음악의 급진적 멋스러움 같은 것이 전혀 없다. 그것은 또한 재즈, 리듬앤드블루스, 랩, 레게, 또는 테크노와 같은 음악들처럼 진보적 지식인들을 사로잡을 수 있는 일종의 최신 유행인 문화다원적인 우수성을 과시할 수 있는 것도 아니다. 컨트리 뮤직을 미국 남부의 가난한 백인이나 백인 노동자에 대한 인종적 편견과 연결하는 오래된 스테레오타입은 컨트리 뮤직에 호의적인 관심을 쏟는 사상가의 품위를 손상시킬 위험마저 있는 것이다. 그럼에도 불구하고 지식인들은 제임스와 같이 미적 문맹을 피할 수 있고 컨트리 뮤직을 즐길 수 있다. 이것은 컨트리 뮤직 청중들의 관심사와 삶의 경험을 우리가

---

[3] 예를 들어 R. A. Peterson and R. B. Davis, "The Contemporary American Radio Audience", *Popular Music and Society* 3(1974), 308; R. A. Peterson and Paul DiMaggio, "From Region to Class, The Changing Locus of Country Music: A Test of the Massification Hypothesis", *Social Forces* 53(1975), 497~506을 참조하라. 뒤에 나온 더 세밀한 연구로는 R. A. Peterson and A. Simkus, "How Musical Tastes Mark Occupational Status Groups", in M. Lamont and M. Fournier, eds., *Cultivating Differences: Symbolic Boundaries and the Making of Inequality*(Chicago: University of Chicago, 1992), 152~186을 참조하라.

어느 정도 공유할 수 있듯이, 컨트리 뮤직을 감상하는 그들의 즐거움을 공유할 때 가능한 것이다.

  이 장은 컨트리 뮤직의 엄청난 호소력을 설명하는 동시에 지식인의 관점에서 그 장르를 평가하고자 한다. 컨트리 뮤직이 대중성을 얻게 된 데는 자세히 설명할 수 없을 만큼 여러 가지 복합적인 원인이 있다. 그 원인들은 철학적으로 매우 흥미로운 주제이며, 특히 인간성, 정서, 신념 그리고 진정성에 대한 흥미로운 주장들과 관련되어 있다. 그중 일부는 일찍이 윌리엄 제임스가 옹호했던 것들인데, 나는 여기서 이러한 원인들의 복합성을 집중적으로 다루고자 한다. 이 철학적 주제들은 컨트리 뮤직의 엄청난 상업적 성공이 낳은 영화 장르를 통해 더욱 명료해지는데, 나는 이 장르를 진 오트리Gene Autry, 로이 로저스Roy Rogers 그리고 텍스 리터Tex Ritter에 의해 유명해진, 전통적인 "노래하는 카우보이 영화singing cowboy film"와 구별해서 "컨트리 뮤지컬country musical"이라고 부른다.[4] 새로운 컨트리 뮤지컬 속

---

4 "노래하는 카우보이" 유형의 영화와는 대조적으로, 최신 컨트리 뮤지컬은 카우보이에 대한 이야기뿐만 아니라 정착을 했거나 포부를 안고 첫출발하는 연주자, 작곡가 혹은 소비자와 같이 오늘날 컨트리 뮤직 문화와 깊이 연루되어 있는 사람들에 대한 이야기이기도 하다. 〈진실을 외면하는 너Your Cheatin' Heart〉(MGM영화사, 진 넬슨 감독, 1964)와 〈광부의 딸Coal Miner's Daughter〉(유니버설영화사, 마이클 앱티드 감독, 1980) 그리고 〈달콤한 꿈Sweet Dreams〉(HBO영화사, 캐럴 레이즈 감독, 1985)은 각각 행크 윌리엄스Hank Williams, 로레타 린Loretta Lynn, 패스티 클라인Pasty Cline과 같은 컨트리 뮤직 스타의 전기를 다루고 있다. 그러나 〈봉급날Payday〉(자엔츠영화사, 대릴 듀크 감독, 1973), 〈내슈빌Nashville〉(파라마운트영화사, 로버트 앨트먼 감독, 1975), 〈다시 길에서On the Road Again〉로도 알려져 있는 〈인동덩굴 장미Honeysuckle Rose〉(워너브로스영화사, 제리 샤츠버그 감독, 1980), 〈홍키통크맨Honky Tonk Man〉(워너브로스영화사, 클린트 이스트우드 감독, 1982), 〈감미로운 컨트리 뮤직Sweet Country Music〉(잭 맥컬럼 감독, 1983), 〈친절한 자비Tender Mercies〉(유니버설영화사, 브루스 베레스포드 감독, 1983), 그리고 〈순수한 시골Pure Country〉(워너브로스영화사, 크리스토퍼 카인 감독, 1992)의 경

에 드러나 있는 컨트리 뮤직의 철학적 의미를 면밀히 탐구하기 전에, 우리는 컨트리 뮤직의 대중성에 크게 기여한 사회문화적 요인들에 먼저 주목해야 한다. (철학 자체를 포함하여) 어떤 문화적 형식의 철학은 그 문화적 형식의 산물을 제작하고 그것을 활용할 수 있도록 만드는 사회문화적 공간을 어리석게도 무시할 때가 있다.

II

컨트리 뮤직의 인기가 상승하는 주된 요인 가운데 하나는 미국 인구의 고령화이다. 컨트리 뮤직은 부분적으로는 전통적인 가치에 대한 긍정으로 인해 항상 록과 랩에 비해 나이 든 청중에게 호소력을

우처럼 실제로 존재하지 않았던 컨트리 뮤직 공연가들의 허구적 이야기들 또한 컨트리 뮤지컬 장르에 핵심적인 것들이다. 하지만 이 허구적 이야기들과 인물들은 컨트리의 실제 삶의 역사로부터 매우 신중하게 차용해온 것들이다. 예를 들면 〈봉급날〉에서 주인공이 주행하는 차 안에서 만취한 채 심장발작으로 숨을 거두게 되는 것은 행크 윌리엄스의 죽음을 환기시키고 있다. 반면에 〈홍키통크맨〉에 나오는, 뉴욕에서 고군분투 끝에 레코드 취입을 끝낸 후 폐결핵으로 죽게 되는 주인공의 죽음은 지미 로저스Jimmie Rogers의 그 유명한 죽음을 상기시킨다. 〈도시의 카우보이Urban Cowboy〉(파라마운트영화사, 제임스 브리지스 감독, 1980)는 컨트리 뮤지컬의 범위에 반드시 포괄되는 핵심적인 것은 아니지만 여전히 중요한 영화이다. 이 영화의 주인공은 공연가는 아니지만 자신의 인생을 컨트리 뮤직 나이트클럽 문화에 다 바친 열광적인 팬이다. 장르의 경계를 말할 때, 우리는 토킹 헤즈Talking Heads라는 밴드로 알려진 록 스타 데이비드 번David Byrne이 감독한 〈진실한 이야기True Stories〉(워너브로스영화사, 1986)와 같은 영화도 떠올리게 될 것이다. 이 영화의 주인공은 텍사스의 작은 마을 출신인 아마추어 컨트리 가수 겸 작곡가인데, 그가 마을 탄생 150년 기념 축제 때 공연하는 동안 자신이 찾고 있던 연인을 만나게 되는 극적인 장면이 이 영화의 절정을 이룬다.

갖는다. 록과 랩이라는 팝 장르가 10대와 20대 초반을 겨냥한다면, 컨트리 뮤직의 청중은 20대 중반과 40대 후반 사이다. 전후 베이비 붐 세대가 이 연령층으로 이동함에 따라 별난 비주류 음악 장르였던 컨트리 뮤직은 대중적 영향력을 가진 주류로 진화했다. 때때로 서정적인 노래는 60년대 급진적인 록 팬들이 왜 90년대에 미국의 주류 문화의 가치와 가족의 소중함을 옹호하는 컨트리 팬으로 바뀌었는지 아주 상세히 설명해주기도 한다. 그러나 컨트리 뮤직이 성장한 이유를 나이 들어가는 베이비 붐 세대와 관련시키는 것이 아마도 통계학적으로 더 분명할 것이다. 1961년에 미국 전역에 불과 81개의 풀타임 컨트리 뮤직 방송 채널이 있었는데, 1974년에는 그 수가 약 1,000개였고, 1992년경에는 2,200개를 넘었고 1996년 말경에는 2,600개에 달했다.[5]

컨트리 뮤직이 다시 인기를 얻게 된 두 번째 요인은 미국이 인종적 정체성과 문화다원론multiculturalism에 점점 몰두하게 된 것이다. 전

---

5   이러한 정보는 Richard Peterson, "The Production of Cultural Change: The Case of Contemporary Country Music", *Social Research* 45(1978), 292~314; Curtis W. Ellison, *Country Music Culture: From Hard Times to Heaven*(Jackson: University of Mississippi Press, 1995), 224; Clark Parsons, "Taking Stock of the Nineties Boom", *Journal of Country Music* 16, no. 2(1994), 10~11; Don Cusic, "Country Green: The Money in Country Music", *South Atlantic Quarterly* 94(1995), 231~241; Peter Applebome, "Hank Williams. Garth Brooks. BR5-49?", *New York Times Magazine*, October 27, 1996, 38~43으로부터 도출되는 통계에 근거한다. 1998년 무렵 컨트리 뮤직 방송 채널의 수가 2,368개로 줄어들었지만 이것은 다른 모든 라디오 포맷을 훨씬 능가하는 수였다. 그 수는 컨트리 뮤직의 최고 경쟁 채널(즉 뉴스/토크/비즈니스)보다 2배나 더 많은 수였고 음악 분야의 최고 경쟁 채널(어덜트 컨템포러리adult contemporary)보다 2배 반 이상이나 되는 수였다. 이 정보는 전국방송인연합회가 발표한 1998년 엠스트리트 서베이M Street Survey에 근거한 것이다.

통 사회의 정체성과 공동체의 정체성이 개인에게 적절한 사회적 정의를 제공할 수 있는 힘을 상실함에 따라, 문화적 결연을 통해 개인의 정체성을 구축하고자 하는 커다란 욕구가 뒤따랐다. 음악은 오랫동안 그러한 문화적 정체성을 형성하는 데 아주 크게 기여해왔다. 그러나 광범위한 미국 문화의 개념이 너무 모호하고 특징적이지 않아서 문화적 정체성에 대해 매력적으로 깊은 의미를 제공할 수 없다면 미국 음악의 개념도 이와 마찬가지일 것이다. 오늘날 독특한 문화적 정체성을 드러내는 문화 운동을 선택한다면, 그것은 (페미니즘이나 게이 문화와 함께) 소수민족의 인종적 특성minority ethnicity을 의식적으로 고취하는 해방 운동이 아닐까 싶다. (랩, 레게, 살사와 같이) 우리를 가장 사로잡는 음악 문화의 형성은 바로 인종적 특성에 기인한다. 이러한 음악 문화는 음악 그 자체를 초월하여, 우리에게 자기 패션화를 위한 포괄적인 라이프스타일을 제공한다. 그러나 그러한 음악 문화가 미국 백인들에게 아무리 매력적인 것으로 간주되어도, 본질적으로 분리된 사회에서 백인 문화와 비백인 문화의 조화로운 공존은 거부될 수밖에 없다. 배척받는 소수민족들은 상호 배타라는 변증법적 관계에 휘말려 있기 때문에 자신들의 배타적 힘을 실행하기 위해, 문화적 교류를 통한 결연을 시도하지만 그것은 종종 이중적으로 거부된다. 즉 이러한 시도들은 (자신들의 문화적 헤게모니의 상실을 두려워하는) 주류 백인 사회만큼이나 (자신들이 힘겹게 일구어낸 유산의 약탈을 두려워하는) 소수민족 문화도 불쾌하게 여긴다.

그런데 우리는 특별히 미국 백인종을 표현하는 특징적이고 인종적인 대중음악을 발견할 수 있는가? 그것은 바로 컨트리 뮤직이다.[6]

---

6 헤비메탈은 주로 백인 음악이기는 하지만 특별히 미국의 민족성을 담고 있지

랩과 레게처럼 컨트리 뮤직은 독특한 춤, 패션, 음식 그리고 품행으로 충만한 문화적 양식을 제공한다. 여기서 백색은 비백색의 인종을 두드러지게 하는 창백한 순응적 배경 이상을 의미할 수 있다. 실제로 컨트리 문화는 특징 없는 화이트칼라 공동체에 대한 도전이요, 또한 카우보이 패션과 미국 남부 시골풍의 투박한 말투뿐만 아니라 그 야당적 기질 덕분에 특히 다른 문화와 구별되기도 한다. 컨트리 뮤직은 반항적이고 모난 개인주의라는 카우보이 이미지를 불러일으킴과 동시에 그것이 (시민전쟁 시 저항의 땅이었던) 미국 남부에서 기원했다는 사실을 환기시킴으로써 전통적인 이미지, 백인의 이미지 그리고 심지어 모든 미국인의 이미지를 투영할 수도 있고, 특징 없는 순응주의와는 다른 매력적인 독특한 이미지를 투영할 수도 있다. 가스 브룩스Garth Brooks는 그의 히트송 〈비위에 거슬리는Against the Grain〉에서, "다른 노래를 부르고" "체제에 완강하게 저항하기 위해", "비위에 거슬린다"를 외치는, 비순응적인 영웅적 자질을 스스로에게 요구하면서 자신의 이미지를 컨트리의 주류 크로스오버 연주자로 무장시킨다. 브룩스는 결국 이러한 비순응주의를 고전적인 카우보이 영웅, 존 웨인John Wayne의 "매브릭mav'rick" 전통과 브룩스 자신의 "반항적 혈통"의 이미지로 그려낸다.[7]

는 않다. 더구나 대부분의 청년에게 헤비메탈의 음향과 스타일은 거슬리고, 성숙되지 못하며, 과장된 것이다.

7 이처럼 매우 비전통적인 크로스오버 송을 공연하면서, 컨트리 뮤직 전통의 적대적이고 비순응적인 특성에 호소하는 전략은 바바라 맨드렐Barbara Mandrell의 상업적 히트송 〈컨트리가 쿨하지 않았을 때, 나는 컨트리였다I Was Country, When Country Wasn't Cool〉에서 잘 나타난다. 컨트리 뮤직 역사가인 빌 맬론에 의하면 맨드렐의 이 노래는 "컨트리의 정취flavor란 전혀 찾아볼 수 없는 스타일"을 보여주는 것으로서(Bill C. Malone, *Country Music U.S.A.*, rev. ed.[Austin: University of Texas Press, 1985], 376), 컨트리의 진정한 우상인 조지 존스George Jones가 게스

컨트리 뮤직은 백인 공동체와 백인 지식인 계급에 도전하지만, (백인 노동자 문화와 전통적인 유대 관계를 맺음으로써) 본질상 백색을 띤다. 그리하여 컨트리 뮤직은 특징적인 백인 이미지에 다양한 인종적 배경의 백인 이미지를 끌어들이면서, 미국의 백인 문화를 보완할 수 있었다. 인종적 배경이 다른 미국 백인들은 특징적인 백인 이미지의 문화적 뿌리를 물려받지 않았겠지만 이것을 인종색의 충돌 없이 수용할 수 있었다. 〈도시의 카우보이〉(1980)에 등장한 존 트라볼타도 이탈리아 인종의 특성을 매우 두드러지게 나타내는 배우이지만 갑자기 선술집의 카우보이 의상을 걸치고, 백인 전통에 깊이 젖어 있는 텍사스 출신 영웅인 버드 데이비스Bud Davis 역을 전혀 문제없이 해낼 수 있었다. 여전히 백인 주류 문화 전통에 적응하려고 하지만, 백인 주류 문화의 설명할 수 없는 특징적이지 않은 기질과 구별될 수 있는 무언가 독특한 정체성을 추구하려는 미국의 수백만 중산층 백인들에게 컨트리 뮤직은 그들이 선택한 음악임에 틀림없다.

컨트리 뮤직의 폭발적인 인기를 가속화시킨 세 번째 요인은 1990년대 음악 장르에서 경쟁적 대안들이 소멸되었다는 것이다. 로큰롤의 오랜 팽창을 낳은 창조적 에너지는 크게 약화되었고, 로큰롤의 관습을 거스르는 전통으로부터 벗어나려는 이른바 랩, 테크노, 헤비메탈 등 가장 흥미로운 새로운 대중적 장르들도 대다수의 미국인에게 호소력을 잃고 있다. 이 음악들의 소리는 너무나 강하고 시끄러워서 대부분 성인들의 귀에 거슬린다. 이 소리들이 나타내는 메시지는 귀에 울리는 음악 때문에 파악하기가 힘들 뿐만 아니라 (『뉴욕 타임스』의 문화비평가 피터 애플봄의 비평에서 볼 수 있듯이) 20대를 넘는 백

트로 출연한 것과 컨트리와 인연이 깊은 맨드렐 가계의 혈통을 이용한다.

인 미국인들에게 "불가해하거나 당혹스럽기까지 하다". 왜냐하면 그 소리들은 그들이 공유할 수 없는 가치들과 라이프스타일을 투영하기 때문이다.[8] 컨트리 뮤직의 새로운 스타 가스 브룩스는 이러한 경향을 예증하고 있다. 하드록hard rock 팬이었고 하드록 연주자가 되려 했던 그는 "[록의] 스타일을 3분 이상은 참을 수가 없다."고 인정하면서 부분적이지만 컨트리 뮤직으로 전향했다고 고백했다.[9]

컨트리 뮤직은 항상 대중음악의 경향과 크로스오버 아티스트(심지어 호주의 팝 가수 올리비아 뉴튼존Olivia Newton-John도 포함된다)를 연계하여 이윤을 산출하면서,[10] 가벼운 상업적 팝, 소프트 록 그리고 포크 뮤직folk music의 장르를 흡수할 수 있었다. 그리하여 컨트리 뮤직을 제외한 나머지 팝 장르들이 래디컬 랩radical rap과 헤비메탈 스타일에 압도되고 분열되는 동안 컨트리 뮤직은 인구통계상 가장 큰 시장을 확보할 수 있었다. 더구나 유망한 10대 스타들처럼 매력적인 젊은 공연가들(랩이나 헤비메탈 가수들보다 훨씬 더 "건전하고" 사회적으로 용인될 수 있는 공연가들)을 보충하기 위해 새로운 컨트리 뮤직 비디오 장르를 내놓음으로써 컨트리 뮤직은 최근 10대

---

8 Peter Applebome, "Country Graybeards Get the Boot", *The New York Times*, August 21, 1994, sec. H, pp. 27~28을 참조하라. 내슈빌[미국 컨트리 뮤직 레코드 산업의 중심지]의 음악 잡지 발행인이며 디스크자키인 어떤 사람이 설명했듯이 "지금까지 컨트리 뮤직에게 일어난 가장 좋은 일이 랩이었다." 왜냐하면 랩은 주류 청중이 이해할 수 없을 만큼 대중음악을 급진적 방향으로 몰고 갔기 때문이다. "나는 대중음악과 일체화될 수 있었다면 대중음악을 들었을지도 모를 젊은 이들을 이미 당신이 사로잡았다고 생각한다."(28)

9 Skip Hollandsworth, "Garth Brooks: A Megastar's Last Stand (For Now)", *TV Guide*, April 30, 1994, 14를 참조하라.

10 뉴튼존은 많은 컨트리 뮤직 전통주의자들의 노염을 사지 않은 것은 아니지만 1974년 컨트리뮤직협회 여성가수상을 받았다.

를 포함한 젊은 청중을 확보하는 데 훨씬 더 큰 성공을 거두었다.[11]

대부분의 미국인은 컨트리 뮤직에서 사용되는 단어가 이해하기 쉬워서, 그 단어가 그려내는 사실을 믿게 되고, 그 감정도 공유하게 됨은 물론 그 사실을 실재하는 현실로 받아들이게 된다. 그러나 철학적으로 보다 흥미 있는 것은 우리가 그 단어를 이해하기 때문에 그 사실을 받아들이게 되고 그 감정을 공유하게 된다는 점과 마찬가지로 그러한 감정을 갖기 때문에 그 단어들이 구성하는 것을 신뢰하게 된다는 역설이 성립한다는 점이다. 이와 같이 정감, 신뢰성 그리고 말의 서사에 의해 강화되는 변증법은 진정성이라는 컨트리 뮤직의 아우라가 보여주는 철학적 핵심이며, 역설적이게도 분명히 과거 남부 시골 지역의 엄연한 사실을 간과하지만, 남부 시골 지역의 순수성이 갖는 강한 이미지를 지탱시켜준다. 설득력 있는 변증법의 구체적인 작용을 해명하기 위해, 나는 지금부터 컨트리 뮤지컬이 구성하는 서사narratives를 통해 그 변증법의 구체적인 전개 과정을 살펴볼 것이다. 주로 〈순수한 시골〉(1992)을 중심으로 살펴보고, 〈인동덩굴 장미〉(1980)와 간단한 비교 분석을 하면서 마무리 짓고자 한다.

III

〈순수한 시골〉이라는 컨트리 뮤지컬 작품은 그 제목만으로도 컨트리 뮤직의 진정성과 순수성이 갖는 지속적인 힘을 확고히 하는 데

---

11 뮤직비디오와 젊은 "핫 스타hunks"에 관한 새로운 관심에 대해서는 Applebome, "Country Greybeards"; Parsons, "Taking Stock"을 참조하라.

기여했다. 〈순수한 시골〉은 부분적으로는 컨트리 뮤직의 상업적 기만성에 대한 (대표적으로 로버트 앨트먼Robert Altman의 신랄한 풍자 작품 〈내슈빌〉에서, 또한 대릴 듀크Daryl Duke의 초기의 보다 미묘한 작품 〈봉급날〉에서) 지식인들의 비판에 대응하는 것이기도 하지만 최근에 성공한 주류 음악의 영향으로 장르 내부에서 일어난 현실적인 상업화의 압력에 대응하는 것이기도 하다.

〈순수한 시골〉은 진정성과 흥행을 동시에 잡기 위한 노련한 캐스팅을 보여주는데, 말쑥하고 소년같이 잘생긴 외모를 가진 조지 스트레이트George Strait를 주역으로 선정했다. 이른바 신전통주의 컨트리 가수 가운데 아마도 가장 건전해 보이면서 상업적으로 성공한 스트레이트는 1980년대 초에 스타덤에 올라, 그럭저럭 스타덤의 지위를 유지했고 자신의 신전통주의 이미지를 오늘날까지 유지해왔다.[12] 더욱이 스트레이트는 컨트리 뮤직에 진정성을 부여해주는 주된 이미지들 가운데 하나인 카우보이를 완벽하게 체화시킨다. 최고의 컨트리 뮤직 역사가인 빌 맬론의 말에 의하면 "스트레이트는 텍사스 주의 피어솔Pearsall 부근의 대농장에서 자란, 진짜 카우보이다." 그리고

---

12 1996년 컨트리뮤직협회(CMA) 수상식에서 ("컨트리의 열정을 지키는 자" 그리고 "컨트리 순수주의자"로 묘사된) 44살의 조지 스트레이트는 베스트 싱글과 베스트 앨범, 그리고 베스트 남성 보컬리스트 부문에서 그해의 주요 상을 휩쓸면서 최고 수상자가 되었다. 이러한 묘사는 USA Today, October 3, 1996, sec. D, p. 1; The Philadelphia Inquirer, October 3, 1996, sec. C, p. 1에서 인용했다. 1997년에도 조지 스트레이트는 베스트 남성 보컬리스트상과 베스트 앨범상을 받으면서 CMA의 최고 수상자가 되었다. 1998년에는 세 번 연속 베스트 남성 보컬리스트상을 수상했고 CMA 역사상 가장 많이 후보에 오른 가수가 되었다. The New York Times, September 25, 1997, sec. A, p. 22, col. 1; The Washington Post, September 24, 1998, sec. B, p. 10에 나온 기사를 참조하라. 1999년에도 조지 스트레이트는 CMA 시상식에서 주요 세 부문의 후보에 올랐다.

1970년대 후반에 군복무를 하는 동안 노래를 시작하면서 대중에게 알려졌다.[13]

〈순수한 시골〉은 영화 시작부터, 심지어 영상이 움직이고 대화가 시작되기도 전에 영화 제목에 걸맞은 순수성의 분위기를 강조하기 위해 낡은 오렌지 색조의 정지 화면으로 문을 연다. 화면 속에서 낡은 사진과 반짝이는 아침 햇살이 보인다. 처음에는 어린 소년의 희망에 찬 눈과 순진한 얼굴에 초점을 맞추고, 다음으로 그 소년이 기타를 들고 있고 그 옆에서 맨발의 소년 드러머가 녹슨 긴 의자에 앉아 있는 장면을 보여준다. 연이어서 천진난만한 시골의 유년 시절을 암시하는 다른 사진 이미지들, 예를 들면 나무 그네에 걸려 있는 낡은 타이어, 나무 오두막 그리고 풍차 등이 등장한다.

이 영화의 사운드트랙(조지 스트레이트의 앨범으로도 동시에 발표되었다)은 전통적인 순수성에 대한 이러한 이미지들을 청각적으로 강화하는데, 어린이(스트레이트의 아들)가 부르는 〈순수한 시골〉의 주제가 〈심장부Heartland〉로 시작된다. 이 주제가는 영화와 앨범 모두에서 시작과 끝을 장식한다. 노래의 가사는 아직도 부패되지 않은 미국의 심장부에 내재하는 순수와 진실의 뿌리에 대한 메시지를 확인시켜주는 동시에, 컨트리 뮤직을 근면한 미국인들의 삶과 감정에 대한 진실한 표현을 발견할 수 있는 문화적 고향으로 묘사한다.

> 당신이 쌍둥이 피들fiddle과 스틸 기타 소리를 들을 때
> 당신은 미국의 심장 소리를 듣는 게지.
> 그리고 토요일 밤 오프리Opry 뮤직은

---

13 Malone, *Country Music U.S.A.*, 409.

당신의 얼굴에 미소를 던져주고 당신의 눈에 눈물을 고이게
하지.
심장부의 노래를 불러보렴,
그곳은 내 마음이 편안해지는 유일한 곳.
일광이 사라질 때까지 일하는,
성실한 사람이 살아가는,
인생의 노정을 노래해보렴.
그들이 옳고 그름을 구별하는 곳에서,
여름밤 지붕에 떨어지는 빗소리를 노래해보렴.
심장부의 노래를 불러보렴,
내 삶의 노래를 불러보렴.

이 노래는 2절로 넘어갈 때 즈음, 성인이 된 조지 스트레이트의 목소리로 바뀐다. 이 가사는 여전히 국가의 심장부를 순박함이 있는 곳("대자연이 당신과 늘 함께함을 느끼는 곳에서/ 순박한 사람들이 더불어 살아가는 곳에서/ 이웃들이 차를 타고 지날 때 그들에게 손을 흔들어보렴")이라고 찬양한다. 그러나 사진 이미지들은 어린 시절의 순진무구함을 노래하는 목가에서 훨씬 더 발전된 국면을 보여준다. 드럼 연주자였던 소년이 지금은 짙은 콧수염을 하고 카우보이모자를 쓴 채, (역시 카우보이모자를 쓴) 어른 조지 스트레이트와 함께 짐차 앞에 서 있다. 그리고 처음에는 다정한 할머니 모습을 한 여인이 그들과 함께 있었지만, 다음 화면에서 젊고 예쁜 모습을 한 여인이 그들과 함께 있고, 몇 명의 시골 구경꾼들도 그들과 함께 있다. 그다음에 복장은 여전히 간편하지만, 시골풍 음악 연주회장에서 공연 자세를 취하고 있는 세 명의 젊은이가 보인다. 대화 없이 계속되는 정

지 화면들은 달러 지폐가 가득 들어 있는 뒤집혀진 모자—모자 돌리기는 (교묘하게 상업화된 형식이 아니라) 전통적으로 엔터테이너에게 돈을 지불하는 형식이다—의 이미지로 끝난다.

영화의 개시 부분에서 소년의 얼굴이 클로즈업된 것처럼, 바로 다음 장면에서 카메라는 달러 지폐에 새겨진 조지 워싱턴의 눈이 사라질 때까지 워싱턴의 얼굴에 (줌 렌즈를 확대시켜) 초점을 맞춘다. 그리고 영화가 갑자기 표준적인 영화의 움직임과 색채를 보이면서 시작하는데, 우리는 함성을 지르는 청중들의 소음과 배경의 옅은 안개 속에서 약간 불안해하며 급하게 움직이는 조지 스트레이트의 밝고 푸른 눈을 보게 된다. 영화는 곧바로 청중들로 가득 찬 거대한 스타디움을 비추는 화면으로, 그리고 스포트라이트가 여러 각도로 움직이고 섬광등이 다양한 색조의 플래시를 터뜨리는 화려한 쇼로 방향을 돌린다. 카메라가 청중에서 무대까지 앞뒤로 왔다 갔다 할 때, 조지 스트레이트는 마치 로마의 잔인한 투기장으로 들어가는 기독교인 검투사처럼, 물러나면서도 미소를 잃지 않았던 컨트리 뮤직 스타 더스티 챈들러Dusty Chandler 역으로 (연기 기둥 속에서) 멋지게 진입한다.

영화의 시작 무렵 2분 정도 이어지는 타이틀 장면은 대자연의 순수한 빛을 받는 행복한 어린이가 거대한 엔터테인먼트 산업의 짙은 소음과 어둠에 둘러싸여버린 소심한 어른이 되어가는 과정을 추적하면서 이미 〈순수한 시골〉이 유도하는 주제를 분명하게 드러낸다. 말하자면 이 영화는 순진무구한 진정성에서 상업화된 부패의 길로 가는, 즉 돈벌이는 되지만 위험한 길을 다루고 있다. 마치 챈들러가 컨트리 뮤직 스타가 되는 개체 발생이 컨트리 뮤직이 하나의 장르가 되는 계통 발생을 되풀이하는 것 같다. 그럼에도 불구하고 이 영화의 전체적 구성은 컨트리 뮤직이 상업적 성공을 희생시키지 않고 컨트리 뮤직의 진정한 근원으로 되돌아감으로써 그 순수성이 유지될 수 있음을 보여준다.

순박한 근원으로의 귀환은 컨트리 뮤직 스타인 더스티가 은밀하게 고향으로 돌아오기 위해 첨단 장비가 동원되는 순회공연 중에 도피한다는 점 때문에 더욱 상징화된다. 이 순수화purification의 과정에서 그는 처음으로 그의 호화스런 무대 의상과 길게 묶은 최신 유행의 헤어스타일을 벗어버린다. 그리고 그는 그의 할머니 아이비Ivy의 충고를 받아들여, 로데오 카우걸rodeo cowgirl의 가족 목장에서 카우보이의 삶과 기술을 연마하고 그녀와 사랑에 빠지게 되는데, 그의 겸손한 예의범절과 익숙하지 않은 깔끔한 외모 때문에 주변 사람들은 그를 컨트리 뮤직 스타로 알아보지 못했다.

이 영화에서는 카우보이 테마가 매우 중요한데, 무려 2분가량을 통째로 로데오 의식의 오프닝 장면에 할애하고 있다. 여기서 말을 타고 전속력으로 질주하는 카우보이가 〈오! 아름다운 땅, 미국이여 America the Beautiful〉의 곡조에 맞춰 미국 국기를 과장되게 보여준다. 영화에 등장한 음악가, 팬, 기자, 바텐더, 웨이트리스 등의 인물이 전부 다 백인인 것만 보아도 확실한 아메리카니즘authentic Americanism을 보여주는 컨트리 뮤지컬의 이미지가 인종적인 순수성과 연결된다는 것을 알 수 있다. 백인이 아닌 (잠깐 등장하여 웃음을 제공하는) 유일한 사람은 (과장된 브레이크 댄스를 추며) 리무진 차 문을 열어주는 라스베이거스 미라지Mirage 호텔의 피그미계 흑인 호텔 보이뿐이다. 이 호텔에서 더스티는 전통적인 "순수한 컨트리" 스타일로 복귀하게 되는 결정적인 공연을 한다.

컨트리 뮤직이 오래된 유행이나 시골스러운 것 그리고 순전히 미국적인 순수성과 반드시 동일시된다고 볼 수는 없다. 이러한 측면은 다른 컨트리 뮤지컬에서도 확인된다(예를 들면 〈친절한 자비〉, 〈인동덩굴 장미〉, 〈광부의 딸〉, 〈달콤한 꿈〉, 〈홍키통크맨〉). 컨트리 뮤지컬의 순수한 시골풍 이미지는 할리우드 관례에서보다 훨씬 더 풍부하다. 그러한 이미지는 컨트리 뮤직 자체의 가사에서 울려 퍼지며, 주류 엔터테인먼트 산업의 종사자들이 아닌 외부 옹호자들에 의해 오히려 더욱 부각된다. 예를 들면 헨리 포드Henry Ford는 (부분적으로 피들 연주 콘테스트를 개최해) 올드타임 컨트리 뮤직의 진정성의 이미지를 부각시켰다. 그는 "진정한" 미국 문화가 "도시 외부에 있다."고 주장했다. 작곡가요, 지휘자이며 음악 교육가인 라마 스프링필드Lamar Springfield는 토착적인 "앵글로색슨족"의 음악성을 탐구하면서 도시 문화와 멀리 떨어져 있는 컨트리 문화의 장소적 위치가 "사람들을 자연적인 감정 상태에 머무르게 하며 음악을 민스트렐 쇼 minstrelsy[극장용 엔터테인먼트 쇼]로부터 해방시킨다."고 (인종주의의 기반을 무너뜨리며) 주장했다.[14]

그러나 컨트리 뮤직의 이미지가 전통적인 미국적 순수성을 대표한다는 것은 사실과 전혀 다르다. 피들이란 악기가 이 장르와 그 기원인 포크 문화folk culture에 핵심적인 것이긴 하지만, (〈순수한 시골〉의 주제곡에도 나오는) 스틸 기타는 사실상 하와이에서 수입된 것이며, 1940년대에 와서야 컨트리 뮤직의 트레이드마크가 되었다. 이른바 대단히 미국적인 이 장르는 처음에는 유행을 선도하는 음악 잡지였던 『빌보드』에서 외국 음악의 일부로 여겨졌다. 그것은 나중에 마침내 "미국의 포크 뮤직"이란 이름표를 달기 전까지 "레이스race" 뮤

---

14 Peterson, *Creating Country Music*, 59, 64.

직으로 분류되었다.[15] 컨트리 뮤직의 카우보이 이미지는 신뢰할 만한 것이 못 된다. 빌 맬론의 주장에 의하면 "카우보이는 미국 음악에 그 어떤 것도 공헌한 것이 없으며", 단지 로맨틱하게 매력적인 (그렇기 때문에 상업적으로 효과적인) 이미지를 제공했을 뿐이다. 그 이미지는 컨트리 뮤직이 미국 남부 산골 문화라는 부정적이고 시장성이 거의 없는 협소한 이미지에서 벗어나기 위해 교묘하게 차용한 것이다.[16]

결국 컨트리 뮤직이 순전히 백인만의 음악이며 비상업적인 목적으로 만들어졌다는 것은 단지 신화에 지나지 않는다. 빌 맬론과 다른 학자들은 컨트리 뮤직이 "흑인들의" 음악 문화를 어떻게 "차용했는지"를 보여주고 있다. 밴조banjo[5현의 현악기]는 아프리카에서 유래되었고 흑인 블루스는 한때 몇몇 컨트리 송이 "레이스" 뮤직의 일종으로 잘못 분류될 만큼 컨트리 송에 너무나 강한 영향을 미쳤다. "현대 컨트리 뮤직의 대부"라고 불리는 지미 로저스는 자신의 미시시피 고향에서 흑인 음악가와 함께 연주하면서 실력을 쌓았고, 사실 그

---

15 Malone, *Country Music U.S.A.*, 127, 181.
16 *Ibid.*, 137~141, 152. 빌 맬론은 유명한 노래하는 카우보이, 즉 진 오트리, 로이 로저스 그리고 텍스 리터는 노래를 하는 진정한 카우보이가 아니라고 말하며 그보다는 카우보이 이미지가 그들의 경력에 도움이 되는 것을 알았기에 그것에 의지한 것뿐인 매우 전문적인 음악가들이라고 언급한다. 컨트리 뮤직에 정통한 사람이라면 누구든지 컨트리 뮤직에 진정성을 부여하는 카우보이 이미지가 날조된 것임을 알고 있다. (컨트리 뮤직의 왕으로 잘 알려진) 로이 애커프 Roy Acuff는 실제적인 진정성을 투영하기 위해, 체크 셔츠와 청바지 또는 멜빵바지의 등산복 차림이 훨씬 더 진실한 컨트리의 이미지라고 주장하면서, 영화 〈그랜드 올드 오프리〉에서 입도록 되어 있던 카우보이 의상을 강하게 거부했다. Richard Perterson, "The Dialectic of Hard-Core and Soft-Shell Country Music", *South Atlantic Quarterly* 94(1995), 279~280; *Creating Country Music*, 9장을 참조하라.

는 "약장수 쇼medicine show에서 공연하는 흑인 분장의 엔터테이너"로서 직업 생활을 시작했다. 그랜드 올드 오프리Grand Old Opry[미국의 포크 뮤직이나 컨트리 뮤직의 모든 것을 만날 수 있는 공연, 방송 프로그램]의 로이 애커프도 "피지크 왜건physik wagon"으로 두루 여행할 때 흑인 분장 때문에 명성을 얻게 되었는데, 하물며 그랜드 올드 오프리에서도 흑인 분장을 해야 했다. 행크 윌리엄스는 12살 때 길거리 흑인 가수로부터 기타와 티-톳Tee-Tot이라고 불리는 노래 기법을 배웠다. 레이 찰스Ray Charles는 컨트리 뮤직 앨범을 제작하고 컨트리 뮤직 스타 조지 존스와 함께 노래를 부르기도 했다. 흑인 가수 찰리 프라이드Charley Pride는 1971년에 컨트리뮤직연합회에서 주는 엔터테이너상을 받았다.

빌 맬론이 결론지었듯이, 컨트리 뮤직이 "그 기원이나 표현을 순수한 백인이나 '앵글로족'에서 찾을 수 없다면, 그것은 전적으로 시골풍인 것만도 아니고 비상업적인 것만도 아니다."[17] 대부분의 컨트리 가수들은 도시와의 밀접한 연관 속에서 성장했고 초기의 컨트리 고전들(예를 들면 〈러브식 블루스Lovesick Blues〉)은 실제로 대부분 뉴욕의 "틴 팬 앨리Tin Pan Alley"에서 만들어졌다. 컨트리 뮤직은 초기에 유랑하는 약장수 쇼나 보드빌 쇼, 흑인 분장의 민스트렐 쇼와 연계되었고, 뉴욕의 팝 뮤직 사업과의 친밀한 동맹에 이르기까지, 상업적 동기에서 결코 해방된 적이 없다. 오늘날 컨트리 뮤직은 (집중적인 매체 홍보나 다른 주류 음악과의 혼합 전략을 취하고 광고에 이용되기도 하면서) 강한 상업적 이미지를 획득하게 되었고, 이제 컨트

---

[17] Malone, *Country Music U.S.A.*, 5. 이 문단과 바로 앞 문단의 역사적 사실은 대체로 맬론의 글과 Ellison, *Country Music Culture*에서 따왔다.

리 뮤직은 "순수한 시골"이라는 개념은 뻔뻔한 망상이라고 실토하는 듯하다. 그러나 컨트리 뮤직의 순수성을 사실상 믿을 수 없음에도 불구하고, 그것의 진정성이라는 신화는, 이러한 사실에 대해 더 잘 알고 있는 컨트리 뮤직 공연가와 팬들에 의해 영구적으로 지속된다. 위에서 언급한 컨트리 뮤직의 비순수성이 일반적인 컨트리 뮤직 청취자에게는 쉽게 알려져 있는 지식이 아닐지라도, 우리는 모두 바바라 맨드렐의 노래〈컨트리가 쿨하지 않았을 때, 나는 컨트리였다〉에서 컨트리 뮤직의 뻔한 역사적 위선을 확실히 알아야 한다. 그녀는 이 노래에서 "서부가 진짜 황무지였을 때를 그린 영화에서의 로이 로저스"를 향유하는 것, 이것이 바로 컨트리의 진정성이라고 주장한다.

IV

컨트리 뮤직의 명백한 비순수성에도 불구하고, 컨트리 뮤직은 팬들에게 그 순수한 진정성을 어떻게 확신시킬 수 있는가? 신뢰를 창조하고 우리의 진정성의 기준을 만들어내는 기초적 원천은 도대체 무엇인가? 이러한 질문들은 컨트리 뮤직의 세부 사항들을 넘어 믿음belief과 실재reality라는 가장 심오한 철학적 논제들에 이르게 된다. 답을 구하기 위해 우리는 윌리엄 제임스로 돌아가보자.

제임스는 인간이 동물로서 본질적으로 갖고 있는 정감적 본성(흄과 다윈으로부터 물려받은 관점)에 대해 강조하면서 다음과 같이 언급한다. "우리가 일상적 실천에서 실재와 단순한 비실재unreality를 대조하는 가운데, 어떤 일이 다른 것보다 더 실재적이라거나, 더 믿음이 간다고 말할 수 있는 것은, 실재가 우리의 정서적이고 적극적인 삶과 관련되어 있다는 점 때문이다. …… 이런 의미에서 우리의 관심을 유발하거나 자극하는 것은 무엇이든지 실재적이다. 우리가 어떤 대상에 관심을 쏟거나, 그것을 받아들이거나, 우리의 마음을 그것으로 채우거나, 실질적으로 그것에 신경을 쓰게 될 만큼 그 대상이 우리에게 호소하는 한 그 대상은 우리에게 실재적인 것이고 우리는 그 대상을 믿는 것이다. …… 자연적 본성을 타고난 인간의 흥미로운 모든 생각은 신뢰를 동반한다. 열정을 갖고 생각을 마음에 품는 것은 확신하는 것이다."[18]

제임스가 여기서 표현한 두 가지 중요한 개념은, 컨트리 뮤직이 순수한 진정성을 명백히 담보하지 못했음에도 불구하고 그 순수한 진정성을 어떻게 수렴하게 되는지 설명할 수 있게 한다. 첫 번째 개념은 신뢰가 정서로부터 비롯된다는 점이다. 두 번째 개념은 실재는—그리고 포괄적으로는 진정성과 순수성도—다소 상대적 관점에서 고려될 수 있다는 점이다. 컨트리 뮤직의 실제적인 비순수성과 비진정성을 충분히 인정할 수밖에 없다고 할지라도 상대성의 논리를 통해, 컨트리 뮤직을 훨씬 더 순수하지 못하고 훨씬 더 상업화된 다른 팝 뮤직과 대조해볼 때(또는 순수하지 못하고 타락한 형식을 갖는 다른 컨트리 뮤직과 대조해볼 때도) 컨트리 뮤직이 보다 미국적인, 시골풍의 진정성을 담보하고 있다고 주장할 수 있다.[19]

---

18 William James, *Principle of Psychology*(1890; Harvard University Press, 1983), 924, 936(고딕체는 제임스가 한 것이다) "강제성[우리의 주목에 대한 강제성, 즉 실재를 추론하는 다른 일반적 방식]은 생기나 정서적 관심의 산물이다."(929)
19 컨트리 뮤지컬은 실재적인 것이든 진실한 것이든 그것이 단계적이고 맥락적인 카테고리라는 개념을 종종 주제로 다룬다. 〈도시의 카우보이〉에서 선술집에서 일하는 한 여자가 주인공에게 "당신이 실재의real 카우보이입니까?"라고 말을 건넬 때, 주인공은 "실재의 카우보이가 무엇인가라는 문제는 당신의 생각에 달려 있습니다."라고 응답한다. 실재에 대한 그녀의 기준은 "투스텝으로 춤추는 법을 아는 것"이다. 그러나 영화는 카우보이의 진정성에 대한 다른 기준들, 즉

극단적인 정서나 감상벽은 컨트리 뮤직의 트레이드마크이자 지식인들이 그것을 속물적 키치kitsch라고 무시하는 주된 원인이기도 하다.[20] 그러나 컨트리 뮤직 가수나 컨트리 뮤직 연구자들은 "열린 정서의 표출"을 컨트리 뮤직의 성공과 진정성을 보장하는 주된 열쇠라고 생각한다. 예를 들면 지미 로저스는 "모든 공연에서 보여주었던 순박한 진정성과 강렬한 정서"로 그의 음악적 한계를 보완했다고 평가받는다. 그는 "마치 모든 인생 노정을 다 걸어보았고 모든 변화를 다 겪은 것처럼" 감정에 호소하듯 노래한다. 로저스는 "그렇게 노래하는 것이 파토스를 느끼게 해주었다. 우리가 느끼듯이 서민들도 파토스를 느끼게 하라. 그러나 먼저 우리 자신부터 그러한 감정을 가져야 한다."고 주장한다. 그랜드 올드 오프리의 스타 로이 애커프가 처음에 서투른 피들 연주에도 불구하고 일자리를 얻게 된 이유는 ("종종 노래하면서 공개적으로 울기도 하는") 그의 "정서적 스타일"이 엄청난 "신실함sincerity"을 전달했기 때문이다. 가스 브룩스처럼 심지어 오늘날 슈퍼스타들도 수없이 많은 컨트리의 노래 가사를 통해 확인되듯이, "차트에서 1위를 했던 80개의 노래보다 가슴에서 우러나

기계 모조품인 로데오 황소를 탈 수 있는지, 불굴의 담력과 자긍심을 보여주는지, 또한 침대에서 사랑을 잘 나눌 수 있는지를 계속 제시한다. 이 마지막 기준이 소를 타는 것에 대한 은유이므로 오늘날 컨트리 뮤직 가사에서 "실재의" 카우보이가 되는 흔한 기준이다.

[20] 이것은 (칸트로부터 엘리엇에 이르기까지) 우리의 지배적인 지식인의 미학이 다듬어지지 않은 정서적 호소를 미적 저속함이라고 거부하기 때문이다. 상세한 것은 Richard Shusterman, "Of the Scandal of Taste: Social Privilege as Nature in the Aesthetic Theories of Hume and Kant", in Paul Mattick, ed., *Eighteen-Century Aesthetics and the Reconsturunction of Art*(New York: Cambridge University Press, 1993), 96~119; *T. S. Eliot and the Philosophy of Criticism*(New York: Columbia University Press, 1988), 64~67을 참조하라.

오는 이 한 곡"을 선호한다고 주장한다. 컨트리 뮤직 연구자들이 컨트리 뮤직의 성공에 중대한 역할을 했다고 보는 "철저한 신실함"은 사실적 증거에 의해서가 아니라 정서적 확신에 의해서 전달된다. 이 정서적 확신은 노래가 가슴에서 곧바로 우러나오기 때문에 어떠한 거짓됨도 있을 수 없음을 입증해주는 파토스이다. 역사가들은 컨트리 뮤직의 파토스를 남부의 경건주의 전통과 연결시킨다. 남부 경건주의 전통의 신학적 설교는 정서적 이야기의 형식을 취하고 판단보다는 자비심에 호소한다. "감상벽은 심지어 머리의 지령과는 정반대인 가슴에 호소하는 것으로서, 어떤 궁극적 원리로 끌어올려지기도 한다."[21]

컨트리 뮤직이 매우 감상적이라는 것은 논쟁의 여지가 있을 수 없지만, 지식인들과 다른 비판적인 청취자들은 그러한 감상적 특성을 인정해도 그 호소력에 무관심함은 물론 그것에 전혀 감염되지 않는다. 그들은 컨트리 뮤직의 감상적 특성을 역겹고, 설득력이 없는, 상업화된 키치라고 생각한다. 한마디로 말해서 그들에게 감상성은 진실한 것과 전혀 반대되는 개념이다. 이러한 반응-reaction과 믿음의 차

---

21 상세한 설명과 인용문은 Malone, *Country Music U.S.A.*, 242, 301; Paul Kingsbury and Alan Axelrod, ed., *Country: The Music and the Musicians*(New York: Abbeville Press, 1988), 49; Nolan Porterfield, *Jimmie Rodgers: The Life and Times of America's Blue Yodeler*(Champaign: University of Illinois Press, 1979), 75~76; Peterson, "The Dialectic of Soft Shell and Hard Core", 278~279; Ellison, *Country Music Culture*, 38, 40, 105, 261을 참조하라. 남부의 경건주의에 관한 인용(Ellison, 105에서 인용)은 원래 종교학자 피터 윌리엄스Peter Williams의 책, *America's Religion: Traditions and Cultures*(New York: Macmillan, 1990), 233에 나온다. 엘리슨은 또한 현대 컨트리 가수인 콜린 레이Colin Raye의 노래 가사를 인용한다. "나는 작가가 자신의 가슴에 구멍을 내어 마치 가슴이 터져 나오는 소리처럼 들리는 노래를 한다." (256)

이를 어떻게 설명할 수 있겠는가? 제임스는 동일한 관념이 사람들에게 매우 다양한 정서적 암시를 띨 수도 있고, 결과적으로 "믿음에 효능이 있는" 정도도 다양할 수 있다는 것을 알게 되었다. 제임스에 따르면 이러한 차이는 "정서적 흥분을 낳는 상이한 감수성과, 이러한 감수성들이 결과적으로 야기하는 상이한 충동과 억제에서 주로 기인한다."[22]

철학에 의해 아주 깊이 신봉되는 냉철하고 합리적인 비판적 사고라는 전형적인 지식인의 태도는 확실히 정서적 흥분과 이로 인한 신뢰를 억제하는 데 목적을 두고 있다. 정서적 흥분을 억제하는 오래된 습성은 정서적 흥분이 합리적이고 인식적인 관심에 마땅히 종속되어 있다는 것을 증명하려고 한다. 이러한 습성은 우리에게 너무 깊이 뿌리박혀 있고 자동적이어서 알아채지도 못하게 작용하는데, 결국 이것은 정서적 분출에 대한 무의식적인 반동reflex, 즉 본능적인 혐오가 될 수 있다. 지식인의 규율적(또한 사회적) 훈련은 강렬한 정서에 자신을 맡기려 할 때 스스로에게 억제하는 습성을 주입하려는 경향이 있다.

그런데 비판적 사고를 억제하는 훈련이 잘 되어 있지 않은 "더욱 순박한" 서민 노동 계층에 비해 지식인들이 컨트리 뮤직의 감상적 매력에 쉽게 영향 받지 않는다는 것은 그다지 놀랄 일이 아니다.[23] 더구

---

22 William James, *The Varieties of Religious Experience*(New York: Penguin, 1985), 112, 261을 참조하라.
23 그럼에도 불구하고 어떤 분위기나 어떤 계기를 통해서 그리고 습관적인 자기를 벗어나는 어떤 압력 덕분에 지식인의 억제 습관은 극복될 수 있고, 컨트리 뮤직의 정서가 단순히 배척되는 것이 아니라 깊이 공유될 수 도 있는 것이다. 물론 이 장의 컨트리 뮤직에 대한 평가는 부분적으로 컨트리 뮤직의 정감에 빠져드는 내 자신의 계기로부터 비롯된 것이기도 하다. 이것은 지식인들이

나 그러한 노동 계층은 컨트리 뮤직이 제공하는 실재적인 정서적 내용에 대해 매우 선택적이고 비판적인 관점을 취할 수 있는 여가나 에너지가 훨씬 부족하다. 그들은 뛰어난 식별력을 갖기에는 삶이 너무 고단한 탓에, 손쉽게 접할 수 있는 감상물emotional fare(거부할 수 없는 삶의 묘미)을 이해하고 맛본다. 더구나 스트레스를 심하게 받고 고되게 노동하는 컨트리 뮤직의 주된 청중이 컨트리 뮤직을 통해 편안한 정서적 해방을 구하려고 한다는 사실은 컨트리 뮤직과 정서를 습관적으로 연결하게 하면서, 컨트리 뮤직의 정서적 계기를 더욱 견고하게 만든다.

정서적 만족과 정서의 강화라는 다소 순환적인 메커니즘이 바로 여기에 작용한다. 컨트리 뮤직에서 유쾌한 정서를 습관적으로 욕망하는 것과 과거를 환기하는 것은 이 음악에 대한 정서적 암시를 강화하는 경향이 있는 것 같다. 말하자면 그러한 정서적 암시는 컨트리 뮤직의 주된 청취자가 컨트리 송을 들을 때 감정을 과장하는 긴장감을 미리 조성한다. 즉 예감anticipation, 긴장tension, 성향tendency이 실현되면서 컨트리 뮤직의 정서적 생기가 훨씬 더 강화된다. 이러한 순환성은 헛된 논리적 궤변이 아니라 습관의 조건화와 습관의 강화라는 심리학적 사실이라고 간주된다.

물론 우리는 이론적 보편성을 초월해가야 하며, 컨트리가 신뢰를 정서적으로 창조하는 몇 가지 특별한 사례를 면밀히 검토해야 한다. 우리는 파토스가 컨트리 뮤직의 진정성에 어떻게 봉사하는지 그리

가끔은 단지 우연적이고 순간적일지라도 자신이 간직해온 비판적인 억제 기제 inhibitions로부터 자신을 자유롭게 둠으로써 배우게 될 수도 있다는 것을 제시한다.

고 파토스가 실재성이나 순수성이라는 상대적 개념에 어떻게 부합하는지 그 실례들을 살펴볼 필요가 있다. 우리는 컨트리가 다음과 같은 심리적 메커니즘, 즉 컨트리 뮤직의 진정성에 대한 지각이 순수한 것이나 진실된 것에 대한 강한 정서적 갈망과 결합됨으로써 진정성이라는 유혹적인 느낌, 즉 순수하고 순박한 느낌을 간단히 tout court 생성시키는 심리적 메커니즘을 어떻게 이용하는지를 살펴볼 필요가 있다. 그러나 컨트리 뮤지컬의 특정 작품에서 그러한 전략의 전개를 조사하기 전에, 우리는 신뢰와 진정성을 생성시키는 세 번째 기초적 장치를 언급해야 한다. 그것은 바로 서사 narrative의 용이함이다. 윌리엄 제임스가 이러한 요소를 경시하기 때문에 우리는 ("시골과는 거리가 먼") 대도시의 경험철학자 발터 벤야민에게로 관심을 돌려야 한다.

벤야민은 그의 유명한 글, 「스토리텔러 Storyteller」에서 근대사회에서 경험의 파편화(따라서 경험의 "가치 약화")와 전통성의 약화 탓에 스토리텔링 storytelling이 점진적으로 상실되고 있다는 점을 개탄한다. 역사와 대조적으로 이야기의 타당성은 "실증을 필요로 하지 않으며", 상세한 설명에도 의존하지 않는다. 벤야민에 의하면 이야기의 믿음을 창조하는 권위는 "전통이라는" 강력한 "사슬"과의 연계 그리고 결국 죽음에 이르는 인간이 경험하는 일정한 삶의 순환과의 연계에 달려 있다. 그러나 궁극적으로 이야기의 확신을 생성하는 것은 듣는 사람의 관심을 사로잡는 이야기의 매력이다. 벤야민은 "듣는 사람"이라는 용어를 자주 사용하는데, 그 이유는 그가 스토리텔링에 있어서 "구술 전통"을 강조하기 때문이며, 또한 듣는 사람이라는 용어가 "생생한 직접성"과 연결됨은 물론 구술상의 소통이 주는 공유감과 연결되기 때문이다. 이것은 책에 의존하는 소설의 사적 은밀함과는 대조적이다.

구술적 서사성oral narrativity은 또한 이야기를 보존하는 데 있어서 기억이 필요하다는 것을 함축하는데, 이것은 듣는 사람의 입장에서 더욱 수용적인 참여가 요구되기 때문이다. 그런 까닭으로 "듣는 사람과 스토리텔러의 솔직한 관계는 듣는 사람이 들은 것을 유지하려는 관심 때문에 조절된다." 결국 스토리텔러의 서사는 신뢰를 낳게 되는데, 왜냐하면 그 서사는 개인적 경험, 즉 직접적이거나 목격을 바탕으로 한 경험에 기초한다고 간주되기 때문이다. 말하자면 "스토리텔러의 꾸밈없는 재료는 일반적인 삶이요, 특히 자신의 고유한 삶"이다.[24]

이것은 정확히 말해서 전형적인 컨트리 송의 자세이다. 이 자세는 어떤 삶의 에피소드나 보다 긴 삶의 이야기, 즉 주로 노래하는 화자의 삶의 이야기를 1인칭적 구술로 전하는 것을 말한다. 가수의 이야기가 스토리텔링이나 민요balladry의 구술 전통이나 혹은 그것과 관련된 전통적 가치나 이야기로부터 힘을 얻게 되지만, 이야기의 권위는 또한 진실한 삶의 경험이라는 의미로부터 생긴다. 가끔 이야기가 화자 자신의 실수, 상실 그리고 후회를 포함하는 고통스러운 것일 때도 있다. 그러나 정확히 말해서 이러한 힘든 자기 노출 덕택에 가수는 신실한 고백의 진정성을 얻을 뿐만 아니라, 공중에게 자신이 힘들게 얻은 교훈을 알려주는 사람으로서 권위와 차별화를 얻게 된다. 여기서 컨트리 뮤직 가수는 벤야민이 언급한 스토리텔러의 능력에 다가가게 된다. 벤야민은 "이야기를 자신의 삶과 관련시키는 능력", "자

---

24 Walter Benjamin, *Illuminations*, ed. Hannah Arendt(New York: Schocken, 1969), 83~84, 87, 97, 108.

신의 삶의 심지를 유연한 불꽃으로 완전히 소진시키는" 스토리텔러의 능력이 스토리텔러 자신에게 "비길 데 없는 강한 아우라"를 부여해줌은 물론 "교사나 현인"과 유사한 기질을 부여해주는 원천이라고 묘사한다.[25]

컨트리 뮤직을 스토리텔러의 예술로 묘사하는 것은 벤야민의 지적인 멋을 컨트리 뮤직에 부여하려는 단순한 시도가 아니다. 학자들에 의해 폭넓게 인정되는 "스토리텔러 매체medium"로서의 컨트리 뮤직에 대한 개념은 "다른 노래의 요소들이 일반적으로 이야기를 강조하기 위해 단순하게 유지되는" 점을 미루어보면 더욱 명료해진다. "화음 구조는 단순하고 예측 가능하고, 음역이 좁으며, 리듬이 규칙적이다. 그리고 말이 쉽게 파악될 수 있도록 관현악 편성이 거의 없거나 있어도 최소한 배경음악으로 깔린다." 컨트리 가수이며 작사가인 어떤 사람의 말에 의하면 "말을 알아들을 수 없으면, 그것은 컨트리가 아니다."[26] 컨트리의 단어들이 중요성을 갖는다면 그것은 특정한 작시법poetry 때문이 아니라 단어들이 구현하는 이야기, 이를테면 컨트리의 순박한 멜로디와 리듬을 선호하는 사람들만이 아니라 보다 폭넓은 청중을 사로잡을 수 있는 이야기 때문이다. 재즈의 대가 찰리 파커Charlie Parker는 컨트리 뮤직에 특별한 취미가 있지 않느냐는 질문에 그 이야기를 정말 좋아한다고 대답했다.[27]

컨트리의 서사성은 벤야민이 언급했듯이 전통성, 구술성, 삶의 경

---

25 *Ibid.*, 108~109.
26 Richard Perterson and Melton Mclaurin, "Introduction: Country Music Tells Stories", in Melton Mclaurin and Richard Peterson, eds., *You Wrote My Life: Lyrical Themes in Country Music*(Philadelphia: Gordon and Breach, 1992), 2를 참조하라.
27 Nat Hentoff, *Listen to the Stories: Nat Hentoff on Jazz and Country Music*(New York: HarperCollins, 1995), 168을 참조하라.

힘이라는 요소에 의해 획득될 뿐만 아니라 서사적 형식 자체가 컨트리 뮤직이 전개하고 있는 파토스와 진정성을 매우 강화시킨다. 모든 서사의 구성 요소가 되는 점진, 발전 그리고 예상 국면은 정서를 강화하는 데 기여한다. (사랑, 실패, 애도와 같은 기초적인 감정에 초점을 둔) 컨트리 뮤직의 전형적인 서민성archetypal commonality은 깊고도 넓은 곳에 도달하는 정서적 기억을 자극하는 역할을 한다. 그리고 또한 이야기 흐름의 전형적이고 형식적인 단순성은 구성상의 압축condensation을 최대한 허용해줌으로써 집중의 피로를 미리 막아주고 정서적 강렬함을 촉진시킨다.

    컨트리 송의 이야기가 가수 자신의 삶에 대한 이야기로 종종 인식되기도 한다는 사실이 이야기의 압축을 가능하게 하고 신뢰성을 높인다. 이를테면 청취자들은 (조지 존스의 알코올중독이나 가스 브룩스의 부부간의 불신과 화해의 사건과 같은) 가수의 삶에 대한 이야기를 알고 있기 때문에 이야기의 압축을 수용하고 신뢰하게 된다. 파토스의 힘을 고양시키기 위해 컨트리는 예술과 삶, 즉 예술적 개인과 현실적 개인 사이의 당연한 것으로 여겨지는 분리를 지워버린다. 결국 컨트리가 전개하는 서사적 틀은 정서적으로 충만하고, 그래서 더욱 설득력 있는 상대적 진정성을 현저하게 드러내는 데 가장 유용하게 쓰인다. 서사적 일시성narrative temporality은 요즘에 비해 더욱 순수한 진정성이 있던 컨트리의 옛 시절을 회고할 수 있는 기억을 제공할 뿐만 아니라 현재의 부패에 직면하여 더욱 커다란 진정성을 회복하고 개발하고자 하는 컨트리 뮤직의 지속적인 투쟁을 암시하기도 한다.

V

컨트리 뮤직의 신뢰의 전략들, 즉 파토스, 상대적 진정성 그리고 서사는 컨트리 뮤지컬에서는 서로의 힘을 어떻게 강화시키는가? 〈순수한 시골〉의 경우는 어떠한지 구체적으로 살펴보자. 이 영화의 개시 부분에서 주제가 〈심장부〉는 미국 시골 지역에 대한 구체적인 지리적 언급보다 가상의 해부학적인 정서적 고향을 보다 뚜렷이 제시한다. 그것의 가사는 ("미소"나 "눈물"과 같은) 정서적 반응에 의해 구성되는, 음악적 진정성을 갖는 옛 "오프리"의 표준적인 컨트리 뮤직을 증언한다. 이 정서적 반응들은 영화의 구성과 음악이 환기하고자 하는 것들인데, 영화 개시 부분의 타이틀 장면에서부터 그러한 시도가 곧바로 시작된다. 예를 들면 어린이가 노래할 때 목소리의 부드러운 음향과 상실된 순진무구함에 대한 연속되는 감상적 암시가 바로 그러한 정서적 반응들을 유도한다. 그런데 스트레이트의 신전통적이지만 상업적으로 크로스오버 유형인 컨트리의 순수한 진정성은 상대적 진정성 위에 구축된 서사에 의해 주입된다.

이 뮤지컬의 구성에서 (시골 텍사스 출신의 서민적인 주인공 스트레이트가 그려내는) 더스티 챈들러는 스타덤에 오르는데, 이것은 더스티의 엄격한 매니저이자 옛날 애인— (레슬리 앤 와런Lesley Ann Warren이 연기하는) 야망에 넘치는 매력적인 요부형의 여자 룰라 Lula—의 상업적 전략에 의해 계획된 것이다. 타이틀 장면에서는 한때 젊고 순진했던 룰라의 모습이 아름답게 등장하기도 한다. 룰라는 컨트리 뮤직의 크로스오버적인 상업적 잠재력을 이용하면서 눈부실 정도로 현란한 록 퍼포먼스 스타일을 통해 더스티 쇼를 시끄럽고 번쩍이는, 스타디움 뮤지컬 쇼의 한 모형으로 만들었다. 또한 그녀는 더스티를 흰 가죽 재킷과 뱀 가죽 부츠, 묶은 머리 그리고 (조지 마이클처럼) 일명 섹시한 "덥수룩한" 수염으로 꾸미며, 번지르르한 록 스타일 가수로 변모시켰다. 그녀는 심지어 그에게 어떤 노래를 불러야 하는지, 콘서트의 막을 내릴 때 어떤 말을 해야 하는지까지 알려준다. 더스티는 그 눈부실 정도로 현란한 쇼가 진실한 자기 표현과 청중과의 진정한 커뮤니케이션을 가로막는다고 룰라에게 불평하면서("'나'는 엄청난 연기와 조명 때문에 피곤해. 그것은 나를 가로막아. …… 사람들은 그 연기와 조명 때문에 나를 볼 수 없고 시끄러운 음악 소리 때문에 나의 노래를 들을 수 없어."), "바보같이 보이는 카우보이 의상은 물론, 모든 거래를 취소하고" 싶은 충동을 느낀다.

드럼 연주자인 더스티의 친구 얼Earle이 더스티의 불만에 힘을 실어주고, 다음에 우리는 더스티가 카메라 밖으로 걸어 나가는 것을 볼 수 있다.[28] 그리고 다음 화면에서 그는 낯선 트럭에 몸을 싣고, 뱀가죽 부추를 트럭 운전수들이 신는 "실재의" 카우보이 신발로 바꿔 신는다. 트럭은 그를 어린 시절의 고향 텍사스 시골길로 데려가는데 (더스티가 머리 스타일을 바꾸고, 턱수염을 깎고, 걸치고 있던 멋진 옷을 벗어던진다는 데서 상징화되는 순진무구함으로의 복귀), 거기서 할머니 아이비도 룰라의 상업적 탐미에 대해 확고한 비판적 태도를 보인다. 할머니는 콘서트의 "연기와 조명", 콘서트에서 실제로 더스티를 보고 들을 수 없게 하는 배경 "소음"에 대해 불만을 표시하면

---

[28] 여기서 더스티의 쇼는 그들이 어린아이였을 때 보았던, 가짜로 "춤추는 닭"에 비유된다. 무대의 닭들은 자유의지로 춤춘 것이 아니라 음악을 틀고 닭들이 계속 뛸 수 있도록 남몰래 무대 밑에서 열기를 달아오르게 한 감독의 통제하에 있었다. "왜 닭들이 무대 밖으로 뛰쳐나가지 않았을까?"라는 얼의 질문은 무대를 벗어나려고 한 더스티의 결심을 재촉한다.

서 "말이 없으면 노래도 없다."는 메시지를 강조한다.

　이 같은 진정성으로의 복귀는 더스티가 구형 어쿠스틱 기타를 다시 찾고, 부모님의 무덤(벤야민이 언급하였듯이 생명의 기초적 실체의 상징이기도 한 죽음은 스토리텔링에 권위를 부여하는 고대의 원천이다)을 방문함으로써 더욱 상징화된다. 이제 더스티는 자신이 처음으로 컨트리 가수가 되어 노래 불렀던 수수한 술집과 댄스홀에서 공연을 하게 된다. 더스티는 거기서 컨트리 뮤직의 선율에 맞춰 춤을 추는 (할리Harley라는 이름의) 빨강머리 처녀에게 반해 말 그대로 의자에서 넘어지고 실컷 두들겨 맞기도 한다. 그를 불쌍히 여긴 그녀는 (그의 바뀐 외모와 수수한 스타일 때문에) 그가 누구인지 알아채지 못하고 그를 집으로 데리고 간다.

　할리의 집은 실제로 목장이었고, 그녀는 더 이상 경제적 효용이 없는 목장을 지키기 위해 상금을 탈 목적으로 로데오 서커스에 나가는 실재의 카우걸이다. 목장의 부지는 가족(할리와 두 남동생과 아버지)의 빚을 막기 위해 계속해서 팔려나가는 상황이었다. 자신의 본명 야트Wyatt를 되찾은 더스티는 할리의 남동생들에게 하숙비와 말 임대료, 그리고 밧줄로 말을 다루는 훈련 비용으로 엄청난 돈을 지불하면서, 목장에 머무르게 해달라고 설득한다. 더스티와 할리의 러브 스토리가 피어날 무렵, 할리는 기혼자로 알려졌던 낯선 더스티에게 다소 이른 사랑 고백을 했는데, 뒤에 그가 결코 결혼하지 않았다는 사실을 알게 된다.

　더스티가 순수한 컨트리의 실체로 복귀하고 있는 동안 룰라는 그를 찾으려고 필사적으로 노력하고, 잘생긴 무대 담당(그녀의 현재 애인)을 더스티로 분장시켜 노래를 립싱크하게 하면서 쇼를 계속 진행한다. (룰라가 콘서트의 연기와 소음을 늘리기 때문에) 그의 립싱크가 알려지지 않지만 밴드 단원들이 이러한 사기에 저항하여 그만두라고 위협한다. 더스티의 충직한 옛 친구이자 드럼 연주자인 얼은 더스티의 현명한 할머니 아이비의 집으로 더스티를 찾아 내달리는데, 그때 그는 어디선가 들려오는 "네가 뿌리를 따라가면, 그를 찾을 것이다."라는 소리를 듣게 된다. 그러나 더스티를 찾는 사람은 얼만이 아니라 룰라도 있었다. 룰라는 라스베이거스에서 열리게 될 더스티의 다음 콘서트에 더스티를 끌고 가기 전에 (더스티 몰래) 그가 자신의 남편이라고 할리에게 거짓말을 한다. 라스베이거스는 공교롭게도 할리의 다음 로데오 경기가 있는 곳이었다.

　이 무렵 명성에 굶주린 무대 담당이 팝 그룹 밀리 바닐리Milli Vanilli의 립싱크 스캔들을 통해 폭로된 팝 뮤직의 기만적인 상업 전술에 의해 컨트리 뮤직의 진정성이 파괴되었다는 격렬한 논쟁을 인용하면서, 더스티의 립싱크 사실을 매스미디어에 누설했다. 영화의 대사는 이 논쟁의 내용을 그대로 인용하고 있다. 이제 모든 매스미디어는 컨트리 뮤직의 순수성과 진정성을 검증하는 중대한 사례로서 더스티의 라스베이거스 콘서트에 관심을 집중한다. 더스티는 룰라에게 콘서트를 ("더 이상 연기도, 폭죽도, 조명 쇼도 없이") 자기 방식대로 해야 하며, 할리와 그 가족을 콘서트에 초대해 룰라의 거짓말을 그들에게 알려야 한다고 주장한다. 영화는 할리의 로데오 장면(할리의 승마 장면에 초점을 맞추기보다 성조기와 애국가에 더 초점을 맞춘다)을 잠깐 띄운 후, 미라지 호텔에서 열리는 더스티 콘서트의 절정 국면에 이른다. 더스티의 할머니 아이비와 할리, 그리고 그녀의 가족은 리무진을 타고 (컨트리 뮤직에 대한 흑인 문화의 영향을 은유적으로 인정하는 부지불식간의 상징인, 희화화된 피그미계 호텔 보이에게 인사를 받으며) 이 호텔에 도착한다.

더스티는 자신의 구형 어쿠스틱 기타를 잡고, 이번에는 연기도, 번쩍이는 조명도, 시끄러운 배경 소리도 없는 무대 위를 걷는다. 그는 환호하는 군중에게 오늘밤 평소와는 "좀 다른" 무언가를 보여줄 것이라고 말하고, 무대 감독에게 "나를 좀 집중적으로 비춰주시겠습니까?"라고 요청한다. 그는 할리가 있는 바로 맞은편 무대 가장자리에 앉아서 그녀에게 러브송(〈나의 진심을 알아줘I Cross My Heart〉)을 불러준다. 그는 단지 클럽의 흡연자들이나 밝은 스포트라이트 때문에 생길 법한 아주 얇은 연기 사이로 그녀를 부드럽게 응시하면서 노래를 부른다. 더스티가 노래 부를 때 할리는 행복의 눈물을 흘리며 조용히 떨고 있다. 그 눈물은 노래의 결말 부분에 이를 때까지 계속 흘러내린다. 더스티가 무대에서 내려와 그녀를 포옹할 때 환호하는 군중의 감동적인 박수와 휘파람 소리가 퍼진다.

이 영화의 순수성, 진정성 그리고 "실재성the real"이 대조를 통해서만 분명히 드러난다는 사실은 이러한 구성적 묘사로부터 확인되는 바, 결국 대조는 (철학에 관심 없는 관중에게까지) 이러한 개념들이 갖는 상대성을 연상하게 한다. 예측하건대 순진무구한 이미지의 청년 더스티의 공연과 비교해볼 때 더스티의 오프닝 콘서트가 상업적 타락이라고 비난받을 수도 있지만 그것은 더스티로 가장한 립싱크 배우나 밀리 바닐리 팝 그룹의 기만보다 훨씬 더 진실하다. 다시 말해서 "쇼비즈show-biz" 차림으로 화려하게 차려입은 더스티가 실재의 더스티가 아니겠지만 더스티로 가장한 자보다 더 실재적인 더스티인 것만은 틀림없다.

또한 상업적인 쇼비즈니스의 가치를 추구하지 않겠다는 더스티의 결단은 부분적이고 일시적일 뿐이다. 할리의 목장에 체류하기 위해 그는 돈에 굶주린 그녀의 남동생들에게 힘든 노동이 아니라 한 줌의 현금을 제공한다. 그들의 목장—카우보이의 진정성을 담아내는 컨트리 뮤지컬의 패러다임—은 더 이상 경제적 효용이 없었기 때문에 더스티의 돈이 필요했다. 엄격히 말해서 할리도 방목지의 맹렬한 소를 타는 실재적인 "카우걸"이 아니다. 그녀는 단지 로데오 카우걸 또는 "쇼" 카우걸일 뿐이다. 쇼 카우걸의 중요한 쇼는 라스베이거스와 같이 진짜 방목지가 아닌 곳에서도 열린다. 할리는 숫처녀의 순결함도 자랑할 수 없는데, 우리가 그녀의 옛날 남자들에 대해 알고 있기 때문이다. 그럼에도 불구하고 할리는 룰라의 사업 욕심이나 가벼운 성관계와는 대조적으로, 컨트리의 순수성과 진정성으로 빛난다. 마찬가지로 미혼인 더스티는 명백히 동정남이 아니지만, 그의 본질적인(어디까지나 상대적인) 순수성이 그의 오랜 친구인 얼을 포함하여 이혼남들로 이루어진 밴드 구성원들과 대조되어 나타난다.

이 영화의 절정을 이루는 컨트리 뮤직의 진정성으로의 복귀는 음악에 있어서나 구애에 있어서 얼마만큼 순수할까? 더스티의 할리에 대한 사랑 고백 노래는 시골 목장이나 헛간 또는 선술집에서 자연스럽게 부르는 노래가 아니라 라스베이거스 미라지 호텔의 무대에서 수백만 명의 사람을 대상으로 하는 공연이다. 더스티는 룰라가 제안한 번쩍이는 섬광등과 연기를 거절했지만, 여전히 그의 노래가 효과적일 수 있도록 스포트라이트를 요구하며, 그 조명 아래서 나이트클럽 고유의 흐릿한 연기가 드러나기를 바란다.

요약하자면 컨트리의 가장 순수한 음악과 진정한 사랑 고백은 여전히 인공적인 조명과 연기로 오염된 공기 그리고 상업적인 청중을 동원하지만, 그 순수한 음악과 사랑 고백은 그보다 더 사악한 불순함과 대조됨으로써, 그리고 신뢰하고자 하는 우리의 욕구, 즉 프래그머티즘에서 신뢰를 행동의 (반드시 그렇지는 않지만) 본질적 지침으로 규정할 때 인정하는 불가피한 우리의 욕구에 호소함으로써 우리를 납득시킨다. 그래서 더스티가 "세상 어디에서도, 당신은 나의 사랑만큼 진실한 사랑을 결코 찾지 못할 것이다."라고 노래할 때 할리는 그를 신뢰하게 된다(사실 우리는 그녀가 그를 신뢰할 것임을 이미 알고 있다). 이러한 신뢰가 형성된 이유는 그녀가 충분한 경험적 증거를 가지고 있기 때문이 아니라, 결정적으로 반대되는 증거가 없으며 그가 이전의 사람보다 더 진실해 보이고 그녀의 정서를 사로잡았기 때문이다. 미소를 머금은 그녀의 눈물은 그녀의 믿음뿐만 아니라 더스티의 진심을 보증한다. 또한 더스티의 할머니 아이비와 할리 가족이 보내는 열정적인 승낙의 미소는 물론 청중의 진심 어린 환호도 신뢰를 확증하는 것이다. 사실상 이 영화에서 실재의 청중의 정서는 두 연인의 정서와 동일시되며, 청중은 두 연인의 첫 포옹을 참을 수 없을 만큼 오래 기다렸기 때문에 이러한 예상에서 오는 긴장으로부터 정서적인 해방을 누리고자 한다.

  이 영화의 청중을 논의할 때, 우리는 컨트리 서사의 진정성의 의미를 강화시켜주는 또 다른 차원의 실재(단지 허구적 인물이라기보다 실재의 관중들과 배우들 중의 한 사람)에 도달한다. 더스티의 사랑과 음악의 진정성에 대한 신뢰는 컨트리 팬이 "실재의" 더스티(배우이자 가수인 조지 스트레이트)의 신전통주의 스타일은 물론 결혼을 단 한 번밖에 하지 않은 더스티의 실재의 삶을 알고 있기 때문에 강해진다.

  윌리 넬슨Willie Nelson의 경우 신전통주의 음악을 고수하지만 세 번의 이혼 경력이 있기 때문에 극중 인물인 더스티의 순수성을 믿을 만한 것으로 만들기에는 다소 무리가 따른다. 그러나 넬슨은 〈인동덩굴 장미〉에서 컨트리 뮤직 스타인 벅 보남Buck Bonham을 연기하면서 자신의 엽색 기질을 홍키통크 형식의 컨트리의 진정성으로 묘사하는 데 성공한다. 벅 보남은 자신의 이름이 암시하듯 어느 모로 보나 건장한 풍채를 가진 방탕한 아마추어 가수이다.

　이미 간통과 이혼 경험이 있는 것으로 소문난 벅은 아내와 금실이 좋고 또 그들이 너무 사랑하는 아들이 있음에도 불구하고 자신의 옛 파트너 가수였던 젊고 얌전한 아내(다이안 캐논Dyan Cannon이 연기한다)를 배반한다. 벅이 컨트리 가수의 떠돌이 인생(영화의 주제가이자 동시에 부제가 〈다시 길에서〉이다)을 찬미하는 반면, 그의 아내 비브Viv는 인동덩굴 장미로 둘러싸인 그들의 농가가 가정을 꾸며갈 수 있는 유일한 적소라고 주장한다. 벅의 옛 연주 파트너인 카를린 Carlin이 은퇴한 후 그 빈자리를 채울 전망 있는 연주자를 구하지 못하자, 카를린의 재능 있는 딸 릴리Lily(벅을 우상시하고 그의 아들에게 음악을 가르친다)가 벅의 떠돌이 행로에 동참한다. 이 두 사람의 음악적 제휴가 갖는 정서적 에너지는 사랑으로 이어지고, 이 사실은 그들의 열정적인 듀엣 무대에서 점차 확실해진다. 그들은 "꾸밈없는 감정보다 더욱 감미로운 것은 아무것도 없어/ 그대가 내게 그대의 혀를 보여주고 나는 그대에게 나의 혀를 보여줄게."라고 노래하면서 관능적으로 키스한다. 바로 이때 (이러한 위험을 알아챈) 비브가 공연장에 나타나 무대에 올라가 벅과 릴리를 놀라게 한다. 비브는 릴리가 가족이나 다름없는 친구였다고 릴리의 신분을 밝히면서 벅과 곧 이혼할 것이라고 공중에게 선포한다. 어리벙벙한 군중의 외침에 비브는 "컨트리 송은 이런 종류의 것이 아니지 않나?"라고 말하면서 차갑게 응한다. (더스티만큼 많이) 망연자실한 벅은 비브와 릴리 두 사람 다 포기하고 공연마저 포기한 채 갑자기 사라진다.

　벅의 간통과 부부 불화가 무대에서 밝혀지고 그로부터 한 주 정도 지난 뒤 벅의 옛 연주 파트너인 카를린의 은퇴 콘서트에서 벅 부부의 화해가 있게 된다. 비브가 용서의 노래("모든 이야기에는 두 가지 측면이 있게 마련이지 …… 돌아와서 당신의 이야기를 들려줘.")를 부르는 동안, 벅은 그녀가 눈치 채지 못하게 그녀의 등 뒤로 와서 그녀의 노래에 맞춰 반주한다. 그녀는 그를 보고 드디어 안도의 한숨을 내쉬었지만, 겉으로는 여전히 화가 나 있다. 벅은 내밀한 이야기를 계속 건네면서 은밀한 일을 공공연하게 알리는 동시에 뉘우침의 노래를 부르기 시작하는데, 그는 거의 무반주에 가까운 몇 개의 기본 코드를 이용해 부드럽게 노래를 한다. 벅은 "내가 당신을 다정하게 대하지 못했어."라고 사과하면서, "수십만 명의 사람들이 보았듯이, 나는 무대에서 나의 사랑을 떠나 살았네."라고 노래한다. 그는 또 "나에게 나의 사랑보다 더 중요한 것은 아무것도 없네."라고 강조하며, 영원히 그녀 곁에 있겠다고 약속하면서 "나의 인생이 끝날 때, 당신과 나 사이에 우리 둘 이외에 그 누구도 존재하지 않았다는 것을 기억하면 좋겠어. 그리고 내가 당신을 위해 노래 불렀다는 것을 당신이 기억하면 좋겠어."라고 노래한다.

 비브는 벅의 음악 메시지에 실린 열정과 그의 사랑을 갈구하는 그녀 자신의 강한 정서적 욕구로 인해 감동하게 된다. 눈물을 머금은 비브의 미소는 개과천선하겠다는 벅의 맹세와 진심을 그녀가 확신하고 있음을 반증한다. 벅이 맹세를 지키지 않았던 과거가 있음에도 불구하고 그녀는 그의 맹세를 확신한다. 벅과 비브는 화해의 순간을 동시에 알아채고 인정하면서, 〈화창한 날Uncloudy day〉을 자연스럽게 이중창으로 부른다. 감동적인 사랑과 육체적 교감으로(릴리와의 듀엣보다는 훨씬 더 정숙하지만) 부르는 이 오래된 복음성가는 그들 부부의 미래가 어떠한 어려움도 없이 축복으로 가득하리라는 것을 그들 자신에게 그리고 (심지어 당당하게 미소 짓는 릴리까지 포함해서) 환호하는 청중에게 알린다.

비브(혹은 누군가)는 벽의 진심을 왜 믿어야 하는가? 우리는 그녀의 용서와 그들의 미래를 왜 신뢰해야 하는가? 우리의 믿음은 미래에 대한 우리의 열린 마음과 미래 지향적인 존재로서 우리가 가지는 본능적인 희망에 의해 촉진되기도 하지만, 벽의 노래 속에 표현되어 있는 저항할 수 없는 "꾸밈없는 정서"의 달콤함 때문에 촉진되고, 그를 믿고 싶어 하는 비브의 강한 정서적 반응과 욕구에 의해 영향을 받는다. 그들의 화해에서 진실의 의미는 충실한 팬들, 즉 (고대 그리스의 코러스처럼) 공동체와 전통의 권위를 대표하는 청중의 정서적 인정에 의해 강화된다.[29] 벽의 개과천선은 전략적 비교를 통해 훨씬 더 큰 신뢰성을 얻는다. 그가 아직도 결코 순수하지는 않지만, 릴리와 함께 무대에 있었을 때나 침대에 있었을 때보다 틀림없이 더 순수한 것이다.

이러한 비교 전략의 작용과 정서의 구축을 가능하게 하려면, 서사의 구조가 필요하다. 그리고 컨트리의 서사는 전통적인 스테레오타입을 차용해 단순한 친숙함으로 습관적인 정서적 반응과 이에 부수하는 신뢰성을 유발함으로써 (습관적인 비판적 억제에 의해 저지당하지 않는 한) 비교와 정서 둘 다를 재빨리 불러일으킬 수 있다.[30] 마

---

29 마찬가지로 〈진실한 이야기〉에서 아마추어 컨트리 가수인 주인공은 (텔레비전 방송에서) "사랑의 대상"을 갈망하는 노래를 너무나 서정적으로 부른 나머지 그 즉시 전화로 청혼을 받는다. 다음 장면은 뒤이은 결혼식을 보여주는데, 결혼식 내빈들의 진심 어린 축복에서 이 결혼이 성공적인 것임을 알 수 있다.
30 〈인동덩굴 장미〉에서 모험심이 강한 여행자의 강직하고 충실한 아내(이러한 아내상은 『오디세이』까지 거슬러 올라가는 늘 자주 사용되는 주제이며 〈방탕한 남자와 사랑에 빠진 선한 여자〉라는 〈인동덩굴 장미〉의 히트송에서 나타나

찬가지로 친숙함의 정서적 논리를 통해, 벅 보남처럼 결혼 생활을 지속하기 위해 고군분투했던 배우 윌리 넬슨의 평판은 컨트리 팬들에게 허구적 인물인 벅의 선한 의도를 훨씬 더 신뢰할 만한 것으로 만든다.

VI

믿음이 감정에 너무 많이 의존한다고 해서, 그러한 믿음은 컨트리 뮤지컬 환자의 나약한 인식론의 결과라고 비난받아야만 할까? 비판적이고 합리적인 경험철학자들은 매우 기민하게 이 점을 비난하지만 윌리엄 제임스(그의 프래그머티즘은 경험주의를 포용한다)는 다른 관점을 제시할 것이다. 우리가 행동해야만 하는 실천적 창조물 practical creatures로서의 인간존재인 한, 우리는 "과학적 증거에 앞서서" 신뢰할 필요가 있다.[31] 또한 대체로 감정에 의존해 진화론적 생존

기도 한다), 우상시되는 연상의 스타를 유혹하는 상냥하고 젊은 여자, 구애의 모델이나 수단으로서의 듀엣, 진정한 자신을 발견하기 위해 황무지로 사라져 가는 스타의 모습, 그리고 통속적인 기독교 복음주의를 회상하게 만드는 결말 부분의 죄와 속죄에 대한 공적인 고백도 이와 같은 스테레오타입에 포함된다. 컨트리 뮤직의 스테레오타입과 상투성clichés은 평범한 것을 담아내기 위한, 다름 아닌 실재적이거나 진정한 전형적 진실typical truth의 표현, 즉 자신들의 삶이 평범성을 넘어선다고 상상할 여유조차 없는 평범한 청중에게 특히 실감나는 진실의 표현으로 간주될 수 있다. 컨트리 뮤직의 스테레오타입과 상투성이 인식적인 의미를 비판적으로 반대하거나 결여하고 있는 것으로 이해되어서는 안 된다고 논변하는, 스테레오타입과 상투성에 대한 통찰력 있는 연구로는 Astrid Franke, "'The Broken Heart' and 'The Trouble with Truth': Understanding Clichés in Country Music", *Poetics Today* 18(1997), 397~412를 참조하라.

31 충분한 증거를 갖기 전에 믿을 수 있는 이러한 권리를 제임스가 정당화하는

을 해온 정감적 창조물affective creature로서 우리는 정신에 앞서서 우리의 가슴으로(또한 다른 근육으로) 합당하게 신뢰한다. 하지만 그러한 믿음은 과오와 수정을 기피하지는 않는다. 우리가 깊이 느끼는 사랑은 그것이 잘못된 것이라고 입증되기 이전까지는 항상 진실한 것으로 여겨진다. 프래그머티즘의 유망한 착오주의hopeful fallibilism는 과학뿐만 아니라 로맨스에까지 확장된다.

발터 벤야민의 스토리텔링의 관점에 입각하면, 우리는 컨트리 서사에 대해 그나마 위안을 받을 수 있을 것이다. 컨트리의 형식적 구성과 스테레오타입이 독창성과 인식적 발견이라는 모더니즘의 표준에 의해 매도될지라도, 그것은 정서적 설득력뿐만 아니라 심지어 일종의 깊은 구원의 손길과 같은 진실의 아우라를 지니고 있다. 우리가 그 진부함을 들여다보면 잃어버린 순진무구함, 붕괴된 가치, 배반의 사랑, 낙담한 희망, 빈번한 인생의 실패 그리고 죽음이라는 불가피한 상실에 대한 보편적(원형적) 실체를 불러일으킴으로써 결국 우리는 심원한 공동체적 기억을 떠올릴지도 모른다.

그렇다면 컨트리의 희망적인 신뢰성, 즉 더스티와 벅의 경우처럼 음악과 사랑으로 타락을 극복하고 순수성과 성공을 모두 되찾을 수 있다는 확신은 또 어떻게 설명되어야 하는가? 이러한 의문은 철학적으로 컨트리라는 장르를 매도하려는 속기 쉬운 환영에서 비롯된 것인지도 모른다. 우리는 노력하는 창조물striving creatures이기 때문에 희망은 낙담처럼 영구적인 실체이다(영구적인 실체임에 틀림없다).

것에 대해서는 "The Will to Believe", in *Pragmatism and Other Essays*(New York: Simon and Schuster, 1963), 209를 참조하라. 제임스는 이러한 태도를 경험으로부터의 학습이라는 경험주의 전략과 동일시한다.

선good의 승리에 대한 컨트리의 정서적 확신, 즉 사랑이 진실한 것으로 입증될 수 있고 타락이 순화될 수 있다는 컨트리의 믿음(과거의 과오에도 불구하고 증거를 넘어 갖게 되는 믿음)은 두메산골 사람들의 어리석음만큼이나 우둔해 보일 수도 있다. 하지만 그것은 사실과 부딪히기를 맹목적으로 거부하는 것이 아니라 가슴과 정신이 품고 있는 이상, 즉 진실을 확인하기 위해 그 이상의 실현이 계속 실패한다 해도 사실 그 너머에 있는 것을 현명하게 바라보는 것이리라. 우리가 불완전한 삶 속에서 그러한 이상을 쉽게 구현할 수 없음에도 불구하고, 이상은 우리의 삶 속에 매우 실재적인 모습으로 그리고 구원의 빛으로 여전히 존재한다.

4장
부재의 도시 미학: 베를린에서의 프래그머티즘적 성찰

> 점토와 점토의 부재는 둘 다 그릇을 만드는 데 요구된다. …… 그리하여 우리는 현존하는 것으로부터 득(得)을 얻듯, 부재하는 것에서도 이(利)를 취한다.
>
> — 노자

I

프래그머티즘은 내가 실천하고 있듯이 체화되는 경험의 철학이며 늘 상황 속에 놓여 있는 경험의 철학이다. 프래그머티스트는 선험적 원리에 의존하거나 필연적 진리를 추구하기보다 경험을 실천한다. 말하자면 프래그머티스트는 현재의 경험의 특질과 이것이 미래의 경험에 미치게 될 결과를 개선할 수 있도록 경험의 의미를 명료히 하려고 애쓴다.[1] 경험은 반드시 맥락적이다. 왜냐하면 경험은 경험

---

1 나의 프래그머티즘에 대한 더 자세한 설명으로는 Richard Shusterman, *Pragmatist Aesthetics: Living Beauty, Rethinking Art*(Oxford: Blackwell, 1992), 2nd ed.(New York: Rowman & Littlefield, 2000); *Practicing Philosophy: Pragmatism and the Philosophical Life*(New York: Routledge, 1997)를 참조하라.

하는 주체와 그 주체를 둘러싸고 있는 장field의 상호작용을 수반하기 때문이다. 주체와 장은 모두 유동적이며, 서로 상호작용하며 영향을 주고받는다. 그러나 이러한 경험의 맥락성은 모든 일반화를 배제하는, 가망 없는 주관주의를 내포하고 있지는 않다. 왜냐하면 주체인 인간과 그 환경은 많은 맥락적 특징을 공유하고 있기 때문이다. 그럼에도 불구하고 경험에 근거하여 논변하는 철학, 즉 경험의 맥락성을 인정하는 철학이 경험의 상황을 언명하려면 충분히 반성적이어야 한다.

이러한 시각은 특히 도시를 비롯하여 다양한 맥락을 이루고 있는 대상을 이론화하는 데 있어 중요한 역할을 한다. 일단 도시의 거리는 기하학적인 뉴욕의 격자 도로망과 파리의 그랑 불르바르grands boulevards로부터 로마의 오래된 센트로 스토리코centro storico와 페스Fez[모로코의 도시]의 메디나Medina 미로에 이르기까지 매우 다양하다. 우리의 철학적 관점이 세계의 모든 도시의 타당성을 확보할지라도, 우리 자신의 특수한 도시 경험이 전개되지 않는다면 그것은 타당성을 잃을 것이다.

나는 베를린에서 근 1년간 종종 음울했던 쾌를 경험했고, 심지어 다소 병적인 매력을 경험한 후에 이 장을 썼다. 베를린의 분위기, 움직임 그리고 그 주변은 파리, 뉴욕, 텔아비브Tel Aviv의 도시 생활에서 내가 오랫동안 겪은 경험보다 지금 나에게 더 강한 인상을 남겼다.[2]

---

2 나는 베를린자유대학의 철학연구소와 존 F. 케네디 미국학연구소의 초빙으로, 1995년에서 1996년에 걸쳐 18개월 동안 이 대학에서 객원 교수이자 풀브라이트 교수를 지냈다. 나는 알브리히트 벨머Albricht Wellmer 교수와 한스 요아스Hans Joas 교수의 호의에 깊이 감사드린다. 또한 나의 연구와 현장 조사를 도와준 아스트리트 프랑케Astrid Franke와 미카 하눌라Mika Hannula에게 고마움을 전한다. 그리고 네덜란드 남동부 도시 마스트리히트Maastricht에 위치한 얀 반

이 장의 논제, 부재absence는 동베를린의 중심 지역에 자리한 한 클럽에서 테크노 뮤직으로 휩싸인 밤을 보낸 후 불현듯 떠오른 것이다. 이 클럽은 도시계획에 포함되지 않은 지역에 있다가 동베를린 당국에 의해 한 차례 폐업을 당했지만 여전히 불법 구역에 (새 이름으로) 다시 문을 열었다.

초라한 홀의 어둡고 동굴 같은 공간을 꽉 채우는 시끄러운 음악과 번쩍이는 불빛을 완화하기 위해, 무음의 비디오가 이 공간의 퇴색된 회반죽 벽면 높은 곳을 아주 진지하게 비추고 있었다. 이 비디오 영상은 밝은 노란색 지하철의 앞쪽 창문을 비추는데, 마치 지하철이 베를린의 광활한 공간을 뚫고 끝이 보이지 않는 길을 따라 하염없이 굽이치는 것 같았다. 이 기차는 가끔 지하로 내려가기도 하고, 또 가끔 지상 위로 올라오기도 하지만 영상은 기차 앞쪽의 텅 빈 철로와 텅 빈 어둠을 제외하고는 아무것도 드러내지 않았다. 그 어둠은 희미하게 비춰지는 텅 빈 기차역에 이르러 간혹 멈추곤 했다. 이 기차역에서 마치 승객들의 오고 감이 허용되는 것처럼 기차는 멈추었지만 승객들의 부재가 오히려 사람들의 시선을 끌었다. 맥주에 취해 냄새를 풍기면서 땀에 젖은 채 몸을 흔드는 테크노 뮤직 군중이 혼잡하게 붐비고 있어 자유롭게 춤을 추기는커녕 마음대로 호흡할 수조차 없었다. 그런데도 스피커로부터 울려 퍼지는 브레이크 비트와 진동 소리 너머로 지하철은 거침없이 공간 속으로 조용하고도 온화하며 편안하게 움직이는 유토피아적 광경을 투영시켜주었다. 말하자면 지하

에이크 아카데미Jan van Eyck Akademie의 하인츠 페촐트Heinz Paetzold 교수가 "현대 도시의 시각문화 정책"에 관한 학술회의에 나를 강사로 초대했는데, 나는 그곳의 활발한 청중들로부터 이 장의 초안을 마련하는 계기를 얻었다. 나는 이 점에 대해 또한 깊이 감사드린다.

철은 마치 드러나지 않은 도시의 혼잡한 소란 "장면"으로부터 더욱 깊은 곳에 자리하는 어떤 은밀한 도시로의 도피, 즉 부재하는 자유 absent freedom를 향한 도피를 투영시켜주었다.

몇 시간 후 나는 서베를린의 프리데나우Friedenau에 있는 거처로 가기 위해 텅 빈 S-I 객차를 타고서야, 이 혼잡한 소란으로부터 벗어날 수 있었다. 이 객차가 포츠담 광장 밑으로 지나갈 때, 나는 머리 위 어디쯤에서 동/서의 경계가 정확히 나누어지는지 궁금했다. 물론 기차 터널에서는 베를린장벽에 대한 그 무엇도 볼 수 없었고, 터널 위에 태양이 떠 있었겠지만 그 위에서도 장벽에 대한 것은 전혀 볼 수 없었을 것이다. 한때 165킬로미터나 되었던 긴 벽은 몇몇 구역만이 같은 자리에 남아 있고, 그것들은 역사적 기념비로 법적 보호를 받고 있다. 그러나 포츠담 광장은 베를린장벽의 매우 중요한 구역이었지만 지금은 역사적 기념비의 일부분도 아니다.

그러나 베를린장벽의 물리적 부재physical absence에도 불구하고, 포츠담 광장뿐만 아니라 베를린 곳곳에서 분리의 장벽은 여전히 생생하게 현존한다. 이 보이지 않는 분리의 장벽은 거리와 건물의 까다로운 구획 배치에서 알 수 있는 장벽의 역사적 흔적 때문에 간접적으로 드러나기도 하지만, 동/서의 상이한 시각 문화를 통해서도 드러난다. 예를 들면 우리는 건축의 스타일과 건물 유지 보수의 수준뿐만 아니라 인테리어 디자인의 상이한 스타일에서도 보이지 않는 장벽을 짐작할 수 있다. 서베를린 사람들과 달리 유포油布 식탁 덮개, 인조 꽃 그리고 레이스 장식이 많은 커튼을 선호하는 동베를린 사람들의 취미는 동/서의 인테리어 디자인의 차이를 가늠하게 한다. 장벽이 갑작스럽게 사라져서 발생한 계속되는 교통 혼란이 자가 운전자와 대중교통 통근자들을 자주 당황스럽게 하기 때문에 장벽은 여전히 강하게 느껴진다(이를테면 교통 혼란은 도로 건설이나 건물 건축으로 인한 우회 도로 설치 또는 버스와 지하철 그리고 전차 서비스의 일시 중단과 노선 변경 때문에 발생한다). 포즈담 광장을 압도시킬 만큼 계속되는 거대하고 광적이기까지 한 건축 공사는 역설적이게도 포즈담 광장이 소멸시켜버린 장벽을 다시 떠올리게 했다. 포즈담 광장은 기념비적 규모로 건조된 장애물만이 아니라 국제 관광객 유치를 통해(유럽에서 가장 큰 건물 부지이다) 사라진 장벽을 다시 연상하게 한다. 간단히 말해서 마치 분리되어 있던 동/서 베를린 도시가 서로에게 부재하는 부분들에 의해 본질적으로 규정되었던 것처럼 지금 부재하지만 여전히 동서를 분리하고 있는 장벽이 여러 가지 면에서 통일된 도시의 구축 원리로 잔존한다.

이 장벽이 세워지기 40년 전에, 저명한 베를린의 작가 쿠르트 투홀스키Kurt Tucholsky는 부재하는 것들이 오히려 더 강렬하게 현존하거나 유의미할 수도 있다는, 이른바 표면surface으로서의 벽이라는 개념을 이미 주제로 다룬 적이 있다. 그는 「얼룩Die Flecken」이라는 이야기에서, 베를린 중심부 지역 도로텐Dorotheen 거리에 있던 옛날 육군사관학교의 갈색조 화강암 벽에 있는 색이 부재하는 얼룩을 묘사하고 있다. 색을 잃어가고 있는 얼룩들은 제1차 세계대전에서 희생된 사람들의 "끝없는" 리스트가 게시되었던 곳에 나타난다. 희생자 리스트는 기재되었던 희생자들과 마찬가지로 지금은 분해되어서 부재하지만 쓰디쓴 상실에 대한 어두운 기억의 상징인 흰 얼룩을 통해 여전히 망령같이 눈에 띈다. "수년이 흐르는 동안", "이 흰 얼룩은 비에 씻겨서 점차 사라지겠지만 지워질 수 없는 다른 얼룩들이 있다. 우리 가슴속에 묻힌, 사라지지 않는 흔적들이 있다."라고 투홀스키는 쓰고 있다.[3] 역설적이게도, 그 흔적들은 이미 시각적으로 부재하기 때문에 우리에게 지워지지 않고 남아 있다. 말하자면 그 흔적들은 비가시성 때문에 더욱 강렬하게 현존하는 것이다.

1995년 여름, 미술가 크리스토Christo가 옛 독일 제국 의사당을 포장했을 때 그는 매체는 다르지만 투홀스키와 똑같은 목적을 달성했다고 볼 수 있다. 옛 독일 제국 의사당을 감추고 있는 포장 천막이 그 건물(그리고 이 건물의 상징적 역사)을 베를린의 삶 속에 무한대로 가시화하는 결과를 낳았던 것이다. 최소한 나에게 있어서 베를린의 가장 심오한 의미와 매력은 한때 동독을 대표했지만 지금은 그림자같이 희미하게 존재하는 공화당사Palast der Republik처럼 베를린의 현존하는 부재들present absences의 복합적인 역할에 있다. 공화당사는 공산당원들이 고대의 성Stadtschloss을 완전히 없애고 그 부지 위에 흰 대리석으로 세웠지만 지금은 (1990년 이래) 완전히 텅 빈 상태로 있는데, 유해한 석면 벽 때문에 사람이 거주하지도 못하고 부수지도 못하고 있다. 이곳 공공 광장이 동독 체제에서 맑스엥겔스광장으로 개명되었다가 최근에 궁정광장Schlossplatz이라는 명칭을 회복한 것처럼 공중이 텅 빈 공산당 당사를 지우기 위해 부재하는 옛 귀족 성의 재건을 원하는지 가늠하려고, 고대 도시의 대저택 모형이 (1993년에) 일시적으로 당사 곁에 세워졌는데, 이는 현존하는 부재의 유희

---

3 Kurt Tucholsky, "Die Flecken"(1919), in *Germany? Germany!*(London: Carcanet, 1990). 이 이야기는 육군사관학교 전체 건물과 견고한 화강암 벽이 지금 없어졌기 때문에 오히려 우리에게 훨씬 더 아프게 다가온다. 도로텐은 동독 공무원들이 클라라 체트킨Clara Zetkin 거리라는 새로운 이름을 붙인 후, 베를린 중심부에서 사라진 지 오래되었지만 베를린의 재통합 이후 1995년이 되어서야 본래의 이름을 되찾았다. 거리나 공공건물의 이름에 투영된 이데올로기를 지우기 위해 그 이름을 바꾸려는 체계적 전략은 오히려 부재의 매혹적인 유희를 끌어낸다. 말하자면 역사는 이름들을 없애면서 역사를 지우려고 하는 바로 그러한 시도에 의해 상기된다.

를 더 복잡하게 만들었다.

오라닌부르거Oranienburger 거리 위에 재건된 금색 돔 모양의 새로운 양식의 유대교회당도 멀리 떨어져 있지 않다. 이 건물은 전적으로 유대교회당의 기능을 하는 것이라기보다 기념비적인 박물관으로 재건되었는데, 유대교 숭배자들이 여전히 존재하듯이 이 옛 건물의 주된 기도회당도 복원되지 않은 부재의 모습으로 여전히 존재한다. 그러고 보면 보다 강렬하지만 눈에 띄지 않는 부재의 발견이 점점 더 늘어나고 있다. 내가 규칙적으로 조깅하던 행로에 있었던 (프린츠레겐텐Prinzregentene 거리의) 옛날 빌메르스도르프 유대교회당 Wilmersdorf Synagogue도 적군의 폭탄에 의해 파괴된 것이 아니라 크리스탈나흐트Kristallnacht[수정의 밤. 1938년 11월 19일 나치 대원들이 유대인의 가게를 약탈하고 유대교회당에 방화를 했던 날]에 베를린의 이교도들에 의해 파괴되었는데, 결코 다시 재건되지 않았고 이 부지는 50여 개의 추한 아파트 건물로 가려져 있었다. 그러한 경험들은 베를린의 유대인 대학살에 대한 기억이, 시간적 간격을 보충해줄 어떠한 구체적 기념물보다도 현재 건립에 대해 논쟁 중인 희생자를 기리는 공공 기념비의 부재로 인해 오히려 더욱 강하게 되살아난다는 것을 깨닫게 해주었다.[4]

---

4 이 글이 처음 발표된 이후 2년 만에 독일 연방의회는 베를린의 유대인 희생자를 위한 공공 기념비 형식에 대한 10년에 걸친 논쟁을 끝내고, 마침내 1999년 6월 25일에 기념비를 세우기로 결정했다. 페터 아이젠만Peter Eisenman이 디자인한 기념비는 브란덴부르크Brandenburg 정문 근처에 2,700개의 콘크리트 기둥으로 세워질 것이며, 정보 센터도 만들어질 것이다. 기념비 건축은 2000년 1월에 시작될 계획이다. [현재 이 건축물은 학살유대인 추모비공원, 또는 홀로코스트 기념비공원으로 알려져 있는데, 2003년 4월에 건축이 시작되어 2004년 12월에 완공되었고 2005년 5월에 제막식이 있었다. 총 2,711개의 기둥이 세워졌다.]

부재는 심지어 나와 베를린 시 당국의 공적 관계마저 규정했다. 내가 거주자 등기와 외국인 등기를 떼기 위해 몇 군데 경찰국에서 미국 여권을 제시했을 때, 그들은 나에게 슈스터만Shusterman이라는 독일식 이름의 앞쪽에 'c'와 마지막에 'n'이 왜 빠져 있는지 그리고 이름의 기원이 되는 독일 조상을 왜 모르고 있는지 물었다. 나는 그것에 대해 설명하려다 그만두었는데, 우리가 없는 것을 읽어내는 법을 알 때에만 이러한 부재들이 독일인과 유대인의 동화 실패에 대한 복합적인 역사적 증언을 대변하게 될 것이다. 나는 이스라엘 여권을 주머니에 그대로 넣어두었다.

베를린에서의 부재의 만화경은 나를 매혹하는 베를린의 핵심적 면모였다. 그러나 그것은 또한 나로 하여금 부재가 대체로 도시 미학의 본질적인 구조적 원리일지도 모른다는 생각이 들게 했다. 즉 도시의 풍족한 경제 사정이 야기하는 역설적인 측면 속에 부재라는 도시 미학의 본질적 구조가 숨어 있는 것이다. 그래서 나는 나와 같이 베를린으로부터 영감을 받은 (짐멜과 벤야민을 비롯한) 근대 도시 미학 관련 사상가들의 도움을 얻어, 나의 경험을 도시에서의 부재의 역할에 대한 더욱 보편적인 철학적 원리의 성찰로 발전시켜보았다.[5]

---

5 나는 여기서 도시로서의 베를린의 구조에 있어서 독특한 부재, 즉 그 중심의 텅 빔emptiness을 또한 언급해야 한다. 대부분의 도시의 중심이 밀집 지역(건물, 사람, 권력 그리고 활동의 중심지)인 것과는 대조적으로 베를린의 지리적 중심은 지그재그 모양으로 된 약 30km의 텅 빈 오솔길과 (남서쪽 코너에) 시립동물원이 있는, 큰 나무가 우거진 티어가르텐Tiergarten 공원이다.
롤랑 바르트는 『기호의 제국Empire of Signs』(New York: Farrar Strauss, 1982, 30)에서 도쿄의 텅 빈 중심을 (분명히 베를린을 포함한) 서양의 모든 도시와 대조하면서 이와 유사한 관점을 취하고 있다. 바르트는 존재의 현존이 없음nothingness이나 텅 빔에 대해 우위에 있다는 점과 관련하여, 그러한 대조를 서양Occident과 동양Orient의 깊은 형이상학적 차이와 연결시킨다. "서양 형이상학의 바

물론 부재는 복합적이고 오랜 철학의 역사를 갖고 있는, 매우 난해하고 파악하기 어려운 개념이다. 그것의 어원(ab + esse: "존재로부터 떨어져 있는")조차 비존재nonbeing에 대한 고대 철학의 수수께끼, 즉 사물이 존재하지 않는다거나 단지 "여기 그리고 지금" 있지 않다는(즉 현존하지 않는다는) "사물things"의 역설적인 본성과의 연관성을 드러낸다. 그러나 부재는 또한 모든 존재의 핵심인 어떤 것으로, 즉 존재하는 것이든 현존하는 것이든 간에 그것의 결정적인 기반으로 간주되어왔다.[6] 이러한 복합적인 것들을 종합해보면, "여기 그리고 지금"이라는 개념은 너무나 모호하고 맥락적이어서 부재에 대한 상이한 모든 의미를 정확히 포착하는 일반적 정의를 요구하

로 이러한 동향에 따르면, 모든 중심은 진리의 지대이기 때문에 도시의 중심은 항상 가득 차 있다. 말하자면 현저하게 눈에 띄는 지대. 이곳은 바로 문명의 진가, 즉 정신성(교회), 권력(사무실), 돈(은행), 상품(백화점), 언어(집회장: 카페나 산책로)가 모이고 밀집되는 곳이다."
바르트가 베를린을 무시했을까? 그는 [이 책을] 냉전 기간에 저술했기 때문에 아마도 베를린장벽을 통행의 중요한 지점(체크포인트 찰리Checkpoint Charlie[베를린장벽에 있던 외국인 통행 검문소])으로 보고 이 벽이 베를린의 중심이라고 간주했던 것 같다. 그가 냉소적으로라도 동물원을 베를린의 진정한 중심으로 간주할 수 있었겠는가? 말하자면 그가 나무와 우리에 갇힌 짐승들을 독일 문명의 응집된 진리를 나타내는 것으로 간주할 수 있었겠는가? 아니면 바르트는 단순히 (그리고 정당하게) 분리된 베를린을 각각의 중심을 갖는 두 개의 다른 도시로 간주했는가? 어쨌든 베를린이 정치적으로 분리되기 이전에, 도시의 텅 빈 중심지인 동물원은 베를린을 권력과 활동이라는 두 가지 주된 중심으로 분리했다. 말하자면 서부는 상업의 중심지, 동부는 문화의 중심지이자 정치적 권력의 중심지로 균형을 이루고 있었다.

6 이것은 틀림없이 아시아 철학에서 가장 명백하게 입증된다. 즉 그것은 순야타sunyata라는 불교의 핵심적인 개념에서 예증되고 있으며, 이 장의 머리말 부분에 나오는 노자의 명구에서도 제시되어 있다. 그러나 부재의 존재론적 중심은 서양 사상에서도 또한 나타난다. 예를 들면 후기 하이데거의 현존/부재An/Abwesen로부터 발전된 전통과 데리다와 레비나스가 사용한 "흔적(부재의 현존)"이라는 개념에 한층 더 잘 나타나 있다.

는 것이 프래그머티스트에게는 어리석은 행위로 보일 수도 있다. 그러한 일반론을 피하기 위한 나의 전략은 도시라는 보다 제한된 맥락 속에서 부재의 형식과 기능에 대한 다양한 복합성을 탐구함으로써 부재의 개념을 조명하는 것이다. 말하자면 나는 부재의 철학적 의미와 철학적 모호성을 풍성하게 드러내고 있는 고대의 개념—거주지적 정체성과 정치적 정체성이라는 도시의 이중적 이미지를 제시하고 있는 두 개의 불어 빌ville과 시테cité에 반영되어 있다—을 조명할 것이다.

II

도시는 플라톤과 아리스토텔레스에 의해 이미 그 가치를 인정받았듯이, 철학의 가장 중심적 문제들 가운데 하나, 즉 다수성과 유일성의 문제에 대한 상징적 해답을 제공하는 듯하다. 이러한 문제는 윤리적, 정치적, 미적인 차원에서뿐만 아니라 형이상학적이고 인식론적인 차원에서 고려되는 것들이다. 말하자면 변화 속에 내재하는 단일한 실체substance, 다양한 가상appearance에 내재하는 단일한 진리, 행위의 다원성에 내재하는 하나뿐인 자기self, 다수 시민과 다수 세대를 하나로 묶는 단일한 도시국가polis, 다양성 속에 내재하는 통일성으로서의 미 등이 그러한 문제들이다. 도시는 다원성과 다양성을 하나의 단위 안에 포괄하는 것을 상징하는데, 종종 구체적으로 도시의 성벽 안에 거주하는 공동체란 의미를 가리키기도 한다. 도시를 에워싸고 있는 성벽은 (베를린에서처럼) 도시를 분리하는 것이 아니라 도시의 영토를 보존하는 것으로서, 도시가 한정된 범위를 갖는 하나의 명확한 단위임을 확인시켜주는 것이다. 도시의 한정된 범위는 무한하게 쭉 펴져 있는 시골 주변과는 구별된다. 그리스인들은 한정된 범위를 명료성, 합리성 그리고 아름다운 형식이라는 가치에 필연적인 것으로 간주했다. 근대의 도시화가 옛 도시의 성벽들을 무의미한 것으로 만들어버렸지만, 그것으로 인해 도시들의 매력과 힘이 파괴된 것은 아니었다. 낭만주의 사상이 무한과 무제한에 특별한 의미를 부여하기 시작했다. 블레이크Blake나 워즈워스Wordsworth와 같은 낭만주의 시인들은 (런던에 대한 시에서) 대자연의 광대한 혜택과 대조적으로 답답한 경계로 인해 더러워진 도시 도로망, 좁은 거리에 "전세를 내는" 야비한 탐욕성을 겨냥해 도시를 공격했지만,[7] 그럼에도 불구하고 도시는 한없는 성장, 부단한 활동, 끊임없는 변화, 무한한 가능성의 지대로서 그 가치를 인정받을 수 있었다. 논리적으로 읍이나 마을은 너무 크게 성장해서 하나의 도시가 되면 원래의 지위를 상실한다. 그러나 도시는 최소한 그 본질상 성장과 변화의 한계가 있을 수 없다.

세상이라는 것이 하나의 도시 안에서 다 경험될 수 있을 것 같았다. 도시에 밀집한 부유층이 매우 이국적이고 값비싼 제품을 도시 상점이나 박물관으로 수입할 수 있게 해주었다. 도시는 너무 광활하고 다양해서 한 중심가나 광장에서도 다 포착되거나 조망될 수 없다. 도시는 외관상 끝이 없는 거리의 그물망을 통해 새로운 발견이 계속

---

[7] 블레이크의 「런던」, 워즈워스의 「1802년의 런던」과 「1802년 9월 런던에서」를 참조하라. 워즈워스는 「1802년 9월 3일 웨스트민스터 다리 위에서」라는 시에서 런던의 아름다움을 발견하지만 하나의 도시로서의 런던이 자연의 태양 빛을 받으며 여전히 "잠자고 있고", "드러누워 있으며", "침묵을 지키고, 벌거벗은 모습을 그대로 드러낸 채", 결국 "들판과 하늘을 향하고 있음"을 발견한다.

될 수 있다는 약속이라도 한 듯 산책자flâneur가 끊임없이 배회하도록 만든다. 커다란 공원과 동물원은 근대의 대도시에 시골이나 정글에서 맛보는 다양한 삶을 제공했고, 한편 도시 통근 기차는 도시가 주민들이 도시를 떠나지 않고도 광범위한 여행을 할 수 있도록 허용한다는 점을 보여주었다. 유한한 무한성은 역설적이지만 강렬한 이미지이다. 그래서 짐멜과 같이 도시 생활에 대해 숙고하는 이론가들은 도시의 독특한 해방의 힘이 그 물리적 경계를 초월한다고 주장한다. 그리하여 도시는 무한한 자유의 수단뿐만 아니라 자유의 상징을 제공한다.

> 대도시를 자유의 현장으로 만들었던 …… 것은 그 영역의 직접적인 규모나 사람의 수뿐만이 아니다. 어떤 기존 도시가 코스모폴리타니즘의 중심지가 되는 것은 오히려 이러한 눈에 보이는 광활한 공간을 초월할 때이다. …… 작은 마을의 생활권은 주로 자기 절제적이고 전제적이다. …… 대도시의 가장 중대한 특징은 그것의 물리적 경계를 초월하는 기능적 확장이다.[8]

도시의 무한성이라는 논리적 문제에 대한 짐멜의 해결책은 도시의 정체성을 확인시켜주고 도시의 중심인 물리적 지대에 부재하는 것에 호소하는 것이었다. "어떤 기존 도시가 코스모폴리타니즘의 중심지가 되는 것은 이러한 눈에 보이는 광활한 공간을 초월할 때"뿐이다(S, 419).

---

8 Georg Simmel, "The Metropolis and Mental Life", in *The Sociology of Georg Simmel*(New York: Free Press, 1950), 419. 이후부터 S로 표시한다.

그러나 사실상 짐멜과 같은 도시 옹호자들은 무한성의 논리적 문제에 관심이 없었고, 도시의 풍부함에서 기인하는 구체적인 문제에 몰두했다. 그들은 사람, 제품 및 활동의 양이 넘치게 되어 인간의 경험의 질, 즉 개인적 삶과 사회적 삶의 질이 떨어지거나 위기에 직면할 수도 있다는 문제에 관심을 가졌다. 많이 가질수록 적어진다는 고통스러운 역설이 프리드리히 엥겔스에서 보들레르와 벤야민에 이르기까지 도시 비평의 주된 동기가 되었다. 이는 그랜드마스터 플래시Grandmaster Flash의 포스트모던 힙합으로까지 확장되고 있는데, 1983년에 나온 플래시의 걸작 〈뉴욕, 뉴욕〉에는 이와 관련된 직설적인 후렴구가 나온다. "너무 많아, 사람도 너무 많아, 모든 것이 너무 많아Too much, too many people, too much!"[9]

이 비평가들은 도시 생활의 엄청난 변화 그 자체를 개탄한 것은 아니었다. 오히려 그들은 그것을 즐겼다. 그들이 공격했던 것은 (무형의 군중에 의해 상징되는) 방향성도 없고, 비인간적이며, 충격적인 혼돈의 위협이었다. 이러한 혼돈은 인간의 친화력을 압도해버릴 만한 다량성, 복합성, 다양성이라는 거대한 도시의 혼잡으로부터 초래되는 것이다. 벤야민의 언급에 의하면 우리는 질서 있고 축적되며 집중적인 경험Erlebnis을 받아들이기보다 단지 파편화된 경험의 순간적 충격, 즉 그때그때 부딪히게 되는 어떤 것만을 겪게 된다. 도시 옹호

---

9 나는 *Pragmatist Aesthetics* 8장, *Practicing Philosophy* 5장, 그리고 "Rap Remix: Pragmatism, Postmodernism, and Other Issues in the House", *Critical Inquiry* 22(1995), 150~158에서 도시 철학과 관련된 내용의 랩을 심도 있게 살펴본다. 미국 도시와 랩의 관련성에 대한 보다 상세한 연구는 Houston Baker, *Black Studies, Rap, and the Academy*(Chicago: University of Chicago Press, 1993); Tricia Pose, *Black Noise: Rap Music and Black Culture in Contemporary America*(Hanover: University of New Hampshire Press, 1994)에서 발견할 수 있다.

자의 목적은 도시 생활에 풍부한 소동을 일으키는 변화를 감소시키는 것이 아니라 그것이 위협적으로 압도적이거나 제어할 수 없는 것이 되지 않도록 그것을 질서화하는 것이다. 독일의 다른 도시 옹호자들이 동의하듯이, 이것은 바로 질서Ordnung의 문제이다.

예를 들면 프리드리히 엥겔스는 런던의 광대함과 성취를 보고 경이를 금치 못했다. 그러나 엥겔스는 사회적 관계의 구조화가 제대로 이루어지지 않았기 때문에 "거리의 혼잡함"이 인간 본성과 "상극을 이루며" "불쾌감을 자아낸다."고 보았다. 그가 (아마도 비꼬듯이) 기록한 바에 의하면 그러한 결점을 덮어주는 유일한 관계는 접촉하지 않는, 질서화된 침묵의 관계라는 것이다. "모든 사람은 반대 방향에서 이동하는 사람들의 흐름을 방해하지 않도록 인도에서 우측통행을 해야 한다."[10]

발달된 도시를 정신mind에 비유하고 보다 덜 의식적이고 육체적인corporeal 시골을 신체body에 비유하여 양자를 대비시켰던 고대의 수사를 발전시키면서 짐멜은 도시 생활의 복합적인 다원성과 감각적 강렬함을 "대도시에 사는 인간에게 고양된 자각과 지성의 탁월함"을 공급하는 촉매제로 간주했다. 도시인들은 자신의 영혼을 보호하기 위해, "그의 가슴 대신 그의 머리로 대응한다." 즉 자발적인 감정보다 지적인 체계로 대응한다는 것이다. 이는 비록 정감적인 사회적 결속을 약화시킬지라도, "서로 다른 이익을 추구하는 사람들이 모여 살 때 발생되는 필연적인 것이다. 그들은 자신들의 관계와 활동을 복합적인 유기적 조직체로 통합시켜야 한다." 그렇지 않으면

---

[10] Friedrich Engels, *The Conditions of the Working Class in England*. Walter Benjamin, "On Some Motifs in Baudelaire", in *Illuminations*(New York: Schocken, 1988), 167에서 재인용했다.

"전체 구조가 헤어날 수 없는 혼돈에 빠져 무너질 것"이라고 짐멜은 경고한다.

도시의 질서를 지키는 자urban Ordner인 짐멜에게 무엇이 그런 악몽일까? "베를린의 모든 시계가 갑자기 한 시간쯤만 서로 시간이 맞지 않아도, 도시의 모든 경제생활과 커뮤니케이션이 오랫동안 혼란에 빠질 것이다. …… [그리고] 먼 거리는 기다림과 어긋난 약속을 만들어 감당할 수 없는 시간 낭비를 초래할 것이다." 그는 (시간이 통일되어 있지 않은 나폴리, 마르세유, 마라케시Marrakech를 명백히 무시하면서) "모든 활동과 상호 관계를 안정적이고 비정할 정도로 정확한 시간 일정 속으로 통합시키지 않고는" 대도시의 삶이란 "상상할 수도 없다."고 결론짓는다.

이것은 도시 전체의 규칙적 통일성clockwork unity을 위협하는 개인적 성향을 억압하는 것을 의미한다. 따라서 이것은 "외부로부터 일반적이고 엄격하게 도식화된 삶의 형식을 수용하려고 하기보다는 내부로부터 삶의 양상을 결정지으려고 하는 비합리적, 본능적, 자주적 특징들 및 충동들을 배제하는 것"을 의미한다(S, 412~413). 그러나 이처럼 비정한 질서에도 불구하고, 짐멜에게 도시는 가장 큰 "개인적 자유"와 "개인적 주체성"을 부여하는 지대이다(413, 415). 실제로 도시는 몰개성을 수반하는 바로 그러한 요소들 때문에 개인적 자유와 주체성을 부여하게 된다. 이러한 패러독스를 허용하는 질서의 가장 중대한 원리, 즉 짐멜이 단지 어렴풋이 인식하고 있었지만 명명하기에 실패한 것, 그것은 부재의 경제 원리economy of absence이다. 이 원리는 벤야민과 보들레르의 도시 미학에 기초가 되었던 것이기도 하다.

부재의 경제 원리가 그들의 이론에서 어떤 작용을 하는지 고찰하기 전에, 나는 미국의 도시 옹호자 루이스 멈퍼드Lewis Mumford의 이론에서 그것의 역할을 먼저 살펴보고자 한다. 도시에 대한 그의 시각을 짐멜의 시각과 대조해보는 것은 아마 유용할 것이다.[11] 멈퍼드의 "도시 질서의 원리"는 도시를 보다 인간적인 견지에서 생물학적 용어나 정감적인 사회적 용어로 묘사하거나 유기적인 미적 용어로 묘사해야 한다고 주장한다. 짐멜은 도시를 기계적인 규칙적 통일성의 모형 또는 "시간 엄수, 예측 가능성, 정확도"의 이미지에 부합하는 "사회공학적 메커니즘"의 관점으로 본다—이러한 메커니즘은 사회적 관계가 엄격하고, 시간을 효율적으로 사용하는 훈련에 기초하여 형성된다는 것을 암시한다(S, 409, 413). 멈퍼드는 "인간존재의 가장 고차원적인 가능성들이 실현될 수 있는 새로운 생물학적, 사회적 환경을 창조하기 위해" 변화에 더 잘 대응할 수 있는 "유기적 계획"의 역동적인 "유연성"을 강조하는, 반反기계적인 "생물공학적bio-technic" 접근을 언급한다(M, 381, 478, 492). 멈퍼드의 이러한 접근은 미적 경험의 역동적 통일성에 의해 상징화된다.

도시는 "집합적 통일성에 대한 미적 상징"이라고 그는 주장한다. (짐멜이 또한 기록하고 있듯이) 도시는 개인적인 표현을 위해 복합적이고 수요가 많은 공간을 창조함으로써 예술을 육성할 뿐만 아니라, 도시 자체가 또한 "예술이다"(M, 480, 492). 예술이 커뮤니케이션의 특성상 사회적이라면 도시 입안에 있어서 예술을 비롯한 "사회적 요소들은 주요한 것이다." "사회의 핵심은 시설이나 운송 체계보다 오히려 적절한 도시 계획에 필수적인 요소, 즉 학교, 도서관, 극장, 지역 문화 센터의 위치와 그것들 간의 상호 관계[이다]."(483) 작은 마을이

---

11 Lewis Mumford, *The Culture of Cities*(New York: Harcourt Brace, 1971). 이후부터 *M*으로 표시한다.

라는 분화되지 않은 전통적인 사회적 결속의 띠들bonds이 상실된다면, 우리는 "더욱 복합적이고 다채로운 갈래strand"를 만들기 위해 부분적으로 연결되어 있는 띠들을 엮어 더욱 다중적인 형태의 케이블을 찾아야 한다. 도시 입안의 미학적 "목표는 개별적 활동과 집단적 활동을 더욱 의미 있게 만들어줄 수 있는 공동체적 삶의 적절한 극화 dramatization"이다(481, 485).

멈퍼드의 프로그램의 실천 가능성 여부가 어찌되었든 간에, 그의 생물학적이고 미학적인 은유의 논리 가운데에는 다소 흥미 있는 결론들이 제시되어 있다. 삶과 미적 경험은 조화뿐만 아니라 변화와 갈등을 당연히 수반한다. 변화와 갈등의 여지 없이 어떠한 인간의 성장도 미적 드라마aesthetic drama도 있을 수 없다. 규칙적 기계론의 흠 없는 규정성은 결코 미적 드라마를 제공하지도 않을뿐더러 제공하더라도 그것의 순조로운 조화는 무의미한 것이 되고 말 것이다. 도시의 미적 통일성을 입안하는 데는 부재의 지점spots, 즉 그 입안과 충돌하는 갈등과 혼란이 필요하다. 이 부재의 여지는 바로 오늘날 리처드 세넷Richard Sennett이 도시의 "불연속성과 방향성의 상실"이라고 일컫는 것이다.[12] 포스트모던 프래그머티스트인 나는 멈퍼드와 세넷의 이론에 덧붙여 도시에는 예술이나 삶과 마찬가지로 우발성의 지점, 즉 계획되고 미리 결정된 것의 부재가 필요하며, 우리가 해석할 수 있는 틈은 물론 그 틈을 의미 있게 메울 여지가 있어야 한다고 주장하고 싶다.

생물학적 유기체와 예술품을 유비시킴으로써 얻어낸 또 하나의

---

[12] Richard Sennett, *The Conscience of the Eye: The Design and Social Life of Cities*(New York: Knopf, 1990), 225.

결론은 도시 규모의 제한이다. 멈퍼드는 교외를 다 삼켜버릴 듯 풍선처럼 팽창하고 있는 대도시를 개탄하면서, 훌륭한 도시의 삶이란 도시 내부에 있는 것을 육성하는 것보다 오히려 도시 외부에 있는 것을 소중히 여겨 육성할 줄 아는 것이라고 주장한다. 이러한 부재는 (도시의 경계를 규정해주는) 타자other의 구조화와 공간의 호흡으로서 뿐만 아니라 도시의 관념에 도전할 수 있고 통합을 통해 도시의 관념을 풍성하게 할 수 있는 상이한 태도, 새로운 자원 그리고 다양한 삶의 방식으로서도 도시에 필수적이다. 멈퍼드의 도시계획에서 핵심 단위는 도시만이 아니라 인근 지역을 포함하는 것인데, 도시는 도시를 둘러싸는 외부 공간을 침해하지도 않고 그 기능을 억압하지도 않으면서 도시 경계를 준수하는 요체로 작용한다. 멈퍼드는 도시 내부에서도, 인구밀도의 균형을 잡기 위해 기능적 틈이나 기능적 부재가 필요하다고 강조한다. 따라서 그는 밀집되어 있는 중앙을 기점으로 퍼져 있는 도시보다도, 간격spacing과 틈을 포함한 분산된 기능을 가진 다핵 도시를 선호한다. 멈퍼드는 이러한 논리를 그 지역의 특색뿐만 아니라 도시의 특색을 드러내게 하는 "기능적 장소 배치spotting"라고 부른다(M, 491). 그리고 투홀스키의 "얼룩"처럼, 그것은 삶에 더욱 커다란 의미와 미적 힘aesthetic power을 부여하는 한편 삶을 더욱 윤택하게 하는 현존과 부재의 기능을 제시하기도 한다.[13]

---

13 부재를 도시의 복잡함에 대응하는 질서의 도구로 사용한, 한 가지 중요한 사례가 언급되어야 한다. 이것은 도시의 다양성과 복합적인 흐름flux을 조직적으로 체계화하고 이론적으로 설명하며 더 나은 처치를 하려는 방식으로서 비어 있는 형식이나 기반을 사용하는 경우이다. 직사각형의 격자무늬 거리는 질서화를 위한, 또 하나의 비어 있는 기본 형식이다. 말하자면 베를린에서 특히 두드러지듯이 좁고 긴 거리가 나란히 배열되는 포맷은 보행자, 자전거 통행자 그리고 개들과 오토바이 통행자들이 각각 이용할 수 있도록 만들어졌고, 여기에 개

III

짐멜의 주장 자체가 명료성을 결여하고 있고 여러 구체적인 면에서 실수를 범하기도 하지만 도시의 여러 문제에 대처할 수 있는 도구로서의 부재는 도시 삶에서의 개인의 자유를 주장하는 짐멜의 사례를 중점적으로 구성한다. 그의 주장의 한 가지 주요한 축axis은 도시의 자유가 더욱 폭넓은 지성주의의 면모를 드러낸다는 것이다. 근대 도시의 삶은 심적 능력과 보다 수준 높은 의식을 함양시키기 때문에 칭송받는다. 왜냐하면 이는 도시에서 두드러지게 나타나는 감각적 자극sensory stimuli, 동요jolts, 불규칙성irregularity 등이 초래하는

들이 배변할 수 있도록 나무들이 정렬되어 있으며 오토바이를 세우거나 타고 다닐 수 있도록 선이 따로 그어져 있다. 움직임의 유형과 그 경계를 정하기 위해 좁고 길게 나란히 배열된 빈 땅들은 작센하우젠Sachsenhausen과 같은 강제 수용소의 레이아웃에서도 볼 수 있다. 작센하우젠 강제수용소는 죄수들이 걷는 공간(죄수들을 끊임없이 걷게 함으로써 신발의 내구성을 테스트하기 위해 표시한 선을 포함한다), 아무도 쉽게 걸을 수 없는 좁고 긴 위험한 땅, 그리고 벽과 순찰 영역을 구분하고 있다.

도시의 격자무늬가 갖는 "텅 빔의 논리"에 대하여 언급한 리처드 세넷은 그것을 기계 시대의 시간적 공백과 관련짓는다. 말하자면 세넷에 의하면 도시의 격자무늬는 "비어 있는 덩어리volume"를 통해 시간을 물화하고 가시화하므로 다양한 활동이 보다 쉽게 질서를 갖출 수 있게 해준다. 짐멜과 마찬가지로, 세넷은 근대 대도시를 출현시킨 주된 원인이 르네상스 시대에 고안된 기계제품 시계라고 간주한다. 또한 그는 도시 중심에 있는 시계를 멀리서도 볼 수 있도록 하기 위해 오래된 건물들이 종종 부서진다고 언급한다(Sennett, *Conscience of the Eye*, 176~180). 여기서 우리는 부재라는 추상적인 형식, 즉 기계 시대의 비어 있는 격자무늬 포맷이 보이지 않는, 부서져 없어진 건물들의 구체적인 공간적 부재를 어떻게 창조하는지 볼 수 있다.

격자무늬의 텅 빔의 논리에 대한 세넷의 입장은 내가 도시 삶의 부재의 다양성과 유용성을 탐구할 때, 그 다양성과 유용성 모두에 공통된 실체가 있다거나, 이론적 담론에 유용하게 사용될 수 있는 부재라는 개념의 고정된 의미가 틀림없이 존재한다고 가정하지 않는다는 점을 강조할 수 있는 좋은 사례인 것 같다.

"신경과민성 자극의 강화"에 대처하기 위해 요구되기 때문이다. 그러나 우리는 또한 아랍의 베두인Bedouin 유목민의 낙타 시장에서, 교외의 놀이공원에서, 사나운 정글에서도 엄청난 자극을 만나지 않는가? 이 자극은 도시 삶의 과도한 복합성과 위협적이기도 한 격렬성 그리고 갑작스런 동요에 비유되는 대표적 사례가 아닐까? 더구나 생생한 감각적 자극의 복합성을 다루는 것이 우리의 심적 능력을 개선하도록 도와준다면, 짐멜은 왜 완벽하고 순조롭게 기능하는 질서를 도시 조직화의 이념으로 상정해야 했을까? 완벽한 질서의 실현은 도시 거주자들의 정신을 무디게 하지는 않을까? 마치 부속품 조립 라인이 사람을 아무 생각 없이 일에 열중하게 만드는 것처럼, 근육의 기억에 의해 훈련된 습관은 사람을 아무 생각 없이 일에 몰두하게 만든다. 이를테면 매일 최면에 걸린 듯 습관적으로 똑같은 기차를 타고 똑같은 노선으로 갈아타는 도시의 지하철 탑승자보다 더 낮은 의식을 가진 자가 누가 있겠는가?

이 까다로운 문제들을 잠시 접어두고, 짐멜이 다음 두 가지 연관된 방식으로 보다 차원 높은 도시의 의식을 묘사한 점을 살펴보자. 첫째, 도시의 의식이 "비합리적, 본능적 …… 충동들"과 "정서적 관계 emotional relations"를 억제함으로써 "계산력", "정확도", "양적인" 가치에 대한 더욱 지적인 태도를 구성한다는 점이다. 짐멜에 의하면 이것은 돈의 체계뿐만 아니라 "휴대용 시계의 보편적 확산"에 영향을 주었다(S, 411~413). 둘째, 도시의 심성은 무정한 태도blasé attitude"로 특징지을 수 있는데, 짐멜은 "대도시에 무제한적으로 비축되어" 있는 이러한 태도는 도시의 냉정한 지성주의를 조장하는 급변하고 압축적이며 대립적인 신경의 자극 때문에 초래된다고 말한다. 우리의 신경은 너무 소모적이기 때문에 "적절한 에너지로 새로운 감각에 반응하지" 못한다. "무정한 태도의 본질은 식별에 대한 둔감함에 있다. …… 즉 사물의 의미와 상이한 가치들, 그리고 사물들 그 자체는 비실질적인 것으로서 경험된다. 그것들은 무정한 사람에게 똑같이 단조롭고 특징 없이 나타난다. 즉 어떠한 대상도 다른 어떤 것에 비해 더 선호할 가치가 없는 것이다."(414)

이 지점에서 다시 짐멜은 혼돈스러운 듯하다. 우선 생리학적으로 말하자면, 상반되는 자극들이 지속적으로 동일한 감각보다 신경을 훨씬 덜 지치게 하고 덜 무디게 한다. 더욱 중요한 것은 무관심을 낳는 무정한 태도는 대도시의 번잡함을 벗어나서도 발견될 수 있다는 것이다. 사실상 무정한 태도가 나타날 수 있는 전형적 지대는 텅 빈 사막이다. 나는 오랫동안 정보장교로 시나이반도Sinai에 복무한 적이 있는데, 그때 내 자신은 물론 병사들에게 이러한 위험에 대처하도록 경고해야만 했다. 당시 이스라엘 의무단은 우리가 "무감각증apathia"에 시달리고 있다고 진단했다. 이 용어는 교훈적이다. 즉 "무감각증"은 감정의 부재, 정감적 노력affective investment의 부재가 식별력의 결핍을 낳는 것이다. 우리는 단지 관심을 갖지 않기 때문에 차이를 보지 못하는 것은 물론 그러한 차이에 반응하지도 않는다. 우리는 정신적으로 병리적 무관심 속에 우리 자신을 가둔다. 결국 우리는 부재한다.

그때 사막에 거주하기를 꺼려했던 우리에게 정감적 노력의 부재는 사막의 풍경 가운데 관심을 기울일 만한 사물이 부재하기 때문에 발생한 것이었다. 그러나 오히려 대도시에서는 사람들과 제품들이 너무 많고, 또한 우리의 마음을 본능적으로 바꾸게 하는 활동들이 너무 많기 때문에, 무정한 태도에서 기인하는 감정의 부재가 필연적인 감정의 철회를 낳는다. (그저 수십 명의 도시 거지와 뜨내기 악사를 생각해보라. 매일 반복되는 도시 삶에서 우리는 그들을 냉정하게 지나쳐버리는 것을 배워야만 한다.) 보호 차원의 거리 취하기와 정감의 부재는 짐멜의 도시 지성주의와 권태증Blasiertheit에 공통되는 심오한 논리이다.

그러한 부재는 또한 짐멜의 또 다른 주된 주장, 즉 도시 삶에 있어서 보다 큰 인간의 자유를 주장하는 짐멜 이론의 메커니즘을 구성하고 있다. 전통적으로 강한 사회적 결속력이 개인을 구축해주고 또한 개인에게 힘을 부여하지만, 한편으로는 개인을 너무 구속했는데, 도시 삶이 이것을 완해시켰다. 도시 삶의 커다란 순환은 너무 다양하고 재빨리 변하는 관계들을 맺는 다양한 사람을 포함하기 때문에 우리가 심리학적으로 건강해질 수도 없고 심지어 우리 주변의 거주자들과 강한 정서적 결속력을 형성할 수도 없다. 그런 까닭으로, 짐멜이 "자제reserve"와 "무관심indifference"이라고 부르는 태도가 일어나는데, 이러한 태도는 "작은 마을"의 보다 협소한 삶의 순환을 중앙집권적으로 "속박하는" 일종의 공손한 배려라는 사회적 의무감(그리고 사회적으로 확립된 편견)으로부터 도시인들을 해방시켜준다. 짐멜은 이러한 자제의 태도는 "큰 도시의 밀집한 군중 속의 …… 개인의 독립심[그리고 외로움] 속에서 가장 강하게 느껴진다."고 주장한다. "왜냐하면 신체의 근접성과 공간의 협소함이 정신적 거리를 더욱 가시화하기 때문이며", 또한 정신적 거리를 심적으로 마땅히 요구하기 때문이다(S, 418). 정신적 거리를 통한 자기self의 철회는 내가 여기서 강조하고 있는, 도시의 부재에 대한 핵심적 근간이 되고 있다. 도시의 부재는 포화 상태에 이른 도시의 현존이란 문제를 해결할 수 있는 구원의 역할redemptive role, 즉 치료의 역할을 할 것이다. 그런데 이 치료는 도시의 외로움과 무정함의 징후가 분명해지는 만큼 생성될 수도 있는 불운한 부작용을 모두 면할 수 있는 것은 아니다.

부재는 또한 도시 생활에서의 인간의 자유에 대한 짐멜의 궁극적인 주장을 동기화하는 지지대와 같은 것이다. 질식할 것 같은 도시 삶의 조직화가 개인으로 하여금 전통적인 주체의 자발성, 정감적 충동 그리고 인간에게 유의미한 사회적 결속을 빼앗아가 버렸기 때문에 도시는 인간성의 철저한 소멸이라는 징후를 보이기도 한다. 말하자면 짐멜은 거대한 도시가 하나의 기계와 같고, 개인은 "단순한 톱니바퀴의 이mere cog"(짐멜의 용어로 "문제 삼을 것도 못되는 사소한 일 quantité négligeable")와 같은 것이라고 간주한다. 개인은 총체적 무화 total nullity라는 인간적 공허와 두려움에 의해 내몰리게 되지만, 자신의 가장 인간적인 핵심적 측면을 보존하기 위해 "유일성uniqueness과 특수화particularization라는 특성을 최대한 끌어냄으로써" 총체적 무화에 대응한다(S, 422). 그리하여 근대 대도시는 강제적인 사회적 결속으로부터의 개인의 독립만이 아니라 "질적 유일성"으로서의 "개성의 정교화"를 추구하는, 인간의 자유에 대한 새로운 모델을 추진한다. 개성과 질적인 차이가 소멸되는 곳에서 도시 군중을 체제에 순응시키려는 압력이 존속된다(423).

우리는 여기서 보들레르가 언급한, 도시 삶의 공리주의적 균일성 utilitarian uniformity에 도전하려 했던 댄디dandy와 산책자flâneur를 만난다. 산책자가 자신을 체제 순응적인 군중이나 그들이 공유하는 도시의 거리와 대립적 관계로 정의하든, 아니면 조화로운 관계로 정의하든, 산책자는 발터 벤야민 자신에게는 물론 "공동체의 거주 장소[로서의] …… 거리"에 대한 발터 벤야민의 정치적 시각에 특히 중요한 개념이다. 벤야민은 보들레르보다 더욱 신중하게 산책자를 "군중 속의 개인"과 구별한다. 산책자는 실리 추구에 열중하는 "대도시 군중

masses"의 "미친 듯한 행동manic behavior"을 거부하면서, 군중이 추구하는 실용적인 목적과 절박함이 자신에게는 부재한다는 사실을 발견하고 군중으로부터 자신을 떼어놓는다. 그는 군중에게 "떠밀리거나jostled" "압도당하지" 않기 위해, 자신을 위한 "[*시간적] 여유"나 "운신할 수 있는 [*공간적] 여지elbow room"를 필요로 한다. 그러나 시골뜨기나 까다로운 귀족과는 대조적으로, 산책자는 자기 통제력의 순간적 부재를 맛보기 위해 군중 속에서 "자신을 잃는 유혹" 또한 즐길 수 있다.[14] 군중과 함께 섞여 있으면서도 군중 속에 부재하는 산책자의 속성이 보들레르 시구에 나오는 거리의 개념과 유사하다. 보들레르가 언급하는 거리의 아름다움은 군중으로부터 비롯되기도 하지만 군중의 자유로운 움직임과 탐험을 가능하게 하는, 도시계획에 포함되지 않은 광활한 거리의 공간으로부터 비롯되기도 한다. 미적 부재aesthetic absence에 대한 똑같은 전략이 체코의 수도 프라하의 유혹적인 텅 빈 거리 사진들 속에서도 발견된다. 그러나 거리가 실제로 벌떼같이 모여드는 도시의 군중으로 넘치기만 하면 이 텅 빈 거리의 마법은 풀려버린다.

벤야민의 산책자는 사람들이 붐비는 집이라든지 "충분한 여가를 누리는 분위기" 속에 존재하는 것이 아니라 본질적으로 "장소를 벗어나" 있는 것이 특징적이다(B, 172~173). 적절한 장소의 부재 혹은 목적의 부재는 산책자로 하여금 자신을 사로잡을 만한 유혹적인 현존

---

[14] Benjamin, "On Some Motifs in Baudelaire", 162, 172~173. 이후부터 *B*로 표시한다. 그리고 Walter Benjamin, *The Arcades Project*, trans. H. Eiland and K. McLaughlin(Cambridge: Harvard University Press, 1999), 423. 이후부터 *AP*로 표시한다. 이것은 벤야민의 *Das Passagen-Werk*(Frankfurt: Suhrkamp, 1983), I: 525의 번역이다.

을 거부하고 도시의 거리를 계속 배회하게 만들어 대도시가 끊임없이 제공하는 더욱 멀리 있는 장소나 다른 가능성으로 관심을 돌리게 만든다. 『파사젠베르크』에서 벤야민이 묘사하고 있는 산책flânerie을 통해 정의되는 부재의 의미를 살펴보자.[15]

오랫동안 목적 없이 거리를 뚜벅뚜벅 맥없이 걸어 다니는 행인에게 일종의 도취가 엄습한다. 한 발짝 발을 옮길 때마다 그의 보행에 점점 힘이 가해진다. 상점, 작은 술집, 미소 짓는 여인들의 유혹이 줄어들면, 그다음 거리의 구석진 곳이나 멀리 있는 무성한 잎들 그리고 거리의 이름의 매력이 그에게 더욱 저항할 수 없는 것으로 다가온다. 때마침 배고픔이 밀려온다. 그는 허기를 채울 수 있는 수백 가지의 가능성이 있지만 그것을 전혀 알고 싶어 하지 않는다. 마치 금욕적인 동물처럼 그는 미지의 거처로 성큼성큼 걸어가 이윽고 그곳에 도착한다. 그는 낯선 방으로 냉랭하게 들어서지만 너무 지쳐 맥없이 쓰러져버린다.

목적의 부재, 즉 눈앞에 현존하는 것들보다 부재하는 "그다음 거리의 구석진 곳"과 "멀리 있는 무성한 잎들"을 더욱 좋아하는 것은 산책의 방향을 가리킨다. 눈앞에 현존하는 거리의 상점, 작은 술집 그리고 여인들의 실제적 매력보다 탐험할 수 있는 새로운 공간들을 알려주는 거리의 이름이 오히려 그를 더욱 세게 끌어당긴다. 산책자의 배고픔은 부재의 현존presence of absence이라는 특징을 두드러지게 보여준다. 그는 배고프지만 이 배고픔이 그에게 일종의 도취를 안겨주기

---

15 *Das Passagen-Werk*, I: 525에서 내가 번역하여 인용한다. *AP*, 417을 참조하라.

때문에 실제로는 허기를 채우고 싶어 하지 않는다. 또한 감퇴하는 그의 기력뿐만 아니라 "미지의 거처"가 안심할 수 있는 곳인지에 대한 그 어떠한 정보도 갖고 있지 않다는 사실이 부재의 현존이란 특징을 잘 드러내고 있다. 그의 방조차도 자신의 집에서 느끼는 친숙함과 따뜻함이 부재하는 것으로 정의되고 있다.

파리나 뉴욕과 같은 다인종적인multi-ethnic 대도시들은 집이 없는 사람들에게 도시 자체가 집이 되어주기도 한다. 말하자면 이 대도시들은 단지 물리적 건물로서의 집이라기보다 상실해가는 고국을 대신하는 집이 되어주는 셈이다. 대도시의 외국인 거주자들은 자신들의 본거주지를 떠나 있지만, 그 도시의 다른 많은 외국인 때문에 그렇게 느끼지 않는다. 이질적인 것에 민감한 사람에게, 산책은 가장 확실한 대중적 유희인 듯하다. 외국인으로서 "제외되는outed" 듯한 당혹감이 그가 적절한 리듬으로 거리를 계속 배회하는 동안은 일어나지 않는다. 그러나 그가 상점이나 작은 술집 그리고 여인들의 유혹을 응대할 때는 적어도 그의 어투를 통해 이질성이 드러나면서 제외된다는 당혹감이 일어날지도 모른다. (아마도 보들레르의 산책자와는 대조되는) 금욕적으로 단련된 벤야민의 산책자를 방랑하는 도시의 유대인들과 유비시켜보는 것은 흥미 있는 일이다. 그는 의식적인 구체적 목표를 갖고 있지 않지만 유토피아적 집을 간절히 찾아 헤매는 것 같다. 이 집은 미지의 거처에 대한 기대 때문에 마법 같은 이름의 먼 거리들에서 필사적으로 탐색되지만 결국 발견되지 않는 부재의 장소이다. 한번 나타난 거처와 거리의 이름은 보다 새로운 부재들에게 양도된다. 유대인 여행자이지만 더 이상 이스라엘인이 아닌 나는 예루살렘이 단지 그러한 마법의 이름인지 아니면 방황하면서도 자유롭게 사고하는 유대인들이 단지 지쳐 쓰러져 돌아오는, 낯설고 냉

혹한 방(명색뿐인 볼품없는 집)인지 궁금하다. 물론 예루살렘은 두 가지 경우에 다 적용될 것이다.

지쳐 쓰러진 유대인들의 질문 그 너머에 인종적 타자ethnic Other라는 더 포괄적인 문제가 존재한다. 왜냐하면 이 문제로 유대인들은 오랫동안 고통의 수식어tortured trope로 간주되었기 때문이다. 다색 인종multicolored ethnicity은 뉴욕에서 파리, 런던에서 로스앤젤레스에 이르기까지 국제도시에 매우 중요한 시각적 차원을 제공한다. 그것은 미적으로 가치 있고 정치적으로 풍성한, 유의미하고 유망한 시각적 차원이다. 베를린은 터키인의 인구가 엄청나게 불어났음에도 불구하고, 외국인 혐오Ausländerhass의 전통과 민족들 간의 충돌 때문에 이러한 차원을 장려하기는커녕 거론하지도 못하는 실정이다.[16] 베를린에서 내가 경험한 모든 부재 가운데 가장 심오한 부재의 경험은 역설적이게도 단지 피상적인 부분이었다. 백인의 얼굴 외에 다른 얼굴의 부재가 내가 베를린에서 지낸 초기 얼마간을 장식했다.

> 나는 그대를 흠모한다오. 둥근 아치형의 밤하늘 저 끝까지.
> 오 슬픔의 꽃병이여! 오 깊이 침묵하는 꽃병이여!
> 난 그대를 더욱더 사랑하오. 아름다운 이여, 그대가 내게서 달아날수록
> 아름다운 이여, 그대가 나의 밤을 장식하는 듯하오.
> 내 두 팔과 푸른 창공 사이를 갈라놓는

---

[16] 우리는 오래전에 가끔 베를린이 유럽의 외국인들에게 좋은 은신처가 되었다는 것을 잊어서는 안 된다. 그러나 1930년대 이후 베를린은 "외국" 거주자들, 특히 비기독교인들이나 비유럽인들에게 유독 적대적으로 대했다.

엄청난 거리를, 아이러니하게 더욱 증폭시키는구나.[17]

IV

벤야민이 위의 보들레르의 시구를 인용한 것은 부재하는 연인을 환기하기 위해서가 아니라 철저히 부재하고, 덧없으며, 변질되는 도시의 에로스적 특질을 강조하기 위해서이다. 이러한 에로스적 특질은 "대도시의 삶이 진실한 사랑에 가하게 되는 오점stigmata"이다. 괴테의 "아무리 멀리 떨어져 있어도 그것은 너에겐 문제가 되지 않는다. 너는 날아서 오고 또 마법에 걸려 있기 때문이다Keine Ferne macht dich Schwierig, Kommst geflogen und gebannt."에 나타나는 지속적으로 친밀한 결속력에 비해, 보들레르의 도시애는 부재와 무상함에 대한 기대로 인해 불꽃처럼 타오르고, "거리의 마법"을 통해 활짝 피어난다(B, 169, 189~191). 이것은 우리를 놀라게 하는가? 덧없음은 단지 부재의 시간적 차원인 반면, 거리는 움직임에 의해 메워지는 간격을 가리키며, (소크라테스가 인식했듯이) 에로스는 결핍으로 인한 움직임을 암시한다.

보들레르는 공간적 부재와 시간적 부재에 대한 에로스를 도시 삶의 매혹적인 흐름과 연결시킨다. 그의 사랑의 소네트 「지나가는 어느 여인에게」에 등장하는 아름답고, 베일에 가려진, 덧없는 여주인공의 이미지에 도시 삶의 매혹적인 흐름이 함축되어 있다. "귀청이 찢

---

17 이 시는 벤야민의 작품 영역판에서 인용했다. 일부 번역이 어색한 부분은 내가 직접 (여전히 서투르지만) 영어로 번역했다. 이 다음에 인용된 「지나가는 어느 여인에게A Une Passante」의 번역 역시 내가 직접 했다.

어질 것 같은 거리"에서 비탄에 잠긴 한 익명의 과부가 갑작스럽지만 아주 조용히, 그리고 순간적으로 시인의 시선과 마주친 후[18] "지나가 버렸다". 부재를 향한 그녀의 지나감은 "어딘가, 먼 곳에", "너무 늦었 군" 또는 "영영"이라는 말 때문에 시간과 공간의 이미지가 부여됨으 로써 시적으로 정교해졌다.

> 번쩍이는 불빛 …… 그리고 밤! 오 지나가버린 미인이여
> 그대의 눈길이 순식간에 나를 되살려놓았지.
> 죽고 난 후에야 그대를 다시 볼 수 있을까?
>
> 어딘가, 먼 곳에! 너무 늦었군! 영영 볼 수 없겠지, 아마도!
> 나는 그대가 어디로 가버렸는지, 그대는 내가 어디로 가는지 알지 못하는구려.
> 오 그대, 내가 사랑했어야 할 그대, 오 그대는 그것을 정녕 알고 있었던가!

[18] 벤야민은 도시가 갖는 시각의 우월성에 대한 짐멜의 주장을 인용하면서, 특히 도시 생활에 있어서 시선의 주된 사용을 강조한다. "이것은 주로 공공 교통 제도에서 기인한다. 19세기에 버스와 철도 그리고 노면전차가 완전하게 운행되기 전에, 사람들은 말을 주고받지 않고는 몇 분 동안 혹은 심지어 몇 시간 동안 서로를 결코 쳐다보지 않았다."(Benjamin, B, 191) 그러나 우리는 반드시 서로를 응시해야 할까? 서로 다른 도시에서 시선이 사용되는 경우를 살펴보는 일은 다소 시사적이다. 우리가 베를린에서 서로를 응시하는 것처럼 뉴욕에서 응시한다면, 우리는 설령 폭력적인 말은 아니라 해도 틀림없이 날카로운 말을 내뱉을 것이다. 파리인들의 시선에서 풍기는 에로스는 오랜 응시나 직접적인 응시를 통해 획득되지 않는다(응시dévisager라는 불어가 암시하듯, 직접적인 응시는 얼굴의 미관을 해치고 결국 당황하게 한다). 대신에 에로스는 간격을 두고 짧게 스쳐보는 유희를 통해 전달된다. 말하자면 에로스는 현존과 부재의 유희를 이용하는 미적인 것에 의해 발휘된다.

벤야민은 애절하게도 이 짧은 만남을 "영원한 이별"이나 "파국"이라고 묘사하고 있다. 그러나 나는 문득 이 시구들이 도시의 부재에 대한 실재적 가능성을 모호하지만 매우 풍부하게 표현한 것이라고 느꼈다. 우리가 의문부호와 "아마도peut-être"를 통해 알 수 있듯이 두 번째 만남의 가능성은 열려 있다. 그녀가 도시를 오고 간 통행의 흐름은 그녀를 다시 그 지점으로 오게 할 것이다. 그들이 만난 지점과 "어딘가, 먼 곳에"는 커다란 대도시의 범위 안에 여전히 존재하는 것이다. 마치 서사narrative가 행위의 선택과 행위의 여지를 암시하는 것처럼 "아마도"는 생산적인 가능성의 여지를 암시한다. 그런데 왜 산책자는 그 여인을 더 잘 알기 위해 여인의 행로를 따르면 안 되는가? 아마도 그는 더 친밀한 교제의 결말이 두려운 것인가? 흐름이나 우발성이라는 그리고 이들이 가져다주는 선택, 행위, 의미, 가치 등의 가능성이라는 주제는 프래그머티즘과 프래그머티즘 미학에 있어서 핵심적인 것이다.

그러나 도시의 에로스와 인종적 타자라는 주제를 좀 더 살펴보자. 인종적 타자는 (자신의 남편뿐만 아니라 자신의 고국을 애도하는) 저 베일에 가려진 신비의 여인에 의해 가시화될 수도 있다. 그러나 한편으로 이 여인은 도시의 삶을 윤택하게 하면서도 혼돈스럽게 만들기도 하는 상이한 사람들, 제품들 그리고 삶의 방식들의 다양성을 상징할 수도 있다. 우리는 도시가 안겨주는 풍부한 다양성을 원하기도 하지만 그 다양한 모든 것을 철저히 다 향유할 수는 없다. 보들레르가 지적했듯이 거리에서 우리의 시선들과 부딪치는 수없이 많은 사랑스러운 것을 다 음미할 수는 없다. 시인은 어디론가 향하고 있었고, 아마도 그는 불타는 응시를 간직한 채 이미 다음 만날 장소로 가고 있었거나 변함없는 온정이 담긴 더욱 친근한 시선을 향해 발걸음을 옮기고 있었는지도 모른다.

국제도시에서 우리가 보고, 배우고, 애착을 갖게 되는 다양한 문화가 수없이 많고 또한 서로 너무 다르기 때문에 그것들을 모두 다 추구할 수 없음은 물론, 그것들을 전통사회의 공동체Gemeinschaft가 갖는 끈끈한 영구적 결속력으로 단일화시킬 수도 없다. 이러한 사실은 우리에게 게토화하는ghettoizing 문화다원론 정책이라는 새로운 형식을 받아들이도록 할 수 없다. 왜냐하면 이 정책은 본질주의적인 인종적 정체성을 기획하고 정책화함으로써만 다수성plurality을 존중하기 때문이다. 벤야민이 언급한 "공동체의 거주 장소[로서의] 거리"의 개념을 기억하자(AP, 417). 이 거리를 통해 도시의 다양한 계층, 문화 그리고 인종이 이동하고 섞이기 때문에 거리는 역동적이고 혼성화된 공동체를 만들어낼 수 있다. 이 공동체의 구성은 매우 임의적인데, 그 이유는 똑같은 도시 거리가 함께 모이는 데만 유용한 것이 아니라 떠나는 데에도 유용하기 때문이다.

도시 거리는 그 갈래가 너무 많고 혼돈스러울 만큼 복합적이어서 판옵티콘적인panoptical 관점이나 권력으로는 충분히 탐지될 수 없다. 따라서 도시 거리는 드러나는 변화를 기민하게 숨길 수도 있다. 부단히 변화하지만 숨겨져 있는—경찰의 감시망에는 일시적으로 부재하는—지점들에 대한 끊임없는 선택이 대안적인 미학이나 정치학의 목소리마저 감춰버릴 수 있다. 그러나 도시에서 경험하게 되는 숨겨진 지점들의 강렬함이 완화될 때, 다른 거리들은 (권태Blasiertheit가 아닌) 부재를 제공한다. 대부분의 큰 도시에는 "지하철"이 있는데, 그 지하철은 도시 중심을 멋있게 가로질러 갈 수 있는 출구를 제공한다. 지하철의 고정된 통로와 때 묻은 정거장이 보들레르적 산책이 갖는, 향수를 불러일으킬 만한 멋스러움이나 자유와 좁처럼 어울리지는 않지만, 일요일 오전 6시 지하철의 텅 빈 객차 안에서 비춰지는 고정된 통로와 정거장은 도시의 부재에 대한 다양성과 가치를 반영하는 예증의 지대가 되기에 충분하다.

제2부
몸, 자기 그리고 사회

5장
몸미학 그리고 몸/매체 논쟁

> 인간의 몸은 창작의 보고이다. …… 지구상의 모든 도구
> 와 수단은 우리 몸의 사지와 감각의 확장일 뿐이다.
> ― 에머슨

I

 오늘날 몸에 대한 집중적 관심은 새로운 매체 시대가 낳은 현저한 패러독스이다. 전자통신 매체 때문에 신체적 현존이 불필요하게 됨에 따라, 매체적 신체mediatic body의 구성과 인조인간 정형plastic cyborg-surgery이라는 새로운 기술이 실재적인 몸의 현존에 도전하고 있다. 그렇지만 우리 문화는 몸의 문제에 병적일 만큼 더욱 매달리는 것 같고, 한때 다른 신비의 대상에게 바쳤던 숭배적 헌신을 이제 몸에 바치고 있다. 일례로 포스트모던 도시 문화에서 체육관과 헬스클럽이 급격히 늘어나고 있는데, 이것들은 교회와 박물관을 대신하여 자기 개선을 위한 수련 공간으로 활용되고 있다. 사람들은 체육관과 헬스클럽을 방문하는 것이 다소 번거롭고 불편하지만 자기 자신

에 대한 어떤 의무감으로 틈날 때 그곳을 방문해야 한다. 게다가 돈과 시간과 노력의 상당 부분이 화장품과 다이어트와 성형수술에 투자되고 있다. 이처럼 매체의 탈물질화가 가속화됨에도 불구하고 신체는 더욱 중요한 문제로 부상하는 것 같다.

멋진 외모를 이용하는 매체 광고는 신체에 대한 관심을 불러일으키지만, 사실은 극히 부분적으로 그러할 뿐이다. 이미 내가 다른 문헌에서 설명했듯이[1] 몸에 대한 대부분의 관심은 재현적인 미representational beauty에 있는 것이 아니라 직접적 경험immediate experience의 특질에 있다. 심장혈관의 순환기능 향상으로 엔도르핀이 증대되는 느낌, 호전된 심호흡을 천천히 맛보게 되는 깨달음, 그리고 척추에 전해지는 전율 같은 느낌이 직접적 경험의 특질이다. 고양된 신체적 경험의 추구는 "TV 중독자couch-potato"에게 나타나는 매체의 소비 습성에 대한 안티테제로서, 즉 매체로 야기되는 수동성을 교정하는 대안으로서 묘사되거나 간주된다.

활동적이고 변형적인 신체를 인정하는 것은 매체 옹호론자들이 주장하는 신체에 대한 시각과 매우 다른 것이다. 이들이 주장하는 인간의 신체는 무디고 활력을 잃은 것으로서, 매체의 전자적 탄력성과 반대된다. 신체와 매체의 대립은 아직 남아 있다. 매체를 옹호하는 시각은 매체를 수동적인, 마음을 진정시키는 거울 정도로 취급하는 것이 아니라 무한한 공간과 권력을 소유하고 있는 능동적인 창조자로 취급한다. 매체에 대한 이러한 시각의 가장 극단적이고 전위적

---

[1] Richard Shusterman, "Die Sorge um den Korper in der heutigen Kultur", in Andreas Kuhlmann, ed., *Philosophische Ansichten der Kultur der Moderne*(Frankfrut: Fischer, 1994), 244~277; "Somaesthetics: A Disciplinary Proposal", in *Pragmatist Aesthetics*, 2nd ed.(New York: Rowman & Littlefield, 2000), 10장을 참조하라.

인 사례를 사이버공간, 즉 허구에 대한 윌리엄 깁슨William Gibson의 입장에서 발견할 수 있다. 깁슨은 인공지능과 전자 통신수단, 그리고 가상현실에 대한 과학자들의 실제 연구 결과를 뒷받침하고 있다.[2] 그에 의하면 인간의 신체는 전통적인 시·공간의 구속에 도전하는 사이버공간의 역동적인 자유로움이나 변화무쌍한 이동성과 대조적으로, 생기 없고 활력을 잃은 감옥과 같은 것이다. "그러한 몸은 고깃덩어리", 말하자면 "감옥과 같은 [우리] 자신의 살덩어리flesh이다."라고 깁슨은 말한다.[3]

매체 비판론과 매체 옹호론 양자 모두 신체를 매체와 정반대되는 것으로 묘사하는 것은 신체와 매체의 대립을 매우 당연한 것으로 받아들이게 한다. 그럼에도 불구하고 나는 이러한 대립이 이상하고도 비정상적인 것으로 여겨진다. 왜냐하면 신체는 인간이 살아가는데 가장 기초적인 매체를 구성하는 것으로서, 항상 근원적인 매체 패러다임이었기 때문이다. 사실상 대부분의 고대 문화와 비서구권 문화에서 신체는 철학의 본질적인 영역을 구성하는 요체였다. 왜냐하면 신체는 비판적으로 자기 패션을 만들어가는 삶의 실천critical self-fashioning life practice, 즉 삶의 예술art of living로 간주되는 철학의 본질적인 영역을 구성하기 때문이다.

나는 『실천하는 철학』에서 이른바 몸미학somaesthetics이라고 하는 하나의 연구 분야를 소개함으로써 체화된 철학의 개념을 갱생시키고 재구성하려고 시도했다. 이 장은 이러한 연구 분야의 구조를 정교

[2] *Cyberspace: First Steps*, Michael Benedikt ed.(Cambridge: MIT Press, 1991)와 "Cyberspace Cyberbodies Cyberpunk: Cultures of Technological Embodiment"라는 제목의 *Body and Society*(1995)의 특집호를 참조하라.
[3] William Gibson, *Neuromancer*(New York: Ace, 1984), 6.

화하는 것에 목적을 두고 있고, 또한 몸미학이 급속히 증가하는 신체이론과 문화 연구 분야에서 거론되는 핵심적인 논쟁점들을 취급하는 데 어떻게 이용될 수 있는지 탐구하는 것에 목적을 두고 있다. 논쟁의 여지가 있는 몸과 매체의 관계가 최근에 많은 주목을 끌고 있고 또한 실행하는 예술performing arts에 시사하는 점이 크기 때문에, 나는 몸미학을 보다 중점적으로 다루기로 했다.

II

몸미학은 우리의 신체를 감각적-미적 감지sensory-aesthetic appreciation(*aisthesis*) 및 창조적인 자기 패션화self-fashioning의 요체로 경험하거나 이용하는 것에 대한, 비판적이고 개선적인 연구에 기여할 것이다. 그러므로 몸미학은 몸의 배려somatic care를 구축하거나 개선할 수 있는 지식, 담론, 실천 그리고 신체 훈련bodily disciplines에 마찬가지로 기여할 것이다. 근대 서양 철학이 주로 몸을 경시해왔지만, 우리가 이러한 편견을 지워버리고 서양 철학이 중점적으로 추구하는 것이 지식, 자기를 아는 것, 바른 행동right action 그리고 훌륭한 삶이라는 사실을 상기한다면, 몸미학의 중대한 철학적 가치는 다음 몇 가지 측면에서 분명해질 것이다.

1. 지식이 주로 신뢰성을 종종 의심받아온 감각적 지각에 근거한 이래로, 철학은 감각의 한계를 드러내고 감각의 그릇된 인도를 피하기 위해 감각을 추론적인 이성으로 제어하면서 항상 감각의 비판에 관심을 가져왔다. 적어도 서구 근대성에 있어서 철학이라는 작업은 표준적 인식론을 구성하는 감각적 명제 판단sensory propositional

judgement에 대한 2차적인 추론적 분석과 비판에 국한되어왔다. 몸미학이 제안하는 보완된 철학의 노정은 우리 몸에 대한 개선된 지침을 통해 감각의 실제적인 기능적 실행을 바로잡는 것이다. 왜냐하면 감각은 몸에 속해 있고 또한 몸에 의해 조절되기 때문이다.

소크라테스 이래로 철학은 (신체 기관의 잘못된 기능이나 심적 피로로 인해 야기되는) 신체적 질병이 과실의 주된 원천이라고 항상 인식해왔다. 그러나 (하타 요가hatha yoga나 선 명상Zen meditation과 같은 고대 아시아의 실천들처럼) 알렉산더 기법Alexander Technique, 펠덴크라이스 요법Feldenkrais Method 그리고 라이히의 생체에너지학Reichian bioenergetics과 같은 치료법들은 감각들의 신체적 기능에 대한 고양된 주의를 기울이도록 하고 그것을 통달하게 함으로써 우리의 정신과 감각들을 예민하게 하고, 건강하게 하며, 감각들의 제어를 증진시킨다. 또 다른 한편 이러한 치료법들은 인식적 실행을 방해하는 경향이 있는 몸의 습관과 결점으로부터 우리를 해방시켜주기도 한다.

2. 자기를 아는 것self-knowledge이 철학의 주된 목적이라면, 신체적 차원의 지식은 결코 무시되어서는 안 된다. 몸미학은 단순히 몸의 외적 형태나 재현에 관심이 있는 것이 아니라 몸의 생생한 경험에 관심이 있기 때문에 우리 몸의 상태와 감정에 대한 인식을 증진하는 데 도움을 준다. 그리하여 몸미학은 스쳐 지나가는 정조情調나 지속되는 태도에 훨씬 더 큰 통찰력을 제공한다. 따라서 몸미학은 우리의 행복과 실행을 방해함에도 불구하고 제대로 간파되지 않을 수도 있는 몸의 잘못된 기능을 밝혀낼 수도 있고 개선시킬 수도 있다.

두 가지 예를 들어보자. 우리는 호흡하고 있다는 사실을 좀처럼 알아차리지 못하지만, 호흡의 리듬과 깊이는 우리의 정서적 상태에 대한 신속하고도 신뢰할 만한 증거를 제공한다. 호흡하고 있다는 사실을 의식하는 것은 우리가 화가 나 있거나 불안해한다는 것을 깨닫게 해준다. 그렇지 않으면 우리가 이러한 감정들을 달리 깨닫지 못하거나 이러한 감정들에 의해 잘못 이끌리기 쉽다. 유사하게 운동을 억제하고 긴장과 고통을 초래하는 만성적인 근육수축 또한 일종의 습관처럼 굳어버렸기 때문에 쉽게 파악되지 않는다. 따라서 만성적 근육수축은 쉽게 경감될 수 없고, 또한 그것이 초래하는 무능과 불안 역시 쉽게 경감될 수 없다. 그러나 일단 몸의 잘못된 기능이 분명하게 파악되기만 하면, 그것은 수정될 가능성도 있고 그것이 초래하는 불쾌한 결과를 피할 수도 있다.

  3. 철학의 세 번째 중대한 목적은 바른 행동이다. 바르게 행하기 위해서는 지식이나 자기를 아는 것뿐만 아니라 효율적인 의지가 필요하다. 체화된 생물체로서 우리는 신체를 통해서만 행할 수 있기 때문에 우리가 행하려고 할 때 행할 수 있는 능력인 의지력은 몸의 효력에 의해 좌우된다. 우리는 신체적 경험을 탐구하고 연마함으로써 의지를 행위에 구체적으로 적용시키는 효율적 의지력의 실제적 작용을 제대로 획득할 수 있다. 우리가 몸을 통해 바른 행동을 실행할 수 없다면, 바른 행동을 아는 것과 바른 행동을 욕망하는 것은 소용없는 일일 것이다. 우리가 가장 단순한 신체적 일도 행할 수 없다는 놀라운 사실은 이러한 무능을 알지 못하는 놀랄 만한 무지에서 기인한다. 이것은 부적절한 몸미학적 인식으로부터 초래되는 실패나 다름없다.

  머리를 아래로 하고 시선을 공에 두려고 부단히 애쓰면서, 비참하게도 그렇게 하는 데 실패했으면서도 그렇게 하고 있다고 전적으로 믿고 있는 전형적인 골퍼를 생각해보자. 그의 의식적인 의지는 깊이 뿌리박힌 신체적 습관에 의해 방해받기 때문에 성공적으로 완수될 수 없다. 심지어 그는 이러한 실패를 알아차리지도 못한다. 왜냐하면 그의 습관적인 감각적 지각이 너무나 부적절하고 왜곡되어 있어서 마치 그의 의지대로 행위가 실행되는 것처럼 느끼기 때문이다. 우리 행동의 대부분은 의지가 강하지만 실패하고 마는 그 골퍼의 그것과 같다. 왜냐하면 우리가 그 골퍼처럼 의지를 효율적으로 만들어주는 몸의 감성somatic sensibility을 결여하고 있기 때문이다. 표준화된 철학의 담론 바깥에 있는 (F. M. 알렉산더Alexander와 모세 펠덴크라이스 Moshe Feldenkrais와 같은) 신체 치료 전문가들이 진전시킨 이러한 주장은 오래전에 견유학파the Cynic인 디오게네스도 역설한 것이다. 디오게네스는 엄격한 신체 훈련을 옹호했는데, 이것은 그가 "고결한 행위를 위한 끊임없는 운동을 통해 활동의 안전한 자유를 확신하는 지각이 형성되어야 한다."고 믿었기 때문이다.[4]

4. 철학이 행복의 추구와 더 나은 삶을 문제로 삼는다면 즐거움의 요체이자 매체로서의 몸에 대한 몸미학의 관심은 더욱더 철학적 주목을 받을 가치가 있다. 심지어 순수한 사유의 기쁨과 자극이 우리 인간에게 체화되고, 나아가 몸의 감지의 개선과 훈련을 통해 강화될 수도 있고 더욱 예민하게 향수될 수도 있다. 우리는 사유가 신체의 건강에 의존하며 또한 근육의 긴장도 필요로 한다는 것을 결코 잊어서는 안 된다.

5. (빌헬름 라이히, 미셸 푸코 그리고 피에르 부르디외의 경우처럼) 신체가 사회의 권력을 각인시키기 위한 유순하고 순응적인 지대

---

4 Diogenes Laertius, *Lives of the Eminent Philosophers*, vol. 2(Cambridge: Harvard University Press, 1931), 71.

라는 것을 인정하게 된다면, 우리는 정치철학에서의 몸미학의 가치를 새삼 알게 된다.[5] 권력의 복잡한 위계가 법적으로 명료해지거나 공적으로 강화될 필요도 없이 광범위하게 실행되고 재생산되고 있으며, 이것 때문에 전적인 지배 이데올로기들이 몸의 규범 속에 약호화됨으로써 암암리에 물화되고 보존된다. 정치철학의 관점에서 몸미학은 바로 이러한 점을 이해하는 방식을 제공한다. 몸의 규범은 신체의 습관처럼 너무나 당연한 것으로 간주되어서 비판적 의식을 피해간다. 예를 들면 그것은 어떤 문화권의 경우 여성들이 부드럽게 말하고, 고상한 음식을 먹고, 다리를 붙여서 앉아야 하며, 걸을 때 머리와 눈을 약간 아래로 두어야 함은 물론 사랑을 나눌 때도 수동적 역할과 아래쪽 위치를 취해야만 하는 규범과 같은 것이다. 그러나 압제적 권력관계들이 우리 몸에 약호화되어 있지만 동시에 그러한 관계들은 대안적인 몸의 실천에 의해 도전받을 수도 있다. 푸코는 라이히와 다른 신체 치료 전문가들과 함께 이러한 메시지—권장하는 신체적 방법은 다르지만—를 옹호한다.

  6. 이미 언급된 본질적인 인식론적, 윤리적, 사회 정치적 문제들을 넘어서서 최근의 철학은 존재론에 있어서 몸이 중대한 역할을 수행하고 있음을 밝히고 있다. 메를로퐁티가 몸의 존재론적 중심이 우리와 세계를 상호적으로 투영시키는 초점이라고 설명하듯이, 분석철학은 몸이 개인의 정체성을 위한 기준이 되는지 또한 (중추신경계를 통해) 심적 상태를 설명하는 존재론적 근거가 되는지를 검토한다.[6]

---

5 Wilhelm Reich, *The Function of the Orgasm*(New York: Noonday, 1973); Michel Foucault, *Discipline and Punish*(New York: Vintage, 1979); Pierre Bourdieu, *The Logic of Practice*(Stanford: Stanford University Press, 1990), 4장을 참조하라.

6 Owen Flanagan, *The Science of the Mind*, 2nd ed.(Cambridge: MIT Press, 1984); B. A.

7. 마지막으로, 인습적인 철학의 합법화된 영역 바깥에서 라이히, 알렉산더, 펠덴크라이스와 같이 신체적 경험과 품성 개발의 상호 영향을 밝혀낸 사례도 있다. 몸의 잘못된 기능은 인성의 문제로부터 야기된 결과일 수도 있고 인성의 문제를 야기하는 원인일 수 있다. 그런데 인성의 문제 자체는 신체 운동을 통해 치료될 수 있을 것이다. 요가 수도자들이나 심지어 아널드 슈왈츠제네거와 같은 보디빌더도 이와 유사한 주장을 하고 있다.[7] 심적 안정과 심리적 극기나 자제에 필수적인 신체 건강과 신체 노하우know-how가 고대인들의 스타일에도 대부분 제시되어 있다. 다시 말해서 몸의 학somatics은 자기 배려를 다루는 윤리학의 핵심을 이루고 있다.

오늘날 이론은 점차적으로 몸에 더 많은 관심을 쏟고 있을지라도, 두 가지 중요한 측면을 결여하는 경향이 있다. 첫째로 몸에 대한 매우 상이한 담론들, 즉 외관상 같은 표준으로 잴 수 없는 담론들을 체계적인 장 속으로 통합시키는 구조적 개괄이나 건축술적인 체계가 필요하다. 말하자면 생체정치학biopolitics의 담론과 생체에너지학 bioenergetics의 치료법들을 연결할 수 있는 포괄적인 체계를 수립하는 것이 필요하다. 심지어 일련의 심신 수련에 대한 분석철학의 교의를 보디빌딩의 원리와 연결할 수도 있을 것이다. 몸에 관한 철학적 담론이 결여하고 있는 두 번째 측면은 명료한 프래그머티즘적 정향이다. 말하자면 몸에 대한 개별적인 담론들이 개선된 몸의 실천을 이끌

O. Williams, *Problems of the Self*(Cambridge: Cambridge University Press, 1973)를 참조하라.

[7] Pandit Usharbudh Arya, *Philosophy of Hatha Yoga*, 2nd ed.(Honesdale, Pa.: Himalayan International Institute of Yoga, 1985); Arnold Schwarzenegger, *Encyclopedia of Modern Body Building*(New York: Simon and Schuster, 1985), 201~215를 참조하라.

어내는 교과로 변환될 필요가 있다는 것이다. 몸미학은 몸에 관한 철학적 담론이 결여하고 있는 이 두 가지 측면을 치료하려 한다.

III

몸미학에는 세 가지 기본적인 분야가 있는데, 사실 이 세 분야 모두 존 듀이와 미셸 푸코와 같은 모범적인 신체 철학자들에게서 볼 수 있다. 첫째, 분석적 몸미학analytic somaesthetics은 신체적 지각과 실천의 본성을 기술하고, 현실에 대한 우리의 지식과 구성에 신체적 지각과 실천이 어떻게 작용하는지를 기술한다. 이와 같은 이론적 차원은 몸에 대한 표준적인 존재론적 차원의 문제와 인식론적 차원의 문제 뿐만 아니라 푸코가 집중적으로 다루었던 일종의 사회 정치적 탐구를 포함하고 있다. 사회 정치적 탐구는 몸이 어떻게 권력에 의해 형성되는지, 그리고 권력을 유지하기 위한 도구로 몸이 어떻게 사용되는지에 관한 것이다. 그것은 건강과 미에 대한 신체적 규범과 심지어 생물학적 성sex과 사회적 성gender이라는 가장 기본적인 범주가 어떻게 사회적 강제력에 의해 유지되는 동시에 그것에 기여하는 구성물이 되는가에 관한 탐구이다. 이러한 신체적 문제에 관한 푸코의 접근 방법은 몸에 관한 다양한 교의, 규범 그리고 원리의 역사적 출현을 묘사하고 있기 때문에 주로 계보학적이다. 이러한 접근은 두 가지 이상의 공시적 문화의 신체적 관점과 실제를 대조하는 분석적 미학의 비교 형식에 의해 보완될 수 있다. 그러나 분석철학이나 메를로퐁티의 현상학에서 몸과 마음의 관련성을 표준 철학으로 이론화하는 과정에서 발견되는 것처럼 보편주의적 경향을 지닌 분석적 몸미학의 공간도 있다.

몸미학의 두 번째 분야인 프래그머티즘 몸미학pragmatic somaesthetics은 신체의 개선 방법들과 이 방법들을 비교하고 비판하는 것과 관련된다. 제안된 방법이 (존재론적이든, 생리학적이든, 사회학적이든) 그 실행 가능성이 몸에 대한 몇 가지 사실에 의해 좌우되기 때문에 프래그머티즘 몸미학의 분야는 항상 분석을 전제로 한다. 그러나 프래그머티즘 몸미학의 분야는 분석이 기술하는 몇 가지 사실을 단지 평가하는 것이 아니라, 몸을 다시 만들면서 그 사실들을 개선할 수 있는 여러 가지 방법을 제안함으로써 단순한 분석을 뛰어넘는다.

인류 역사상 아주 오랫동안 헤아릴 수 없을 만큼 다양한 훈련이 몸의 경험을 개선하고 몸의 사용을 개선하기 위해 권장되어왔다. 이를테면 각종 다이어트, 의복 형식, 신체 트레이닝gymnastic training, 춤과 무술, 화장술, 보디 피어싱body piercing과 흉터 내기scarification, 요가, 마사지, 에어로빅, 보디빌딩, 사도마조히즘sadomasochism, 그리고 알렉산더 기법, 펠덴크라이스 요법, 생체에너지학과 같이 심신의 안정을 동시에 추구하는 웰빙 분과들이 그 예이다. 이러한 다양한 실천 방법론은 대략 몸미학의 재현적이고 경험적인 형식으로 분류될 수 있다. 재현적인 몸미학은 몸의 외양을 강조하는 반면, 경험적 몸미학은 몸의 "내적" 경험의 미적 성질에 오히려 초점을 둔다. 그러한 경험적 방법들의 목적은 우리로 하여금 (바로 미학이라는 개념이 갖는 모호성을 반영하는) 다음과 같은 두 가지 모호한 국면 안에서 "더 잘 느끼도록" 하는 것이다. 말하자면 경험적 방법은 우리의 경험의 질을 더욱 만족스럽고 풍부하게 만들어주며, 또한 우리가 몸의 경험에 대해 더욱 예리하고 지각력 있게 감지하도록 만들어준다. (메이크업에서 성형수술까지) 화장술은 몸미학의 재현적 측면을 보여주며, 반면에

선Zen 명상이나 펠덴크라이스 요법과 같은 실천들은 몸미학의 경험적 측면을 보여주는 사례이다.

재현적/경험적 구분은 몸미학이 외양을 표면화하고 있다는 이유로 전체적으로 피상적이라고 비난받을 수 없음을 입증하는 데 도움이 된다. 그러나 이러한 구분을 엄격하게 배타적으로 취급해서는 안 된다. 왜냐하면 재현과 경험, 즉 외적인 것과 내적인 것은 불가피한 상보성을 지니고 있기 때문이다. 광고를 보면 끊임없이 상기되듯이, 우리가 어떻게 보는가의 문제는 어떻게 느끼는가에 영향을 주며, 그 역도 마찬가지이다. 처음에는 재현의 목적으로 다이어트나 보디빌딩 같은 것을 하지만 종종 다이어트나 보디빌딩 그 자체를 위해 그것을 추구한다는 느낌을 받게 된다. 실제로 다이어트를 하는 사람은 배고픔이라는 내적 느낌을 열망하는 신경성식욕부진증 환자가 되기도 하며, 보디빌더는 경험 때문에 "펌프질"처럼 근육을 키우는 데 중독되기도 한다. 다른 한편 내적 경험에 목적을 두고 있는 신체적 방법은 종종 소망하는 경험을 끌어내는 데 필요한 몸의 자세를 획득하기 위한 계기로서 재현적 수단을 이용한다. 예를 들면 자신의 이미지를 거울로 살펴보는 일, 코의 끝이나 배꼽과 같은 몸의 부분을 집중적으로 응시하는 일, 또는 단순히 자신이 상상하던 몸의 형태를 가시화해 보는 일이다. 역으로 보디빌딩과 같은 재현적 실천에서는 경험적 계기에 대한 감지를 더 개선시켜 외적 형태의 목적에 이용한다.

경험적 형식과 재현적 형식으로 프래그머티즘 몸미학을 총망라 할 수는 없다. 프래그머티즘 몸미학의 세 번째 범주인 실행적 몸미학 performative somaesthetics은 역도, 육상경기 그리고 무술과 같이 몸의 강건함이나 건강, 기술skill을 기르는 방법론을 하나로 묶는 데 유용할 것이다. 그러나 이와 같은 실행을 지향하는 실천들의 목적이 외적으로 보여주는 것에 있거나 내적으로 힘을 느끼는 것에 있다면, 이러한 실천들은 재현적 범주나 경험적 범주로 동화될 수 있을 것이다.

우리가 이 범주들을 분류한다 할지라도, 프래그머티즘 몸미학의 방법론들은 그 실제적 실천과는 구별될 필요가 있다. 나는 이 세 번째 분야를 실천적 몸미학practical somaesthetics이라고 부른다. 그것은 몸에 대한 텍스트를 생산하는 문제가 아니며, 더구나 몸의 배려에 대한 프래그머티즘적인 프로그램을 제공하는 문제도 아니다. 이 실천적 분야는 몸으로 하는 자기 개선에 목적을 두고 있는, 반성적이고 훈련된 몸의 실천을 통해 실질적으로 몸의 배려에 참가하는 것이다. 말하자면 이 실천적 분야는 (재현적이든 경험적이든 아니면 실행적인 양상이든 간에) 말로 밀어붙이는 것이 아니라 직접 사지를 움직임으로써 행하는 것이다. 이와 같이 실천적 차원은 말하기의 차원이 아니라 행함의 차원이기 때문에 아카데믹한 몸 철학자들이 가장 무시하는 영역이다. 담론의 로고스logos에 대한 그들의 공약은 주로 몸을 텍스트화하는 것으로 끝난다. 실천적 몸미학에 대한 언급은 적을수록 좋다. 언급이 적다면 그것은 행함이 더 많다는 것을 의미한다. 그러나 불행하게도 이것은 대체로 실질적인 몸의 작용이 자기를 아는 것과 자기를 배려하는 것을 위한 철학적 실천 및 그 탐구로부터 전적으로 배제되었다는 것을 의미한다. 철학에서는 말할 필요가 없는 것은 전형적으로 행할 필요가 없는 것으로 간주되어왔다. 몸 작용의 구체적인 활동은 몸미학의 중대한 실천적 분야로서 반드시 명명되어야 하며, 자기 배려를 체화하는 것과 관련된 포괄적인 철학 교과로 고려되어야 한다.

이러한 교과는 가능한가? 체화되는 개인들embodied selves이 너무 다르기 때문에 철학은 육체적 기술somatic techniques에 대한 어떤 결정적인 이론이나 구체적 권고를 제공할 수 없는 것은 아닐까? 내가 『실천하는 철학』에서 주장했듯이, 생생한 실천으로서의 철학은 효력을 발휘하기 위해 문맥화되어야 하고, 모든 개인은 어떤 점에서 수없이 많은 (생리적, 사회적, 역사적 요인, 그리고 특히 가족이나 사적인 경험 등 보다 개인적인 상황과 같은) 우연적인 요인이 빚어내는 독특한 산물이기 때문에 개인은 자신의 몸미학의 실천을 자신의 특정한 삶의 조건에 맞출 필요가 있다. 그러나 한편으로는 체화되는 개인들이 (최소한 주어진 문화적 전통이나 역사적 시기 내에서의) 생물학적 기질과 사회적 조건에 내재하는 유의미한 공통성을 공유하고 있지 않은가? 생물학적 기질과 사회적 조건은 상이한 신체적 방법들의 가치와 모험에 대한 흥미로운 일반화를 가능하게 할 것이다. 철학이나 사회과학이 그러한 일반화 없이 어떻게 존재할 수 있겠는가?

IV

이러한 장대한 메타 철학적 질문은 잠시 접어두고, 몸미학을 몸/매체 관계의 복잡한 문제에 적용시켜보자. 우선 몸이 자신의 오래된 매체적 정체성으로부터 벗어나, 어떻게 숭배적 대상이 되었는지에 대한 다소 성급한 계보학적 분석을 시도해보자. 이전에는 몸이 단순히 실재의 매체이거나 수단(따라서 종속적이고, 반사적이며, 왜곡적인 것)으로 취급되어 낮은 등급에 속했지만, 이른바 매체 혁명이 매체와 실체의 관념을 변형시킨 이래 이제 몸은 우리의 중심 매체로서, 구성자의 지위와 실재의 장소로 상승하고 있다. 따라서 몸은 본질적으로 실재적 가치가 되었다. 일단 실체가 하나의 구성체로 간주된다면, 실체를 구성하는 매체는 더 이상 경멸의 대상이 될 수 없다.

더구나 몸은 새로운 전자 매체보다 더 기초적이고 익숙하며 유기적이기 때문에 몸이 갖는 오래된 매체 이미지를 퇴색시킬 만큼 직접적이다. 그럼에도 불구하고 육체적인 실체의 구성자는 매체와 매개의 다양성(복원 수술을 포함한다)을 통해 끊임없이 구성된다. 그래서 비록 매체 혁명이 몸의 구성적 힘과 재구성에 대한 개방성을 인정하면서 몸을 해방시킨다 할지라도, 매체 혁명은 한걸음 더 나아가 신체와 관련하여 무엇이 구성되어야 하는지, 또한 보다 새로운 전자 매체가 우리가 소망하는 구성에 어떤 방식으로 기여하는지 아니면 그러한 구성을 방해하는지 식별해내는 임무를 제시한다. 이것은 바로 프래그머티즘 몸미학의 현안이며, 이 장의 요점을 이루는 것으로서, 개념의 역사와 전위적인 사색 사이에서 포착되는 것이다.

먼저 그동안 잊혀져버린 매체 패러다임으로서의 몸의 역할을 역사적으로 되짚어보면서 시작해보자. "유기체organism"와 "유기체의 기관organ"과 같은 육체와 관련된 용어들이 도구를 뜻하는 그리스어, 오르가논organon에서 비롯된 것으로 보아, 몸의 역할이 도구성의 이미지를 반영하고 있지만 사실 몸의 역할은 도구성의 이미지를 뛰어넘는다. 커뮤니케이션의 매체 또는 수단은 본질적으로 무엇을 의미하는가? 매체의 어원(*meson, medius, Mittel, moyen*)이 입증하듯이, 매체는 중간에 위치하고 있는 것, 즉 두 가지 다른 사물 또는 경계 사이, 말하자면 중재의 대상들 사이에 위치하고 있다. 중간에 존재하기 때문에 매체는 양쪽 측면을 다 지니고 있다. 양 측면이 만나는 접점은 중재되는 경계들을 연결시킬 뿐만 아니라 그 경계들 사이에 위치함으로써 그 경계들을 분리시키기도 한다. 이러한 이중적 측면은 목적에 대한 수단으로서의 매체의 도구적 의미를 통해 또한 드러난다. 매체는 목적에 이르는 길이지만, 그 길 안에in 위치하고 있다. 그 길이란 목적과 이 목적의 완수 사이에서 여행하게 되는 거리이다.

플라톤이 설명하는 매체로서의 몸의 긍정적이고 구성적인 측면이 본의 아니게 늘 드러나고 있지만 사실상 플라톤의 설명은 어디까지나 몸의 부정적이고 분리적인 측면에 대해 주장하는 것이다. 몸에 대한 플라톤의 고전적 공격(『파이돈』)은 오늘날 매체 비판의 원전과 같이 읽힌다. 플라톤이 언급한 몸은 매우 형편없는 진리의 수단에 불과하기 때문에 실제로 몸은 진리의 방해물에 지나지 않는다. 첫째, 몸은 "엄청난 정신 산만"을 유발해서, "우리를 사랑, 욕망, 공포 그리고 모든 종류의 공상과 엄청난 난센스로 가득 채우고, 우리가 어떤 것에 대해 진실되게 생각할 기회를 결코 가질 수 없도록 한다." 둘째, 우리가 마침내 생각할 수 있는 조용한 시간을 찾게 된다면, 그것은 갑자기 "한 번 더 우리의 사색에 끼어들어, 우리가 진리의 빛을 발견하는 것을 가로막고, 저해하고, 교란하고, 방해할 것이다." 셋째, 몸은 실재를 보는 우리의 시각을 왜곡시키기 때문에 몸이 전하는 것을 세계의 진리로 간주하면 우리는 기만당하고 만다. 우리 자신이 "몸의 어리석음에 오염되지 않을" 때에만 우리는 진정한 지식을 얻을 수 있을 것이다.[8]

아마도 플라톤은 시간을 소비하게 하는 TV 연예 프로그램의 난센스, 쉴 새 없이 울리는 전화, 팩스, 대형 휴대용 카세트 그리고 매체 보도의 편향적인 허위성을 비난할 수도 있을 것이다. 하지만 그는 사

---

8 Plato's *Phaedo*, 65C~67A, in *The Last Days of Socrates,* trans. H. Tredenick(London: Penguin, 1969), 111~113을 참조하라.

실 몸이 모든 사악한 매체의 근원적 모체라는 것을 밝히고자 했다. 그러나 이와 같이 단일한 몸은 하나의 다중 매체(상이한 감각적 양상들과 과학기술들로 뭉쳐진 이를테면 눈, 귀, 그리고 감각을 느끼는 팔다리 등으로 뭉쳐진 하나의 다중 매체)로 이미 묘사되고 있다. 그리고 이러한 부분들의 다수성과 분리성은 플라톤이 몸을 개인의 영혼과 대조함으로써 낮은 서열에 위치시킬 수 있는 원인을 제공한다. 플라톤에 의하면 개인의 영혼은 몸이라는 왜곡된 감옥 안에 구속되어 있음에도 불구하고 진리를 추구한다.

그러나 방해와 연결이라는, 매체가 갖는 개념상의 이중성을 가정한다면 영혼은 몸을 무시하면서 진리를 추구하기도 하지만, 또한 몸을 통해 진리를 추구하기도 한다. 몸은 영혼의 교도관일 뿐만 아니라, (플라톤이 주장하듯이) 영혼의 하인이기도 하다. 신체 감각들의 불완전성이 우리로 하여금 신성한 형식divine Forms으로부터 멀어지도록 한다면, 이 불완전성은 우선 신성한 형식이 마땅히 존재해야 하고 추구되어야 한다는 점을 우리에게 상기시켜주는 것이다.[9] 이것은 영혼이 몸의 오염으로부터 정화되어야 한다는 것을 의미한다면 이러한 정화를 위한 유일한 매체는 몸 자체이며, 몸의 통제를 통해 이루어진다. 실제로 플라톤이 여기서 정화를 위해 사용하는 말은 육체적으로 환기시키는 카타르시스의 관념이다. 영혼의 순수성은 그대로 주어지는 직접적인 것이라기보다 몸이라는 수단을 통해 깨달아야 할 과업과 같은 것이다. 실제로 영혼이 몸에 대해 갖는 불멸의 특권에 대한 소크라테스의 주장에서 가장 납득할 만한 것은 그의 추

---

9 플라톤은 나중에 『티마이오스』에서 철학 자체가 시각에서 유래되었다고 주장한다. *The Dialogues of Plato*, trans. B. Jowett(New York: Random House, 1937), 27을 참조하라.

상적 교의나 추상적 논법이 아니라 차분하게 신체의 죽음을 받아들였던 그 자신의 구체적인 실례이다. 몸이 그러한 필연적 수단임이 입증되고, 또한 그러한 목적에 해를 끼치지 않는다면 몸은 경멸적으로 무시당할 수 없다. 그런 까닭으로 플라톤은 나중에 우리가 몸을 관리해야 하고, 심지어 몸을 압도적인 영혼으로부터 보호해야 한다고 주장한다(『티마이오스』, 88).

기독교의 교리 또한 몸이라는 매체의 이중성을 촉진시킨 원인 가운데 하나이다. 기독교 교리에 따라 몸이라는 매체가 영혼의 순수성을 방해하는 것으로 비난받기도 했지만, 몸은 여전히 정화를 통한 구원의 주된 도구가 되어왔다. 말하자면 몸이라는 매체는 자기 희생이라는 고행의 제단으로 역할하면서 구원의 주된 도구가 되는 것이다. 신체적 고행의 효용성은 유형적 성육신, 시험temptation, 그리고 고통을 감수하는 그리스도의 열정 속에 명백히 상징화되어 있다. 심지어 몸의 관능성을 격렬히 비난했고 이것을 초월할 것을 강요했던 신학자들도 이러한 신체적 고행의 효용성을 인정했다. 그리하여 숫처녀의 순결을 주장했을 뿐만 아니라 스스로 거세했던 신학자 오리게네스는 여전히 "몸이 영혼을 서서히 치료하는 데에 필수적인 것"이라고 주장했으며, 오리게네스 자신이 "하느님의 신전"이라고 불렀던 것으로 변형됨으로써 금욕적인 경배의 장소를 제공할 수 있다고 주장했다. 유해한 몸을 정화의 매체로 생생하게 묘사하면서 그는 이렇게 기술했다. "당신은 불을 지필 수 있는 석탄을 갖고, 그 위에 앉게 될 것이다. 석탄은 당신을 이롭게 할 것이다."[10]

---

10 Peter Brown, *The Body and Society: Men, Women, and Sexual Renunciation in Early Christianity*(New York: Columbia University Press, 1988), 164~165.

이와 같이 근본적인 이중성 안에서 매체의 방해는 매체의 힘을 구성하는 일부가 되는데, 이 이중성은 다음 두 가지 결론을 제시한다. 첫째, 우리가 매체의 형식을 분석할 때는 언제나 매체의 방해적 차원과 유익한 차원 둘 다를 예상해야 한다. 우리는 결국 매체의 구속 효과와 해방 효과 둘 다를 고려해야 한다. 둘째, 몸이라는 매체가 추측컨대 "순수한 영혼"과 같은 절대적인 실체를 획득하는 데 (그리고 아마도 심지어 상상하는 데) 필수적인 것이라면 우리는 실체가 항상 매체를 통해 구성된다는 점을 짐작할 수 있다. 그런 까닭에 우리는 절대적 직접성absolute immediacy에 대한 어떤 주장이라도 그것에 대해 의혹을 가져야 한다. 이러한 지적은 오늘날 몸을 직접성의 요체로 보는 주장들을 평가하는 데 중요한 실마리가 된다.

진리를 위한 매체로서의 몸에 대한 플라톤의 근원적인 특별한 공격은 몸의 두 가지 형이상학적 한계에 대한 더 기초적인 불만이다. [첫째] 몸은 특정한 시공간적 위치에 한정되기 때문에 몸을 통한 지각이 항상 특정한 관점이나 입장을 따라야 한다는 것이다. 플라톤은 (이후에 데카르트도) 그러한 관점의 한계를 과학적 지식을 위해서는 수용할 수 없는데, 과학적 지식은 실체에 대한 절대적인 신의 시각, 즉 객관적 관점을 제공해야 하는 것이다. 둘째는 개별적인 몸이 위치의 제약을 받기 쉬울 뿐만 아니라 불안정하고 변하기 쉽고 부패하기 쉽다는 것이다. 그래서 실체가 영구적이고 변하지 않는, 그리고 관점과는 무관한 것으로 취급된다면, 실체는 관점이 없고 부패하지 않는 영원한 지성에 의해서만 제대로 파악될 수 있다. 따라서 변하기 쉬운 몸은 불변의 실체에 대한 시각을 왜곡시킬 뿐이다.

19세기 후반경에 이와 같이 변하지 않는 실체에 대한 형이상학적 시각이 포기되었다. 부분적으로 다윈의 영향이기도 하였고 또한 산업혁명과 새로운 생산수단 및 새로운 커뮤니케이션 수단, 즉 증기기관, 철도, 전신, 전화가 일으킨 커다란 변화의 영향이기도 하였다. 그리하여 변화와 관점 둘 다, 물리적 매체의 근원인 신체 패러다임을 포함하는 매체의 구성적 역할과 더불어 긍정적으로 평가받았다. 우리는 이것을 니체에게서 가장 명료하게 발견한다. 니체는 실체를 해석적 차원에서 구성되는 것으로 밝히며, 몸에는 일차적이고 기초적인 구성체로서의 특권을 부여한다.

『힘에의 의지』 492절에서 니체는 몸을 "출발점"으로서 옹호하고 있다. 왜냐하면 몸은 세계를 향한 우리의 기초적인 시공간적 관점을 제공할 뿐만 아니라 쾌, 힘 그리고 삶의 고양을 지향하는 기초적인 의욕을 제공하기 때문이다. 이 기초적인 시공간적 관점과 기초적인 의욕은 지식을 향한 이차적 욕구의 바탕이 된다. 플라톤과 달리 니체는 몸이 모든 가치의 원천이며, 하인이라기보다 오히려 주인이라고 주장한다. 영혼은 몸을 감금하고 박해하는 산만하고 유해한 환영인데, 결국 이 덧없는 영혼은 자신이 감금하고 박해하는 몸에 의존할 수밖에 없다. "모든 덕은 생리학적 상태[일 뿐이다]." 즉 도덕적 판단은 "생리학적 성공이나 실패의 …… 증후"일 뿐이라는 것이다. "지고의 가치에 관한 가장 신성한 확신, 흔들리지 않는 신념은 우리의 근육의 판단이다."[11] 영혼은 신체적 활동의 주인이 아님은 물론 그렇게 되어서도 안 된다. 왜냐하면 의식은 신체적 활동의 부수적 산물일 뿐이며, 신체적인 행위에는 눈멀고 휴식을 방해하는 가시 같은 존재이기 때문이다(WP, 674, 676). 니체는 플라톤의 매체 이미지를 상기시키

---

11 Friedrich Nietszche, *The Will to Power*(New York: Vintage, 1986), para. 255, 258, 314. 이후부터 *WP*로 표시한다.

고 또 그것을 전도시키면서, 의식이 그 자체의 어떠한 실재적 대행자도 없는 "커뮤니케이션의 수단일 뿐이다."라고 선언한다(524, 526). 정말로 "행위와 행위자의 구분"을 공간적으로 각성시킴으로써 주체의 관념을 생성시키는 것은 영혼이라기보다 오히려 몸이다(547). 그러므로 몸은 삶을 고양시키는 쾌를 위해서만이 아니라 "우리의 가장 개인적인 소유물로, 그리고 우리의 가장 확실한 존재로, 말하자면 우리 자신으로" 소중히 여겨져야 한다(659).

이런 점에서 니체의 언급은 오늘을 살아가는 우리에게 시사하는 바가 크다. 개인을 둘러싸고 있는 세계는 매체에 의해 점점 재구성되기도 하고 해체되기도 한다. 플라톤이 몸을 덧없는 것으로 간주하여 실재적이지도 않고 가치도 없는 것이라고 부정했지만, 오늘날 몸은 우리가 경험하고 있는 세계보다 더 안정되고 영속적이며 실재적인 것 같다. 몸은 분명 더 친숙하고, 더 손쉽게 파악되고, 조사되고, 통제되는 듯하다. 매체를 통해 쏟아지는, 통합되지 않은 정보의 제어 불가능할 정도의 과잉은 힘을 중심으로부터 분산시키면서, 의식을 혼란스럽고 단절되며 일시적인 요소들의 흐름으로 탈바꿈시킨다. 발터 벤야민은 컴퓨터, 팩스 그리고 인터넷이 등장하기 오래전인 1930년대에 이미 이러한 것에 불만을 표했다.[12]

이와는 반대로 몸은 관계들이 맺어지고 유기적으로 보존되는 유기체의 중심이다. 몸의 습관에 대한 근육의 기억은 미디어 바이트 media bytes의 파편화된 순간들을 보다 오래 지속시키고 자료 파일처럼 쉽게 지워질 수 없는 유기체의 영속적인 현존감을 제공한다. 더구나 우리는 사회적으로 우리의 사고는 물론 우리 자신을 규정하는 여

---

[12] Walter Benjamin, *Illuminations*, ed. Hannah Arendt(New York: Schocken, 1968).

러 가지 변화무쌍한 언어 게임들로 인해 긴장하고 좌절하기 때문에 몸을 종종 말로 표현할 수 없는 정체성의 영역과 개인적인 자율성의 영역으로 도피하는 수단으로 간주하려 한다. 모세 펠덴크라이스, 알렉산더 로웬Alexander Lowen, 스탠리 켈러맨Stanley Keleman 그리고 토마스 한나Thomas Hanna와 같은 영향력 있는 몸 치료사들은 우리의 "사적인private 유기적 삶"에 대한 고양된 몸의 인식과 만족을 옹호한다. 이는 "우리 사회 내부의 획일을 지향하려는 [우세한] 경향"에 저항할 수 있을 만큼, 더욱 친밀하고 보다 직접적으로 자신을 알게 되는 방식이다.[13] 그리하여 사적인 유기적 삶을 유지시키는 몸은 우리가 가장 깊이 있게 그리고 가장 직접적으로 존재할 때 나타난다. 그럼에도 불구하고 몸의 기초적이고 특권화된 지위가 오늘날 세속적인secular 사회의 암묵적인 상식을 형성하고 있고, 그러한 사회는 재화를 신체 배려와 신체 치장에 쓰고 있다.

하지만 니체는 이 점에 대해 더욱 신중한 것 같다. 그가 구성적 힘, 정향적 가치 그리고 기초적 토대로서 몸을 특권화함에도 불구하고, 그는 몸을 완전히 구성되지 않으며 직접적인 토대로 승격시키는 것을 피하고 있다. 우리는 몸을 단일하고 통합된 것이라고 간주하지만, 몸은 사실상 수없이 많은 상이한 요소와 "삶의 과정"으로부터 구성된 것이다. 단일체로서의 몸에 대한 이미지는 "눈으로 구축되는 하나의 '전체'"일 뿐이다(*WP*, 547, 674, 676)

그러나 메를로퐁티와 자크 라캉이 강조했듯이, 눈은 이러한 전체

---

[13] Moshe Feldenkrais, *Awareness Through Movement*(New York: HarperCollins, 1977), 6~7. 몸의 학 이론과 실천에 대한 보다 상세한 설명은 Shusterman, "Die Sorge um den Korper"와 이 책의 6장 후반부를 참조하라.

를 제공하기에 충분하지 않다.[14] 왜냐하면 눈은 반영의 거울이나 다른 수단 없이 스스로를 볼 수도 없고 머리에 고정되어 있기 때문에 머리 전체를 또한 볼 수 없다. 우리 몸의 완전성에 대한 재현적 지각은 직접적으로 주어지는 것이 아니라 거울과 같은 역할을 하는 매체의 산물이다. 그러므로 몸의 완전성에 대한 재현적 지각은 우리 자신의 몸의 부분들이 제공하는 것보다 매체가 제공하는 것을 훨씬 더 많이 필요로 한다. 여기서 우리는 우리 자신이 몸의 외적 이미지를 본질적으로 제어하려는 매체의 싹을 이미 배태하고 있음을 알게 된다. 매체의 제어는 우리 몸의 감각을 잘못 인도하고 억압할 수도 있는 기술과 메시지에 대비하여 마땅히 검토되어야 한다. 이것은 매체 문화 비평에서 다루어야 할 중대한 과업이다.

논란의 여지가 있는 몸 재현의 간접성에 대한 인식은 몸을 집중적으로 다루는 사상가들로 하여금 몸의 토대와 직접성이 어떤 외적 형태에 있는 것이 아니라 몸의 생생한 경험, 즉 몸 자체의 운동감각에 있다는 것을 인식하도록 해주었다. 그래서 윌리엄 제임스와 존 듀이는 직접적인 몸의 느낌을 강조한다.[15] 메를로퐁티도 생생한 "현상적 몸phenomenal body"을 과학이나 재현을 통해 구성되는 객관적인 몸보다 더 실재적이고 기초적이라고 공표하면서 몸의 토대와 직접성에 대해 위의 두 사람과 같은 입장을 취한다. 생생한 현상적 몸은 세계

---

14 Jacques Lacan, "The Mirror Stage as Formative of the Function of the I as Revealed in Psychoanalytic Experience", in *Ecrits: A Selection,* trans. Alan Sheridan(London: Tavistock, 1977); Maurice Merleau-Ponty, *The Phenomenology of Perception*, trans. Colin Smith(London: Routledge, 1962)를 참조하라.

15 William James, *The Principles of Psychology*(Cambridge: Harvard University Press, 1983), 378; John Dewey, *Experience and Nature*(Carbondale: Southern Illinois Press, 1988), 227~232를 참조하라.

를 향한 근원적이고 영구적이지만 항상 변화하는 관점을 제공하기 때문에 어떠한 재현도 없이, 말하자면 "'상징적' 기능이나 '객관화하는' 기능 없이 직접적으로 파악하고 움직이는 "본원적 현존primordial presence"으로 간주된다. "이와 같이 직접적으로 주어지는" 신체 내부 감각의 "영속성invariant"으로부터 바로 우리의 정체성과 세계가 구성된다.[16]

그러나 메를로퐁티가 주장하듯이 이 토대적 현존과 세계 제작자 world-maker는 자신이 구축하는 세계에 의해 상호 조건 지어진다. 왜냐하면 (몸 외부의 지평 또는 '타자'처럼) 그 세계는 생생한 몸이 관점에 따른 세계의 유기적 작용을 깨달을 수 있도록 몸 자신을 투사시킬 수 있는 필연적이고 의도적인 목표를 제공하기 때문이다.[17] 경험하는 몸에 대한 세계의 구성은 헤겔의 상보성 논리에 기초를 둔 추상적 논증을 뛰어넘는다. 추상적 논증에서는 어떤 것이라도 그 자체가 아닌 다른 것what it is not에 의해 규정된다. 푸코와 부르디외 같은 사상가들은 맑스의 사적 유물론의 통찰력을 진전시켜, 직접적인 신체 경험의 구체적인 성질이 어떻게 사회적으로 조건 지어지고 또한 변형될 수 있는지를 입증했다.[18] (내가 1장에서 주장하듯이) 직접적 경

---

16 Merleau-Ponty, *Phenomenology of Perception*, 92, 94, 140~141.
17 메를로퐁티에게 "신체는 하나의 세계를 가질 수 있는 보편적 매체이며", "우리가 세계와 의사소통할 수 있는 수단이기도 하다". 그러나 세계 자체는 "우리의 모든 경험 속에 잠재하는 지평이며, 결정적인 사고 이전에 존재하거나 늘 현존하는 지평"이다(*Ibid.*, 92, 146).
18 K. Marx and F. Engels, *The German Ideology*, in David McLellan, ed., *Karl Marx: Selected Writing*(Oxford: Oxford University Press, 1977); Foucault, *Discipline and Punish, and The History of Sexuality*, 3 vols.(New York: Random House, 1978, 1985, 1986); Pierre Bourdieu, *Distinction: A Social Critique of the Judgement of Taste*(Cambridge: Harvard University Press, 1984); *The Logic of Practice*를 참조하라.

험의 개념은 경험의 의미나 가치가 추론되거나 지연되기보다 직접적으로(아마도 비언어적으로) 파악된다는 의미를 여전히 보유할 수 있다. 그러나 그러한 직접성은 절대적인 본래적 특성을 요구할 수 없다. 왜냐하면 직접성은 이전에 구성된 것, 즉 이미 적절한 장소에서 역사적이고 사회적인 조건들에 의해 영향 받으면서 형성된 반응의 습관에 의존하기 때문이다.

V

그런데 여하튼 몸이 항상 구성되는 것이라면 중요한 문제가 제기된다. 즉 어떠한 가치들이 몸의 구성을 인도해야 하는지, 또한 우리의 근원적인 몸 매체의 확장이라고 간주될 수 있는 매체가 어떤 역할을 해야 하는지가 문제가 된다. 나는 이제 개념의 역사에서 제안을 내는 것으로 방향을 전환할 것이다.

첫째, 우리는 오늘날 매체 영상의 두 가지 특징, 즉 매체 형식의 다양성과 상호작용을 지향하는 매체의 새로운 경향을 장려해야 한다. 모든 매체나 기술—라디오, 텔레비전, 비디오, 영화, 신문, 책—은 장점과 한계를 지니고 있다. 어떤 지각, 경험 또는 구성을 고무시키면서 한편으로는 다른 것들을 차단한다. 우리는 새로운 매체에 열광한 나머지 오래된 매체가 단순히 차단으로 포기될 수 있다고 결코 생각해서는 안 된다. 텔레비전은 라디오를 폐물로 만들지 않았고 또한 인터넷은 전화를 대체하지 않을 것이다. 심지어 매체와 문학이론가들이 책의 죽음이 임박했다고 종종 선언하고 있지만, 책은 계속해서 번성하고 있고 또한 마땅히 그래야 한다. 책의 견고하고 꽉 짜인 유형성, 페이지를 보고 느끼고 냄새 맡는 것은 경험의 특수한 축 또는 층위를 제시한다. 영화에는 없는, 만질 수 있는 텍스트로부터 어떤 것을 얻을 수 있는 사람은 브라유 점자Braille 독자만이 아니다.

    요약하자면 매체에 대한 우리의 선택을 지극히 과학기술화된 것들로 축소시키거나 매우 감각적인 양상과 관련된 것으로 축소시키는 것은 우리의 경험을 빈곤하게 만든다. 역설적으로 매체의 다양성을 축소시키는 것은 경험의 일관성을 떨어뜨릴 것이다. 왜냐하면 경험의 일관성은 단순히 매체 자원의 양이 지니고 있는 공시적 작용일 뿐만 아니라 우리를 에워싸고 있는 사용의 습관을 통해 매체 자원들과 친숙해지는 통시적, 대화적 작용이기도 하기 때문이다. 정치적 다원론, 표현의 자유, 그리고 정보와 비평의 효율적 순환이 민주주의의 핵심적 요체인 만큼 매체 다원론과 상이한 양상들 사이에서의 정보의 자유로운 흐름도 민주주의에 핵심적인 것이다. 이러한 다원론[매체 다원론과 정치 다원론]과, 정보의 층위들을 서로 연결시키는 것은 성공적인 지식의 탐구에 또한 중요한 것이며 프래그머티즘이 민주주의에 대한 인식적 정당성을 주장하기 위해 전개시킨 요점이다.[19]

    이처럼 민주적, 인식적 관심은 매체에 있어서 상호작용의 중요성을 기반으로 한다. 매체를 통한 커뮤니케이션은 제작자인 소그룹과, 자신들이 소비하는 매체 제품에 어떠한 영향도 미치지 않는 수동적 소비자인 대중, 이 양 갈래로 분리되지 않는다. 새로운 상호작용 매체가 감히 경쟁할 수 없을 정도의 진보와 전망을 제시할지라도, 우리는 세 가지 필수적 요건을 명심할 필요가 있다. 첫째, 매스미디어 소

---

19 Richard Shusterman, *Practicing Philosophy: Pragmatism and the philosophical Life*(New York: Routledge, 1997), 3장을 참조하라.

비 제품은 메시지 제작자와 청중의 오랜 상호작용의 결과이다. 즉 청중이 메시지 제작자가 선호하는 해석을 단순히 그리고 수동적으로 수용하기보다, 종종 그 메시지를 창조적으로 해석하고 구성한다는 의미이다. 둘째, 상호 영향을 미치는 매체의 새로운 형식에 있어서 상호작용과 선택의 영역은 여전히 상당 부분 제한받고 있다. 셋째, 새로운 매체를 장려함으로써 더 오래된 형식을 포기하는 희생을 치르게 되어서는 안 된다.

매체 다원주의와 상호작용을 장려하는 것 이외에도, 쾌, 성공 그리고 행복이 특정의 종족들 가운데 젊고, 날씬하고, 아름다운 사람들에게만 속해 있다는 사실을 매우 체계적으로 제시하는 어떤 광고들을 통해, 외적인 몸 형식에 대한 억압적인 규준을 세우는 매체의 성향을 꺾을 수 있는 무언가가 이루어져야 한다. 신경성식욕부진증은 이러한 억압의 산물로 입증되었다. 제인 폰다와 같은 영화배우가 만든 헬스 비디오도 몸을 상당히 훼손할 수 있다는 증거가 있다. 왜냐하면 그러한 비디오는 운동하는 몸이 취해야 할 어떤 형식을 인위적으로 균일하고 양식화된 모델로 투사시킴으로써 몸 유형의 다양성과 노력의 차원들, 그리고 내적인 몸의 정렬alignment을 빼앗기 때문이다.[20] 고통을 일으키고, 몸이 서로 달라 보이는 사람들에게 오명을 씌우는 도덕적이고 사회적인 문제를 제외하고도, 잠재되어 있는 미적 문제가 또 있다. 바로 지루하기 짝이 없는 표준화된 모습들의 동질성

---

[20] 예를 들어 Susan Bordo, *Unbearable Weight: Feminism, Western Culture, and the Body*(Berkeley: University of California Press, 1993)를 참조하라. 그리고 제인 폰다의 헬스 비디오에 관해서는 Elisabeth Kagan and Margaret Morse, "The Body Electronic, Aerobic Exercise on Video: Women's Search for Empowerment and Self-Transformation", *Drama Review* 32(1988): 164~180을 참조하라.

인데, 이러한 동질성은 미용과 신체 조형bodysculpting 운동을 통해 이루어지기도 하고, 성공적이지 않을 때는 성형을 통해 이루어진다.

매체 옹호론자들은 이러한 문제들이 인터넷과 같은 새로운 매체로 인해 쉽게 무효화될 것이라고 성급히 주장한다. 인터넷에서는 커뮤니케이션 상황에서 우리의 외적인 몸 형식이 배제되고, 심지어 우리의 젠더 정체성조차 보류될 수 있다는 것이다. 그러나 그것은 인터넷에서 가시적인 모니터를 갖기 이전 시대의 문제일 뿐이다. 과학기술이 이미 인터넷에 존재하며 오늘날 이윤 추구의 동기도 인터넷에 이미 존재한다. 더구나 가상현실에 대한 문헌 연구나 가상현실 제작에 대한 사회학은 둘 다 우리가 구시대의 몸 정체성을 없애려고 할 때조차도 그것을 복제하는 데 열중하고 있거나 그것이 몸의 인종적 특징이나 젠더 특징에 약호화되어 있는 사회적 위계를 통해 충분히 나타난다는 것을 보여주고 있다.[21]

억압적인 신체 광고에 대한 검열이 비민주적이고 양식이 없는 것이라면 신체-문화 비평에 대한 전통적인 비난이야말로 쓸모없는 것—말하자면 본질적인 퇴행, 부정적인 잔소리—일 수도 있다. 억압적 신체 광고에 대한 더욱 실질적이고 본질적인 해결은 몸 미학의 경험적 형식에 특권을 부여하는 것이다. 사람들이 몸의 외적 형태

---

[21] 예를 들어 Ann Balsamo, "Will the Real Body Please Up? Boundary Stories about Virtual Cultures", in Benedikt, ed., *Cyberspace: First Steps*를 참조하라. "사이버스페이스에서 신체는 가상appearance을 '체화하는' 기술적 코드에 의해 또한 구성된다. 사이버스페이스의 형식과 성질에 대해 검토하고 있는 현재의 많은 엔지니어가 컴퓨터 처리 기술 능력을 갖고 있는 젊은 무법자들, 즉 10대 후반이나 20대 남자들인데, 이들은 늘 사춘기 직후 청년들의 마음을 사로잡아 온 것들에 열중한다. 다소 성질이 급한steamy 이 집단은 사이버스페이스에서 신체의 재현을 가능하게 하는 코드와 기술 인자descriptor를 만들어낼 것이다." (103~104)

나 매력에 관심을 갖기보다 몸의 생생한 경험과 작용을 통해 얻는 개선된 질적 감정에 관심을 갖도록 고무될 수 있을 것이다. 우리가 여기서 개인이 감지할 수 있는 개선에 대해 언급한 이상, 훌륭한 몸이나 개선된 몸에 대한 어떠한 고정된 외적 표준 또는 판에 박힌 표상은 존재할 수 없다. 그러나 우리는 여전히 협소하게 주관적이지 않은 실제적 개선이나 심지어 개선 방향에 대해 말할 수 있다. 한편으로는 모든 사람이 다소 다른 최적의 호흡 리듬과 깊이를 지니고 있을 수도 있고, 다른 한편으로는 어떤 사람에게는 익숙하고 그리하여 처음에는 쉬운 어떤 특정한 호흡 형식들이, 익숙하지 않은 탓에 처음에는 힘들었던 다른 호흡 형식들에 비해 덜 득이 되는 것으로 치료와 개선된 습관을 통해 드러날 수 있다.

경험적 몸미학은 고대로부터 뉴에이지New Age[1980년대 이후의 새로운 학문적 조류]에 이르기까지, 아시아의 하타 요가, 태극권과 선 명상의 실천에서부터 (다음 장에서 구체적으로 검토될) 알렉산더 기법, 펠덴크라이스 요법 그리고 생체에너지학과 같은 서양의 치료 요법에 이르기까지 폭넓은 실천 영역과 이데올로기의 영역으로 구성되어 있다. 경험적 몸미학의 이러한 영역은 불안할 정도로 모호하고 이질적이라는 인상을 우리에게 안겨준다. 그러나 이러한 인상은 그것이 이성 중심주의logocentrism와 언어 중심주의linguocentrism로 점철된 서양 근대 철학에 의해 엄청난 무시를 당해왔기 때문에 생기는 것이다. 메를로퐁티와 같은 신체 철학자마저도 생생한 몸의 우월성을 이론적으로 입증하는 데 만족하는 것 같고 생생한 몸의 개선에 대한 구체적인 제안에 별로 관심을 기울이지 않는 것 같다. "감각들의 훨씬 더 위대한 정신화와 증식"(*WP*, 820)에 대한 주장은 너무 모호하고, 반면에 본질적이고 감각주의적인 "제한된 경험들"에 대한 푸코,

바타유, 들뢰즈의 집중적 관심은 너무 협소하고 모험적이며 구성을 결여하고 있는 것처럼 보인다.[22]

경험적 몸미학이 잘 확립된 영역은 아니지만, 본질적이고 피할 수 없는 것이므로 훨씬 더 주목받을 가치가 있고 (몸미학의 세 분야인 분석적 몸미학, 프래그머티즘 몸미학, 실천적 몸미학에서) 개선될 가치가 있다. 우리는 우리의 외적 형식을 컴퓨터로 만들어진 홀로그램이나 영상 이미지로 대체시킬지도 모른다. 우리는 심지어 우리 대신 키보드를 치고 영상을 읽어내는 기계를 개발할지도 모른다. 그러나 우리는 몸의 감정과 자극, 몸의 쾌, 고통 그리고 정서를 경험하게 되는 몸과 동떨어질 수 없다. 매체 기술이 최고로 발달되어 있을 때 이러한 현상은 항상 나타난다. 가상현실은 우리 눈, 뇌, 땀샘 그리고 신경 조직을 통해 경험된다. 깁슨의 『뉴로맨서Neuromancer』라는 매체적 판타지에서조차 사이버공간은 몸을 통해 감각적으로 맛보게 되고 겪게 된다. 도대체 감각적으로 겪지 않으면 그러한 경험이 어떻게 가능하겠는가? 왜냐하면 모든 정감affect은 기본적으로 몸에 의해 이루어지기 때문이다. 윌리엄 제임스가 주장하듯이, "순수하게 체화되지 않은 인간의 감정은 허구적인 것이다." 우리가 어떤 강한 감정이든 "몸의 증후에 대한 모든 느낌"을 떨어내려고 애쓴다면 "우리 뒤에 남겨진 것이 아무것도 없다는 것을 알게 된다".[23]

인지 과학자나 진화론자들은 의식적인 정감이 몸에 근거하여 형성되는 합당한 이유가 있다고 주장한다. 왜냐하면 몸의 본래적 기능

---

22 이 점에 대한 보다 상세한 논변은 Shusterman, *Practicing Philosophy*, 1, 4, 6장을 참조하라.
23 William James, *The Principles of Psychology*(Cambridge, Mass: Harvard University Press, 1983), 1067~1068.

은 체화되는 유기체가 생존할 수 있도록 도와주는 것이기 때문이다. 의식적 즐거움과 생생한 고통은 유기체로 하여금 종의 생존을 촉진시키는 목표를 갖게 한다. 더구나 유쾌한 느낌은 "생물학적 작용 가운데 가장 핵심적인 것"인데, 유쾌한 느낌은 "생명이 가치 있다면, 결국 그 생명의 지속을 보증할 수 있는 궁극적인 보증서와 같은 것이라고 할 수 있다."[24] 결국 정감은 공감을 형성하는 토대인데, 공감은 단순히 합리적인 자기 권익을 세우는 것이라기보다 공공 생활과 진보적 사회 활동을 훨씬 더 굳건하고도 만족스럽게 세워주는 것이다. 경험적 몸 미학이 정감의 발달, 정제 그리고 조절을 위한 기술을 실용적으로 제공한다면, 그것은 또한 경시되어서는 안 될 사회적 잠재력을 지니고 있는 것이다. 신체적 경직과 장애 요인은 사회적 편협과 정치적 억압의 산물인 동시에, 그것들을 강화시키는 지지대와 같은 것이다.

그러므로 우리는 신체 개선의 추구를 사적private 나르시시즘으로의 이기적인 도피라고 비난하는 지식인 계급의 교의에 저항해야 한다. 몸의 배려에 관한 교과들은, 고양된 신체적 감수성과 숙달을 통해 더욱 건강하고 더욱 유동적으로 열려 있으며, 보다 지각력 있고, 그리고 보다 유능한 개인을 창조함으로써 보다 나은 공적인 것을 지향하는 전망 있는 통로를 제공한다. 더구나 우리는 공적인 해harm가 우리 자신을 불필요한 피로, 고통, 상처, 사고 그리고 중독의 남용으로 이끄는 신체적 오용을 얼마나 많이 초래하는지 잘 잊어버리는 경향이 있다. 다음 장에서는 우리 문화에서의 몸으로의 전환somatic

---

[24] J. Z. Young, *An Introduction to the Study of Man*(Oxford: Oxford University Press, 1971), 38.

turn의 의미를 더욱 깊이 있게 탐구하고, 20세기 서양의 몸의 학에서 발전된 가장 영향력 있는 세 가지 분과를 검토하면서 몸 배려의 철학에 대한 나의 사례를 발전시킬 것이다.

6장
몸으로의 전환: 현대 문화에서 신체 배려

> 지금까지 인간의 가장 큰 넌센스는 철학의 무육감성이다.
> — 니체

I

막스 호르크하이머와 테오도어 아도르노는 『계몽의 변증법』 말미에서 "최근 문화"의 신체 역할을 개탄하고 있다. "신체는 열등한 것으로서 멸시되고 거부되는 동시에 금지된 것, 물화된 것, 소외된 것으로서 욕망의 대상이 되기도 한다." 그런데 그들은 이러한 신체적 불행이 결코 무화될 수 없다는 훨씬 더 냉랭한 결론을 끌어낸다. "신체는 고상한 물체로 개조될 수 없다. 말하자면 신체는 아무리 단련되고 좋은 상태를 유지한다고 해도 시체corpse에 불과하다."[1]

---

[1] Max Horkheimer and Theodor Adorno, *Dialectic of Enlightenment*(New York: Continuum, 1986), 232, 234. 이후부터 DE로 표시한다. 독일어 원본(*Dialektik der*

오늘날 수백만의 미국인은 이러한 철학자들의 입장이 마치 잘못되었다는 것을 입증하듯이 그들의 신체를 열광적으로 단련시키고 있고, 유럽인들도 이와 마찬가지로 신체에 대한 투자를 늘리려는 조짐을 보이고 있다. 신체에 대한 헌신은 자신의 신체를 개선시키기 위해 프로그램에 입각한 실천들을 열렬하게 추구하는 개인의 수가 점증하고 있다는 점뿐만 아니라 전개되고 있는 실천들이 점점 더 다양해지고 있다는 사실을 통해 또한 입증된다.

신체 장식은 항상 미적 표현의 한 형식이 되어왔지만, 이러한 오래된 신체 표현 예술은 지금 한계에 부딪히면서 새로운 이윤 창출을 강요당하고 있다. 10억 달러가 넘는 화장품, 패션 그리고 헤어 관리 시장 외에도, 신체 관리 기구 및 비디오 사업이 붐을 일으키며 가정을 통해 활성화되고 있다. 또한 식단, 요법, 음식, 약물, 정보 지원 센터 및 심리적 지원 센터 등 포괄적인 프로그램을 포함해 급성장하고 있는 다이어트 산업도 있다. 성형수술은 얼굴에서부터 가슴 확대, 허벅지 지방 제거, 엉덩이 보정, 종아리 확대 등 전신으로까지 과감하게

Aufklärung(Frnkfurt: Fischer, 1988), 248)은 신체에 해당하는 두 개의 독일어, Körper와 Leib를 효과적으로 구분한다. 존 커밍John Cumming은 영역본에서 (다소 문제의 여지가 있지만) Leib를 "고상한 물체noble object"로 번역하였는데, 이것은 독일어 원본이 구분한, Körper에 대조되는 Leib의 의미를 포착할 수 있는 명료한 영어 용어가 없기 때문이다. (아마도 이 문맥에서는 Leib를 "살아 있는 정수living core"로 번역하는 것이 더 중립적이고 정확한 방식일지도 모른다.) 몸미학에 대한 나의 글을 읽은 일부 독일 독자는 "몸soma"이라는 용어가 생생한 신체적 경험의 의미로 해석된다면, "soma"가 Leib라는 개념의 유용한 번역어가 될 수 있을 것이며 물화된 신체와 대조적인 의미를 나타낼 수 있다고 제안했다. 하지만 나는 여기서 "soma"와 "somatic"이란 용어를 더 보편적인 의미로 사용한다. 왜냐하면 몸미학은 신체 재현이나 신체 물화와 관련된 논제를 포함하고 있기 때문이며, 또한 어떤 특수하고 제한된 의미로 보편적 용어를 사용하는 것은 명료성만큼이나 혼동을 불러일으킬 수 있기 때문이다.

확산되었다.[2]

체육관과 헬스클럽은 길모퉁이 커피 가게만큼 어디에서나 볼 수 있고 점차 그 메뉴도 풍성해지고 있다. 헬스클럽은 (권투, 승마, 장대 넘기와 같은) 전통적인 체육과 거의 관련이 없지만, 신체 부위별로 운동할 수 있는 선택지를 더 많이 제공하고 있다. 예를 들면 프리웨이트free weights, 보디빌딩 도구, 심장혈관 강화를 위한 다양한 기구(로윙머신, 사이클링머신에서부터 러닝머신이나 클라이밍머신까지), 근육 이완을 위한 다양한 마사지, 다양한 에어로빅 클래스와 운동 클래스 등이 있다. 이러한 클래스들은 강도, 운동 스타일, 음악의 유형에 따라 나뉘며, 가끔 상이한 신체 부위에 집중하기도 한다. 내가 다니던 맨해튼 지방의 체육관들 중 하나는 "완전히 새로운 엉덩이Brand New Butt"라는 클래스 특허를 따냈는데, 이 클래스는 전적으로 엉덩이에만 몰두하고 있다. 그리고 "복근"과 허벅지를 위한 유사한 클래스도 있다. 다른 클래스들도 "도시의 요가 수행"과 같이 이국적인 것을 혼합해서 만들어낸, 다양한 육체적 실천을 절충적으로 활용하고 있다. 광고에 따르면 이 요가 수행에서는 "하타 요가와 서양의 다양한 헬스 훈련을 통합하고, 몸의 정렬과 마사지, 뉴에이지 음악도

---

[2] 미용성형 산업은 1990년대 초반에 이미 연간 3억 달러의 수익을 올렸으며, 미용외과 산업 자체도 해마다 10%씩 증가하고 있었다. 1996년 총 수술 건수가 190만 건, 즉 1994년보다 60만 건 더 많고, 1989년보다 2배 반 이상 더 많다. 미용성형 붐과 그것을 이끌어낸 이데올로기에 대한 보다 상세한 설명과 비판은 Naomi Wolf, *The Beauty Myth: How Images of Beauty Are Used against Women*(New York: Anchor, 1991); Susan Bordo, *Unbearable Weight: Feminism, Western Culture, and the Body*(Berkeley: University of California Press, 1993); Sander Gilman, *Making the Body Beautiful: A Cultural History of Aesthetic Surgery*(Princeton: Princeton University Press, 1999)를 참조하라.

활용한다."³

　포스트모던 절충주의와 신체에 대한 고양된 의식은 뉴에이지 운동이 일어나고 냉전이 사라질 무렵에 유도와 가라테와 같이 격렬한 무술 못지않게 주목을 받게 된, 요가나 명상 등 고대 아시아 실천들에 대한 관심을 다시 불러일으켰다. 갑작스런 신체 붐은 문화다원적인 면이 있는가 하면, 또한 다연령적인 면도 있다. 이러한 신체 붐은 청년 문화나 젊음을 유지하려는 욕망과 깊이 관련되어 있지만, 실제로는 모든 연령을 신체 신봉자로 만들기도 한다. 헬스클럽과 성형외과는 젊은이들과 연장자들이 뒤섞이는 장소이다.

　영혼에 대한 배려도 신체 배려의 열병에 휘말리면서, 심적 건강과 행복을 성취하기 위해 오래된 육체적 훈련과 새로운 육체적 훈련을 차용하기 시작했다. 전통적으로 체화되지 않은 학술적 문화이론 영역에서조차 신체는 뜨거운 화제가 되었고 수없이 많은 기사, 연구 논문 그리고 앤솔로지의 제목에서, 그리고 심지어 시리즈의 제목에서도 다루어지기 시작했다.⁴ 신체에 대한 학술적인 관심은 대부분 단순히 이론화할 수 있는 새로운 것을 발견하는 데 대한 관심일지도 모른다. 그리고 그 연구의 대부분은 현재 실제적으로 작용하는 실재적 실체를 다루기보다는 그리고 신체의 실행과 경험이 어떻게 개선될 수 있는가를 연구하기보다는 "문화적 신체에 대한 글쓰기"라고 부르는 것에 관심을 가질 뿐이다(말하자면 신체가 문헌에서 어떻게 하나의 상징이나 주제로 기능하는지를 기술하거나 신체의 개념이 역사

3　크런치Crunch(동부 13번 거리 54번지에 위치)의 1993년 7월 운동 스케줄에서 인용했다.
4　예를 들면 "문화적, 역사적, 종교적 신체The Body in Culture, History, and Religion"라는 제목을 단 뉴욕주립대학교출판부의 시리즈를 참조하라.

적으로 어떻게 형성되어왔는지를 기술한다). 그럼에도 불구하고 신체라는 제목의 확산은 현저하게 이루어지고 있다.

이처럼 다양한 현상은 좀 더 고증할 가치가 있겠지만, 우리 문화가 신체라는 문제에 깊이 빠져 있다는 것은 의심의 여지가 없다. 그러나 이러한 현상의 철학적 의미는 무엇인가? 이와 같은 신체에 대한 의식이 우리 사회, 가치 그리고 사고의 진전에 대해 무엇을 말해주는가? 우리가 호르크하이머와 아도르노처럼 그것을 우리 문명의 실패의 징후라고 간주해야 하는가 아니면 오히려 일종의 성공을 나타내는 것으로 보아야 하는가? 만약 그렇다면 어떤 종류의 실패와 성공을 말하는가? 몸으로의 전환somatic turn은 근대 합리주의를 거부하는 포스트모던의 갈등을 나타내는가 아니면 그것은 지금까지 무시되었고 개척되지 않은 영역으로 합리성이 적용되고 확장되는 것을 나타내는가? 새로운 몸으로의 전환이 합리주의의 이상에 대한 거부를 나타낸다면, 이것은 필연적으로 나쁜 것인가? 그것이 모더니티의 합리주의적 이상을 확장하는 것이라면, 전적으로 합리적으로 행하는 훈련된 몸은 휴머니스트의 유토피아 혹은 사이보그의 악몽을 나타내는가?

몸의 학의 의미와 가치에 대한 이러한 일반적 질문들은 미래의 철학의 역할과 방향에 대한 더욱 구체적인 질문을 던지게 한다. 철학은 신체나 감각을 과오나 편견 그리고 파괴적 욕망을 낳는 주된 원천으로 보고 이러한 위험들을 순화하는 데 공헌했다. 그런데 새로운 육체주의somaticism가 철학이라는 과업에 대한 명백한 문화적 거부가 아니라면 단지 하나의 사실a de facto을 나타낼 뿐인가? 철학은 초창기부터 삶의 예술art of living을 통해 지혜로 가는 길을 주장했다. 수천 년 동안 어떻게 사는가라는 소크라테스의 질문에 당혹감을 느꼈던 사람들은 철학을 혼돈에 사로잡힌 사람들을 위한 안내서로 간주했다. 그러나 현대인들은 다른 곳에 관심을 돌린다. 즉 급속도로 불어나고 있는 자기 계발서나 대중 심리학 문헌들은 표준적인 철학 텍스트보다도 훨씬 더 잘 팔린다. 이 문헌들의 대부분은 몸의 문제에 초점을 두고 있다. 철학은 이러한 도전에 어떻게 대응하고 있는가?

한 가지 습관적인 반응은 단순히 그러한 도전을 무시하면서 제도권 학문의 보수주의로 후퇴하는 것이다. 즉 점차 그 영역이 줄어들고 있기는 하지만 전통적인 대학 체계의 일부로 생존하기 위해 제도권 권력에 의존하면서, 철학의 영광스러운 과거가 지니고 있는 무례한 이미지를 회생시키려 한다. 그러나 여기 더욱 흥미로운 선택이 있다. 철학은 재구축적인 비판 이론을 위해 몸의 학을 새로운 영역으로 영입할 수 있다. 우리의 신체적 경험을 변형시킬 수 있고 신체적 경험을 통해 우리 정신을 개선시킬 수 있는 육체적 실천somatic practices은 그 전제 조건, 효과 그리고 이데올로기의 관점에서 분석될 수 있다. 왜냐하면 많은 육체적 훈련은 실제적인 운동과 마찬가지로 이론적 틀을 당연히 따르기 때문이다.

이것보다 더욱 본질적으로 체화되는 프래그머티즘적인 선택이 있다. 우리가 육체적 경험을 불가피하고 귀중한 경험의 차원으로 인식하고, 철학을 궁극적으로 경험에 대한 탐구 혹은 살아가는 온당한 방법에 대한 탐구로서 간주한다면, 우리는 실제적인 신체 운동을 통해 우리 자신의 생생한 경험에 대한 구체적인 검증과 개선을 이루어가는 몸의 학을 철학적인 삶의 본질적인 부분으로 간주할 수 있다. 미셸 푸코는 (자신이 직접 신체를 약물과 사도마조히즘 섹스와 같이 극단적인 수단으로 실험했을 뿐만 아니라) 소크라테스와 디오게네스에 대한 연구를 통해 철학이 텍스트의 문제가 아니라 체화된 삶의 실천적 문제라고 결론지었다. 푸코는 디오게네스를 설명하면서 다음과 같이 비유한다. "생체 철학bios philosophicus"은 "인간의 수성animality을 일컫는 것인데, 이것은 하나의 도전과 같이 갱생되고 운동과 같이 실천되는 것, 즉 하나의 스캔들처럼 타자들의 면전에 던져지는 것이다."[5]

내가 주장한 바와 같이 그러한 스캔들은 그 자체로 몸철학에 본질적인 것이 아니라 오히려 몸철학의 방법에 대한 푸코의 선택이며 아방가르드 극단주의에 대한 푸코의 취미를 반영하는 것이다. 다른 몸 중심적 사상가들은 경험과 자기 통달self-mastery에 대한 체화된 탐구라는, 스캔들을 일으키지 않는 건전한 삶에 목표를 두는 이론들과 실천적 방법론들을 심화시키고 있다. 물론 어떤 의미에서 강건한 몸철학은 스캔들을 일으키는 것처럼 보이기도 한다. 왜냐하면 몸철학은 여전히 망령처럼 철학에 따라다니는 관념론, 즉 언어나 로고스logos의 수준 아래에 있는 것을 철학적 탐구로부터 배제시킨, 언어로의 전환이라는 결단 속에 명시되어 있는 관념론을 걷어차기 때문이다. 이 장의 한 가지 목적은 이러한 스캔들을 중립화하고neutralize, 육체적 분과들somatic disciplines에 대한 철학적 분석을 제공함으로써 철학에 육체적 분과의 길을 트는 것이다.

신체가 오늘날 문화에서 다양한 관심의 지대이자 거의 헌신에 가까운 관심의 지대로 부활하는 데는 여러 가지 (심지어 서로 갈등을

---

5 이 문장은 미셸 푸코의 1984년 3월 14일 콜레주드프랑스 강의의 결론 부분에서 발췌한 것이다. 푸코의 몸에 대한 관점과 신체적 실천이 몸미학의 이념과 어떻게 관련되는지를 비판적으로 분석한 내용은 Richard Shusterman, *Practicing Philosophy: Pragmatism and the Philosophical Life*(New York: Routledge, 1997), 1, 6장; "Somaesthetics and the Self: The Case of Foucault", *The Monist* 83(2000): 530~551을 참조하라.

겪는) 이유가 있다. 그것은 (사회적으로 보증받은, 그리고 요란하게 광고되는 신체 형식을 취하려는) 사회적 순응의 산물로 설명될 수 있지만 또한 고양된 개인주의의 결과로 설명될 수도 있다. 그것은 과학기술에 의한 자유의 선물로 간주될 수도 있을 뿐만 아니라 과학기술에 의한 예속 상태의 반동 혹은 그러한 예속 상태로 빚어지는 신체의 기능 쇠퇴에 대한 두려움의 반응으로 설명될 수도 있다. 종교적 감정의 상실은 또한 의심할 여지없이 갑작스럽게 신체가 화두로 떠오르게 된 주된 원인이다. 그러나 대부분의 뉴에이지 운동이 몸의 학, 특히 아시아의 신체적 접근에 매료된 것은 한편으로 신체에 대한 종교적 관심이 고양되었기 때문이다.

    이러한 원인들의 다중성은 부분적으로 신체 실천의 범주에 속하는 폭넓고 다양한 현상들의 반영이라고 할 수 있다. 그것은 명상 호흡에서 가슴 성형에 이르기까지, 또 고도의 충격요법을 활용하는 에어로빅의 광란이나 과격한 역도의 박력에서 태극권의 점잖은 침묵이나 알렉산더의 수행에서 나타나는 엄청난 집중에 이르기까지 이 모든 것이 뒤섞여 있는 가방과 같은 것이다. 이와 같이 다양한 실천이 신체 문제의 갑작스러운 부상에 대한 단일한 원인 혹은 일련의 공통된 원인에서 기인한다는 것이 있을 수도 없는 일이라면, 또한 육체적 실천들이 합리적인가 혹은 비합리적인가, 자유로운 것인가 혹은 예속된 것인가, 선한 것인가 혹은 악한 것인가에 대해 논의할 수 있는 여지가 없다. 철학자의 임무가 일반화하는 것일 수 있겠지만, 이러한 실천들을 구분하는 것은 우리의 일반화를 더욱 통찰력 있고 정확한 것으로 만드는 데 도움이 될 것이다. 이러한 실천들의 복합성과 중복성이 명료한 구별 짓기의 원칙에 근거한 명확한 분류화를 무색하게 하겠지만, 대략적인 구분은 여전히 유용하다.

II

　육체적 실천들을 분류하는 한 가지 방법은 이 실천들의 지향성이 전체적인가 아니면 더욱 세부적인가를 구분하는 것이다. 수없이 많은 실천이 세부적인 신체 부분들에 초점을 맞춘다. 예를 들면 헤어스타일 가꾸기, 손톱 칠하기, 코를 깎기, 가슴 혹은 이두박근 확대하기 등이다. 우리가 몸 전체를 햇볕에 그을린다 할지라도, 우리는 몸 전체의 피부 또는 표면만을 취급한다. 이와 대조적으로 어떤 실천들은 몸 전체, 즉 하나의 통합된 전체로서 전인격적 인간을 지향하는 데 역점을 둔다. 예를 들면 하타 요가, 태극권 그리고 펠덴크라이스 요법은 통합을 꾀하는 다양한 몸의 자세를 포함하는데, 몸의 조화로운 기능과 에너지를 하나의 통일된 전체로서 발전시키기 위해서이다. 이러한 몸의 자세들이 피부 표면과 근육의 조직에 스며들어 우리의 뼈를 다시 정렬하게 하고 우리가 몸통, 머리 그리고 사지를 움직일 수 있게 하는 신경 경로를 더 원활하게 움직인다. 이것보다 더 중요한 것은 몸 전체를 지향하는 육체적 실천들이 전인격적 인간의 계몽된 개선enlightened betterment을 추구하는 가운데 몸을 마음으로부터 분리시키기를 거부하면서, 그러한 몸의 조화가 고양된 정신적 인식과 심리적 균형에 있어서 중대한 역할을 한다고 주장하는 일이다. 움직임을 통한 인식과 기능적 통합을 통한 인식이라는 펠덴크라이스 실천의 두 가지 트레이드마크는 감각운동의 순환이라는 통합된 분과를 통한 개선된 몸-마음 관계의 전체론이라는 목적을 명백히 표현한다.[6]

6　펠덴크라이스는 자각이 움직임을 통해 더욱 명료해진다는 것을 강조하고 이러

육체적 실천들은 또한 개인적인 실천가를 주로 지향하는지 아니면 타자들을 주로 지향하는지에 따라서 구분된다. 안마사 또는 성형외과 의사는 일반적으로 타자에게 시술하지만 태극권이나 크로스컨트리 트레이닝cross-country training을 하는 가운데 우리는 더욱 우리 자신의 몸을 시술하고 있는 것이다. 자기 지향적인 몸의 학과 타자 지향적인 몸의 학이 엄격하게 구분될 수는 없다. 왜냐하면 많은 실천이 양쪽 모두에 속해 있기 때문이다. 화장술이 자기 자신과 타인 모두에게 실행될 수 있는 것과 같이, 성적 실천도 자기와 타자의 신체 양쪽 모두를 작동시킴으로써 우리 자신과 상대방의 경험적 쾌를 추구한다. 더구나 자기 지향적인 몸의 수행조차 종종 타자들을 즐겁게 해주는 욕망에 의해 동기화되는 것처럼 보인다. 반면에 (마사지와 같은) 타자 지향적 실천들은 그 자체의 자기 지향적 쾌를 수반할 수 있다. 그러나 이와 같이 (부분적으로는 자기와 타자 개념의 상호 의존성 때문에) 육체적 실천의 구분이 모호함에도 불구하고, 자기 지향적인 몸의 학과 타자 지향적인 몸의 학을 구분하는 것은 신체에 관심을 집중하는 것이 사회적 관심으로부터의 이기적인 후퇴를 암시한다는, 속된 편견과 싸우기 위해 최소한 유용하다.

나는 또한 앞 장에서 몸미학의 교과를 제시하면서 몸이 외적으로 어떻게 보이는가에 좀 더 집중하는 육체적 실천들과 내부로부터 느

한 개념을 그의 실천과 아시아의 요가나 좌선과 구별 짓기 위해 사용하는데, 요가나 좌선이 훨씬 더 정적이라는 것을 밝히고 있다. 반면에 아시아의 실천들 가운데 태극권은 요가나 좌선과 대조적으로 보다 동적이며, 펠덴크라이스 요법과 같이 자각을 고양시키기 위해 움직임을 사용한다. 하지만 움직임, 특히 통제되는 호흡의 움직임(횡격막이나 갈비뼈 등의 움직임을 수반해야 한다)은 요가나 좌선같이 더욱 정적인 명상 훈련의 고요함에 핵심적일 수 있다. 어떠한 움직임이라도 움직임은 모든 신체 훈련에 공통적인 것 같다.

껴지고 감지되는 몸, 즉 이러한 몸을 통한 질적이며 생생한 경험에 집중하는 육체적 실천들의 중요한 구분을 소개했다. 전자는 (메이크업, 머리 손질, 선탠, 미용성형과 같은) 모든 종류의 화장술로 예증되는 재현representation의 육체적 실천이라고 지칭될 수 있고, 후자는 요가나 몸을 통한 자각에 이르는 다른 훈련들이 그 대표적 예가 되는 것으로서, 경험의 몸의 학이라고 지칭될 수 있다.

이러한 구분을 하면서 나는 재현/경험 또는 외부/내부라는 엄격한 이분법을 제시하는 것이 아니다. 우리는 자기self가 사회적으로 구축되기에 자기 재현과 자기 경험이 긴밀히 연관되어 있고, "내부"와 "외부"가 서로를 구성해주며 또한 서로를 포함한다는 것이 상보성의 논리에 의해 입증된다는 것을 알고 있다. 보다 추상적이지 않은 수준에서 주장한다면, 우리는 앞 장에서 우리 내부의 감정이 우리가 어떻게 보는가에 영향을 미친다는 사실에 주목했다. 그 역도 마찬가지이다. 더구나 예를 들어 재현에 목적을 두는 (에어로빅, 다이어트, 또는 보디빌딩과 같은) 실천들은 틀림없이 그 자체의 경험적 목적을 위해 이해되거나 추구될 수 있는 감정들을 산출한다. 결국 내적 경험에 초점을 두는 실천들은 우리가 바라는 경험을 위해 적절한 몸의 정렬alignment을 산출하는 실마리로서 종종 (예를 들면 거울 속의 우리 이미지와 관련된) 재현적 수단들을 이용한다. 마찬가지로 뚜렷하게 재현적인 실천들은 자체의 목적을 달성하기 위해 경험적 실마리를 더 잘 인식할 필요가 있다. 보디빌딩을 하는 사람은 근육을 만들기 위해 겪어야 하는 "화끈거림"과 일반적인 상처로 인한 다른 통증의 차이를 내적 경험을 통해 알아내야 한다.

육체적 실천들의 복합성과 경계가 뚜렷하지 않은 속성에도 불구하고, 우리가 앞 장에서 다루었듯이 재현적 몸미학과 경험적 몸미학을 구별하는 것은 유용하다. 말하자면 주로 외적 형태를 아름답게 하는 데 역점을 두는 실천과 우리가 이미 주목했던 두 가지 의미, 즉 더욱 만족스러운 경험과 더욱 예리한 지각으로 우리를 "더 나아지도록" 만드는 데 집중하는 실천을 구별할 필요가 있다. 우리는 경험적 실천과 재현적 실천을 구별함으로써 신체 문화에 대한 가장 파괴적인 공격, 즉 재현적인 몸의 학을 겨냥하는 공격을 피할 수 있다.

호르크하이머와 아도르노의 비판은 그러한 공격의 좋은 예이다. 그들은 "신체의 부활을 야기하는" 모든 시도는 반드시 실패한다고 주장한다. 왜냐하면 그러한 시도는 암시적으로 우리 문화의 비극적인 "구분 …… 즉 신체와 정신의 구분"을 강화시키기 때문이다. 몸은 이러한 구분을 통하여 내부의 생생한 정신spirit과는 달리 단순히 물질적인 대상—"죽은 물체, 즉 '시체'"—으로서 재현적으로 외면화되는 경향이 있다(*DE*, 232, 233). 그리하여 신체에 대한 관심은 [영혼을 소유한 자기self로부터] 소외되어 있는 외적 재현에 대한 관심을 의미하고, 따라서 광고나 선전이라는 부도덕한 목적에 어쩔 수 없이 봉사하게 된다. "'금발의 야수'에서부터 남태평양 섬사람들에 이르기까지 생명 있는 현상들에 대한 찬미는 불가피하게도 '이국적인 것을 소재로 한 영화'에 사용되거나 비타민제, 피부 크림을 선전하기 위한 광고 포스터로 사용된다. 이 광고에 내재하는 목표는 위대하고 아름답고 고귀한 새로운 인간 유형, 즉 히틀러Fuhrer와 그의 군대인지도 모른다."(233~234)

그리하여 신체 열광자들은 살아 있는 인간의 몸을 "물질적 실체"(234)로 환원시킴으로써 신체를 근절하는 자들과 통한다. 물질적 실체로서의 몸은 마치 단련시킬 수 있는 기계 도구와 같이 각 부분이 더욱 효과적으로 몸을 통제하는 힘을 기를 수 있도록 연마되고 강해져야 한다. 그러나 기계 도구와 같은 몸이 더 이상 잘 정비되지 않으면, 몸은 용해되고 다른 실제적인 것으로 전환되어야 한다.

이 외에 무엇보다도 몸을 격찬했던 사람들, 즉 체조 선수나 정찰병은 항상 살인과 가장 가까운 친화성을 갖는다. …… 그들은 몸을 뼈대의 완충작용을 하는 살과 관절들로 연결된 움직이는 기계로 본다. 그들은 몸의 부분들이 마치 몸으로부터 분리된 것처럼 몸을 사용한다. …… 그들은 그것을 자각하고 있는 것은 아니지만 관을 짜는 목수의 시선으로 다른 사람들을 측량해 …… 길고, 짧고, 뚱뚱하고, 무겁다고 [부른다] …… 언어도 그들과 보조를 맞춘다. 언어는 산책을 움직임으로 식사를 칼로리로 바꾸어 버린다(235).

호르크하이머와 아도르노의 비판은 1940년대에 이루어졌지만, 몸에 대한 우리 문화의 고양된 관심을 질타하는 주된 기소장과 같은 역할을 해왔다. 오늘날 문화는 몸의 우수함에 대한 거짓된 이미지들을 조장하는데, 결국 이러한 이미지들이 자본주의 광고와 정치 선전의 이익을 위해 봉사하게 된다. 이러한 봉사는 몸을 측정 가능한 결과를 위해 강한 노동의 영역으로 원자화되는 외재적 메커니즘과 같이 취급함으로써 몸을 소외시키고 물화시킨다(그런 까닭으로 복부, 허벅지, 엉덩이 그리고 몸의 나머지 부분들에 전념하는 전문 분야들이 있고, 또한 몸의 측량에 몰두하고 있는 우리 자신을 발견하게 된다). 이러한 실천들은 몸을 외재적 메커니즘으로 환원시키는 가운데, 몸을 단지 사용을 위한 도구로 취급할 뿐, 본질적인 목적을 갖는 개성의 측면으로 취급하지 않는다. 정말로 그러한 실천들은 우리 사회에서 도구화되고 매력적인 것이라고 간주되는, 표준화된 치수나 모델에 순응할 것을 강요함으로써 불가피하게도 개성을 침해한다. 더구나 이러한 모델들은 주로 기존의 사회적 위계를 반영하고 강화한다(이를테면 날씬하고, 키가 크고, 햇볕에 그을린 피부에, 금발의 푸른 눈을 가진, 뚜렷한 인종적 특징을 갖는 북미인들의 이상형이 그러한 모델의 예가 될 수 있다).

이와 같은 호르크하이머와 아도르노의 몸에 대한 비판이 설득력 있다 할지라도, 이것은 모두 몸을 물화시키는 외피화reifying exteriorization의 관점에서 몸의 학을 해석하는 데 의존하고 있다. 즉 그들의 비판은 개별적인 경험과 행위라는 생생한 차원으로서 몸을 바라보지 않고 원자화된 부분들이나 측량 가능한 표피들이라는 기계적 도구로서 몸을 바라보는 관점으로 몸의 학을 해석하는 데 의존하고 있다. 그런 까닭으로 그들의 비판은 단순히 tout court 몸미학을 비난할 수 없고 몸을 물체로 간주하는 개념에 토대를 두는(봉사하는) 재현적인 몸의 실천들만 비난할 수 있을 뿐이다. 이와 대조적으로 경험의 몸미학은 몸을 인간의 의도성이라는 활동적인 정신성과 구별되는 물체로 외피화하기를 거부한다. 경험적 몸미학은 외재적인 몸 자체에 초점을 두는 것이 아니라 몸의 의식과 대행agency, 즉 체화된 정신에 초점을 둔다. 이제 호르크하이머와 아도르노가 명백히 무시해왔던 실천들 속에서 우리는 아마도 고상한 "몸의 부활"(DE, 233)을 성공시킬 수 있을 것이다.

경험적 몸미학에 대한 문화비평가들의 무지는 아직도 만연해 있는데, 그 이유는 신체 작용의 재현적 형성이 우리 문화를 여전히 지배하고 있기 때문이다. 의심할 여지없이 우리 문화의 이데올로기는 신체와 정신의 견고한 분리를 대대로 물려주고 있고, 자본주의의 소비주의의 목적에 또한 봉사한다. 그럼에도 불구하고 경험적 몸미학은 오늘날 문화에서 점차 유망한 세력을 형성해가고 있다. 하지만 경험적 몸미학에 대한 기대 못지않게 이를 상대적으로 무시하는 풍조가 여전히 존재하기 때문에 나는 이 장의 나머지 절에서 경험적 몸미학의 주요한 실천들과 이 실천에 수반되는 이론들의 철학적 의미를 검토하는 데 매진할 것이다. 나는 철학이 이성에 전력을 다해온 것을 짚어가면서, 북미에서 가장 인기 있고 성공적인 경험적 몸미학의 세 가지 사례를 살펴보기 위해 합리주의의 논제를 이용할 것이다. 이러한 사례들은 실천적 방법들과 이론적 정당화를 결합시킨 분과들로서, 알렉산더 기법, 라이히의 생체에너지학 그리고 펠덴크라이스 요법이다. 이 세 가지 상이한 접근은 합리주의의 척도로 볼 때 서로 다른 입장을 보여주고 있을 뿐만 아니라 최근에 부상하는 육체적 관심들이 갖는 상이한 의미를 읽어내고 있다. 그렇기 때문에 대표적인 이 세 가지 분과를 취급하기 이전에, 이 분과들이 20세기 서구 문화에서 몸의 배려가 급증하는 이유를 어떻게 제시하는지 간략하게나마 살펴보아야 한다.

III

우리는 이러한 이유들을 세 가지 일반적인 문제로 묶을 수 있다. 즉 개인의 정체성에 관한 문제, 전통적인 정신적 권위에 대한 도전, 그리고 자연(인간성을 포함하여)과의 새로운 관계를 신속한 근대화와 과학기술의 변화에 따른 결과로 간주하려는 욕구이다. 이 세 가지 문제는 분명 새로운 매체 기술에 의해 끊임없이 개조되는, 지상 최고의 매체로서 몸의 지위를 재평가하는 바로 앞 장의 주제와 겹친다.

1. 몸으로의 전환은, 급속하게 변하며 점점 혼란스러워지는 세계에서 개인의 신원에 대한 안정된 관점을 발견하고 개발해야 할 필요성을 드러내는 것 같다. 대륙 간의 교류와 문화다원적 교환이 이루어지는 포스트모던 생활세계에서, 정체성의 형성을 가능하게 하는 환경과 언어 게임은 너무 다양하고 그 변화가 심해서 우리에게 확고한 자의식을 제공할 수가 없다. 결혼과 가족 연대가 점차적으로 붕괴된다는 사실이 입증됨에 따라 개인적 관계의 그물망은 취약해지고 파편화되어 안정된 정체성을 제공할 수 없다. 그러나 이처럼 혼란스러운 포스트모던 흐름 속에서 비록 몇 파운드의 몸무게나 몇 가닥의 머리카락을 잃을 수는 있겠지만 우리 몸은 항상 우리 자신과 함께 있다. 몸은 개인의 정체성을 정립하기 위한 토대를 제공함으로써 개인의 정체성을 보존하기 위한 우리의 관심을 정당화한다. 몸이 자기 토대의self-grounding 역할을 한다고 가정하면, 경험적 몸의 학(특히 생체에너지학에서)의 주된 목적과 은유 중 하나가 몸을 땅에 닿게 하는 일이라는 것은 놀랍지 않다. 다시 말해서 경험적 몸의 학은 우리가 땅과 접촉하고 안정적으로 지탱할 수 있는 견고한 감각을 우리 몸에 부여함으로써 우리의 인성에 그러한 감각을 불어넣어준다.[7]

---

[7] Alexander Lowen, *Bioenergetics*(New York: Penguin, 1975), 196~197. 이후부터 B로 표시한다. 알렉산더 로웬은 땅에 닿기grounding가 흥분이 고조된 상태에 있는 개인을 안정시키는 데 특히 필요한 것으로서, 이것이 "과도한 흥분을 가라앉히기 위한 안전판"을 제공한다고 설명한다. 인간의 본성상 "사람이 땅에 닿아 있지 않으면 [그러한] 흥분을 조성하는 것은 위험할 것이다. 또한 개인은 분열증을 보이거나 히스테리에 걸릴 수도 있고, 불안을 경험하거나 슬럼프에 빠질 수도 있다. …… 이러한 점은 땅에 닿기를 생체에너지학 수행의 최고 목표가 되게 한다."

정체성의 또 다른 문제는 자기의 통일성에 대한 신념의 상실이다. 이것은 의식의 통일성과 신뢰성에 대한 심리학의 도전으로부터 비롯된 문제이다. 우리는 우리 자신을 자기의 의식적인 정신과 동일시할 수 있었고 우리가 누구인지 우리에게 말하기 위해 의식적인 정신의 분명한 내적 성찰에 의존할 수 있었다. 그러나 프로이트 이래로 이러한 신뢰성은 더 이상 유효하지 않다. 의식적인 정신이 자기 통제에 대한 유일한 정신적 권위를 상실하게 되면서 그것이 무의식적인 심리 육체적 힘에 의해 인도되는 것이라고 간주됨에 따라 몸은 자기 정의self-definition의 지대로서 재출현하게 되며, 이러한 자기 정의를 통해 의식조차 새로운 의미로 개조될 수 있다고 여겨진다.

모세 펠덴크라이스는 정체성에 대한 매우 상이한 문제를 강조한다. 그는 순응을 요구하는 강한 사회적 압력에도 불구하고 우리가 개성을 어떻게 유지하는가에 대한 문제에 관심을 갖는다. 우리의 자유로운 문화가 아주 개별화되어 있는 것처럼 보일지라도 펠덴크라이스는 (이상하게도 푸코와 일치하는 방식으로) 자유로운 문화가 서서히 스며드는 규범화의 장치를 통해 사적인 것과 개인적인 것을 효율적으로 중화시켜버리는데, 이러한 장치는 심지어 "개인적" 취미와 가치 형성에 큰 영향을 미친다고 주장한다. 펠덴크라이스는 이러한 "교육"이 "지지의 철회에 대한 벌을 가함으로써 모든 비순응자의 성향을 억압하고 동시에 개인들에게 자발적인 욕망을 극복하거나 포기하게 만들 수 있는 어떤 가치들을 불어넣는다."고 말한다. "이러한 조건들은 오늘날 대다수의 성인이 가면을 쓰고 살아가도록 부채질하고 있다." 말하자면 이 가면은 "사적인 유기체적 삶과, 강렬한 유기체적 충동으로부터 도출되는 욕구의 만족"을 통해 맛보는 행복감을 좌절시킨다. 그러나 사회화라는 억압적인 영향에도 불구하고 몸은 개인의 만족을 얻는 잠재적 원천이다. 그리하여 몸으로의 전환은 "사회 내부의 획일성의 경향"에 대항하는 필연적인 방어 반응으로 설명되고 옹호된다.[8]

2. 몸에 대한 헌신은 또한 수세기 동안 몸을 신성한 불멸의 영혼에 대한 적으로 취급하여 결국 진정한 행복을 위협하는 것으로 간주해 온 종교적 관점이 문화적 제어를 통해 약화되고 있음을 반영한다. 세속화secularization는 우리로 하여금 우리 자신과 행복을 더욱 세속적이고 물질적인 관계로 인식하도록 자극한다. 그런 까닭으로 몸의 배려는 자기 배려에 있어서 중추적인 역할을 하고 있으며, 거의 종교적인 숭배에 가까울 만큼 여러 가지 방식으로 실천되고 있다.

근대적 사고의 변증법은 또한 이성이라는 정신적 권위에 도전했다. 한때 이성은 인간의 본질과 가치를 규정하는 자율적이고 불변하는 확고한 진리의 원칙으로 존중되었지만, 이제 이성은 점차 역사적으로 변하기 쉬운 것, 즉 변화하는 사회적 조건에 따라 형성되는, 보다 깊이 있는 비합리적 힘들의 다의적 도구로 봉사하는 것으로 인식된다. 이성은 영원한 진리의 선험적 계시자인 신이 부여한 것이라기보다 생존을 체화하기 위한 진화의 도구, 즉 진리에 도달하기 위한 도구가 아니라 변화하는 환경에 대응하기 위한 도구로 실용적으로 취급된다. 영향력 있는 몸 이론의 실천가 스탠리 켈러맨은 이성을 정념passion의 노예로 보는 오래된 흄의 관점을 상기시키면서, "두뇌가 몸의 하인이며, 그 역은 성립되지 않는다."라고 확언한다.[9] 이성과 진리의 궁극적 목적이 우리의 물질적 존재를 유지하고 고양하는 것이

---

8 Moshe Feldenkrais, *Awareness Through Movement*(New York: Harper-Collins, 1977), 6~7을 참조하라. 이후부터 *ATM*으로 표시한다.
9 Stanley Keleman, *Your Body Speaks Its Mind*(Berkeley: Center Press, 1981), 119.

라면, 몸을 단련함으로써 그러한 목적을 향해 직접 나아가면 어떤가?

　진리 그 자체를 위해 진리를 이상화하는 것으로부터 경험을 개선하기 위한 도구로서 진리에 가치를 부여하는 길로 나아가는 것은 우리 문화에, 심지어 철학에 널리 퍼져 있는 강한 미적 전환을 반영하고 있다.[10] 쾌락주의는 항상 우리 곁에 머물러 있었겠지만 세속적인 포스트모더니티를 통해 더욱 노골적으로 표면화된 것 같다. 하지만 "재미를 맛보는 것"은 종종 고도의 책임을 요하는 듯하다. 몸은 풍부한 쾌의 원천만이 아니라 정감적인affective 경험의 필수 조건이 되는 매체이기도 하다. 그리하여 몸으로의 전환은 우리 문화의 미적 전환을 조성한다. 몸의 인식과 몸의 기능을 개선하는 것은 일상적인 신체적 경험을 훨씬 더 즐거운 것으로 만들 수도 있다. 그리고 알렉산더가 주장하듯이 이와 같이 "⋯⋯ 규범적이고 유용한 삶의 활동으로부터 얻어지는" 새로운 "즐거움"은 "특별한 흥분과 자극에 대한 부당하고 해로운 요구" 그리고 문제가 될 수 있는 쾌 그 자체의 탐색으로부터 자유로워지는 충분한 만족을 제공할 수 있다.[11]

　3. 진화론의 영향을 많이 받은 몸 중심 사상가들은 최근에 성장하고 있는 신체 실천들이 진화론의 위기에 대한 필연적 반응이라고 생각한다. 말하자면 우리 자신과 우리를 둘러싼 환경의 관계를 재조정할 필연적 요구가 일어났다는 것이다. 이것은 알렉산더 이론에 동기를 부여하는 토대가 되었다. 즉 "인간은 더 이상" 자연적으로 습득되는 몸의 본능에 의존할 수 있는 "자연적 동물이 아니라는" 것이다. 근

10　이 점에 대해서는 Richard Shusterman, "Postmodernism and the Aesthetic Turn", *Poetics Today* 10(1989): 605~622를 참조하라.
11　F. M. Alexander, *Constructive Conscious Control of the Individual*(New York: Dutton, 1924), 307. 이후부터 *CC*로 표시한다.

대 문명의 급속한 변화는 몸을 이용하는 오래된 본능적 습관들을 신뢰할 수 없고 부적절한 것으로 만들어, (다양한 요통과 같은) 새로운 유행성 불구를 유발하고 육체적 부적응감을 촉진시켰다. 이러한 현대 유행병의 치료가 알렉산더의 시대나 오늘날의 분별없는 "육체 문화" 운동에서 시도된다. 하지만 알렉산더는 새로운 상황에 성공적으로 적응하기 위한 신체적 방법은 단순한 육체적인 훈련이 아니라고 주장한다. 그러한 방법은 주로 몸을 의식적으로 통제하는, 이른바 "심적mental" 통달을 필요로 한다. 왜냐하면 몸의 의식적인 통제만이 몸의 기능을 급변하면서도 점점 복합적인 양상을 띠는 환경의 맥락에 적응시킬 수 있는 지속적인 유연성을 제공할 수 있기 때문이다. 수백 년이 넘도록 진화적인 적응으로 얻게 된 우리의 무의식적이고 본능적인 신체 메커니즘을 신뢰할 수 없기 때문에 우리의 신체 행위를 더욱 신중하게 개선하고 다스리기 위해서는 의식이라는 진화적인 재능을 사용해야만 한다. 그래야만 우리의 신체 행위가 더욱 위대한 의식, 합리성 그리고 통제를 지향하는 문명의 진화를 위해 전진할 수 있다.[12] 진화적인 적응만으로는 너무 느려서 우리 환경의 급속한 변화 속도와 보조를 맞출 수 없다.

알렉산더와 같이 알렉산더 로웬과 스탠리 켈러맨 같은 생체에너지학 이론가들은 진보된 과학기술 사회의 급속한 변화가 우리 신체의 위기를 유발했고, 이것은 결국 몸에 대한 한 차원 높은 주목을 요

---

[12] F. M. Alexander, *Man's Supreme Inheritance*(New York: Dutton, 1918), 311, 5~39. 이후부터 *MSI*로 표시한다. 또한 *The Use of the Self*(New York: Dutton, 1932), 12~16을 참조하라. 이후부터 *US*로 표시한다. "급변하는 환경에 지속적이고도 신속하게 적응할 것을 요구하는 우리의 현재 문명 상태에서는 고양이나 개의 욕구를 충족시키는 것과 같은 불합리하고 본능적인 [*자기] 사용의 방향이 이제 인간의 욕구를 충족시키기에는 너무나 불충분하다."(*US*, 13)

구한다고 생각한다. 그러나 로웬과 켈러맨은 이것을 몸의 의식적인 통제에 대한 새로운 기술들을 통해 자연으로부터 도피하기 위한 신호로 읽는 것이 아니라 오히려 신체에 대한 고양된 관심을 오랫동안 사랑받아온 자연적인 삶의 리듬으로 귀환하려는 열망으로 설명한다. 자연적 삶의 리듬은 우리의 진화적 유산에 의해 우리의 생리에 여전히 깊이 스며들어 있지만 이윤을 탐하는 합리적인 과학기술문화에 의해 좌절되고 뒤틀린다. 그리하여 몸에 대한 고양된 배려는 "생생한 몸의 가치와 리듬을 열망하지 않고 기계와 물질적 생산력의 가치와 리듬을 열망하는", 이른바 "생명 부정의 문화life-denying culture"에 대한 보상으로서 요구된다(B, 50, 71). 로웬에 따르면 이러한 반응은 보편적인 규칙을 반영한다. 즉 "자연과 몸의 생기the life of the body로부터 후퇴하는 문화와 정비례하여 몸에 관여하고 몸을 활성화하는 특별한 활동에 대한 요구는 증가하고 있다."(70) 이와 같이 몸이 요구하는 선량한 자연적 욕망을 억압하는 문화에 대한 비판은 생체에너지학을 고무시키고 현대 성이론의 수립을 뒷받침하는 동시에 많은 물의를 일으킨 정신분석학의 선도자인 빌헬름 라이히로부터 시작된다. 성적 억압을 정치적 통제와 연결시킨 라이히의 접근은 푸코에게도 영향을 미쳤다. 그러나 푸코는 또한 존재existence, 표준성 normativity 그리고 자연적 리듬과 (푸코에 의하면 이성애적이고, 생식기적인) 자연적 성욕성sexuality의 만능적인 치료 능력에 대한 라이히의 신념에 문제가 있다고 보았다.

    토마스 한나는 제도권 철학을 떠나 신체 실천가이자 이론가가 된 인물로, 몸 담론의 부상에 대한 색다른 해석을 제공하기 위해 과학기술 혁명을 예증으로 삼는다. 몸에 대한 배려는 미래를 향한 진화론적 외침도 아니고 과거 진화론적 흔적을 항구적으로 현존시키려는 보상적인 교섭도 아니며, 단지 점점 늘어나고 있는 한가한 시간이라는 짐을 유쾌하게 넘기기 위한 수단일 뿐이다. 우리 환경에서는 더 이상 다른 것들에 집중해야 할 어떠한 실제적인 요구도 존재하지 않기 때문에 우리는 지금 더욱더 우리의 몸에 집중하고 있다. 한나는 1970년대에(70년대 중반의 에너지 위기와 그 이후의 기근 및 생태학적 재난이 발생하기 전, 여전히 60년대의 낙관주의가 고조되어 있던 시기에) 후기 산업사회는 인류를 지탱해줄 새로운 기술 과학 환경을 창조했기 때문에 이제 사고를 진전시킬 필요성이나 현대 생활의 긴장을 완화시킬 필요성이 그다지 요구되지 않는다고 자신 있게 주장한다(아마도 사고의 진전은 컴퓨터에게 맡겨지고 현대 생활의 긴장은 과학기술력으로 해소될 것이다). "과학기술 환경이 지배하는 현실에 책임 있게 적응하는 방법은 [육체적 욕구를] 풍부하게 향유하는 경험을 일구어가는 것 그리고 쾌활한 행위를 학습하는 것뿐이다." "우리는 [그 밖에] 무엇을 해야 하는지를 알지 못한다. 왜냐하면 이러한 환경 속에서 해야 할 것이 거의 남아 있지 않기 때문이다."[13]

한나의 경솔한 낙관주의와 나태한 유미주의를 조롱하는 것은 그다지 어렵지 않다. 그러나 그렇다고 우리 문화에서 신체 수련의 증가가 가속화되는 것이 우리 자신에게 사용할 수 있는 더 많은 여가 때문이라는 그의 관점을 반박하는 것은 아니다. 시간을 절약하는 과학기술이 여가를 제공하는 데 도움이 되었다는 것은 틀림없는 사실이

---

13 Thomas Hanna, *Bodies in Revolt*(New York: Dell, 1970), 7, 9, 212, 216, 297. 한나의 후기 저작은 더욱 냉철하며, 펠덴크라이스 이론이나 실천과 보다 밀접하게 관련되어 있다. 한나는 미국에서 펠덴크라이스의 첫 번째 훈련 코스를 지도하고 후원함으로써 펠덴크라이스의 작업을 발전시켰다. 예를 들어 Hanna, *The Body of Life*(New York: Knopf, 1980); *Somatics*(New York: Addison Wesley, 1988)를 참조하라.

며 아마도 그렇기 때문에 사회적·정치적 생활 "환경"에 대한 참여의 요구가 줄어들면서 우리는 사생활을 존중하는 자유주의 이데올로기를 갖게 되는 것 같다.

IV

몸으로의 전환의 일반적 의미에 대한 개략적인 고찰로부터 그것에 대한 주된 철학의 문제로 이동해보자. 새로운 육체적 실천들이 소생되는, 체화된 철학으로 통합될 수 있는가? 나의 분명한 대답은 긍정적이다. 그리고 나는 몸미학을 이론과 실천으로 구성된 철학의 한 교과로 제안하는 가운데, 철학의 가장 오래되고 중대한 목표가 어떻게 직접적으로 우리 몸의 지각과 기능을 개선하는 것과 관련되는지를 보여주려고 했다. 나는 이 모든 관점을 되짚어가면서 검토하기보다 오히려 우리가 선택한 이론가이자 실천가들의 연구에서 예증하는 철학의 가장 핵심적인 네 가지 목표를 설명하고자 한다.

1. 지식은, 영역이 제한되어 있으며 신뢰성을 의심받는 감각의 입력에 주로 근거하고 있기 때문에, 철학은 감각의 비판과 재교육에 항상 관심을 가져왔다. 철학은 감각의 한계를 드러내고 잘못 이끌어짐을 피하기 위해 이성에 의한 면밀한 검토rational scrutiny를 받게 함으로써 감각을 통제한다. 이것은 엄밀하게 보면 경험적 몸미학의 관심사이다. 경험적 몸미학은 몸의 기능과 경험에 대한 관심을 고양시키고, 감각의 실행을 방해하는 몸의 습관과 결점으로부터 우리를 해방시켜 감각의 예리함과 실행을 개선시키려 한다.

눈은 먼 곳까지 보는 광범위한 지각의 재능 때문에 오랫동안 철학과 지식에 대한 최고의 메타포가 되어온 생물학적 경이의 대상이다. 그러나 우리가 볼 수 있게 머리를 들어 올릴 수 없거나 머리를 이쪽에서 저쪽으로 회전시키지 않으면, 우리 눈은 우리에게 주변 환경에 대해서 거의 아무것도 말해주지 않을 것이다. 자신의 뒤를 보려고 하지만 뻣뻣한 목(대체로 상체를 구부리는 나쁜 습관에서 기인하며, 어깨와 갈비뼈를 회전시키는 것을 방해한다) 때문에 머리를 돌릴 수 없는 사람은 만족할 정도로 뒤를 보거나 지각할 수 없다. 손 근육이 너무 단단하게 수축되어 있을 경우, 우리는 부드럽고 미묘한 표면과 재질을 구분하는 정교한 지각적 식별력을 발휘할 수 없다.

경험적 몸미학의 핵심 전제는 건강한 개인조차도 가끔은 그와 같이 몸의 오용과 부주의로부터 비롯되는 그릇된 감각적 지각을 경험한다는 인식론적 입장이다. 알렉산더는 그것을 "신뢰할 수 없는 감각적 감지sensory appreciation"라고 불렀다(CC, 36). 우리는 가끔씩 우리도 모르는 사이에 지각을 잘못 인도하는 뻣뻣한 목이나 단단해진 근육 또는 불균형을 경험한다. 이것은 심지어 잘 훈련받은 육상 선수에게도 일어나는 일인데, 특정 부분에 집중하는 육상 선수의 훈련은 종종 심각한 근육 경직을 유발하기도 한다. 그러나 그러한 감각들을 신뢰할 수 없다 해도 그것들을 회피하고서, 순전히 이성을 통해서만 세상을 알 수 있는 방식은 존재하지 않는다. 그렇다면 우리에게 익숙한 분명한 답은 그러한 감각들의 입력을 바로잡기 위해 이성을 개입시키는 것이다.

그러나 알렉산더의 접근 방식과 같은 신체적 접근의 흥미로운 특징은 이러한 이성에 의한 감각들의 교정이 전통적 인식론에서와 같이 감각적 명제 판단에 대한 2차적인 추론적 분석과 비판에 의해 실행되는 것이 아니라는 점이다. 그 대신 우리 몸에 대한 더욱 이성적이고 의식적인 지침에 의해 감각의 실제적인 기능적 실행이 바로잡힌다는 것이다. 왜냐하면 감각들은 몸에 속해 있고, 몸과 더불어 움직이고, 몸에 의해 조절되기 때문이다. 바로 이러한 감각들은 알렉산더가 "운동감각 체계kinaesthetic system"(MSI, 22)라고 일컫는 것을 형성하게 된다. 이와 마찬가지로 생체에너지학도 감각적 경험의 개선을 목표로 하고 있지만, 알렉산더와 같이 의식적 통제를 강조하지는 않는다. 생체에너지학은 감각의 그릇된 기능이 타고난 불완전성에서 기인하는 것이 아니라 신체적 경직, 장애 그리고 둔감함에서 기인하며, 이러한 것들은 개인적이고 사회적인 경험에서 비롯된다고 본다. 또한 생체에너지학은 몸의 작용을 통하여 이러한 장애들을 제거함으로써 예리한 지각이 자연스럽게 회복될 것이라고 주장한다.

2. 경험적 몸미학은 또한 자기를 아는 것self-knowledge이라는 철학적 목표에 전념한다. 감정feeling이 행위를 방해할지도 모르지만, 경험적 몸미학은 감정에 예리하게 주목함으로써 정상적으로 감지되지 않는 신체 행위의 양상을 밝혀낸다. 나는 이미 호흡에 대한 지각적 주목perceptive attention을 통해 어떻게 우리의 정서적 상태를 빨리 인식할 수 있는지를 언급했다. 우리는 이러한 인식을 통해 정서적 상태를 보다 잘 조절할 수 있을 것이다. 또한 나는 근육 조직의 긴장도를 인식하는 정도에 따라 만성적인 근육수축의 습관을 밝혀낼 수 있다는 점을 언급했다. 이 만성적 습관은 자기도 모르는 사이에 불편함과 불구의 요인이 될 수도 있지만, 일단 이것은 인지되면 교정될 수 있다.

자기 치료self-therapy나 자기 완성self-fulfillment을 위해 자기를 아는 것에 대해 탐구하는 것은 몸미학 연구를 최고로 이끌어내는 존재론적 동력이다. 알렉산더의 사례를 생각해보라. 그는 호주에서 왕성하게 활동하는 배우로서 인생의 첫발을 내딛었다. 그는 발성기관에 해부학적 문제가 없었지만, 대사를 크게 할 때 목소리가 잘 나오지 않는 상황이 반복되었고, 주치의도 이 문제를 해결할 수 없었다. 이것은 이상 행위가 목소리 문제를 야기한다는 것을 발견하게 되는 시초가 되었다. 그는 자신이 대사를 크게 할 때 머리를 가볍게 뒤로 젖히고 후두를 누르면서 입으로 호흡을 들이마신다는 것을 거울을 통해 알아냈다. 몇 개월 동안 실험을 한 후에 그는 마침내 자신의 심리적 성벽이나 감각운동의 성벽에 대해 충분히 알게 되었고 그때서야 (의식적인 집중이라는 상세한 전략을 통해) 자신의 근육 습관을 재교육할 수 있었으며, 그가 원하지 않았던 모든 행동을 피할 수 있었다. 그의 목소리 문제는 영원히 사라졌지만 배우라는 그의 직업도 사라졌다. 알렉산더는 자기 자신에 대한 의식적이고 적극적인 통제 체계에 대한 열쇠를 발견하고, 새로운 신체적 치료를 고안한 후에 그것을 개발하고 가르치는 일에 자신의 삶을 바쳤다.

펠덴크라이스는 다리에 심한 부상을 입기 전에는 저명한 핵물리학자이자 유도 전문가였다. 다리 부상은 그가 자기 배려를 위한 자신만의 신체적 방법을 발전시키는 계기가 되었다. 그는 고양된 감각운동을 통해 자기를 아는 것이 자기 개선의 열쇠가 된다는 알렉산더의 관점에 동의했다. 즉 "자각awareness을 통해 자기를 아는 것은 재교육의 목표이다. 우리가 무엇을 하고 있는지를 말하거나 생각하지 않고도 실제로 무엇을 하고 있는지를 알게 되듯이, 개선의 길은 우리에게 폭넓게 열려 있다."[14] 다시 말해서 우리가 무엇을 하고 있는지 제대

---

14 Moshe Feldenkrais, "Mind and Body", in Gerald Kogan, ed., *Your Body Works* (Berkeley: Transformations, 1980), 80.

로 알고 있다면 우리는 원하는 것을 더 잘 해낼 수 있게 된다.

3. 철학은 바른 행동에 목적을 두고 있기 때문에 우리는 지식과 자기를 아는 것뿐만 아니라 효율적인 의지도 필요로 한다. 우리는 체화된 창조물로서 오로지 몸을 통해서만 행동할 수 있기 때문에 우리가 행동하려고 할 때 행동할 수 있는 능력인 의지력은 몸의 효력efficacy에 좌우된다.[15] 이것은 단지 근력의 문제가 아니라 지각의 방향과 시간 조절의 문제이기도 하다. 물 한 잔을 마시는 것과 같은 단순한 행동을 생각해보라. 우리는 입이 손과 컵을 두고 어디로 향해 있는지를 느낄 수 없다면 물을 마실 수 없다. 또한 컵의 위치를 감지해 그것을 들어 올리고 기울이는 것과 입으로 조금씩 들이마시는 운동을 조정하지 못하면 물을 마실 수 없다. 우리는 몸미학에 입각하여 우리 몸의 경험을 탐구하고 개선함으로써 효율적인 의지력이라는 실질적인 메커니즘에 대한 실제적 이해를 얻을 수 있다. 그리하여 우리의 의지에 대해 보다 깊게 통달할 수 있게 되고, 이를 더욱 성공적으로 바른 행동에 적용할 수 있게 된다. 우리가 몸을 통해 바른 행동을 실행할 수 없다면, 바른 행동을 아는 것과 심지어 바른 행동을 욕망하는 것은 소용없는 일일 것이다. 우리가 가장 단순한 신체적 일도 행할 수 없다는 놀라운 사실은 이러한 무능을 알지 못하는 놀랄 만한 무지에서 비롯된다. 이것은 부적절한 몸미학적 인식과 나쁜 운동감각의 습관으로부터 초래되는 실패나 다름없다.

알렉산더 자신의 이야기는 이러한 입장에 대한 훌륭한 본보기를

---

15 철학자들은 한 걸음 더 나아가 의지에 따른 행동이 단순한 신체적 행동과 구별되지 않는다고 가끔 주장한다. 이에 대한 간명한 논의는 G. Vesey, "Volition", in Paul Edwards, ed., *The Encyclopedia of Philosophy*, vol. 7~8(New York: Macmillian, 1967), 258~260을 참조하라.

제공한다. 그가 자신의 질병을 스스로 연구하고 치료하려고 시도했을 때, 처음에 자신의 의지를 힘껏 동원하여 머리를 앞으로 당기려고 애썼다. 그는 이것을 성공적으로 했지만 문제의 목소리를 개선시키는 데는 실패하고 말았다. 그러나 거울을 통해 꾸준히 관찰한 결과, 그는 자신의 의지와는 반대로 실제로 머리를 뒤로 당기고 있다는 사실을 알게 되었다. 이것은 마치 골퍼가 공에 시선을 두고 싶지만 그렇게 하지 못하는 것과 같다. 우리의 의식적인 의지는 깊이 뿌리박힌 몸의 습관에 의해 방해받기 때문에 성공적으로 완수될 수 없다. 심지어 우리는 이러한 실패를 알아차리지도 못한다. 왜냐하면 우리의 습관적인 몸의 지각이 너무나 부적절하고 왜곡되어 있어서 우리의 의지대로 행동이 실행되는 것처럼 느끼기 때문이다.[16] 그러므로 알렉산더는 우리의 감각적 인식을 재교육하고 우리의 신체 메커니즘을 보다 의식적인 통제 아래 두려면 몸의 수행이 필요하다고 주장했다. 그렇지 않으면 바른 행동은 나쁜 신체 습관과 둔감함의 노예로 남을 뿐이다. 위대한 미국 철학자 존 듀이는 알렉산더의 이러한 주장(그리고 수행)에 깊이 감명 받고 자신의 저서에서 알렉산더의 주장을 응용했을 뿐만 아니라 알렉산더 기법에 대한 헌신적 연구자이자 옹호자가 되었다.[17]

16 *CC*, 208~209를 참조하라. "유기체가 불완전하게 기능하는 경우, 인간은 그가 정확하게 듣는 것처럼 행동도 항상 정확하게 할 수 없다." 그리고 *US*, 10을 참조하라. "우리는 잘못된 행동 방식을 고치기 위해 무엇을 해야 하는지 듣기만 하면 그것을 할 수 있고, 그리고 우리가 그렇게 하고 있다고 느낀다면 모든 것이 잘된다는 신념이 아주 일반화되어 있다. 하지만 나의 모든 경험은 이러한 신념이 과대망상이라는 것을 보여준다."

17 John Dewey, *Experience and Nature*(1922; Carbondale: Southern Illinois University Press, 1983), 23~24를 참조하라. 듀이는 그의 후반기 삶의 20년 이상을 알렉산더의 처치법에 매진했고 알렉산더가 저술한 세 개의 책에 서문을 썼다. 역시

4. 지식, 자기를 아는 것 그리고 바른 행동에 대한 철학의 관심은 더 나은 삶을 위한 철학의 핵심적이고 포괄적인 탐구와 밀접한 관련이 있다. 행복의 추구는 즐거움의 요체이자 매체로서의 몸과 행동을 위한 도구로서의 몸에 대한 관심을 함축하고 있다. 지고한 행복을 위해 육체flesh를 혹평하는 금욕주의자들조차도 몸이 간과할 수 없는 중대한 것임을 피력하고 있고, 자신들의 만족을 여전히 몸으로 경험하고 있다. 그들은 고통과 박탈 속에서 체계적 연습을 통해 육체적 훈련과 인내심을 엄격하게 고양시켜야만 불운으로부터 행복을 지킬 수 있다고 주장한다.

이에 반해 펠덴크라이스와 알렉산더의 경험적 방법은 훨씬 덜 고통스러운 훈련 방식의 육체적 통제를 고양시킴으로써 행복well-being을 증진시킨다. 펠덴크라이스가 주장하듯이, 삶은 움직임이기 때문에 우리 자신의 움직임의 특질과 움직임에 대한 이해가 개선된다면 우리 삶의 특질과 우리 삶에 대한 이해가 응당 개선될 것이다. 그리고 억압당한 쾌의 회복을 통해 추구하는 행복의 목적은 라이히의 몸의 학을 이루는 핵심이다. 그에 의하면 "쾌를 얻을 수 있는 유기체의 능력을 상실하는 것", 특히 그것이 생식기의 충만한 만족감의 억압에서 기인하는 것이라면, 그것은 노이로제의 주된 원인이 되거나 "기분 좋은 일과 …… 사랑에 빠지는 세속적인 행복"을 실현할 수 없게 만드는 주된 원인이 된다.[18]

알렉산더에 대한 헌신적인 연구자였던 헉슬리Aldous Huxley도 알렉산더가 "너무나 실천적인 철학자였기 때문에 유일무이하게 중요한 철학자였다."라고 기술했다. *MSI*의 속표지를 참조하라.
18 Wilhelm Reich, *The Function of the Organ*(New York: Farrar, Straus & Giroux, 1973), 12, 256을 참조하라.

그러나 이러한 경험적 분과들은 철학과 함께 몇 가지 목적을 공유하고 있는 것 외에도 합리성에 대한 철학의 맹신도 공유하고 있는 것은 아닌가? 이 세 가지 방법은 모두 합리주의에 대한 맹신의 정도는 다르지만 이성을 인간의 다른 요소들에 비해 우선시한다는 점에서 그 어떤 것도 비합리적인 것 같지는 않다. 나는 개괄적인 논의를 통해 알렉산더는 합리주의의 극단을 취하고 있는 반면 생체에너지학은 반합리주의의 입장을 보이고 있다는 것을 명료하게 밝힐 것이다. 펠덴크라이스는 이 양극 사이에 위치하지만 알렉산더 기법에 훨씬 더 가깝다. 나는 여기서 이 상이한 접근들을 아주 간략하게 소개할 수 있을 뿐인데, 어쨌든 인쇄 매체의 한계성 때문에 실천적 수행에 대한 적절한 설명을 제대로 담아낼 수 없다. 이러한 한계는 언급할 필요가 있는데, 왜냐하면 인쇄된 단어에 특권을 부여하는 우리의 지적 문화가 육체적 실천에 대한 전통적 탈가치화를 강화시키고 몸을 철학적 작업 속으로 통합시키는 데 지속적인 장애가 되고 있기 때문이다. 그런데 이 장애물은 이것을 극복하기 위한 탄원과도 같은 바로 이 책에서 역설적이게도 강화되고 있다. 재빨리 그리고 쉽게 말할 수 있는 것이 우리의 몸으로 성취되기까지는 수년 수개월의 실천이 필요할지도 모른다. 내 자신이 여전히 이러한 훈련에 서툴다는 점에서 알 수 있듯이 진정한 몸미학적 이해는 단지 말을 할 수 있는 능력이 아니라 실제로 행동할 수 있는 능력을 의미한다.

V

알렉산더 기법, 생체에너지학 그리고 펠덴크라이스 요법은 인간 진보의 무한한 잠재력에 대한 낙관주의를 공유하며 진화론적 사고에 깊이 경도되어 있고, 또한 개선론에 목적을 둔다. 그런데 그러한 낙관주의는 오늘날 비판적 지식인들에게 고지식한 것으로 여겨질 만큼 너무 강하고 솔직하다. 알렉산더는 자신의 의식적인 육체적 통제 방법을 고차원적이고 보다 완전한 삶의 유형으로 가는, 인류의 진화를 지속시키는 필연적 수단으로 묘사한다. 인간의 의식과 언어의 발전은 우리가 동물적인 육체적 존재를 초월해가고, 삶의 조건들을 개선하는 동인이 되었다. 그러나 지금은 기존의 본능과 습관이 삶의 조건들을 지탱하기에는 삶의 조건들이 너무 복잡하고 그 변화가 극심해서 우리는 우리 삶을 인도하는 데 있어서 훨씬 더 원대하게 의식을 사용해야 한다. 개념과 도구를 만들어낼 때뿐만이 아니라 우리 신체의 사용을 개선시킬 때에도 의식의 사용이 더 필요하다. 요약하자면 "인간이 진화의 과정을 거치고 있는 현 단계에서 매우 중요한 인간의 의무는 심리물리적psychophysical 유기체와 그 유기체의 잠재력에 대해 근본적이고 구축적인 의식적 통제를 할 수 있도록 개인적으로 계속 고양시키는 것이다."(CC, 311) 알렉산더는 "의식적 통제의 원리를 적용함으로써", "머지않아 모든 신체적 결함을 제거할 수 있을 만큼 몸에 대한 완전한 통달이 이루어질 것이다."라고 주장한다(MSI, 56).

이러한 의식적 통제의 원리는 이성과 밀접하게 관련된다. 알렉산더는 습관과 본능에 의한 무의식적 통제만이 아니라 동물적인 의지력과 욕망에 대한 의식적 통제를 거부하면서, 체화된 개인을 인도하기 위해 "추론 과정의 사용을 더 늘려야 하고" 또한 "인간의 의식적인 추론 과정"을 응용해야 한다고 주장한다(CC, 64, 243). 이성의 의식적 통제가 진보를 이룬 인류를 동물이나 원시인과 구별시켜주기 때문에¹⁹ 몸의 학의 목적은 우리에게 더 나은 몸을 제공하는 것만이 아니라 우리 몸이 "이성과 소통하도록 도와주는"(*MSI*, 67) 것이다. 몸 치료에서조차 바른 "심적 태도"를 가지는 것이 "[신체] 행동의 실행보다 선행해야 한다."(74) 이성의 의식적 통제는 세 가지 주요한 방식으로 작용한다. 즉 하나는 억제의 방식이며, 또 하나는 우리의 목적을 달성하기 위한 수단을 발견하는 방식이고, 나머지 하나는 "직접적인 목적 달성"에 집중하기보다는 이러한 수단들에 대해 훈련된 방법으로 집중하는 방식이다.

알렉산더에 따르면 인류가 본능과 행동의 습관을 간섭하고 통제하는 "이성적인 억제reasoning inhibition"를 이용함으로써 진보를 이룩했기 때문에 인류는 선택적이고 더욱 의식적이며 이성적인 통제의 방법을 모색했다(*CC*, 44). 또한 알렉산더는 그러한 억제를 자신의 치료적 기법의 특징으로 삼는다. 우리의 운동감각 체계에 결함이 있다면 단순히 치료사의 지시에 따라 움직이는 것으로는 바른 행동을 이룰 수 없을 것이다. (예를 들어 "어깨를 움츠리지 말고 머리도 뒤로 젖히지 않은 채 의자에서 일어서라."는) 치료사의 주의 깊은 지시가 주어진다 해도 말이다. 우리는 운동감각의 지각에 결함이 있기 때문에 아마도 적절하게 행동하지 못할뿐더러 그 실패를 알아차리지도 못할 것이다. 우리가 계속 나쁜 습관에 따라 행하고 느낀다면, 그 어

---

19 알렉산더의 진화론은 인종주의와 쇼비니즘의 가장 불쾌한 요소들과 뒤섞여 있다. 그는 다음과 같이 언급한다. "미개한 네발 동물을 통제하고 지배하는 힘과 흑인종을 통제하고 지배하는 힘은 별반 다르지 않다. 이것은 진화론적 관점에 입각하여 볼 때 이 종족들의 정신적 진보가 신체적 진보를 따라가지 못했다는 것을 입증하는 데 기여한다."(*MSI*, 72) 또한 그는 1914년 전쟁[제1차 세계대전]을 비합리적이고 무의식적인 자기 최면이나 게르만 민족의 심성이 낳은 "광기"라고 비난한다(161~175).

떤 교사도 우리가 더 나은 움직임의 감각을 갖도록 할 수 없다. 그러므로 습관적 행동과 경험의 악순환은 억제되어야 한다. 알렉산더가 기술하고 있듯이 "억제의 과정"은 "모든 새로운 경험에 우선해야 하고 중요한 요소로 남아 있어야 한다. 새로운 경험은 [심신의] 조응이라는 만족스러운 표준이 의존하는, 신뢰할 만한 감각적 이해를 수련하고 개발하는 동안 획득되고 확립된다."(CC, 152)

이러한 억제적인 방법을 실행하는 교사이자 치료사는

> 수련생에게 이렇게 말한다. 수련생은 지침이나 지시를 받아들일 때 지침과 지시를 수행하려고 애쓰지 말고, 오히려 역으로 그에게 주어진 지시를 모두 행하려는 욕망을 억제해야 한다. 대신에 수련생은 자신에게 주어지는 지시를 자신에게 객관적으로 투사시켜 보아야 한다. 이와 동시에 교사는 조정manipulation을 통해, 필요한 재조절을 행하고 필수적인 조응을 불러온다. 이러한 방식으로 교사는 수련생에게 특정 움직임이나 필요한 움직임을 직접 실행하면서 수련생에게 신뢰할 만한 새로운 감각적 이해를 제공하고 그가 각각의 지시를 실천하기 전에 그것들을 서로 연결해볼 수 있는 최선의 기회를 제공한다(CC, 152~153).

이러한 실천에서 수련생은 습관적인 반응보다 오히려 "이성에 의해 지배되는" 몸의 "경험"을 얻게 된다(US, 18). 이것은 수련생으로 하여금 교사가 구상한, 적절한 움직임을 유발하는 최고의 수단, 즉 일련의 신체적 지시를 정확하게 따를 수 있도록 해준다. 이때 수련생은 자신이 마음속으로 계속 반복하는 대로 실제로 실행하게 된다. 그러나 우리는 이러한 적극적인 지시들을 우리 자신에게 투사해서 실행하지만 방어적인 억제를 스스로 계속 상기해야 한다(*CC*, 161~167; *US*, 18~19). 억제에 대한 강조가 개인적 경험에 대한 맹목적인 억압을 낳을 수도 있다는 비난에 대항하기 위해, 알렉산더는 그러한 억제는 실제로 개인의 욕망에 봉사하기 위해 작용하며 오로지 개인만이 이성을 통해 그러한 억제를 스스로에게 부과한다고 주장한다(*CC*, 186~188). 말하자면 억제라는 것은 개인이 이성을 통해 스스로에게 법을 준수하도록 하는 것이 개인의 자유라고 정의 내린 칸트의 변증법적 정의를 부지불식간에 반복하는 것이나 다름없다. 그러나 이성에 의한 통제를 믿는 알렉산더의 이상은 자유를 자발성으로 간주하는 보편적인 개념에 대립하는 것이며, 자유로운 표현을 고무시키는 교육적·문화적 경향에 대한 심각한 비판적 근거를 제공하는 것이기도 하다(*MSI*, 124~128, 131).[20]

억제를 위해서도 이성이 사용되지만, 이성은 적절한 적극적 지침을 발견하고 이행하도록 도와주는데, 이 지침들을 따르면 조응하는 움직임이 도출된다(*CC*, 67). 알렉산더는 이러한 지시들을 "할 수 있는 수단"이라고 지칭한다. 즉 특별한 신체적 목적에 주안점을 두지 않고 오히려 이러한 수단에 주안점을 두어야 한다는 주장은 알렉산더 기법의 트레이드마크이다. 목적이 가치가 없다는 것이 아니라 목적을 획득하기 위한 직접적인 시도들을 피할 때 오히려 목적은 가장 잘 성취된다. 이러한 간접성의 논리는 명백하다. 첫째, 수련생이 목적을

---

[20] 하지만 알렉산더는 자발적인 자유에 대한 옹호로는 그것을 결코 달성할 수 없다고 주장할 것이다. 왜냐하면 그는 우리 신체가 굳어진 습관보다 우리의 자유의지를 오히려 더 잘 따른다고 확신하면서 "육체적 존재physical being에 대한 합리적 통제" 없이 우리가 결코 자유롭게 행위할 수 없다고 간주하기 때문이다 (*MSI*, 136~137).

직접적으로 추구한다면, "그는 그 목적과 관련하여 습관적인 절차를 따를 것이다." 다시 말하면 그의 나쁜 신체적 습관이 그가 치료를 받는 이유이기 때문에 그러한 목적을 추구하는 것은 해로운 습관과 결함이 있는 운동감각만을 강화시킬 뿐이다(154). 둘째, 특히 이 목적들이 환자가 우려하거나 서툴다고 느끼는 행동들을 이미 가리키고 있다면, 바라는 목적에 초점을 두기보다 수단에 초점을 두는 것은 실행에 대한 환자의 우려를 매우 감소시킬 수 있을 것이다. 셋째, 합리적으로 고안되거나 훈련을 거친 신체적 수단들은 특수한 목적보다 더 일반적이다. 그러한 신체적 수단들은 의식과 정신물리학적 기능을 특별한 욕망을 초월하여 확장시켜가는데, 일단 그 수단들이 학습되기만 하면, 다른 많은 목적을 위해 유익하게 응용될 수 있고 또한 새로운 목적을 제안할 수도 있다(214~215, 308~310). 예를 들어 당신이 머리를 아래로 유지하는 것은 골프공을 치든, 당구공을 치든, 공으로 어떤 행위를 하든지 간에 그것을 행하기 위한 하나의 수단이기 때문에 공을 치는 행위 자체보다 더 폭넓은 응용력을 지니고 있다. 그러므로 알렉산더는 수련생들이 "직접적으로 자신의 '목적'을 수행하지 않고 전적으로 이러한 목적을 보증할 수 있는 수단에 지속적인 관심을 쏟아 줄 것"(155) 것을 당부한다.

알렉산더가 이성을 강조하는 것은 이성이 정서적인 경향의 행위를 예리하게 비판하고 체화된 자기를 이성적 통제로부터 멀어지도록 자극하는 모든 것에 대해서도 예리한 비판을 던지는 역할을 수행한다는 점 때문이다(MSI, 26, 90; CC, 207~208). 춤이나 음악과 매우 깊은 관련이 있는 대부분의 신체 권위자들(그의 추종자들을 포함하여)과 달리, 알렉산더는 이러한 기예들arts을 매우 비난한다. 왜냐하면 그는 이러한 기예들이 마치 마약에 취한 상태의 "광기"처럼 "전체 운동감각 체계의 과도한 흥분"을 낳는 "자극"을 유발해 이성적 통제를 압도해버리는 힘을 지니고 있다고 생각했기 때문이다(MSI, 124~125). 우리는 성욕성에 대한 유사한 공격을 예측할 수도 있지만 오히려 이 주제에 대해서는 아무런 언급도 하지 않는데, 결국 이 주제도 마찬가지로 비난의 대상이 되는 듯하다. 그러나 알렉산더는 성욕성에서 생식reproduction이라는 유전적인 본능적 수단 이외에 무엇을 볼 수 있겠는가? 생식이라는 본능적 수단은 더욱 위대한 합리성을 지향하기 위해 지금껏 진화에 필연적인 것이었고, 유전학적 기술로 개발되는 더욱 합리적인 수단들에 자리를 내줄 것이다.

알렉산더의 합리주의적, 진화론적 이데올로기는 몸에 대한 그 자신의 분석과 그것을 수행하는 구체적인 실천을 통해 현저하게 나타난다. 그는 몸이 "주된 통제"라고 부르는 지배적인 핵심적 메커니즘으로 이루어진, 단일한 피라미드식 위계를 통해 통일되어 있다고 간주한다. 이러한 통제의 관점은 운동감각의 통달을 확립하는 그의 육체적 수행의 열쇠인데, 그는 육체적 수행의 위치를 머리와 목 영역에 둔다. 따라서 몸에 관심을 갖거나 다스리는 일의 핵심은 신체의 가장 높은 부분, 즉 인간 이성의 요체 그리고 인간의 진화론적 진보와 우월성의 요체인 두뇌와 가장 가까운 곳, 즉 육체적으로나 기능적으로 그리고 상징적으로 가장 높은 부분에 있다.

상향ascent에 대한 진화론적 은유는 더 나은 몸의 조응을 위한 알렉산더의 실천적 지침과 훈련에까지 스며들어 있다. 알렉산더의 실천적 지침과 훈련은 척추를 이완시키고 머리를 들어 올리게 하여 무게감을 교정함으로써 더 나은 조응과 통제의 느낌(오르는 듯한 가벼움의 느낌으로 자주 경험된다)을 우리에게 제공하는 것을 목표로 삼는다. 우리는 "머리가 앞으로 그리고 위로" 당겨지고, 끊임없이 이완

되는 자세를 취하도록 요청받는다. 알렉산더에게 전형적인 몸의 과실은 "아래로 당기는 것"이다.[21] 그의 몸의 학은 수직적인 상승을 지향하는 것이다.

오늘날 알렉산더 기법의 실천가들은 가끔 수련생을 테이블 위에 눕혀놓고(일상적인 중력의 압력이나 나쁜 습관으로 인한 문제들을 피하는 자세로) 수련을 실시하지만, 알렉산더 자신은 무언가에 기대고 있는 신체에 수련을 행하는 것을 피했다. 왜냐하면 그것은 최면술과 정신분석학에서 많이 볼 수 있는 무의식적 굴복의 낌새를 너무 많이 풍기기 때문이다. 그의 가장 유명하고 특징적인 훈련은 수련생이 의자에서 자신을 일으켜 세우도록 하는 것이다. 그것이 독립적으로 실행되든지 교사의 가벼운 조정으로 실행되든지 간에 정확히 실행되면, 이러한 상향("의자로부터 벗어나는 방법을 생각하는 것"이라고 설명된다)은 의식적인 몸의 방향을 통해 중력의 무게를 견뎌내는 것처럼, 놀랍게도 그다지 힘들어 보이지 않는다(*J*, 71, 76).

합리주의의 이상을 따르면, 교사의 조정은 최소화되어야 하며 또한 지극히 예의바른 것이어야 한다. 왜냐하면 그 목적은 단지 수련생에게 더 나은 몸의 조응이라는 새로운 경험을 제공하는 것이기 때문이다(*CC*, 176). 진정한 몸의 개선은 타자들에 의한 물리적 조정을 통해서가 아니라 결국 수련생 자신의 이성적 통제(그 수단들에 대한 수련생의 반복과 통달)를 통해서만 달성될 수 있다. 이러한 통제를 기르기 위해 알렉산더 방법은 조용하고 느린 신체 움직임을 포함하여 침묵을 강조한다. 왜냐하면 이것은 이성과 그것의 억제 메커니즘

---

21 *CC*, 180; F. P. Jones, *Body Awareness in Action: A Study of the Alexander Technique* (New York: Schocken, 1979), 76을 참조하라. [후자는] 이후부터 *J*로 표시한다.

이 더욱 효율적으로 작용하도록 도와주기 때문이다. 격렬한 움직임, 충격, 뒤흔듦은 엄격하게 피해야 하는 것들이다(*J*, 14).

그러나 이처럼 소란스러운 동작들은 생체에너지학에서는 흔한 전략들인데, 생체에너지학은 알렉산더의 합리주의와 가장 강한 대조를 보이고 있다. 생체에너지학을 중심으로 하는 몸의 학 연구는 알렉산더 로웬에 의해 공식적으로 수립되었지만, 빌헬름 라이히의 연구로부터 그 이론과 실천의 본질적 방향성이 도출된 것이다. 라이히는 괴짜 프로이트주의 심리학자이며 급진적인 성이론가로 유명한데, 나중에 체포되어서 미국의 감옥에서 죽기 전에 로웬을 가르치고 치료도 했다.[22] 알렉산더의 중심적 개념이 의식적 통제라면, 생체에너지학의 주요 개념과 목적은 에너지의 흐름이다. 비록 로웬이 치료를 목적으로 특별히 만들어진 기계로 축적될 수 있는, 오르곤orgone이라 불리는 새로운 에너지의 필요성에 대한 라이히의 소문난 주장에 영감을 받았지만, 정작 로웬은 라이히의 과학적 훈련과 야망을 결여하고 있었다. 그래서 로웬의 에너지 흐름 모델은 훨씬 더 모호하고 은유적이며, 더욱 타당한 것 같다. "피의 흐름"과 "몸에 에너지를 채워주는 유동체fluid"는 로웬의 모델을 "가장 잘 입증하는 사례"가 된다. "유동체가 몸의 어떤 지점에 이르더라도 그것은 생명, 온기 그리고 흥분excitement을 그 부분에 불어넣는다. 그것은 에로스의 대행자 혹은 에로스의 전령이다."(*B*, 51)

에너지나 흥분으로 채워져 삶의 경험을 강화하고 윤택하게 할 수

---

[22] 로웬은 영향력 있는 교사였는데, 우리는 그의 문하생들 가운데서 자신만의 "에너지학 연구"를 발전시킨 대중적인 몸 실천가somatician인 스탠리 켈러맨을 발견하게 된다.

있는 다른 몸의 흐름도 있다. 로웬은 신체의 99%가 물로 구성되어 있기 때문에, "감각sensations, 감정feelings, 정서emotions는 비교적 유동적인 신체에서 일어나는 내적 운동의 지각"이라고 주장한다. "인간의 정서적인 삶은 신체의 운동성motility에 의존하는데, 이 신체의 운동성은 정서적 삶에서 기인하는 흥분의 흐름이 작용한 결과로 생기는 것이다. …… 신체는 에너지의 체계를 이루고 있기 때문에 환경과 끊임없이 왕성한 상호작용을 하고 있다." 그러므로 신체는 ("밝고 쾌청한 날, 아름다운 장면, 행복한 사람"과 같은) "긍정적인 요인과 접촉함으로써 흥분되거나 에너지를 충전하며", 다시 그러한 에너지를 발산시킨다(52~53).

알렉산더의 합리주의와 예리하게 대조되는 생체에너지학은 삶을 감정의 움직임("신체 내부의 흥분에 따른 맥박의 상승과 하락")으로 간주하는 생철학Lebensphilosophie을 우리에게 제시한다. 생체에너지학은 에너지 혹은 "감정의 보다 큰 흐름"을 통해 고양되는 삶의 목적을 옹호한다(B, 224, 240). 알렉산더가 이성과 머리를 우선시하는 반면, 로웬은 감정의 흐름을 자극하는 에너지의 핵심, 즉 정서와 가슴을 강조한다는 결론이 나온다. "모든 치료의 목적은 사람이 그의 정신만이 아니라 가슴을 활짝 펴도록 도와주는 것이다." "가슴 부분은 왕이며 또한 왕이어야 한다. …… [왜냐하면 그것이] 생명의 중심이자 핵심이고"(89, 114), 우리를 세상과 연결시켜주는 감정의 상징적 원천이기 때문이다.[23] 알렉산더가 정서에 대한 엄격한 통제를 요구한다면, 로웬은 정서의 자유로운 흐름이 에너지는 물론 우리에게 에너지

---

23 로웬은 생체에너지학의 초점을 성적 에너지와 생식기에 대한 라이히의 강조로부터 사랑이나 심장에 대한 강조로 전환시키는 가운데, 라이히의 접근 방식을 미국의 주류 대중의 성향에 더욱 맞추려고 애썼다.

를 제공하는 환경과의 접촉을 고양시키는 수단이라고 주장한다. 정서적 해방은 "감정의 흐름, 즉 인간의 핵심이자 심장부인 가슴으로부터 주변의 조직과 기관으로 전해지는 에너지의 홍분을 수반하는데, …… 이것은 바깥세상과 더불어 이루어진다." 이와 같은 자유로운 흐름은 우리로 하여금 세상 속에서 더욱 유쾌하게 살아간다는 기분과 편안한 기분을 느끼도록 해준다(139).

그리하여 알렉산더가 체계적인 억제를 옹호하는 반면, 로웬은 그것이 건강에 해를 끼칠 정도로 "홍분과 감정의 자유로운 흐름을 방해하는 것"이라고 간주하면서, 그것은 결국 좌절된 움츠림을 통해 몸의 에너지를 감소시키는 결과를 가져온다고 개탄한다(88, 144). 라이히를 따라 로웬은 의식적인 억제가 가끔 필요하지만, 우리 문화에서 그것을 남용한 나머지 근육의 수축을 초래했다고 주장한다. 또한 로웬은 이러한 근육수축이 너무 습관적이고 무의식적으로 유지되기 때문에 지속적으로 발생하는 경련이나 장애로 발전될 수 있다고 주장한다. 오래 지속되는 근육 긴장은 등뼈 통증과 다른 만성병을 유발시킬 뿐만 아니라 감정과 에너지의 흐름을 방해하기 때문에 대체로 삶의 질을 저하시키는 결과를 초래한다. 인간의 사고 또한 몸의 에너지와 정서적 에너지에 매우 의존하기 때문에 근육 긴장으로 인한 삶의 질 저하는 결국 사고력마저 약화시키는 경향을 보인다(65).

알렉산더가 인간의 우수한 진화를 이성의 발달과 동일시했던 것처럼, 생체에너지학은 인간의 진화론적 이점을 "보다 고귀하게 충전되어 있는 에너지 체계"의 발전이라고 설명한다. 말하자면 생체에너지학의 에너지 체계에 따르면, 인간의 "대뇌의 발달이나 동물로서의 인간human animal이 갖는 성적 관심과 활동의 증대 그리고 직립의 자세는 유기체로서의 인간human organism에게 있어서 증진되는 에너지

충전의 결과이다."(B, 227) 알렉산더는 진보가 동물적 본성을 초월하여 더욱 위대한 이성적 통제와 억제를 지향해 가는 것이라고 보는 반면, 로웬은 자연적 삶으로 신체를 되돌려주는 것이 "신체의 삶"을 회복시킬 수 있는 진정한 진보라고 주장한다. 말하자면 로웬에 의하면 진정한 진보는 "생명 부정의life-denying" 현대 문명이 초래한 지나치게 억제적이고 폐쇄적인 "제2의 본성"으로부터 "모든 동물이 타고날 때부터 부여받은, 미와 우미grace를 보유하고 있는 본성", 즉 보다 동물적인 인간의 "제1의 본성"으로 돌아가는 것이다(71, 104).

로웬은 알렉산더의 상향의 몸의 학과 대조적으로, 보다 하향의 몸의 학을 제시하고 있다. 즉 알렉산더의 몸의 학은 이성적 통제를 통한 보다 고귀한 진화의 목적과 피라미드와 같은 몸의 위계를 추구하지만, 로웬의 몸의 학은 우리로 하여금 보다 자연적인 삶으로, 그리고 보다 유동하는 감정으로 돌아가도록 도와주며, 억제로부터 기인하는 장애와 통증을 동반하는 근육수축을 극복하도록 도와준다. 이 억제는 자기에게 부과되는, 지나칠 정도로 고차원적인 관념으로부터 종종 비롯되는 것이다. 로웬은 우리가 보다 편안하게 세속적이고 동물적인 본성을 접하도록 해주는, "땅에 닿기grounding"의 이념과 그 치료적 실천을 제시한다. "땅에 닿기는 환자가 서 있는 토대, 즉 환자의 신체와 성욕성이라는 실체를 만나게 하는 것인데, 이것은 생체에너지학의 초석을 이루는 것들 중의 하나이다." 말하자면 "그 수행[*땅에 닿기]의 주된 요점은 아래로 향하는 것이다. 즉 자신의 다리와 발 쪽으로 향하게 하는 것이다."(B, 40, 196)[24] 이와 같이 아래로 향하는 통

---

[24] 하지만 이것은 발이 주된 통제 수단이 되는, 전도된 피라미드식 몸의 구조를 의미하는 것은 아니다. 왜냐하면 생체에너지학은 알렉산더의 집중적인 위계적 구

로는 성기 주변의 골반부에 넓게 분포되어 있다.

라이히처럼 로웬은 성욕성과 오르가즘이 "결정적으로 중요한 것"이라고 본다. 왜냐하면 성욕성과 오르가즘은 에너지의 자유롭고 보다 고양된 흐름을 회복시키고 유지시키기 때문이며, 또한 저항할 수 없는 오르가즘의 해방감이 근육 장애는 물론 정서적 장애를 극복하는 데 도움을 주기 때문이다. 땅에 닿기의 수행 중 하나는 성욕성이 가장 강하게 표현되는 신체의 낮은 부분을 통해 보다 편안한 기분을 갖게 함으로써, 그리고 "오르가즘의 전율 orgastic convulsions"을 통해 예증되듯이 의식적 통제가 몸의 자생적인 리듬에 굴복하는 것에 대한 두려움을 극복시킴으로써 성적 자기 수용 sexual self-acceptance과 성적 자기 표현을 향상시켜주는 것이다. "골반 깊은 곳에서 일어나는 성욕성의 느낌"이 "많은 사람에게 두려움을 주는" 이유는 그러한 느낌이 "[*몸의 자생적인 리듬에 대한] 굴복"과 "통제의 상실 loss of control"을 불러일으키기 때문이다(B, 197). 성 아우구스티누스가 오르가즘을 부끄러운 자기 상실이라고 간주했던 것처럼, 우리는 의식적 통제의 상실을 두려워하지 않는가? 칸트나 알렉산더가 불평했던 것처럼, 생체에너지학의 자유로운 흐름은 무의식적이고 자생적인 힘에 자기를 예속시키는 것이 아닌가?

이와 같이 실망스러운 결론은 우리가 자기와 자기 통제를 의식적 자기와 그것의 의지와 동일시할 때에만 도출된다. 그러나 로웬은 무의식적인 것이 자기 자신의 완전한 차원 integral dimension이라고 간주하는 라이히의 입장을 따른다. 이 완전한 차원은 표현을 요구하고 또

조와 대조적으로, 세계와의 왕성한 상호작용에 필연적인 여섯 가지 신체 영역, 즉 얼굴, 두 손, 두 발 그리고 생식기에 대해 강조하고 있기 때문이다(B, 139).

한 표현할 가치가 있는 것이며, 기초적인 환경needed background과 균형을 의식에 제공하는 것이다.²⁵ 생체에너지학에 의하면 "개개인"은 의식적 기능뿐만 아니라 무의식적 기능을 하는 "신체이다". 그리고 몸의 작용의 주된 목적과 가치는 무의식적으로 체화된 자기의 이해와 그러한 자기에 대한 접근을 도모하는 것이다(B, 54, 319~320).

이와 같이 하향의 몸의 학은 지극히 자생적인 신체 운동이 "삶의 본질"이며 "가장 의미 있는 것"이라고 간주하고, 그것에 놀라운 가치를 부여한다. 웃음, 흐느낌, 눈물 그리고 전율은 "자발적이고, 무의지적인 자생적 행동이기 때문에 그것들은 우리를 깊고 유의미한 길로 나아가게 한다. 그리고 이 자생적인 반응들 가운데 가장 충만하고, 가장 만족스럽고, 가장 유의미한 것은 골반이 자발적으로 움직이고 몸 전체가 해방의 엑스터시로 진동하는 오르가즘이다."(B, 243~244) 생체에너지학에 동기를 부여하는 이념은 의식적 통제의 합리주의가 아니라 강렬한 경험의 쾌락주의이다.

흐름과 하향을 주장하는 생체에너지학의 이데올로기는 실제적인 몸의 실천을 통해 표현된다. 알렉산더는 이완과 직립을 강조하는 반면, 생체에너지학은 주로 구부러지는 신체와 전립선 부분prostate body을 연구 대상으로 삼는다. 땅에 닿기 운동은 손과 발을 바닥에 확실하게 닿게 하는 신체의 구부림뿐만 아니라 근력으로는 오래 유지할 수 없는 자세로 넘어지는 것을 반복적으로 경험하는 것도 포함한다. 이 낙하의 경험은 우리로 하여금 의식적인 몸을 통제하는 것의 실제적인 한계를 깨닫게 하며, 또한 통제의 굴복이나 이에 따라 땅에

---

25 "자기 표현은 신체의 자유롭고, 자연적이며, 자발적인 활동을 통해 이루어지며, 대체로 의식적 활동을 통해서 이루어지지 않는다."(B, 261~262)

닿는 것이 반드시 고통스럽거나 위험하지는 않다는 점을 확인하게 한다. 다른 운동은 신체의 일부(특히 다리와 골반)를 제멋대로 흔들거나 진동하게 하는 데 목적이 있다. 그러한 "신체의 진동"은 습관적인 근육경련을 느슨하게 하고 "긴장을 푸는 데" 도움이 되는 점 이외에도, "운동하는 사람이 신체의 자생적인 움직임을 경험하고 즐기도록 해준다." 이 자생적인 움직임은 "신체가 살아 있음을 표현하는 것, 즉 신체가 진동하는 힘을 표현하는 것이다. 만약 운동하는 사람이 그것을 두려워한다면, 그는 늘 자신을 충분히 통제해야 한다고 느끼면서, 자발성을 잃게 됨은 물론 엄격하게 속박된, 자동화된 인간으로 생을 끝마칠 것이다."(B, 243)

화, 충격 그리고 다른 강한 정서적 분노도 마찬가지로 환자의 굳어진 장애나 "방해가 되는 습성holding patterns"을 극복하는 데 이용된다. 치료사는 만성 근육수축이나 근육경련을 풀기 위해 환자에게 아주 강력하고 고통스럽지만, 결국 에너지의 자유로운 흐름을 도와주는 물리적 압력을 가할 것이다. 환자가 자신의 심리물리적 자발성에 굴복할 수 있으려면 반드시 누군가의 격렬한 조정에 몸과 마음을 맡겨야 한다. 이것은 알렉산더의 조용하고, 통제된, 비정서적인 집중의 방법과는 분명 거리가 있다. 알렉산더의 방법은 치료사의 터치가 너무 적고 부드러워서 거의 의식할 수 없을 정도다.

모세 펠덴크라이스는 엔지니어이자 핵물리학자로서 자신의 경력을 토대로 알렉산더의 합리주의적 의도주의와 생체에너지학의 정서적 비의도주의 사이에 위치하는, 창의력이 풍부한 경험의 몸의 학을 발전시켰다. 펠덴크라이스의 몸의 학은 전자에 훨씬 더 가깝기 때문에, 나는 여기서 이에 대해 집중적으로 소개하지 않겠다. 단지 펠덴크라이스와 알렉산더 치료법의 일치점과 차이점, 그리고 생체에너지학의 에너지 이론과 인간의 본능 이론에 대한 펠덴크라이스의 비판을 매우 간략하게 제시하고자 한다. 펠덴크라이스에 의하면 생체에너지학의 이론은 기존의 과학적 증거에 의해 뒷받침되지도 않을 뿐더러 심지어 이와 모순되기도 한다.[26]

펠덴크라이스도 알렉산더와 같이 신체에 대한 고양된 자각과 의식적 통제에 전념한다. 이러한 통달은 복합적이고 급속히 변화하는 세계에 대처하는 심신의 유연성을 보장해주기 때문에 진화론적 진보가 위대하고 바람직한 것임을 뒷받침해준다(*ATM*, 47~48; *PS*, 91, 238). 그러나 알렉산더는 이러한 통제를 이성과 동일시한다. 반면에 펠덴크라이스는 더욱 총체적인 과학적 관점에서 그러한 통제를 전체적인 감각운동 신경체계의 기능으로 간주한다. 감각운동 신경체계의 기능을 통해 정신이 근육을 통제하는 것처럼 근육의 느낌은 이성적인 정신reasoning mind을 재교육한다. 마찬가지로 두 이론가가 보다 민감한 몸의 자각과 보다 효율적인 행동을 위해 운동감각 체계의 재훈련을 요구하지만, 펠덴크라이스는 이러한 재훈련의 열쇠가 알렉산더처럼 주된 통제의 메커니즘에 있다고 보지 않는다. 펠덴크라이스는 움직임을 지휘하는 하나의 중심적 피라미드 구조보다 오히려 몸의 통제 패턴의 다양성을 강조하며, 자신의 실행을 통해 그러한 다양성을 증진시키고자 한다. 이 실행은 목 부위뿐만 아니라 골반, 다리, 팔, 갈비뼈, 복부, 손 그리고 발의 관절에 초점을 둔다. 이것은 또한 우리로 하여금 어떤 행동들이 실행될 수 있는 방식의 다원성을

---

26 "억제된dammed up" 에너지와 본능의 힘에 대한 펠덴크라이스의 비판은 Moshe Feldenkrais, *The Potent Self*(New York: HarperCollins, 1992), xiii~xvi, 37, 63~81을 참조하라. 이후부터 *PS*로 표시한다.

깨닫도록 해주며, 결국 우리가 그것들의 질적 차이를 감지하고 가장 효율적인 방식을 선택하도록 해준다.

펠덴크라이스의 갖가지 수행은 사실상, 상호 관련되지만 다소 상이한 두 가지 실천으로 묶인다. 첫째, 그것은 몸의 자각을 고양시키는 데 목적을 둔, 몸통과 사지의 다양한 정렬과 움직임을 포함하는 일련의 느리고 부드러운 운동(그중 일부는 요가와 닮은 것들도 있다)이다. 이른바 움직임을 통한 자각Awareness Through Movement(ATM)이라고 불리는 이 운동들은 교사가 맨투맨으로 실시하는 것이 아니라 단체 수련생에게 실시한다(수련생들이 혼자 녹음된 테이프를 듣거나 순서를 암기해서 실천하는 경우도 있다). 교사는 그 움직임과 자각을 지도하기 위해 구두로 가르치지만 몸을 조정하지는 않는다.

하지만 교사가 직접 손으로 처치하는 펠덴크라이스의 또 다른 실천이 있다. 교사는 수련생의 몸을 (주로 패드를 댄 테이블 위에 누여서) 관찰하고 조정함으로써 수련생의 신경운동neuromotor 기능에 문제를 일으키는 이상 버릇들을 발견하고, "신경운동 기능을 통제하는 대안적 방식에 따라" 수련생이 그것들을 자각하게 해준다.[27] 조정은 종종 알렉산더가 권장했던 최소한의 터치보다 더 강하지만 생체에너지학에서 손으로 처치하는 것보다 훨씬 부드럽다. 이 조정의 목적은 충격으로 장애를 극복하는 것이 아니라 매우 미묘한 감각 정보와 소통하는 것이다. 그것은 치료라기보다는 교수에 가깝고, 그것의 기능적 완성Functional Integration의 기간은 (ATM처럼) "레슨lessons"이라고 불린다. 고전적인 알렉산더 기법과 대조적으로, 펠덴크라이

---

27 Yochanan Rywerant, *The Feldenkrais Method: Teaching by Handling*(New York: Harper and Row, 1983), xix.

스 수행의 두 가지 형식은 대부분 엎드린 자세로(옆으로 눕거나 배를 대고 눕는 자세보다는 주로 등을 대고 눕는 자세로) 이루어진다. 이것은 우리의 일상적 움직임을 인도하는 중력의 습관적인 영향을 중화시키는 것만이 아니라 개인으로 하여금 자신의 움직임과 이 움직임의 다양한 가능성을 더 잘 자각할 수 있도록 방향을 정하지 않게 하는 것이기도 하다.

억제는 다소 상이하게 표현될지라도, 알렉산더만큼 펠덴크라이스에게도 핵심적인 것이다. 펠덴크라이스 수행에서는 (수련생에게 움직임을 행하기 전에 몇 번이나 그 움직임을 골똘히 생각하도록 권유할지라도) [교사의] 모든 지시를 다 따르지 않고 억제하는 방법적인 문제에는 그다지 역점을 두지 않는다. 그러나 펠덴크라이스는 신경운동 기능의 잘못된 습관을 깨뜨리게 하는 억제의 가치를 인식하게 하는 것 이외에, 억제가 왜 모든 효율적 행동에 필연적인가에 대한 과학적 설명을 제공한다. 신경 외피의 자극은 확산되는 경향이 있기 때문에 주변의 "불필요한 근육수축"에 대한 자극을 예방하기 위한 억제가 필요하다. 불필요한 근육수축은 행동하고자 하는 욕망 때문에 자극받을 수도 있지만 실제로 우리의 행동을 방해할 수도 있다. "행동의 불편감이나 저항감은 간접적으로는 길항근에게 명령하는 세포의 불완전한 억제에 기인한다." 길항근은 우리가 "추구하는" 근육수축의 "패턴을 형성하기 위해 절대적으로 필요한 것이다."(PS, 85) 더구나 몸의 길항 기능이나 상호 보완 기능에 대한 인식은 우리가 어떤 영역에서 흥분을 억제하면, 다른 영역에서 몸의 기능과 그것의 효능을 고양시킬 수 있다는 것을 보여준다(136). 이것은 억제가 어쩔 수 없이 흥분, 생기 그리고 퍼포먼스를 약화시킨다고 보는 생체에너지학의 입장을 논박하는 것이다.[28]

알렉산더와 같이 펠덴크라이스는 직접적인 목표를 획득하려는 편협한 습관을 비판한다. 특히 어떤 구체적인 성취보다 더 중요한 것은 "배우는 방법을 익힘으로써"(PS, 152, 238) 자기를 아는 것과 자기 통달을 위한 보편적 수단을 획득한다는, 주요한 목적이다. 펠덴크라이스는 억제와 유도에 대한 신경학적 해명을 통해, 간접성indirection이 육체적 목적, 특히 우리의 자생적 행동과 자율적 체계와 관련된 육체적 목적을 달성하는 데 왜 필요한가에 대한 보다 실질적인 과학적 해명을 제공한다.[29] 펠덴크라이스는 인간이 간접적 수단들을 통달할 때, "인간의 잠재적인 자기 통제력이 실질적으로 완전해진다."(93)고 주장하며, 인간의 성장과 완전성에 대한 알렉산더의 무한한 믿음을 반복한다. 그러나 "건강한 개인은 어떠한 한계도 지니고 있지 않다."는 생체에너지학의 이른바 지속적인 "성장"(B, 15, 33, 104)에 대한 낙관주의는 알렉산더와는 매우 다른 방향, 즉 보다 덜 의식적이고 보다 더

[28] 상호 보완 기능이나 길항 기능 체계에 있어서 유도induction라는 생리적 현상은 억제와 흥분의 상보성을 또한 반증하는 것이다. 이러한 길항근의 현상을 살펴보면, "한쪽 근육의 흥분이 길어지면 순차적으로 다른 쪽 근육이 억제되는데, 일단 억제가 향상되면 자극도 더 증폭된다."(PS, 167)
[29] 예를 들어 부교감 신경체계와 성욕성에 대해서는 PS, 166~167쪽을, 자세에 관해서는 119~122쪽을 참조하라. "자기를 이용하기 위한 모든 의도적 지시는" 바라는 이완을 성취하기 위해서 "근육을 수축시키기" 때문에 우리는 습관적 수축을 억제하거나 이완을 유도하는 새로운 길항 근육의 수축을 강화해야 한다. 이러한 수축은 신체를 뒤틀리게 하거나 굳어지게 하는 경향도 있으므로 펠덴크라이스는 "이상적인 서 있는 자세가 우리 자신에게 무언가 행함으로써 획득되는 것이 아니라 정말로 아무것도 행하지 않음으로써, 즉 [간섭하는] 의도적" 수축을 일으키는 "모든 행동을 제거함으로써 획득된다."고 결론 내린다. "어떠한 의도적 지시도 …… [설령] 신체의 외양을 바꿀 수는 있을지라도—고양시킬 필요가 있는 근육수축을 고양시킴으로써가 아니라 보완적인 근육수축을 활성화시킴으로써 신체의 외양을 바꿀 수는 있다—나쁜 자세를 교정할 수는 없다."(119, 120, 122)

자생적인 통제를 지향한다.

펠덴크라이스는 정감과 성욕성의 심오한 가치를 강조한다는 점에서 알렉산더와 뚜렷이 구별되고 생체에너지학에 더 가깝다. 정감이 결함이 많은 운동감각과 강제적인 행위의 주된 원인이 되는 정서, 특히 의존하는 정서들과 동일시될 때도 있다(예를 들면 어머니를 만족시키고자 하는 욕망이 과식의 습관을 낳게 되고 배가 꽉 채워질 때까지 충만함을 느끼지 못하는 잘못된 감각을 낳기도 한다). 하지만 펠덴크라이스는 결코 정감이 우리가 초월하려고 노력해야 하는, 열등하고 유해한 동물의 자취라고 말하지 않는다. 펠덴크라이스는 삶을 윤택하게 하는 정서의 공헌을 인정하면서, 우리 각자의 행동이 정서로 인해 강제적인 패턴compulsive patterns에 의존하게 되는 것으로부터 자유로워지는 법을 배워야 한다고 강조한다. 그는 우리의 행동 또한 몸과 마음의 상호성을 통해, 그와 같은 강제적인 패턴, 즉 근력으로나 정서적으로나 이미 굳어버린 패턴들로부터 정서를 떼어놓음으로써 역으로 정서의 영역을 자유롭게 할 것이라고 주장한다. 그리하여 이것은 "자신의 정감적 욕구affective drives를 자신이 선택한 대상으로 향하게" 한다(PS, 100~103).

또한 펠덴크라이스는 알렉산더와 달리 적절한 심신의 기능을 위해 성sex의 중요성을 강조하는 생체에너지학의 입장을 공유하고 있다. "강렬한 만족감을 낳는 충만한 오르가즘은 보호 기능, 자기 주장의self-assertive 기능, 회복 기능의 순조로운 흐름을 위해서 요구되는 생리학적 필연성이다."(PS, viii) 그것은 우리에게 의식적 통제의 노력에서 비롯되는 긴장을 포함하여, 몸에 축적되어 있는 다른 긴장들로부터 벗어나도록 해준다. "성적 자발성을 회복하지 않고는, 우리 자신에 대한 보편적인 사용the general use of oneself을 적절하게 정정하고 개혁하는 것은 불가능하다."(173) 이는 펠덴크라이스가 자신의 저서, 『성적 능력이 있는 자기The Potent Self』의 대부분을 우리의 성적 행위를 훼방하는 문제들을 극복하는 데 할애한 이유이다. 그리고 또한 펠덴크라이스 수행의 대부분이 신체의 보다 낮은 부분, 즉 "골반부의 폭넓은 범위와 그것의 통제를 확립하는 데" 초점을 두는 이유이기도 하다(176). 펠덴크라이스가 성의 중요성을 강조하는 또 다른 이유는 그가 골반을 신체의 힘과 통제의 핵심적 원천이라고 간주하는 데 있다. 왜냐하면 골반이 척추를 받치고 있고, 척추는 머리와 갈비뼈를 받치고 있기 때문이다.[30]

VI

내가 철학에서 장려하고자 하는 몸으로의 전환은 여기서 이야기하는 신체적-정신적 교과들과 이 외 교과들의 훨씬 더 세밀한 분석(그리고 검증)을 필요로 한다.[31] 그러나 간단한 잠정적 결론을 한번 내려보자. 경험의 몸미학이 철학 안으로 통합되어야 하고, 그것이 보다 많은 지식이나 자기를 아는 것, 그리고 바른 행동을 통해 더 나은

---

[30] "어떤 타당한 행동도 골반 관절의 적절한 통제 없이는 불가능하다. 가장 튼튼한 신체 근육은 골반 관절에 기인하는 것이다. …… 간단히 말해서 몸의 힘은 하복부의 힘, 더 일반적으로는 골반 부위에 의해 결정된다."(PS, 189) "모든 정확한 행동은 골반 뼈의 움직임과 더불어 시작된다."(139)

[31] 알렉산더 기법, 생체에너지학 그리고 펠덴크라이스 요법에 대한 이 같은 견해와 지금까지의 설명은 그들 각각의 텍스트에 근거를 두고 있을 뿐만 아니라 내가 그것들을 실제로 실천한 신체적 실험에 근거를 두고 있다. 나는 이러한 비교 검증을 통해 4년의 훈련 프로그램을 수행해야 하는 펠덴크라이스 요법의 공인 실천가가 되려는 결심을 굳히게 되었다.

삶을 위한 합리적 교과가 되어야 한다면, 알렉산더와 펠덴크라이스의 합리적인 교과가 라이히의 생체에너지학의 다양성에 비해 훨씬 더 훌륭한 통합의 후보인 것처럼 보인다. 전자는 철학이 합리적이고 의식적인 통제와 자율성을 강조하는 점을 공유하고 있다. 이것은 생체에너지학이 강렬한 정서적 성향을 강조하고 타자에 의한 충격과 강력한 조정을 이용하여, 충동과 자생적 통제에 대한 굴복을 강조하는 것과 대조를 이룬다. 알렉산더 기법과 펠덴크라이스 요법만 두고 보면, 후자가 더 합리적이지는 않지만 통합에 대한 전망이 더 밝은 것 같기도 하다. 펠덴크라이스는 (단지 이성과 머리의 주된 통제를 강요하기보다) 정감, 성욕성 그리고 감각운동 체계의 다양한 중추의 중요성을 인식함으로써 신체에게 명령만 하는 것이 아니라 신체가 무엇을 요구하는지를 보다 더 잘 들을 수 있는 것 같다. 펠덴크라이스는 보다 대화적이고, 확산적이며, 감각적인 몸의 합리성을 제안한다. 반면에 알렉산더 기법은 종종 자기 중심적이고, 독재적인 이성에서 풍기는 너무 거칠고 오만한 목소리, 즉 한쪽으로 치우쳐 외고집의 통제를 행사하는 부정적인 백인 남성의 목소리처럼 들리는 것 같다. 이것이 철학의 전통적인 목소리라고 할 수 있을지 모르겠지만, 우리는 그것을 아직도 진정한 철학으로 간주할 수 있는가?

7장
문화다원론과 삶의 예술

> 인생은 그 자체가 무한한 특권이다. 당신이 인생이라는 차에 차비를 지불하고 탑승할 때, 어떤 동반자를 거기서 발견하게 될지 당신은 전혀 알지 못한다.
> ― 에머슨

I

사이버공간이라는 새로운 매체가 우리의 과학기술적 상상력을 지배함에 따라 우리의 문화적 관심이 문화다원론multiculturalism에 집중되고 있는 것 같다. 최근 가장 떠들썩한 유행어들 가운데 하나인 문화다원론은 혼란스러운 소동에 비해 명료한 메시지를 표현하지 못하고 있다. 세계화globalization의 자매 개념과 같은 문화다원론은 다소 모호하고 이론의 여지를 안고 있다. 세계화와 문화다원론 모두 다방면에서 보다 풍성한 세계 공동체를 열어가는 한 쌍의 열쇠로 격찬받고 있지만, 한편으로는 진정한 공동체와 문화의 기반이나 삶에 치명적인 위협이 될 수도 있다고 지탄받기도 한다.

세계화의 이름으로 해외 시장에서 새로운 소비자층과 값싼 상품들을 끌어들인다면, 자국 경제의 안정성은 위협을 당할 것임이 분명하다. 이것은 공장폐쇄와 대량 해고로 인한 만성적인 사회 불안과 노동계의 동요를 초래하기도 한다. 아직 완전하게 단일화되지 않은 유럽연합에 속한 국가에서 힘들게 벌며 살아가는 사회연금 수혜 노동자들에게는 더 값싼 외국 제품에 판매를 빼앗길지도 모른다는 두려움이 엄습한다. 세계화는 수세기 동안 제국주의의 잔인한 민족주의 전쟁의 목적으로 찬양되어왔고, 이제 다국적기업의 제국주의적 목적을 촉진시키는 데 이용되고 있다. 이것은 복지국가의 보호 법령(결국 편협한 쇼비니즘의 진부한 흔적이라고 비난받기도 한다)을 약화시킨다.

그럼에도 불구하고 우익 민족주의자들은 역으로 외국 노동자들과 이주민들에 대한 인종차별을 고무시키기 위해 세계화라는 모토를 휘두른다.[1] 세계화는 서양의 계약 법규와 상관례를 세계의 가장 먼 구석까지 실어 나르면서, 전통적인 사회적 속박으로부터 인간의 권리와 개인의 자유를 되찾아준다는 명분을 내세운다. 그러나 그것은 단지 달러의 전 세계적 폭리를 취하기 위해 종종 전통문화를 (그리고 그것의 다양한 가치를) 파괴시키는 것처럼 보이기도 한다. 세계화는 개인Person의 본질적 가치를 실제로 확립하고 있는가, 아니면 단지 소비자Consumer의 시장 기능을 확립하고 있는가? 만약 세계화에 무언가 명료한 점이 있다면, 그것은 그 자체의 복합성, 모호성 그리고 모순되는 가치들일 것이다.

내가 체험하고 있듯이, 문화다원론에도 당혹감과 혼합된 정서들

---

1 유럽의 관점에서 세계화에 대한 적극적인 비판은 Pierre Bourdieu, *Acts of Resistance: Against the Tyranny of the Market*(New York: New Press, 1999)을 참조하라.

이 중첩돼 있다. 나는 가끔 문화다원적 교육에 긍지를 갖기도 하는데, 그것은 내가 세 개의 대륙에서 네 개의 언어로 철학 활동을 한 이중국적자이기 때문이다. 반면에 일관된 문화적 훈련을 전혀 받지 못한 점이 불안하기도 하고 수치스럽기도 했다. 말하자면 나는 T. S. 엘리엇이 서구 문명의 골칫거리라고 비난했던, 일종의 뿌리 없는 유대인 지식인에 불과하지 않을까? 일본 태생의 미인이 나의 연인이 되었을 때, 나는 인종 간의 관계에 편견이 없는 점을 자축해야 하는지, 아니면 이국적 타자의 성애적 매혹을 이용하는 후기 식민주의 근성의 백인 약탈자로 자신을 경멸해야 하는지 다소 혼돈스러웠다. 인종적 관계로 그녀에 대해 생각해보는 것은 잘못된 것일까? 예상하건대 대부분의 독자는 문화다원론에 얽힌 막연한 불안감을 경험했던 자신만의 일화를 갖고 있을 것이다. 문화 전쟁이 있다면, 우리의 특정한 "주체 위치subject-position"와 개인적 당파성이 어떻든 간에, 우리는 문화다원론이 모호성과 양가성ambivalence이라는 혼돈스러운 뒤얽힘을 환기시키고 있다는 것을 알 수 있다. 문화다원론의 상이한 의미와 뒤바뀌는 용도들(그 개념을 충분히 이해하기에는 아마도 너무 다양하고 일관성이 없다)은 일련의 논쟁을 일으킨다. 다음 다섯 가지 쟁점을 살펴보자.

1. 문화다원론은 균등화에 대한 강한 사회적 압력에 직면하여 차이의 표현을 장려한다는 점에서 칭송받으면서, 기존의 지배적인 인종적 정체성을 우선시하는 것에 저항하는 문화적 타자성의 권리를 지지한다. 그러나 비평가들은 문화다원론의 다양성에 대한 지나친 강조가 사회적 신체를 서로 대립되는 파편들로 잘못 분해시켜, 민족적 정체성national identity을 잃게 할 가능성이 있다고 주장한다. 그들은 이 민족적 정체성의 통일시키는 힘이 효율적인 정치적 행동뿐만

아니라 심지어 더욱 충만한 자유의 성취와 모든 사람의 삶의 변성이라는, 문화다원론의 목적에 부합하는 진보를 이루는 데에도 요구된다고 보는 것이다.

2. 문화다원론은 소수민족들의 문화적 정당성을 인정함으로써 그들의 자존감을 높이는 데 기여하지만, 빈곤이나 정치적 부당함과 같은 더욱 심각한 문제에 대한 공적 관심을 흐리게 한다는 비난을 받는다. 빈곤이나 정치적 부당함과 같은 문제는 문화적 인식에 관한 논쟁을 만들어내지만 이러한 논쟁이 문화적 수단으로는 해결될 수 없다. 나도 역시 이러한 혐의를 받아야 했다. 랩 음악의 예술적 정당성을 입증한 나의 사례는 가끔 비난의 대상이 되었다. 이유인즉 미학적 인정aesthetic recognition이 다소 경제적 자유와 정치적 자유를 보증한다고(보상한다고) 가정하지 않았느냐는 점 때문이다. 예를 들면 랩의 예술적 가치를 입증하는 것이 흑인 빈민가(게토)의 범죄와 빈곤의 해악을 다소 해소시키거나 배상해주는 것처럼 생각될 수 있다는 것이다. 내가 무죄를 주장하고 정치학과 달리 제한된(하지만 여전히 가치 있는) 미학의 힘을 주장할지라도, 나는 사회적 권한 부여를 동반하는 혼돈스러운 문화적 승인의 위험을 알고 있다.

3. 문화다원론은 다양한 민족 집단의 문화적 전통이 더욱 힘 있는 문화적 압력에 의해 침식되지 못하도록 하고, 그들의 문화적 전통을 존속시킬 수 있다고 주장한다. 그러나 이러한 문화다원론은 역으로 개인의 가장 기초적인 권리인 자유를 침해한다는 비난을 받는다. 일부 사람들은 캐나다 퀘벡의 원주민과 새 이주민이 프랑스식 교육을 받아야 한다고 요청함으로써 프랑스계 퀘벡인의 문화를 소중히 하는 것이 바로 문화다원적 이상이라고 격찬한다. 반면에 다른 사람들은 이것이 개인의 자유를 억압적으로 침해하는 것이며, 새로운 문화

적 제휴와 진보적 혼합을 통한 폭넓고도 보다 진보적인 문화다원론을 반동적으로 거부하는 것이라고 매도한다.

4. 문화다원론은 비유럽권의 미적 전통의 다양성을 소개함으로써 새로운 문화적 풍요로움을 가져온다고 칭송된다. 그러나 문화다원론이 일관성 있는 규범에 뿌리를 두는 교육적 중심을 상실한다면 우리의 문화를 빈곤하게 만들 수도 있다는 비난을 받기도 한다. 비평가들은 그것이 인종적 타자성ethnic otherness이라는 문화적 잉크에 물드는 아마추어적인 단순한 문화 애호에 지나지 않는다면, 그것은 우리 문화를 빈곤하게 만드는 것 이상을 의미하지 않는다고 말한다. 설상가상으로 그것은 불리한 처지에 있는 타자들의 문화적 산물을 무례하게 약탈하는 것과 같다. 또한 전통적 규범을 옹호하는 사람들에게 문화다원적 절충주의는 위협적 존재이다. 문화다원론은 이러한 대대적인 유행 속에서 새로운 작품들, 새로운 스타일들, 새로운 표준들을 예고함으로써 우리의 예술적 전통을 근본적으로 다시 형성한다. 이것은 예술작품들의 의미 획득을 가능하게 하는 전통 구조의 완전성에 도전함으로써 기존의 가치를 위협하는 것을 통해 이루어진다. 더구나 구체적인 미학적 정당화를 통해서라기보다 윤리적 공정성이라는 보편적 주장을 기초로 하여 더욱 새로운 작품과 양식을 소개함으로써 문화다원론은 가끔 좋고 나쁨이라는 미학적 식별의 정당성에 도전하는 것 같다. 문화의 근거나 그 차이에 대한 이해가 더 이상 잘못될 수는 없을 것이다.

5. 마지막으로 문화다원론이 문화의 다양성을 강조하는 반면, 비평가들은 사실상 그것이 인종에 대한 문화적 허구성을 만들어 문화라는 개념의 혼동을 야기하고 피부색이라는 표피적 기준으로 문화를 개체화시킴으로써 실제적인 문화적 다양성을 무색케 한다고 주장한

다. 말하자면 아메리칸인디언의 문화다원적 권리는 옹호되지만, 나바호족, 세미놀족, 체로키족, 아파치족과 같은 각 종족의 특수한 문화적 차이는 그다지 존중받지 못하는 것 같다. 오히려 이 종족들의 문화를 소수민족 차별 철폐 정책의 도움을 받아야 하는, 정치적 부당함이 낳은 일반적인 희생양으로 한데 묶으려 하는 보편적인 관심사만 존중받는 것 같다. 미국의 디아스포라American diaspora에 속하며, 아프리카계 미국 문화라는 개념으로 크게 하나로 묶이는 아프리카 기원의 문화들도 사정은 마찬가지다. 문화다원론의 개념이 낳은 개별 문화의 흐려짐은 아시아계 미국인이라는 범주에서 훨씬 더 명백하게 나타나는데, 이러한 범주는 일본, 중국, 한국, 인도의 문화 그리고 다른 아시아 문화의 큰 차이점을 무시한다. 이 모든 것은 오늘날 문화다원론 개념이 일관되게 흘러온 문화에 대한 존중에 기초해 있지 않고 오히려 미국인들(그리고 유럽인들)이 "문화"라는 용어로 완곡하게 "인종" 문제를 대체시켜버리는 정치적 노선을 따라 조직적으로 저지른 극심한 사회적 부당함에 대한 슬픈 인식에 기초해 있다는 것을 시사하고 있다.

정말로 어떤 용어가 대조를 통해 그 의미를 획득할 수 있다고 한다면, 우리는 문화다원론과 대조되는 용어가 무엇인지 궁금해질 것이다. (거의 사용되지 않는 용어인) "문화단일론monoculturalism"보다는, "유럽중심주의Eurocentrism"가 오히려 문화다원론에 대립되는 용어인 것 같다. 그러나 사실상 문화다원론이라는 용어는 유럽 자체의 거대한 문화적 다양성을 드러내주지 못한다. 유럽의 문화적 다양성은 우리에게 이미 익숙한 미국의 문화다원적 오각형을 구성하는 5개의 민족적-인종적 범주보다 확실히 더 풍부하고 깊이 있다.

문화다원론이 혼동의 여지가 있고 논쟁적인 개념이라는 점은 그것이 쓸모없다는 것을 의미하지는 않는다. 모호한 용어도 중요하다. 그것들은 엄밀히 말해서 그 포용적인 모호성 때문에 정치적 슬로건으로서의 역할을 더 잘 수행하기도 한다. 그러나 문화다원론의 개념을 철학적으로 연구할 때, 우리는 그것의 정확한 의미가 문화다원적 논쟁의 특정한 문맥에 따라, 즉 민족, 학문, 혹은 시대에 따라 어떻게 바뀌는지 인식할 필요가 있다.

미국은 교회와 국가가 분리되어 있고 서로 다른 문화와 인종의 이주로 형성된, 비민족적nonethical 이데올로기를 내세우는 나라이지만, 역사적으로 영국계 미국인 문화가 지배적인 문화로 자리 잡았다. 미국의 문화다원적 논쟁에서 긴요하게 다루어지는 이슈는 독일과 같은 나라의 이슈와는 다르다. 독일의 민족 이데올로기는 (인구통계적 사실과 민족 이데올로기에 반대하는 최근의 입법부의 움직임에도 불구하고) 독일이 "이주민의 땅이 아니며", 독일의 민족적 정체성을 독일이 깊이 공유하고 있는 언어, 전통, 조상에 기초한 특수한 문화민족kulturnation이라는 낭만적 개념과 연결시켜야 한다고 강조한다. 독일은 또한 전후 계몽 세대가 외국 민족들에게 국가적 차원의 대량 학살을 자행했던 나치에 대한 생생한 기억과 투쟁하는 장소이기도 하다.[2]

---

2 Jürgen Habermas, "Struggles for Recognition in the Democratic Constitutional State", in Amy Gutmann, ed., *Multiculturalism: Examining the Politics of Recognition*(Princeton: Princeton University Press, 1994), 144~146을 참조하라. 많은 논란을 거쳐 1999년 5월에 제정된 새 시민권법에 따라, 2000년 1월 1일부터 독일에서 태어난 모든 사람에게, 즉 부모의 문화적 계통이나 혈통이 독일인이 아닌 사람에게도 시민권이 허용되기 시작했다. 그러나 여기에도 엄격한 제한이 있는데, 예를 들면 최소한 이들 부모 중 한 명은 이미 8년 동안 독일에서 합법적으로 거주했으며, 정상적인 장기 거주증을 가지고 있어야 한다.

그래서 독일의 문화다원적 논쟁이 시민권, 사회적 통합, 그리고 수많은 외국인 노동자들(주로 터키인들)과 그 가족에게 가해지는 폭력으로부터의 안전 문제에 초점을 두고 있다면, 미국에서의 문화다원론은 좀 더 다른 이슈에 집중하고 있다. 말하자면 (다른 민족의 이주로 인해 소수민족이 되어버린 아메리칸인디언의 문화를 포함하여) 이주로 인해 생겨난 다양한 소수민족 문화를 어느 정도로 구별해서 인식해야 하며, 또 이들에게 어느 정도의 보상이 주어져야 하는가? 또 통일된 미국 문화가 이러한 다양성 속에서 과연 유지될 수 있는가? 그리고 이 나라가 아프리카계 미국인, 아시아계 미국인, 라틴아메리카계 미국인, 유대인계 미국인, 폴란드계 미국인 등의 다중적 정체성, 즉 외국계 미국인의 정체성을 담는 용기일 뿐이라면, 국가적 이해관계를 위한 효율적인 정치적 과정을 보증할 수 있는 통일성을 어떻게 유지할 수 있는가? (캐나다와 핀란드같이) 경쟁적인 언어공동체가 있거나 두 가지 이상의 공용어를 사용하는 나라들은 그들 자체의 특별한 문화다원적 이슈에 직면해 있다. 프랑스는 과거의 식민지에서 건너온 거대한 이주민 집단을 공화주의의 인류 평등주의 이데올로기로 융화시키는데, 이는 강력한 중앙집권적 교육 체제에 따라 조직적으로 이주민 집단의 어린이들을 프랑스 문화에 순응시킴으로써 이루어진다. 따라서 프랑스의 문화다원적 투쟁은 최근에 이슬람교 여학생들의 차도르 착용과 같은 복장 위반 문제나 음핵 절제[이슬람 사회의 종교적 의식 가운데 하나로서 어린 시절에 행해진다]와 관련된 개인적 권리의 침해 문제에 가장 두드러지게 집중되어 있다.

같은 나라에서조차 문화다원론의 정확한 의미가 역사적 시기마다 서로 다를 수 있다. 왜냐하면 다양한 문화가 개별화되는 방식에서 변수들이 종종 작용하기 때문이다. 따라서 호레이스 캘런Horace Kallen

이 옹호한 1910년대와 20년대 미국의 "문화적 다원주의cultural pluralism"는 기존의 앵글로 문화의 헤게모니와 맞서 싸우는 소수민족 이주민들의 여러 유럽 문화와 훨씬 더 관련이 있다. 오늘날 문화다원론이 붐을 일으키기 전 후기 다원주의 운동처럼 유럽의 문화다원적 투쟁은 오늘날 문화다원론보다 훨씬 더 종교적 요인에 치중했다.[3]

결국 문화다원적 담론의 의미는 학문에 따라 크게 다르게 나타난다. 문학이 문화다원론을 문화적 헤게모니의 억압적 맹목성을 시정하기 위해 예술적 규준을 개정하는 문제로 다룬다면, 헌법 이론과 정치철학은 매우 다른 관점, 즉 집단의 권리와 개인의 권리 사이의 갈등으로, 또는 자유민주주의에 고유한 관용이라는 익숙한 패러독스의 관점으로 문화다원론을 바라본다. 예를 들면 언설의 자유는 증오 언설의 권리도 함의하고 있는가? 우리는 편협한 관점이나 실천들을 어느 정도까지 관용해야 하는가?

문화다원적 담론의 다중적 의미를 강조할 때, 나의 목적은 이러한 다양성이 중첩되는 문제들을 갖는 공동체에 뿌리를 두고 있다는 것을 부정하는 것이 아니며, 다만 문화다원론의 개념을 탐구할 때, 우리 관심의 맥락을 형성하는 철학적 논쟁의 유형을 명료히 해야 한다고 주장하는 것이다. 내가 문화다원적 이론에 관심을 가지게 된 것은 집단 대 개인의 권리에 관한 헌법 이론의 논쟁 때문도, 자유주의의 관용이라는 패러독스 때문도 아니다. 나의 최고의 관심은 미적 충동이 삶의 행위로 안내될 때, 그리고 철학이 비판적이고 개선적인 삶의 예술로서 고려되고 실천될 때 문화다원적 이해라는 관념이 자기 패

---

[3] 이러한 입장에 대해, 역사가인 데이비드 홀링거David Hollinger의 *Postethnic America: Beyond Multiculturalism*(New York: Basic Books, 1995)을 참조하라.

선화라는 기획으로 어떻게 통합될 수 있는가의 문제이다.

II

찰스 테일러는 문화다원론의 정치적 논제, 즉 집단의 권리, 관용 그리고 차이의 인식이 모두 독특한 자기 표현과 자기 패션화를 열망하는 개인의 욕구 문제로부터 시작된다고 강변했다.[4] 차별distinction이라는 불균등에 기초한 지위 중심의 전통적인 사회적 위계가 붕괴됨에 따라, 근대성은 인간의 개성에 근거한, 보편주의적이고 인류평등주의적인 존엄성의 의미를 발전시켰다. 그러나 우리가 개성을 실현한다는 관념은 18세기 말경, 도덕적 판단이 감정sentiment의 직관력에 근거한다는 루소의 관념에 힘입어, 보다 구체적이고 보다 개인적인 것이 되었다. 그리고 테일러의 관점에 의하면 "모든 인간은 자신의 기준과 분위기를 지니고 있다."는 요한 헤르더Johann Herder의 언급은, 결국 "진정성authenticity이라는 근대적 이상"으로서의 독창적인 자기 표현을 처음 도입한 것이나 다름없다. 테일러는 계속해서 "인간답게 되는 어떤 길, 즉 나의 길이 있다. 나는 나 이외의 누군가의 삶을 흉내 내면서 살아가는 것이 아니라 나의 길에서 나의 삶을 살도록 되어 있다."고 설명한다. 또한 그는 충만하고 진실한 삶을 살아가는 것이 개성을 표현하는 것이라고 주장한다.

그러나 진정성의 "목표, 즉 자기 완성과 자기 실현self-realization"은

---

[4] Charles Taylor, "The Politics of Recognition", in Gutmann, *Multiculturalism*. 이 단락과 다음 단락의 인용은 이 책의 30, 31, 32쪽에서 가져온 것이다. 이후 단락부터 이 논문을 참조하는 경우에는 괄호 안에 쪽수를 표기할 것이다.

개인의 타고난 자질 그 이상을 요구한다. 자기는 그 특성상 본질적으로 사회적이고 대화적이기 때문에 우리에게 우리 자신의 특질, 역할, 한계 그리고 가치에 대한 의미를 부여해주는 다른 자기들other selves과의 상호작용에 의해 구축된다. 우리의 가장 사적인 생각의 의미조차 타자들과의 대화에 의존하는 언어나 그 대화를 통하여 획득되는 언어에 기인한다. 그래서 우리가 우리의 존재에 대한 타자들의 인식을 얻지 못한다면, 자기라는 고유한 의미는 다소 축소되고 손상된다. 우리 자신의 정체성을 구성하는 데 도움을 주고 우리 자신의 자기 확신self-affirmation에 중대한 역할을 하는 타자들은 우리가 가장 좋아하는 절친한 벗들일 뿐만 아니라 우리를 가치 있는 것들로 안내하고 자기 실현을 위한 모델과 그 가능성, 그 지평을 설정하게 해주는 "유의미한 타자들significant others"(조지 허버트 미드George Herbert Mead)이기도 하다. 우리는 이 중대하고 절친한 수준에서 더 나아가, 우리와 상호작용하고 우리와 비교될 수 있는 더 넓은 사회집단의 인식이 필요하다.

근대적 자기modern self가 요구하는 것이 인간의 보편적인 본성에 대한 표현이 아니라 자기 특유의 진실한 정체성을 표현하는 것이라면, 우리에게는 단순히 인간으로서의 기초적이고 평등한 존엄성을 인식하는 것을 넘어 그 이상이 필요할 것이다. 즉 우리는 우리 스스로를 독특한 사람이라고 인식할 필요가 있다. 그러나 우리의 특성을 이루는 부분이 우리를 구성하는 독특한 인종·젠더·사회 집단(이 집단의 문화적 자원은 개인의 자기 패션화를 위한 도구를 제공한다)에 의존하기 때문에, 자신의 고유한 존엄에 대한 우리의 권리는 우리가 속한 이러한 집단들의 고유한 존엄에 대한 권리를 필요로 하는 듯하다. 특히 굴욕적 억압을 겪은 집단들의 경우, 자기 존엄은 그 자신이 속한 집단의 특별한 가치와 존엄에 대한 깨달음을 필요로 한다.

이런 점에서, "차이의 정치학은" 문화적 차이를 없애려고 하는 보편적 경향에 반대하면서 "보편적 존엄성의 정치학을 근본적으로 탈피한다."(39) 그러므로 테일러는 독특한 문화 집단들의 정체성을 유지시키고 보호하기 위해 그 집단들의 권리를 주장하는데, 심지어 그 구성원들의 자유에 대해 어떤 제한을 부과하면서까지 그들의 독특한 문화를 보호하려고 한다(예를 들면 퀘백에 거주하는 프랑스인들에게 불어로 가르치는 학교에 그들의 자녀들을 다니게 하도록 요청하는 것처럼). 테일러는 계속해서 그러한 집단의 권리는 역설적으로 자신의 독특한 정체성을 표현하고 이러한 독특한 표현을 지속시키기 위해 독특한 문화적 자원을 보존하려는 개인의 권리보다 커진다고 말한다. 왜냐하면 "문화적 구성원"으로서 개인의 "권리"[5]는 그 문화가 스스로를 보존할 수 있는 정치적 수단을 결여하고 있을 때 풍부한 의미를 가질 수 없기 때문이다. 그런 까닭으로 테일러는 (퀘백에 거주하는 프랑스인들의 문화처럼) 특별한 상황에서 위험에 처한 문화적 종의 생존을 확보하기 위해 개인의 자유를 무시하는 공동체적 목표의 적법성을 인정한다.

절차를 중요시하는 지배적인 자유주의 옹호자들은 공동체의 목표가 개인들의 중요하고 기초적인 권리에 의해 충분히 그 정당성을 부여받지 못한다면, 개인의 권리가 항상 우선시되어야 하며 "공동체의 선에 절대적으로 선행되어야" 한다고 반박한다. 이 자유주의 비평가들은 테일러가 주장하는 집단의 권리가 충분히 기초적인지를 의심

---

5 이 인용구는 Will Kymlicka, *Liberalism, Community, and Culture*(Oxford: Oxford University Press, 1991)에서 따왔다.

하면서, 문화적 타자성을 완전히 존중할 때 따르는 정치적 위험을 민첩하게 강조한다. 그들은 문화적 표현에서 나타나는 편협한 주장들을 관용해야 하는 딜레마를 지적하면서, 루슈디Rushdie[인도 태생의 영국 작가]에게 사형 선고인 파트와fatwah[종교적 문제에 대해 이슬람 법관이 내리는 재단]가 내려진 사건에서 보이는 근본주의나, 인종주의적인 증오 언술의 경우를 예로 든다.

나는 지금 이 중요한 정치적 논쟁을 뒤로 남겨두고, 사실상 이 정치적 논쟁이 비롯된 근원인, 자기 실현에 대한 기초적인 문화다원적 이슈에 더 철저히 집중하겠다. 테일러의 유용한 설명은 문화다원적 인식을 통한 정체성의 주장을 더 복잡하게 만든 복잡한 변증법을 보다 자세하게 살펴봄으로써 다듬어질 필요가 있다. 그것은 특히 테일러와 다른 철학자들이 무시하는 경향이 있는, 문화다원적 정체성에 대한 전혀 다른 접근에 의해 보완될 필요가 있다.

테일러에 의하면 우리의 정체성을 실감하게 해주는 독특한 자기표현self-expression에 대한 요구는 두 가지 근대적 현상으로부터 비롯된 것이다. 즉 고정된 귀족 사회의 위계에 의해 보증되었던 확고한(항상 그런 것은 아니지만) 정체성의 상실 그리고 인간 이성과 같은 보편적인 것에 의해 표현되는 것보다 더 "개성적인 정체성"(28)에 대한 새로운 욕망이 바로 그것이다. 테일러는 이러한 욕망의 기원을 18세기 후반에 나타난, 감정에 의해 인도되는 직관적인 윤리 의식의 옹호에 두는데, 이것은 "메마른 계산dry calculation"(28)의 과도하게 합리적인 윤리학에 대항하는 것이다. 이러한 욕망은 지난 2세기 동안 개인적인 자기 패션화에 대한 요구가 왜 늘어났는지를 가늠하게 하는, 세 번째 복합적인 이유를 제시한다. 전통적인 도덕적 규약에 대한 신뢰의 약화와 모든 보편적인 윤리적 원칙이 추정 가능한 인간 본질로부터 도출된다는 것에 대한 신뢰의 약화는 삶의 행위를 점점 취미와 스타일의 문제로 만들었다.

윤리학이 미학에 서서히 융합되면서, 종교 대신에 예술이 가장 신뢰할 수 있는 정신적 가치의 핵심으로 자리하게 된다. 성인이나 과학자를 대신하여 예술적 천재가 (전통적 법칙의 불변성을 넘어서는 실제적 권력자로서) 우리 문화의 영웅이 되었다. 그러나 (라이프스타일을 시장화하는 데 열을 올리는, 이윤에 굶주린 경제로 인해 의심할 여지없이 강화되는) 민주주의 이데올로기의 힘은 우리 모두에게 개인적 삶의 예술가가 되도록 요구한다. "모든 사람은 특별하다."는 것은, 마치 대량 생산되는 상품의 구입을 통해 우리의 독특한 고유성을 확보하라고 당혹스럽게 애원하는 것처럼, 광고의 낯익은 만트라 주문을 역설적이게도 읊조리는 것 같다.

테일러는 독특한 자기 표현에 대한 필요에는 우리의 정체성을 구축하는 사회집단의 특징적 문화를 인식하는 것에 대한 필요도 포함된다고 생각한다. 왜냐하면 문화는 우리에게 우리가 스스로 성취할 수 있는 것보다 훨씬 더 의미 있는 자기 표현에 대한 자원을 제공하기 때문이다. 우리의 삶은 우리가 속해 있는 보다 큰 집단과 역사의 일부로서 인식될 때 보다 원대하고 의의 있는 것이 된다. 그러나 테일러는 예술가를 진정한 개성authentic individuality의 예증으로 간주하면서, 뜻하지 않게 자신의 입장에 대한 어떤 문제에 직면하게 된다. 왜냐하면 예술가의 자기 표현이라는 근대적 패러다임은 바로 예술가를 형성시켜준 사회에 대한 비판적 거리와 대립적 자세를 포함하기 때문이다.[6] 마찬가지로 가장 유망한 예술적 창조성의 계기는

---

6 예술가들처럼 철학자들도 종종 그들 자신을 진실되게 표현하기 위해 문화의

협소한 민족적 애국주의의 소산이라기보다 문화 여행을 통한 모험의 산물인 것 같다.

문화적 차이의 옹호를 통한, 문화다원론의 자기 표현에 대한 확신에 있어서 다소 납득이 가지 않는 또 하나의 묘안이 있다. 테일러와 그 추종자들은 소수민족 문화를 지배 문화에 동화시키려는 경향에 대응하기 위해 그들 문화의 특성을 강조해야 한다고 주장함으로써 차이의 정치학을 정당화한다. 이러한 동화는 종종 소수민족 문화의 특수성을 암묵적으로 무시하거나 보편적 휴머니즘의 기치 아래 포섭함으로써 이루어진다. 그리하여 이 소수민족 문화들은 지배 문화에 비해 그다지 명료하거나 친숙하게는 아니지만 지배 문화가 표현하는 핵심적인 인간의 본질을 똑같이 표현하는 것으로 간주된다. 결국 이와 같은 본질주의는 피지배 문화들의 특수한 가치나 내용들을 빼앗아간다.

그러나 이 차이의 정치학은 스스로를 파괴하는 본질주의의 변증법을 자초한다. 문화다원론은 전통적인 보편적 휴머니즘이 유럽의 남근중심주의 헤게모니phallocentric hegemony를 가장한 억압의 신화라고 밝히면서, 문화적 차이에 대한 반본질주의의 중요성을 단호히 주장한다. 인간 정체성의 역사적 구축과 복합성을 인식하는 것이 중요하다는 것이다. 하지만 우리의 억압의 역사가 "소수민족" 문화를 개별화해온 문제적인 방식을 볼 때, 차이의 정치학은 종종 이기적인

보편적 사유 방식으로부터 비판적 거리를 유지할 필요가 있다. 우리는 이것을 니체와 같은 도전적인 인습 타파론자에게서뿐만 아니라 언어와 문화의 공통된 성질commonality을 볼 수 있는 안목을 지니고 있었던 비트겐슈타인게서도 발견한다. "철학자는 이념을 공유하는 시민이 아니다. 이것은 그를 철학자로 만드는 것이다." Zettel(Oxford: Blackwell, 1967), 455절.

것처럼 보이는 그 자체의 본질주의 형식에 급히 빠져든다. 자유경쟁 사회의 평등 이데올로기가 불이익을 당하는 민족 집단들에 대해 보상적인 호의를 요구하는데(이러한 민족 집단들은 더러 착취당하고 학대당해왔다), 이러한 자유경쟁 사회에서 개인들은 이와 같이 희생당하는 문화들과의 동맹을 통해 스스로를 증진시키려고 한다.

그리하여 문화적 본질의 공유는 종종 자의적이고 기회적인 것처럼 보이는 방식으로 상정되고 계획된다. 이와 같이 상정되는 본질의 공유라는 관점에서는 상이한 문화들이 한 덩어리로 취급되기 때문에 그것들의 가치 있는 특성을 모호하게 만들어버리지만, 이 문화들의 억압의 역사를 파생시켰던 인종과 피부색이라는 원시적 범주를 영속시킨다. 아시아계 미국인의 문화다원적 범주(이 범주는 인도아대륙 아시아인들을 원래 포함시키지 않았는데, 실제로 이들을 여전히 가끔 무시한다)는 차이의 인식이라는 정치학보다 "황인종yellow people"에 대한 인종차별주의의 본질주의를 더 많이 드러내 보이는 것 같다. 왜냐하면 그것은 중국, 일본, 한국, 태국, 베트남 그리고 미국에 존재하는 다른 아시아계 문화들의 중요한 문화적 차이를 잔인하게도 동질화하기 때문이다.[7]

(특히 어떤 문화의 본질이 상처받기 쉽고 또 모호하게 보일 때) 그 문화의 특성이나 특수한 본질을 지키기 위해서는 그 문화의 경계를 보호해야 한다. 문화다원론 옹호자들은 미국 사회가 그러한 특수한

---

[7] 1970년대 중반까지 인디언들은 백인으로 분류되었지만, 그들은 자신들을 소수민족으로 다시 분류해줄 것을 탄원했고 지금은 아시아계 인디언의 범주로 묶였다(예를 들어 2000년 인구조사에서). 하지만 사실상 차별 철폐 정책의 실천이나 문화다원론의 맥락에서 보자면, 아시아계 미국인으로서의 그들의 지위는 여전히 자주 무시당하고 있다.

문화를 포용할 만큼 열려 있어야 한다고 주장하면서, 가장 순수한 의미의 배제라는 분리주의적 전략을 종종 쓴다. 그들이 옹호하는 독특한 문화가 결코 순종이 아니라는 것과 오히려 잡종의 혼합 덕분에 그 문화의 특징이 두드러진다는 것을 알고 있을 때조차 그들은 분리주의적 전략을 쓴다. 랩 문화는 이러한 현상의 좋은 예를 제공한다. 샘플링sampling이라는 특유의 기법을 이용하면서 혼합의 미학을 찬양하는 랩은, 혹독한 도시 생활 속에서 미국 팝 문화와 아프리카에서 이주한 상이한 문화들이 혼합된 결과물이다. 그러나 랩이 혼성을 인정하고 전 세계 힙합 광들의 다양한 연합rainbow coalition을 포용하려는 열망에도 불구하고, 랩은 여전히 스스로를 흑인 게토 음악으로서, 특징적으로 그리고 가끔은 심지어 배타적으로까지 단언할 필요가 있다. 거부당한 문화들이 자신들을 거부했던 문화들을 거부함으로써 스스로의 본질적 가치를 지키는 배타의 변증법으로, 랩 분리주의자들은 유대인들처럼 자부심을 드높이는 고집 센 전략을 반복한다. 유대인들은 게토에서 비난받거나 박해받고 배제될수록 "선택받은 백성"이라는 자신들의 특수한 지위를 더욱 강조했으며, 자신들의 문화와 동일시되고자 하는 사람들에게 전향의 기회를 막는 장벽을 더욱 높이 쌓아올렸다.

이와 같이 본질주의는 물론 분리주의의 배타로 선회하는 것은 문화다원적 차이의 논리를 병들게 한다. 문화다원론이 문화적 차이를 주장하기 위해 보편적 인간의 본질에 대한 개념을 회피할 때, 그러한 문화적 차이들이, 일련의 상호 침투할 수 없는 문화들의 확고한 특징으로 굳어지게 될 위험이 있다. 또한 우리의 문화 집단을 그 경쟁 집단과 날카롭게 대조함으로써 정의할 때, 우리는 문화다원적 스펙트럼 내에서 상호 이해를 가로막는 장벽들을 배가시키게 된다. 문화다원적 인식의 목적은 단지 차이를 단호하게 주장하는 데 있는 게 아니라 우리 자신과 문화를 이해시키는 데 있는 게 아닌가?

차이에 대한 옹호는 다른 문화권의 사람들을 인식하는 데 적용되는 자유주의의 표준 공식, 즉 문화적 제국주의에 저항하는 열쇠인 것처럼 보인다. 문화적 제국주의는 다른 문화권의 사람들을 우리에게 단순히 동화시키고 다른 문화들의 차이를 무시한다. 그리하여 리처드 로티의 문화다원적 이해에 대한 신자유주의적 이상은 "'우리'의 의미를 우리가 이전에 '그들'이라고 생각했던 사람들에게로 확장시키는 것"이다.[8] 그러나 이처럼 위엄 있게 은인인 체하는 태도는 정말로 외국 문화를 그 자체의 완전성이나 가치를 갖는 것으로 전혀 신뢰하지 않는다. 테일러가 주장하듯이, "어떤 국민의 정체성이 다른 국민들의 정체성을 인정하거나 …… 다른 국민들의 정체성을 잘못 인정함으로써 부분적으로 형성된다면"(25), 다른 국민들은 단지 동화된 "우리"로서만이 아니라 존중받는 "그들"로서 인정될 필요가 있다. 우리가 이해하고자 하는 목적 아래 그들의 차이를 균등화하거나 무시함으로써 우리는 그들에게서 자신들의 "동등한 가치"에 대한 "외적 인정external recognition"을 빼앗고 있다. 이 외적 인정이란 테일러가 자기 존중self-respect에 필연적인 것으로 간주하는 것이다(64). 그러나 진정한 인정이 다른 문화를 우리의 관점이 아니라 그 자체의 관점에서 이해할 것을 요구한다면, 이것은 어떻게 가능한가? 우리는 어떻게 타자성에 대한 인식과, 공유하게 되는 이해 사이의 명백한 갈등을 극복하는가?

---

8 Richard Rorty, *Contingency, Irony, and Solidarity*(Cambridge: Cambridge University Press, 1989), 192.

생각건대 타자들의 문화와 비교하여 우리 문화를 지지하는 데 있어서 일방적인 강조가 문제이다.[9] 이러한 태도는 소수민족들의 문화가 우리의 인정을 획득할 수 있는 유일한 방식은 우리 자신의 문화에 동화되는 것이라는 로티의 전제를 분명 깔고 있다. 그러나 이러한 자기 긍정self-affirming의 자세는 또한 테일러가 언급한 다원주의적인 반대 요구counterclaim에서도 명백하게 나타난다. 즉 그것은 소수민족들의 문화가 주류 문화에게 독특하지만 동등한 자신들의 가치에 대한 "외적 인정"을 당당하게 요구해야 한다는 것이다. 이와 같은 자기 주장self-assertion의 단순한 논리를 넘어서, 나는 다른 접근을 제안한다. 그것은 바로 우리 자신의 고유한 의미를 검증하고, 심화시키고, 풍부하게 하기 위해 타자들의 문화에 대한 자기 도전적 탐구를 행하는 것이다.

III

문화적 타자를 더 잘 이해하도록 요청하는 일은, 이 요청이 가장 솔직한 경우일 때조차 우리 자신을 더 잘 이해하고 싶은 더욱 깊은 (가끔은 압도적인) 욕망을 내포하고 있다.[10] 타자라는 매체를 통해

---

9 이러한 문제의 또 다른 일면은 서로 다른 문화이지만 그것들이 상호 침투할 수 있는 여지가 많다는 점을 인식하지 못한다는 것이다.
10 나는 자신을 이해하고 풍성하게 하는 중요한 수단으로서 문화적 타자를 이해하는 점에 주목하겠지만, 생각건대 자신을 안다는 것은 타자를 제대로 이해하기 위해 필수적인 것임에 틀림없다. 우리는 보다 정확하게 타자를 이해하고 타자와 우리 자신의 유사성과 차이점, 양자 모두를 보다 잘 평가하기 위해 우리 자신의 신념과 관점이 무엇인지 알 필요가 있다. 우리는 하나의 장field에 입각

자기 이해self-understanding를 추구하는 것은 "자기를 아는 것"이라는 신탁의 명령을 반영하고 있다. 소크라테스가 타자들을 대화에 끌어들임으로써 신탁의 명령을 추구했을 때 이미 서양 철학의 전부가 설정되었다 해도 과언이 아니다.

타자의 이해를 통해 자기를 탐구하는 것은 상반되는 대비에 의해서만이 아니라 통합적인 참여에 의해서도 이루어진다. 우리는 우리 안에 있는 문화적 타자들을 발견함으로써 우리 자신을 더 잘 이해하게 된다. 때때로 이러한 타자들은 우리 안에 이미 깊이 자리하고 있기 때문에, 단지 그 존재를 드러내기만 하면 되지만, 때때로 타자들은 자기 자신 속으로 통합되기 위해 주변부에서 잠재적 차원으로 잠복하고 있다. 자기는 고정된 보편자도 아니고 불변하는 개인적 본질도 아니기 때문에 타자들을 통합시킬 수 있다. 변화와 상호작용을 통해 형성된 자기 자신은 자신의 통일성을 영구적인 요체로부터 획득하는 것이 아니라 변형 속에서의 안정성과 일관성으로부터 획득한다.

하지만 자기와 타자의 개념적 상호 의존성에서 나타나는 단순한 대비의 생산적 가치를 인식함으로써 시작해보자. 상보성의 논리에서는 무엇이든지 다 타자들에 의해 규정된다. 서양 철학에서 상보성 논리의 중요성은 헤라클레이토스로 거슬러 올라갈 수 있으며, 그것에 대한 근대의 최고의 옹호자는 분명 헤겔이다.[11] 그런 까닭으로 어

해서 어떤 것을 이해하게 되며, 타자가 우리 자신의 배경을 형성하는 장이라기보다 우리 자신이 타자의 배경을 형성하는 장이 된다.
11 상보성 논리의 계보, 니체와 해체주의에서 나타나는 상보성 논리의 전개/적용, 그리고 그것과 유기적 통일성이라는 중요한 미학적 개념의 연관성에 대한 보다 상세한 설명은 Richard Shusterman, "Organic Unity: Analysis and Deconstruction", in *Pragmatist Aesthetics: Living Beauty, Rethinking Art*(Oxford: Blackwell, 1992), 2nd ed.(New York: Rowman & Littlefield, 2000), 3장을 참조하라.

떠한 실체entity의 경계, 즉 그것의 개별적 특성individuation은 그 경계의 바깥에 존재하는 것에 의해 결정되며 그 경계를 둘러싸고 있는 장을 구성하는 것에 의해 결정된다. 다시 말해서 실체의 경계는 그 경계를 둘러싸고 있는 장 속에서 구축되며, 실체는 그 장의 부분들로부터 개별적 특성을 얻게 된다. 스스로를 하나의 자기로 이해하는 것은 자기 외부에 중요한 무언가가 존재한다는 것, 즉 자기를 대조적으로 규정하고 구별시켜주는 타자가 존재한다는 것을 알게 된다는 의미이다. 우리를 둘러싸고 있는 장들은 시공간적일 뿐만 아니라 사회적, 문화적이기 때문에 우리는 우리 자신의 문화와 자신을 규정하는, 문화적 타자에 대한 감각을 필요로 한다. 우리 자신의 문화와 자신은 문화적 타자의 배경에 의해 뚜렷이 규정된다.

자기 이해를 위해서는 타자가 필요한 이유가 자기를 그렇게 규정할 수밖에 없기 때문이라는 뻔한 논리적 입장을 초월하여, 타자는 자신의 경계를 볼 수 있고 검증할 수 있는 매체 혹은 대화의 파트너를 제공한다. 후기 헤겔주의자들post-Hegelians이 주장하였듯이, 또 이미 고대의 대화법 철학 전통이나 서한체 철학 전통에서 입증되듯이 이러한 대비의 테마는 여러 문화권의 소설 문학에서도 또한 명백히 드러난다. 소설의 주인공은 자신을 발견하기 위해서 낯선 나라와 황야(자연적 타자성은 토착 문화와 구별되는 아주 다른 삶의 방식을 요구하며 결과적으로 문화적 타자성이 된다)를 모험해야 한다.

문화적 타자를 만나는 것은 우리로 하여금 자기 주장과 자기 인식self-awareness을 촉진시킬 뿐만 아니라 우리가 진정 누구인가에 대한 보다 깊은 탐구를 고무시킨다. 한스게오르크 가다머는 편견에 대한 그의 유명한 논의에서 이 점을 명확히 한다. 그는 편견이 제한적이기 때문에 인식적으로 조절 가능하다고 본다. "우리는 편견이 우리도 모르는 사이에 계속 작동하는 동안 우리 스스로 [편견을] 감지하는 것이 불가능하며, 편견이 활발하게 자극될 때에만 감지할 수 있을 것이다." "심지어 과거의 텍스트와의 만남을 통해서도 이러한 자극을 받을 수 있으며" 그리하여 "우리 자신의 이해력을 지배하고, 우리 자신의 문화와 자기 자신을 구성하는 데 영향을 미치는 편견을 의식할 수 있게 된다."[12]

그러나 우리 문화를 더 잘 파악하기 위해 우리 문화를 다른 문화들과 단순히 대조시킬 때, 이해의 공유와 교감보다는 오히려 차이를 강조할 위험이 있다는 것을 잊어서는 안 된다. 더욱이 다양한 문화적 정체성은 그들의 본질적 차이, 즉 돌이킬 수 없는 차이를 가정함으로써 스스로의 경계를 정하고자 한다. 그렇다면 문화적 대조가 문화적 정체성들의 (분열의 투기장 같은) 적대적인 자기 주장으로 변하는 것을 어떻게 피할 수 있는가? 이러한 질문에 답변하기는 쉽지 않다. 왜냐하면 이와 같은 질문은 문화다원적 차이와 이해의 공유가 뒤얽힌 변증법 속에 자리 잡고 있기 때문이며, 또한 문화다원적 인식이 사회적 용인이나 문화적 특징, 그리고 차이를 무시당하는 것에 대한 경제적 보상 등과 같이 매우 다양하고, 자주 충돌하는 동기들motivations의 복합적인 그물망을 둘러싸고 있기 때문이다. 그러므로 조화롭게 지내려고 애쓰는 사람들도 때때로 주목받으려고 한다.

본질주의적 차이의 장벽을 피하면서 문화적 대조를 전개시킬 수 있는 한 가지 전략은 문화적 정체성들의 불변성을 느슨하게 하는 것이다. 대조의 관점에서 볼 때 문화적 정체성들의 구성이 그것들을 둘러싸고 있는 장 속에서 이루어진다면, 이러한 전략은 그것들의 맥락

---

12 H. G. Gadamer, *Truth and Method* (New York: Crossroad, 1982), 266.

적 특성을 인식함으로써 가능하다. 그러한 정체성은 매우 정확하게 정의될 수 있는 것도 아니며 엄격하게 정의될 수 있는 것도 아니지만, 그 장 속에서 변화하는 요소들과 더불어 변화해야 한다. 그 결과 자신의 장을 구성하는 타자들의 관점에 입각한 다른 맥락에서는, 우리의 자기 정의와 자기의 의미가 다르게 구축된다. 우리는 한 무리의 일본 여성들에 의해 둘러싸여 있는 자신을 갑자기 발견하게 될 때 자신이 백인 남자라는 것을 더욱 의식하게 된다. 마찬가지로 이러한 맥락적 상보성의 논리에 의해, 브르타뉴 지역이나 코르시카 섬의 민족주의자는 베이징에서보다 파리에서 프랑스와의 문화적 차이를 더 느끼는 경향이 있다. 왜냐하면 파리는 훨씬 더 극적인 대조의 영역을 제공하기 때문이다.

  나는 미국과 이스라엘의 국적을 동시에 가지고 있기 때문에 문화적 정체성의 변덕스러움을 겪은 적이 많다. 영어가 나의 모국어였기 때문에 나는 이스라엘인들에게 "영국계 미국인Anglo-Saxon"으로 규정되었고, 한편 미국에서는 영국계 미국인의 민족성과 전혀 다른 유대인으로 규정되었다. 이스라엘인으로서 나는 문화적으로 유럽과 매우 친밀감을 느끼지만 지리적으로는 아시아인이다. 그러나 히브리어는 결코 유럽 언어가 아니다. 그리고 이스라엘은 유럽 스포츠 연맹에는 속해 있지만(아시아 스포츠 연맹에는 가입되지 않았다!) 유럽연합에는 가입이 허용되지도 않았다. 동/서양 문화의 분리와 같은, 매우 이원항적인 대립의 부당한 분리로 인해, 이스라엘 문화는 중간 사선[/]에 거주하고 (그리고 고통 받고) 있는 것 같다.

  옥스퍼드대학 시절 나의 절친한 정신적 친구였던 한 시크교도가 나의 민족적 정체성에 대한 제3의 안을 제시했지만, 나는 내 자신을 이스라엘인으로 간주해야 할지 아니면 미국인으로 간주해야 할지

망설였던 것 같다. 나의 아버지와 조부모가 동유럽에서 왔기 때문에 나는 미국인도 이스라엘인도 아닌 본질적으로 동유럽 혈통이었다. 자기 자신을 규정하는 장이 다른 역사적 관점에서 다르게 도출될 수 있기 때문에 동시에 다양하게 변화하고 있는 여러 정체성의 맥락도 크게 증폭될 수 있다. 그리고 점점 가속화되는 물리적 변화의 속도와 정보의 흐름 속도가 우리로 하여금 우리의 맥락적 장들을 매우 급속하게 변경시키도록 만드는 세계 속에서, 우리의 정체성의 의미가 보다 많이 문제가 되었다는 것은 놀랄 일이 아니다. 이것이 주체의 분열에 대한 포스트모던적 개념에 연료를 지피는 것이라면, 그것은 또한 오늘날 문화다원적 정체성의 정치학에 대한 열정을 증강시킨다. 문화다원적 정체성의 정치학은 서로 다른 인종의 자기 긍정적인 통합을 통해 정체성의 모호한 의미를 또렷하게 만든다.

 문화적 타자와의 만남은 제2의 방식으로 자기 이해를 발전시킨다. 즉 단순한 대조가 아니라 융합accretion이나 흡수absorption를 통한 자기 이해를 발전시킨다. 바꾸어 말하면 다른 문화에 역점을 두어 우리 자신을 규정할 때, 우리는 그 타자들의 면모를 받아들임으로써, 그리고 이러한 문화적 교체의 복합적인 결과들을 통합함으로써 우리 자신을 변화시키고 풍성하게 할 수 있다. 이러한 자기 규정의 과정과 타자에 대한 자기 변형적 흡수self-formational absorption로 인한 발전을 통해 개인은 (니체가 말하듯이) "현재의 자기 모습이 된다becomes what one is."[13]

 T. S. 엘리엇은 자기 자신이 이질적인 문화적 세계 속에서 폭넓은

---

[13] 니체의 『이 사람을 보라』의 부제에서 따온 이 문구는 다음 장에서 더욱 깊이 있게 논의될 것이다.

읽기를 통하여 어떠한 방식으로 규정되고 변형되는지에 대한 좋은 증거를 제공한다. 다른 문화의 문학작품들을 이해하기 위해서는, 우리는 그 작품들의 의미와 신념의 구조를 어느 정도는 수용해야 한다. 엘리엇은 이에 대해 "당신은 당신 자신을 포기해야 하고, 그다음에 당신은 자신을 되찾아야 한다." "그러나 되찾게 된 자기 자신은 그 이전의 자기 자신과 결코 동일하지 않다."라고 말한다.[14] 엘리엇이 설명하기를 우리는 미숙한데, 아주 감동적인 저작물을 읽을 때, 저자의 "보다 강한 인성personality이 [우리의] 미숙한 인성에 밀어닥치고 침범하는 일이 일어난다." 그러나 우리가 그러한 경험을 많이 할수록 그리고 독서를 폭넓게 하면 할수록, 우리의 신념 구조가 균형 잡히고 조절되고 튼튼해지며, 어떤 한 명의 작가나 어떤 외국 문화에 일방적으로 사로잡히는 경우가 훨씬 적어지는 것 같다.

더구나 상이한 문화적 관점들은 종종 갈등을 일으키기 때문에 그것들의 다양성을 소화할 때는 먼저 그것들을 비판적으로 비교하게 된다. 그리고 이 과정은 상이한 관점들에 대한 비교 평가를 통해 우리가 개성selfhood을 형성하고 표현하도록 자극한다. 문화적 타자에 대한 폭넓은 읽기와 경험은 소중하다. 그것들은 일종의 정보의 축적이거나 "퇴적물로서가 아니라", "우리가 영향력이 큰 어떤 …… [작가

---

14 엘리엇의 인용은 스티븐 스펜더Stephen Spender의 "Remembering Eliot", in A. Tate, ed., *T. S. Eliot: The Man and His Work*(New York: Delacorte Press, 1966), 56과 T. S. Eliot, *Essays Ancient and Modern*(London: Faber, 1936), 102~103; T. S. Eliot, "Poetry and Propaganda", *Bookman* 70(1930): 602에서 했다. 읽기와 문화에 대한 엘리엇의 관점을 자세하게 논의한 것으로는 Richard Shusterman, *T. S. Eliot and the Philosophy of Criticism*(New York: Columbia University Press, 1988); "Eliot and Adorno on the Critique of Culture", *Theory, Culture, & Society* 19(1993): 25~52를 참조하라.

또는 문화의] 영향을 받는 과정에서 어떤 하나의 혹은 소수의 [작가 또는 문화에 의해] 지배받지 않게 된다는 것 때문에 소중하다. 매우 다른 삶의 관점들은, 우리의 정신 속에 상호 거주하면서 서로에게 영향을 준다. 그리고 우리 자신의 인성이 발휘되기 시작하며 우리 자신에게 고유한 각각의 보금자리를 찾는다." 그런 까닭으로 엘리엇은 편협한 문화적 쇼비니즘으로 전락하지 않고 가장 우리 자신의 것이라고 확인되는 세계와 문화를 더 잘 이해하기 위해 "우리가 낯선 시詩의 세계로 들어가려고 애쓴다."고 주장한다.

엘리엇은 그가 설복했던 것을 실천했다. 미주리 주 세인트루이스 태생인 그는 한때 프랑스와 인도 문화에 깊이 동화되었고, 나중에는 영국 문화에 자신을 철저히 투영시켰다. 그는 심지어 영국으로 귀화하고 영국국교회로 전향까지 했다. 엘리엇이 인도 철학에 일찍이 매혹되었다는 사실은 문화적으로 이질적인 것에 자기를 투영하는 것을 통한 자기 이해와 자기 패션화라는 문제에 있어서 특히 교훈적이다. 그의 실례는 실천적인 한계가 있다는 것을 시사한다. 말하자면 우리가 타자를 이해하고 수용하는 것이 우리가 자기에 대해 갖는 안정감과 친근감을 파괴할 우려가 있다는 것이다. 엘리엇은 원래 인도 철학을 박사 학위 연구의 최우선 주제로 삼고 싶었지만, 그 연구를 포기해야만 했다고 고백했다. 왜냐하면 최대한의 깊이로 인도 철학을 이해하는 일이 그 자신을 매우 다른 사람으로 변형시키는 것과 연관되어 있을지도 모르기 때문이었다. 그는 이처럼 실천적, 개인적 이유 때문에 자신이 아닌 매우 다른 사람이 되기를 바라지 않았다.

자기를 확장시키고, 자기를 검증하는 타자와의 만남은 자기를 풍성하게 하지만 한편으로 자기를 불안정하게 할 위험도 있을 수 있다. 이질적인 문화에 어쩔 수 없이 정착해야만 하는 망명자의 사례에서 알 수 있듯이, 이론적인 면에서 쉬워 보이고 한계가 없어 보이는 것이 종종 실천적인 면에서 많은 스트레스를 동반하거나 힘을 발휘할 수 없을지도 모른다. 나의 결론은 문화 여행cultural travel을 거부하는 것이 아니라 더욱 좋은 결실을 얻기 위해 그 위험과 한계를 인식하자는 것이다. 그것은 또한 미학적으로 공식화될 수 있는 것을 내어놓는 실용적인 방법이다. 우리는 자기를 풍성하게 하거나 규정하기 위해 문화적 다양성을 추구해야 한다. 그러나 이러한 추구는 그러한 다양성이 만족스러운 통일성 속에서 유지될 수 있는 정도에 한해서 이루어져야 한다. 다른 미학적 질문에 있어서도 마찬가지겠지만 어떠한 고정된 규칙도 이념적 균형을 위한 처방이 될 수는 없다. 취미가 천재성의 일정한 척도는 아니지만 최고의 천재성을 발견하는 데 필요한 것인지도 모른다.[15]

문화적 타자를 이해하면서 자기에 대한 더 나은 이해를 증강시킬 수 있는 방법들 가운데에는 대비contrast와 동화assimilation 이외에도, 제3의 방법이 있다. 바로 문화적 자기들이 우리가 지금까지 인식하지 못했기 때문에 충분히 이해하지 못했던 문화적 타자의 요소들로 실제로 구성되는 경우이다. 타자를 이해하게 됨으로써 우리는 우리 자신 안에 있는 타자를 이해하게 되고, 또 그렇게 함으로써 우리는 자기 이해를 증진시킨다.

주로 우리는 문화적 자기의 "개성"을 당연한 것으로 여긴다. 즉 우리는 우리 문화의 통일성과 자율성을 가정하지만, 문화적 자기가 다른 문화의 요소들에 의해 종종 부분적으로 구성된다는 것은 무시한

---

15 자기의 균형 있는 통일성과 풍성함의 문제에 대해서는 Richard Shusterman, *Pragmatist Aesthetics*, 9장; *Practicing Philosophy: Pragmatism and the Philosophical Life*(New York: Routledge, 1997), 1, 2, 5, 7장을 참조하라.

다. 우리는 다른 문화들을 본질적으로 타자라고 너무 극단적으로 간단히 간주해버린다. 다음 두 가지 점에서 우리는 우리 자신 안의 문화적 타자들을 깨닫는 데 실패한다. 즉 우리는 이러한 요소들, 즉 문화적 타자의 차원을 인식하는 데 단지 실패하거나 우리가 그것의 타자성을 인식할 때조차 이러한 차원의 풍부함을 이용하는 데 실패한다.

두 가지 예를 들어보자. 서양 철학은 (아시아 철학이나 아프리카 철학을 인정하고 존중할 준비가 미약하게나마 되어 있지만) 아시아 철학이나 아프리카 철학과 날카롭게 구별되는 경향이 있다. 그러나 서양 철학은 아시아나 아프리카의 철학적 전통에 깊이 빚지고 있으므로 서양 철학은 본질적인 철학적 타자들과 이미 통합되었다고 할 수 있다. 우리는 지혜의 여신, 아테나가 흑인인지 아닌지에 대한 논쟁("흑인 아테네Black Athena" 논쟁)에 가담할 필요도 없고 이집트가 그리스 철학의 일차적 근원이라는, 보다 급진적인 아프리카 위주의 논쟁에 관여할 필요도 없다. 궁극적 기원에 대한 진실이 무엇이든지 간에 고대 그리스 사상은 아시아와 아프리카의 철학적 근원에 깊이 영향 받았다는 사실은 명백하다. 초기 그리스 철학자들의 열전을 썼던 애국심이 강한 디오게네스 라에르티오스조차 철학이 그리스의 창안물이라고 강하게 주장하기는 했지만 (데모크리토스를 비롯해) 가장 주목할 만한 몇몇 그리스 사상가들이 인도의 "나체주의 수도사"와 이집트인들로부터 중요한 가르침을 받았다는 것을 인정한다.[16] 또한 (쇼펜하우어와 일부 철학자들과 같은) 근대 대륙의 철학이 아시아 사상으로부터 부분적으로 영향 받았으며, 또한 아시아 사

---

16 Diogenes Laertius, *Lives of Eminent Philosophers*, vol. 1(Cambridge: Harvard University Press, 1931), 445.

상이 에머슨Emerson에게 끼친 지배적 영향을 통해 미국 철학의 특징이 구축되었다는 것은 명백하다. 서양 철학 전통에서 이러한 문화적 타자들을 인식하지 못하는 것은 이러한 타자들에 대한 모욕일 뿐만 아니라 외적 인식의 실패이기도 하다. 그것은 또한 자기 인식의 실패, 즉 우리 자신의 문화적 이해가 결핍되는 요인이기도 하다.

철학 문화 영역 외에도 3장에서 다룬 미국의 컨트리 뮤직을 상기해보자. 컨트리 뮤직은 가장 애국적이고 쇼비니즘적인 분위기를 자주 드러내면서, "전적으로 미국적인" 음악으로 간주되고, 아프리카계 미국 음악이나 다른 민족의 음악과 날카롭게 구별된다. 그러나 컨트리 뮤직은 사실상 미국의 흑인 음악 전통에 깊은 뿌리를 두고 있다. 지미 로저스와 행크 윌리엄스와 같은 최초의 혹은 가장 정형적인 컨트리 스타들은 그들의 솜씨와 스타일을 흑인 연주자들로부터 배웠다. 이러한 영향이 그 근원에 있어서 너무나 명백했기 때문에 컨트리 뮤직은 (레코드 상점에서나 전문 음악 잡지에서) 처음에 흑인 음악으로 분류되었던 것이다. 팬들이 〈순수한 시골〉[3장에 나오는 컨트리 뮤지컬]의 특징으로 꼽는 스틸 스트링 기타 소리는, 사실은 1940년대 말경 하와이로부터 수입된 것이었다.

컨트리 뮤직이 다른 민족들의 음악에 기원을 두고 있다는 사실은 오늘날 컨트리 팬들에 의해 재빨리 잊혀졌다. 컨트리 팬들은 스스로를 컨트리 전통의 보호자들로 간주한다. 그 기원들은 시간이 경과했기 때문만이 아니라 가상의 문화적 순수성에 기초한 진정성의 모델을 보유하려는 욕구에 의해서도 대중의 의식 속에서 지워졌다. 문화적 융합이 좋은 결실을 맺는다는 사실에 기초한 대안적인 진정성의 모델을 추구하지 않았던 것이다. 그러한 순수성에 대한 욕구의 바탕을 이루는 것은 문화적 정체성이 다른 문화의 요소들을 포괄함으로써 본질적으로 약화되거나 무너져버린다는 잘못된 가설이다. 그러한 가설은 대부분의 문화가 혼성이거나 문화들끼리 상호 변증법적 교환을 통해 역사적으로 구축되어 있다는 명백한 사실 그리고 문화적 전통들이 문화다원적 근원들의 종합을 통해 대체로 더욱 강해지거나 풍부해질 것이라는 명백한 사실을 틀림없이 부정하는 것이다.

영어는 불어와 독어의 요소들을 흡수함으로써 폭넓은 영역과 힘을 획득했다. 미국 문화가 오늘날 그 뿌리인 영국 문화보다 더 유망한 것처럼 보인다면, 이것은 주로 연속적인 이민의 물결을 통해 생동하는 여러 상이한 문화의 통합이 낳은 산물이다(물론 모든 이주민이 자진해서 왔거나 행복한 것은 아니다). 유대인 문화조차 "선택받은 백성"이라는 완강한 분리주의 이데올로기에도 불구하고, 실제로 장수하고 풍성함을 유지할 수 있었던 이유는 문화적 적응력이 뛰어나고, 지배적인 주변 문화들, 즉 헬레니즘, 아랍, 유럽 문화를 유입하는 솜씨가 뛰어났기 때문이다. 문화적 혼합주의cultural syncretism는 이미 구약성서의 히브리 문화에서 입증된다.

우리 자신을 서양 철학자로서(혹은 컨트리 뮤직 팬으로서) 이해하는 데 있어서 우리의 전통을 형성하도록 도와준 이질적 근원이나 요소에 대한 깨달음이 요구된다면, 그러한 깨달음은 실제로 무엇에 도달하는가? 그것은 두 가지 차원으로 구별될 수 있다. 문화적 자기 안에서 타자를 깨닫는 것은 문화적 타자의 요소들에 대한 역사적 사실을 단순히 인식하는 것을 의미할 수 있다. 그러나 내가 보기에 그와 같은 사실 그대로의 인식은 우리 자신 안의 타자를 진정으로 이해하기에 충분한 것 같지 않다. 그렇기 때문에 그것은 우리에게 충만한 자기 이해를 제공할 수 없다. 그러한 내적 타자inner other를 단순히 인정하는 것 이상으로, 우리는 이전에 드러나지 않거나 암묵적으로 우리에게 속해 있던 것을 의식적으로 파악하고 소생시키기 위해, 스스로 내적 타자를 알고 그것을 통합시킬 필요가 있다. 여기서 교차 문화적 연구라는 개인적 훈련이 요구되는데, 이것의 범위와 보상은 계속 확장되고 있는 것처럼 보이지만 이에 따르는 "세계를 횡단하는" 여행의 위험은 결코 가볍게 볼 수 없다.

나는 개인적 경험을 통해 이러한 교차 문화적 연구의 단점을 알게 되었다. 왜냐하면 내 자신의 철학적 삶은, 내가 교차 문화적 연구를 구상하기 오래전에, 자기 실현에 대한 그러한 횡단 문화적 요청에 의해 이미 구성되었기 때문이다. 내가 16살 때 이스라엘에 정착하기 위해 출생지인 고향 미국을 떠나 유대 국가Jewish state에서 일과 공부를 하고 군복무를 한 것이 유대인으로서의 정체성을 깊이 깨닫게 해주었다면, 그것은 또한 나를 형성시켜주었던 미국 문화로부터 깊이 소외된다는 것을 의미했다. 역설적이게도 내가 미국으로 다시 돌아왔을 때 이스라엘인으로서의 나의 삶은 내 자신을 미국 유대인 공동체로 재통합시키는 것을 더욱 어렵게 만들었다.[17] 나는 미국으로 돌아온 후 거의 15년 동안이나 고향으로 돌아왔다고 쉽게 느낄 수가 없었다. 아마도 나는 앞으로도 결코 그렇게 느낄 수 없을 것이다. 대부분의 이중국적 소유자들처럼 내가 어디에 가더라도(이스라엘로 돌아가더라도), 그곳은 매우 다른 곳이었고, 앞으로도 매우 다른 곳이 될 것이다. 나는 이스라엘인으로서의 풍부한 경험에 감사하면서도 때때로 희석되지 않거나 모호하지 않은 미국인의 정체성을 상실했다는 생각에 슬픔에 젖었는데, 특히 내 자신을 미국적 프래그머티즘과 동일시하고 있는 점을 생각할 때 더욱 슬픔에 젖었다.

---

17 Shusterman, *Practicing Philosophy*, 7장을 참조하라.

그러나 내 자신 안에 매장되어 있는 문화적 타자를 소생시킴으로써 나의 정체성을 심화시키려는 욕망은 나로 하여금 다시 미국을 떠나게 했고 18개월 동안 베를린을 안식처로 삼게 했다(이 18개월의 경험이 이 책의 4장에서 다루는 도시의 미학을 완성하게 했다). 프래그머티즘 철학자로서, 나는 고전적인 미국의 프래그머티즘이 독일의 철학 문화의 심대한 영향을 바탕으로 도출되었다는 것과 또한 그것이 프랑크푸르트학파의 연구와 밀접하게 관련되어 있다는 것을 알게 되었다. 세속적인 유대인 지식인으로서 나는 이러한 문화적 정체성이 독일 문화의 영향을 깊이 받았다는 점을 인식하게 되었다. 내가 알고 있는 한, 나에게는 독일인 조상이 한 명도 없지만 나의 성조차 독어의 흔적을 지니고 있다. 나는 독일 문화를 이질적일 뿐만 아니라 적대적인 것으로 오랫동안 간주해왔는데도(그래서 독일 언어와 문헌조차 제대로 연구하지 않았다) 독일 문화는 부인할 수 없이 다방면에서, 심지어 나의 성 같은 개인적인 것에서도 나의 정체성을 특징지었다. 이러한 특징들에 더 명료한 의미를 부여하기 위해서는 그 특징들에 남겨진 문화와 언어에 대한 더욱 충분한 지식이 필요했다. 그러나 나는 책을 통한 학습의 한계를 알게 되었고, 이것을 극복하는 길은 독일로 거주지를 옮겨 살아보는 것임을 깨달았다. 내 자신을 안다는 것이 문화적으로 타자를 알게 되는 것을 의미한다면, 이것은 또한 다시 한번 미국 철학을 포함하여 미국 생활에서 나에게 가장 소중한 것들을 내 자신과 따로 떼어놓아야 한다는 것을 의미했다. 물론 자기 인식에 대한 철학의 요청은 그 목적이 평화와 평온함으로 종종 간주된다 할지라도, 그것이 손쉬운 것이라거나 문제의 여지가 없는 것으로 결코 지각되지 않았다. 그러나 독일에서 나는 철학적 자기 개선을 위한 건강한 고행asceticism과 우리가 감당할 수 없는 곳으로 우리 자신을 밀어붙이는 왜곡된 심리학적 자학self-torture 사이를 구별하는 것이 늘 쉬운 일은 아니었다.

  우주의 질서 안에서 우리가 얻는 이익은 항상 약간의 손실을 내포하는 것 같다. 그러나 나의 경험은 철학자들이 자기 자신들 속의 문화적 타자를 인식하고 통합하는 것에 대한 둔감한 거부 때문에 더욱 많은 손실을 감수해야 한다는 것을 깨닫게 해준다. 이와 같이 보다 큰 개방을 향한 절실한 요청은 강단 철학적 담론 속에 "타자"로서 개인적 경험과 개인적 증언을 포함시키는 일로 확장될 것이다. 이 글의 마지막 두 단락에서 소개한 나의 개인적 증거가 나를 다소 곤란하게 만들겠지만, 그것은 철학적 이유 때문이라기보다 오히려 스타일의 이유 때문이며, 또한 논리의 적절성 여부보다는 훌륭한 취미의 한계 때문이다. 우리는 자전적 세부 사항들은 우연적인 것이며, 반면에 철학은 필연적인 것에 오로지 관심을 두어야 한다는 주장으로, 자전적 세부 사항들의 사용을 금지시킬 수는 없다. 그러한 논쟁은 철학의 어떤 주제를 위해 효과적으로 작용할지도 모르지만 우연적인 자기 자신들에 대한 이해를 포괄하는 주제들에 대해서는 그다지 효율적이지 않다. 개인적인 것들이 명시적 담론의 차원에서 추방당했을지라도, 그것들은 표면 아래에서beneath surface 항상 우리에게 동기를 부여할 것이다. 개인적인 것들이 부적절한 이해에 대한 개인적 경험으로부터 비롯된 것이 아니라면 그리고 그러한 이해를 이론 속에서가 아니라 우리 자신의 구체적인 실천 속에서 개선하려는 소망에서 비롯된 것이 아니라면 자기와 타자에 대한 우리의 이해를 왜 철학화하겠는가?

8장
천재, 그리고 자기 스타일의 패러독스

> 오로지 천재만이 천재를 설명할 수 있다.
> — 영국 웨일스 지방 속담

I

스타일의 개념은 주로 순수예술에 초점을 맞추어 논의되고 있지만, 실제로 스타일은 우리 삶 속에서 훨씬 더 큰 역할을 하고 있다. 스타일은 우리가 입는 옷, 먹는 음식, 거주 환경, 교제할 대상의 선택마저 좌우하면서, 자기 실현이라는 윤리적 활동을 형성해준다. 그러므로 스타일은 고대의 철학자들이 "모든 예술 가운데 가장 가치 있는 것"이라고 간주한 것, 즉 "잘 살아가는 기술art of living well"에 영향을 미친다. 몽테뉴는 『수상록』에서 고대 철학자들이 이미 언급한 근대성에 대한 메시지를 확인하면서, 인간의 가장 "영광스러운 걸작은 고유하게 살아가는 것"이라고 주장했다. 자기 성찰적 드러내기introspective exposition와 같은 몽테뉴 자신의 걸작품들은 그의 삶을 떠나

서는 도저히 설명될 수 없다.[1]

몽테뉴의 삶과 문학은 각별하게 밀착되어 있어서 하나의 완성된 통일체를 이룬다. 우리는 예술이 항상 어느 정도 삶을 기초로 한다는 합리적인 가정하에서 순수예술의 스타일이 어떤 면에서 반드시 라이프스타일에 의존한다거나 라이프스타일이 예술품의 스타일을 형성한다고 주장할 수도 있다. 그리고 이러한 가정은 역으로 예술작품이 우리 삶에 영향을 미친다는 점도 결코 부정하지 않는다. 알려진 바와 같이 플라톤의 경우 예술이 윤리를 타락시킨다며 삶에 미치는 예술작품의 부정적 영향을 비난했다. 세네카와 같은 고대인들은 정말로 라이프스타일, 즉 개인의 스타일뿐만 아니라 사회나 시대의 스타일이 문필 스타일에도 자연스럽게 표현된다고 주장한다.[2] 그리고 이폴리트 텐Hippolyte Taine과 피에르 부르디외와 같은 현대인들도 예술작품의 스타일이 저자의 스타일적 기질이나 아비투스habitus에 의해 형성된다는 점을 강조하는데, 이는 예술적 장artistic field의 특정한 구조와 스타일의 선택을 포함하는 동시대의 사회적 환경 조건에 의해 형성된다.

그러나 고대와 근대의 지배적인 미학은 예술을 삶으로부터 분리시키는 전략을 따른다. 아리스토텔레스는 처음에는 예술이 윤리적 타락을 가져온다는 플라톤의 예술 비판을 해제시키기 위해 역으로 이러한 전략을 기민하게 전개시켰다. 예술과 삶 사이의 이러한 쐐기

---

[1] Michel de Montaigne, *The Complete Essays of Montaigne,* trans. Donald Frame (Stanford: Stanford University Press, 1965), 124(몽테뉴가 키케로를 인용하고 있는 곳)를 참조하라.

[2] Seneca, Letter to Lucillus, no. 114, in *Letters from a Stoic*(London: Penguin, 1969), 212~220을 참조하라.

는 꽤 합리적으로 예술을 제작(poesis 또는 making)이라고 정의함으로써, 또 제작을 실제적 행동real action이나 행함doing과 날카롭게 구별함으로써 절묘하게 도입되었다. 아리스토텔레스는 예술과 삶의 분리를 그의 확고하고도 유명한 실천과 제작(praxis/poiesis)의 구분을 통해 전개시켰다(『니코마코스 윤리학』 6권, 1140a1~1140b25). 아리스토텔레스가 말하길, 실천이나 행동—삶과 윤리학의 영역—은 행위자의 품성에 의존하며, 양자가 상호적으로 행위자의 품성에 영향을 미친다. 행동의 목적은 그 행위자의 외적 목표에만 있는 것이 아니라 미덕에도 있다. 그리고 우리는 어떤 행동의 가치를 결국 그 행동이 기여하게 되는 행위자의 품성과 분리시킬 수 없다. 반면에 예술작품은 숙련된 제작의 외적 산품인데, 이 산품의 품격(또는 가치)은 제작자의 품성과 관계가 없고 또한 예술작품은 제작자의 품성에 어떠한 상호적인 영향도 미치지 않는다. 미적인 것the beautiful을 제작하는 사람은 모든 면에서 추하고 비열할 수도 있다. 왜냐하면 결코 그의 품성이 미적인 작업에 의해 품위 있게 되지는 않을 것이기 때문이다.

예술작품과 예술가의 인격을 분리하는 것은 우리의 미학적 유산에 깊게 각인되어 있다. 그것은 20세기에 자크 마리탱Jacques Maritain과 같은 토미즘 철학자Thomist philosophers에 의해 다시 지지되고 있을 뿐만 아니라 엘리엇의 아방가르드 모더니즘의 핵심이기도 하다. 엘리엇의 유명한 "몰개성 시론impersonal theory of poetry"(「전통과 개인적 재능」이라는 글은 물론 다른 글에서도 공식화되었다)은 시인이 위대할수록 경험하는 사람과 창조하는 예술가 사이의 거리도 크다고 강하게 주장했다. 저자의 죽음이라는 더욱 급진적인 포스트모던 이념이 그러하듯이, 신비평New Criticism의 의도적 오류라는 교의(텍스트의 의미가 저자의 것이 아니라는 것)는 이러한 분리의 논리

를 훨씬 더 많이 따르고 있다.³

그러나 예술과 삶, 즉 제작과 행함의 더 위대한 통일성을 확언하는 대안적인 미학 전통도 있다. 이 책은 이전부터 이러한 미학 전통을 재생시키려는 나의 노력의 연장선상에 있다. 나는 이와 관련된 고대의 메시지와 이후에 몽테뉴, 니체, 듀이 그리고 푸코와 같은 현대인들이 공식화한 것을 상기시킬 뿐만 아니라 보다 새로운 프래그머티즘의 지침을 통해 대안적인 미학 전통의 발전을 추진하고자 한다. 자기 스타일화self-stylizing라는 체화되는 윤리학과 더불어 대중예술의 미학을 정당화함으로써 우리는 보다 넓고 민주적인 예술 개념을 수립할 수 있다. 그것의 대표적인 장르인 삶의 예술art of living을 모두가 실천할 수 있다면, 미는 예술작품에서만이 아니라 도덕적 완성, 정치적 공정 그리고 사회적 조화 속에서 훨씬 더 충만하게 표현될 수 있을 것이다. 삶과 품성의 형성이 최고의 예술일 뿐만 아니라 모두가 실천할 수 있는 것이라면, 미학은 자기 스타일화라는 개념에 보다 세밀한 주의를 기울여야 한다.

이 장에서 나는 바로 개인의 스타일이라는 개념으로부터 비롯되는 논제들의 주된 근원을 탐구한다. 먼저 에머슨, 니체 그리고 비트겐슈타인의 이론에서 종종 나타나는 수수께끼 같은 표현들을 검토해볼 것이다. 이 저자들은 삶의 예술에 대한 영향력 있는 옹호자들인데, 그들은 다른 예술작품의 스타일이 예술가의 기본적인 삶 혹은 품성의 스타일에서 자연적으로 생성된 결과라는 것을 더욱 강조한다. 자기 스타일화의 가장 기본적인 논제가 "개인이 스타일을 갖기 위해

---

3 엘리엇의 몰개성 이론과 후에 그것을 포기하게 되는 이유에 대한 상세한 설명으로 Richard Shusterman, *T. S. Eliot and the Philosophy of Criticism*(New York: Columbia University Press, 1988)을 참조하라.

서는 무엇이 필요한가?"라면, 그것은 즉시 더 구체적인 다음 질문들을 유발시킨다. 개인적 스타일을 위해서는 유일한 천재성이나 독특한 품성이 어느 정도로 필요한가? 또한 실제로 그러한 천재성이나 품성은 무엇을 의미하는가? 그리고 그것들(그리하여 스타일)이 어떻게 획득되는가?

이러한 질문에 답할 때, 에머슨, 니체 그리고 비트겐슈타인의 이론들은 우리를 풍부한 다의성과 경외심을 자아내는 심연의 모체로 빠트리는데, 이 풍부한 다의성과 심연은 일련의 매우 매혹적인 패러독스들에서 절정에 이른다. 그 패러독스는 첫째, 개인적 스타일의 힘이 개성individuality에서만 나오는 것이 아니라 개인적인 힘 그 이상의 것에서 비롯된다는 것이다. 둘째, 스타일을 획득하는 비밀은 우리가 우리 자신에게 진실해야 하지만 또한 우리 자신을 다른 무엇으로 변형시킬 수 있어야 한다는 것이다. 셋째, 자기 스타일을 완성해가는 천재성을 획득하려면 완벽에 가까운 고된 노력과 같은 참을성 있는 훈련이 요구되지만 자기 단념self-abandon이라는 도약을 통해 자기를 내버려둠으로써만 또한 가능하다.

이와 같이 매혹적인 복합성을 끄집어내기 전에, 스타일의 명료성을 위한 어떠한 논의도 포괄적generic 혹은 분류적taxonomic 스타일이라는 개념과 개인적 스타일이라는 개념 간의 통상적인 구분에 유념해야 한다. 분명하지만 아마도 사소한 점에서 개인이 분류적 스타일의 개념을 보여준다면 (예를 들어 한 여인이 금욕주의 스타일이나 쾌락주의 스타일로 산다면, 또는 바로크 스타일로 그림을 그린다면, 또는 17세기 스타일로 글을 쓴다면, 또는 샤넬 스타일로 옷을 입는다면) 그녀는 어떤 스타일을 보여주고 있는 것이다. 그러나 개인이 스타일을 갖고 있다고 말할 때, 그것은 보편적인 스타일을 공유하는 타자들과 예술가를 구별해주는, 훨씬 더 특수하고 개성 있는 무언가를 의미하며, 또한 그것은 "서명signature"과 같이 예술가를 개인적으로 돋보이게 하는 것을 의미한다. 이런 의미에서 보편적이거나 분류적인 스타일의 개념을 보여주는 것은 스타일을 갖기 위한 충분조건이 아니다. 그것은 또한 필수조건도 아닌 것 같다. 전통적인 어떠한 분류적 스타일의 개념도 예술가의 특별한 스타일에 맞지 않을 수 있지만, 바로 그러한 이유 때문에 그녀의 스타일이 강하고 독특하다고 주장한 어떤 저자의 언급이 쉽게 짐작된다.[4] 그럼에도 불구하고 스타일의 분류적 범주는 필수적이지도 충분하지도 않지만 개인의 스타일을 특징짓는 데 유용할 것이다.

II

그러면 개인이 스타일을 갖는 데에는 무엇이 요구되는가? 개인적 스타일의 원천을 설명할 때, 에머슨, 니체 그리고 비트겐슈타인과 같이 사려 깊은 사상가들은 두 개의 개념, 즉 천재성genius과 품성character을 자주 환기시켰다. 어원학적으로 품성과 스타일은 밀접하게 연결되어 있다. 즉 두 개념 모두 새기고 쓰는 기술로부터 유래되었는데, 처음에는 납작한 표면 위에 뚜렷한 기호 또는 표시를 조각하

---

[4] 그러한 스타일은 강하고 영향력 있기 때문에 그 자체가 일종의 분류적 스타일로 확립될 수 있을지도 모른다. 예를 들어 우리가 다른 예술가들의 작품에서 반 고흐의 스타일이나 헤밍웨이의 스타일, 샤넬 스타일을 알아볼 수 있는 것처럼 말이다. 말할 것도 없이 포괄적인 스타일이 문맥에 따라 상이하게 분리될 수도 있다. 예를 들어 우리는 추상적 스타일, 또는 더욱 특수하게 추상표현주의 스타일이나 추상적 미니멀리즘 스타일 등으로 언급할 수 있다.

는 뾰족한 도구를 나타내는 말이었다. 그리하여 누군가의 스타일이나 품성은 자기 자신에게 새겨진 특별한 인상imprint이라는 의미를 지니고 있다. 천재성이라는 개념이 라틴어 자식을 보다(gignĕre) 혹은 그리스어 태어나다(γίγνεσθαι)라는 말에서 유래된 것을 보면, 천재성은 자기의 타고난 특성 또는 천부적인 재능을 의미한다.

그러나 천재의 궁극적인 근원은 초자연적인 것, 즉 "모든 사람이 태어날 때 나타나는 그를 수호하는 신tutelary god 또는 그를 수행하는 영혼"을 가리키는 그리스어 다이몬daimon(δαίμων 혹은 δαιμόνιον)의 개념으로 다시 거슬러 올라가는데, 이 수호하는 신이나 영혼은 "태어나는 사람의 운명과 품성을 지배한다."고 한다.[5] 에머슨이 언급하였듯이, "고대인들은 천재나 선량한 수호신Daemon이 모든 사람을 통솔한다고 생각했으며, 자신이 고통을 겪을 때마다 천재나 선량한 수호신이 자신을 좋은 과정이나 성공적인 과정으로 인도한다고 여겼다. 이 천재는 어떤 경우에 불가사이하게 들리거나 보일 수도 있는데, 가령 별로 나타나서 인도를 받는 사람의 머리 바로 위에 혹은 머리에 붙어 있다고 여겨졌다." 그러나 이러한 "수호 천재guardian genius"는 오로지 인간 주체에게만 조용한 목소리로 매우 명료하게 자주 드러나는 것이다. 수호 천재는 바로 소크라테스의 용어라고도 할 수 있는, 고대의 가장 유명한 다이몬 개념과 일치하는 것이다.[6]

나중에 인도하거나 수호하는 영혼들은 다른 신의 숭배를 철저

---

5 "demon" and "genius" in *Oxford English Dictionary*, 2nd ed.
6 Ralph Waldo Emerson, "Demonoloy", in *Early Lectures of Ralph Waldo Emerson*, vol. 3(Cambridge: Harvard University Press, 1972), 160을 참조하라. 또한 Emerson, *Lectures and Biographical Sketches*(New York: Houghton and Mifflin, 1911)에 있는 이 강연의 후기 판본을 참조하라. 이 텍스트에서 에머슨은 "마력을 지닌 존재"에 대한 괴테의 설명을 인용하면서도 이에 반대한다.

히 경계하는 일신론적 교회에 의해 사악한 악마demon로 해석되었다. 그러나 개인을 인도하고 지배하는 인간의 영혼 혹은 의사 신적인quasi-divine 영혼이라는 오래된 천재의 의미는, 그럼에도 불구하고 대체로 인간의 내적 품성으로 흡수되기는 했지만 근대의 천재 개념에 여전히 남아 있다. 우리는 이것을 천재와 마력을 지닌 존재das Dämonische에 관한 에머슨과 괴테의 관점에서뿐만 아니라 그들보다 훨씬 신학적이지 않은 니체에게서도 만나게 된다. 니체는 천재가 인도하는 외침에 귀 기울이지 않는 것, 즉 천재의 완전한 상실에 대해 다음과 같이 경고한다. "자신의 천재성을 회피하고 자신과 자신에 관한 모든 것 그 이면에서 교활하게 좌지우지하는 사람보다 더 불쾌하고 황폐한 인간은 존재하지 않는다." 우리의 유일한 수호 천재는 인격화된 특이한 외적 신성으로부터 개인화된 고유한 영혼으로 이상화된다. 그러나 니체는 마치 그것이 가끔 외적으로 시각화될 수 있는 것처럼 다음과 같이 말한다. "우리 각자는 자신 내부에 우리 존재의 핵심을 이루는 생산적인 특성을 지니고 있다. 우리가 그것을 깨닫게 될 때, 우리 자신의 유일성의 표시인 기묘한 반영半影이 우리 주변에 나타난다." 전술된 바와 같이, 천재는 외부에서든 내부에서든 강력한 영혼에 의해 개인에게 새겨지는 (스타일이나 품성 같은) 독특한 표시이기도 하다. "인간의 품성은 그 자신의 천재성[daimon]이다."라고 고대인 헤라클레이토스가 선언했으며, 한편 우리 시대에 비트겐슈타인이 "천재성의 척도는 품성이다."라고 역으로 주장하면서 헤라클레이토스의 언급과 깊은 관련성을 보여주었다.[7]

---

[7] Friedrich Nietzsche, "Schopenhauer as Educator", In *Untimely Meditations*, trans. R. J. Hollingdale(Cambridge University Press, 1983), 128, 143. 이후부터 *S*로 표시

품성, 스타일, 천재성이라는 개념은 고대 어원을 공유할 뿐만 아니라, 중립적 의미와 칭찬적 의미 사이에서 발생하는 계통적 모호성을 공유하고 있다. 모든 사람은 단순하게 말해서 (매우 경미할지라도) 타자들의 인격이나 태도와는 구별되는 자신만의 인격이나 태도를 지니고 있다. 따라서 약하고 둔감한 품성이든 진부하거나 서투르고 멋없는 스타일이든 간에, 우리는 누구든지 어떤 종류의 품성이나 스타일을 지니고 있다. 그러나 이 말은 누구든지 품성이나 스타일을 규범적으로 갖게 된다거나 이것이 칭송된다는 것을 의미하지는 않는다. 더욱 적극적이고 강제적인 것이 존재 또는 행함에 대한 인간적 방법personal way 그 이상으로 요구되기도 한다. 천재성도 마찬가지이다. 천재성의 평범한 의미는 사람의 "성격적 기질", "성향" 또는 "성향과 결부되는 타고난 소질"을 나타낸다. 그러나 천재성의 칭찬적 의미는 "고귀한 타입의 타고난 지적 능력" 또는 "상상력이 풍부한 창조, 독창적 사고, 창안 또는 발견이라는 비범한 능력"을 함의하고 있다. 전자의 의미에서 새뮤얼 존슨은 "모든 사람은 자신의 천재성을 지니고 있다."고 주장하지만, 후자의 의미로는(새뮤얼 존슨이 1755년에 편찬한 유명한 사전에는 이 후자의 의미가 포함되어 있지 않았다) 엄선된 엘리트만이 진정한 천재성을 지닐 수 있다고 주장한다. 숭고하고 낭만적인 의미로서 천재성은 타고난 재능과 단순히 동일시되기보다 오히려 타고난 재능에 비해 더 칭송받는다.[8]

한다; G. S. Kirk and J. E. Raven, *The Presocratic Philosophers*(Cambridge: Cambridge University Press, 1966), 213에서 헤라클레이토스 단편 119 인용; Ludwig Wittgenstein, *Culture and Value*(Oxford: Blackwell, 1980), 35. 이후부터 *CV*로 표시한다.

[8] 새뮤얼 존슨의 인용 구절(이다음 문장은 "나의 천재성은 항상 극단적인 행위 안에 있다."이다)은 "genius" in *Oxford English Dictionary*, 2nd ed에 인용된 1780년의 편지에 나온다. 이 단락에 나오는 다른 인용도 출처가 동일하다.

그렇다면 천재성, 스타일, 품성을 칭찬적 의미에서 진정하게 구별해주는 것은 무엇일까? 단순한 유일성singularity은 답변으로 충분하지 않으며, 더구나 규칙을 깨트리는 일탈도 충분하지 않다. 어떤 기벽이 스타일로 설명되거나, 어떤 기괴함이 품성으로 간주될 수 있으며, 어떤 기행이 천재성으로 가장될 수 있기 때문이다. 괴테가 불평했듯이, 그러한 혼동들은 위험할 정도로 흔한 것이어서, "천재가 되는 것이 쉬운 것"처럼 보일 수도 있다. 왜냐하면 목적이나 용도가 없는 어떤 부조리한 일이 편벽한 기준에 부합할 수 있기 때문이다. 강퍅한 외고집과 규칙을 위반하는 것이 천재의 명분이라고 제멋대로 조장될 수도 있다. 그러한 남용을 피하기 위해 칸트는 천재성을 특수한 "생득적인 심적 소질(*ingenium*)"이라고 정의하는 수고를 아끼지 않았으며, 또 "이 심적 소질을 통해 자연이 예술에 규칙을 부여한다."고 했다. 이러한 규칙들이 과학적 용어로 공식화될 수 없는 독창성을 요구하기 때문에 그것들은 단순한 학습이 아니라 천부적 재능으로부터 생성된다(칸트는 "사람이 태어날 때 부여받게 되는 수호하고 인도하는 독특한 영혼"이 그러한 규칙들의 영감을 샘솟게 하는 원천임을 암시한다). 다른 한편 "기발한 난센스가 있을 수 있으므로", 천재성은 모방할 만한 성공적 모델 또는 "평가의 규칙"과 같이 표준을 설정하는 역할을 한다는 점에서 기발한 난센스와 구별되어야 한다.[9]

이러한 예증은 스타일, 품성, 또는 천재성 개념에 칭찬적인 힘을 부여하는 것이다. 그러나 이러한 칭찬적인 힘이 어떻게 유일성보다는 본성nature에 의해 보증될 수 있는가? 본성에는 모방할 만한 하나

---

9 J. W. von Goethe, *Aus Meinem Leben: Dichtung und Wahrheit, Goethes Werke*, vol. 10(Hamburg: Christian Wegner, 1959), 161(나의 번역); Immanuel Kant, *Critique of Judgement*, trans. J. C. Meredith(Oxford University Press, 1986), 168~169.

의 규칙으로서 기능할 수 없는 난센스와 기괴함이 존재한다. 이에 대한 에머슨의 해결은 천재성의 규준을 다양한 본성의 기초적, 통일적 영혼을 형성하는 진리 속에, 즉 정신적 진리 속에 훨씬 더 깊이 정초하는 일이다. 에머슨은 또한 "천재"가 "진리에 대한 자발적 지각과 자발적 현시이다. 천재의 목표는 절대진리Truth이다. 천재가 공상이나 환각과 교류한다는 생각, 즉 무언가 환상적이고 비실재적인 것이 그 안에 내재한다고 생각하는 것은 잘못된 것이다. 천재는 가장 진실한 영혼이다."라고 언급한다. 그리고 진리는 정신의 진리이지 "사실facts, 형상figures, 기간dates 그리고 수치measures의 진리가 아니다. 즉 진리는 조악하고 저급하고 감각적인 진리가 아니라 절대이념Idea의 진리이다."라고 말한다. 이와 같이 진실성 속에 천재를 자리하게 하는 것은 에머슨만이 아니다. 괴테도 신비한 마력을 지닌 존재를 인정하지만, "천재Genius에게 요구되는 처음과 마지막이 진리의 사랑"이라고 주장했다.[10]

그러나 진리는 그 자체의 패러독스를 제공한다. 왜냐하면 니체가 제시하고 있듯이 거짓과 사기는 본성, 특히 인간 본성을 이루는 가장 깊은 진리의 일부가 아닌가? "위선적이고 잔인하고 모순적이며 속임이 만연한 무의미한" 세상에서, "살기 위해서는 …… 우리는 거짓말을 해야 할 필요가 있다. 즉 거짓말은 살기 위해서는 필연적인 것이며 존재의 위협적이고 미심쩍은 품성 가운데 일부이다. …… 그것을 해결하기 위해서, 인간은 본성적으로 거짓말쟁이여야 하는데, 무엇보다도 예술가여야 한다." 그리고 천재의 가장 위대한 업적은 정확히 말

---

10 Ralph Waldo Emerson, "Genius", in *Early Lectures of Ralph Waldo Emerson*, 71, 73(이후부터 G로 표시한다)과 Goethe, *Maximen und Reflexionen*, in *Goethes Werke*, 12(Hamburg: Christian Wegner, 1967), 472를 참조하라.

해서 "거짓말하는 천재genius in lying"로부터 산출된 것이 아닌가? 예술뿐만이 아니라 "형이상학, 종교, 도덕, 과학", 이 모두가 우리의 자연적이고 필연적인 "거짓말하려는" 의지, "'진리'로부터 도망가려는" 의지, "'진리'에 대한 부정"의 의지에서 비롯되는 것 같다. 이러한 능력 그 자체, 이 능력 덕분에 [인간은] 거짓말을 통해 실재를 위반한다. 탁월한 인간의 이러한 예술적 능력을 그는 존재하는 모든 것과 공유하고 있다. 결국 인간 자신은 실재, 진리, 본성의 일부이다. 그렇다면 어찌 인간이 거짓말하는 천재가 아닐 수 있겠는가!"[11] 천재가 진리와 본성의 기둥에 의존한다면, 진리와 본성은 역설적이게도 다시 거짓말에 의존한다.

매우 폭넓은 본성과 진리의 가치를 통해 고귀한 천재의 특성을 정의할 때 또 다른 난제들이 제기된다. 왜냐하면 모든 인간은 본성을 지니고 있기 때문이다. 그래서 원칙적으로 진리는 모든 사람에게 공통된 것이 아닌가? 천재가 특수성을 함의하고 있다면, 그것이 속물적인 엘리트주의를 어떻게 피할 수 있는가? 그러나 역으로 진실로 천재가 모든 사람에게 보편적인 것이라면, 천재는 어떻게 독특한 모범적 지위를 보유할 수 있는가? 다른 한편으로 천재가 다른 사람들을 위한 적절한 모델로서의 지위를 갖는다면, 그것은 개인적 힘 그 이상을 나타내는 것 아닌가? 듀이가 "민주주의의 철학자"라고 칭했던, 천재에 대한 이론가 에머슨은 하나의 패러독스를 수단으로 하여 해결책을 제시함으로써 이 딜레마의 뒤얽힘을 피하기보다 오히려 정면으로 부딪힌다. 그 패러독스는 천재의 특성이 매우 보편적인 것을 더욱 심도 있게 표현하는 것일 뿐이라는 것이다.

---

11 Friedrich Nietzsche, *The Will to Power* (New York: Vintage, 1968), 853절.

어떠한 예외를 막론하고, 다음 두 가지 점에 있어서 천재는 보편적이다. 천재의 최고 기능은 단순한 사건들과 일상적 삶의 평범한 특성 속에 숨겨져 있는 놀랄 만한 가치, 정신 그리고 신적 위엄을 드러내는 것, 그리고 단조로운 일상적 존재에 내재하는 경이로운 시구를 드러내는 것이다. 에머슨이 말하기를 "우리는 천재에게 늘 은혜를 입고 있다." 말하자면 "보편적인 것으로부터 커튼을 들어 올리고, 겉보기에는 한 무리의 집시와 행상인들 같지만 그들 안에 신성이 위장되어 있다는 것을 우리에게 보여주는" 은혜를 입고 있다. 그러므로 천재는 과시를 피하고 가장 보편적인 재료를 사용하고, "열정적인 사상을 간단한 말로 표현하려고" 노력할 때, 가장 성공적인 결실을 거둔다. "다이아몬드처럼 천재성과 미덕은 장식이 없다. 즉 천재성과 미덕은 납lead 속에 숨겨져 있고, 빈곤 속에 숨겨져 있다."[12]

하지만 천재는 인류의 공통된 마음heart과 영혼soul에 대한 가장 완벽한 표현이라는 점에서 또한 보편적이다. 천재는 자신의 높은 시야로 인해 고독하게 보일 때조차, "사람들의 영혼"을 "항상 대표하고" "사람들의 영혼"과 "소통한다". "천재는 우리에게 그의 안녕wealth을 알리는 것이 아니라 공익commonwealth을 알린다."(G, 81, 83) 천재는 속물적인 위신도 마술적 마케팅도 아닌 자발적인 지각의 권위를 지니고 있다. 이 자발적 지각이란 "공통된 애정을 보다 크게 흡수하는 것", "우리보다 더욱 깊이 인간 본성에 공감하는 것"이다.[13] 그리고

---

[12] Ralph Waldo Emerson, "Works and Days", in *Society and Solitude*(New York: Houghton Mifflin, 1912), 176; "Poet", in Ralph Waldo Emerson, *Collected Poems and Translations*(New York: Library of America, 1994), 207; "Domestic Life", in *Society and Solitude*, 115; "The American Scholar", in R. Poirier, ed., *Ralph Waldo Emerson*(Oxford: Oxford University Press, 1990), 145.

[13] Ralph Waldo Emerson, "The Oversoul", in Poirier, *Ralph Waldo Emerson*, 162; G, 82.

천재는 이러한 평범성으로 인해 모든 시기와 시대를 만족시키기 때문에 늘 신선하다. "왜냐하면 자발적인 평범성은 국부적이거나 개인적인 것이 아니라 모든 인간의 내발적 영혼으로부터 흘러나오는 것이기 때문이다."(77) 자신의 이웃의 재능을 하찮게 여기고 시기하는 바로 그 사람이 진정한 천재적 인물을 칭송하게 될 때, 그는 행복하다. 왜냐하면 "다소 역설적으로 말하자면 천재적 인물은 그 사람보다 그 사람의 모습을 더욱 생생하게 간직하고 있기 때문이다. 그가 영혼Soul을 보유하고 있듯이 천재적 인물도 영혼을 보유하고 있지만, 그 사람보다 더 깊이 보유하고 있다." 천재의 표현은 "영혼의 목소리, 즉 모든 사람을 만든 영혼이지만 특별한 한 사람을 통하여 듣게 되는 영혼의 목소리"이다. "영혼은 감지되자마자 가장 내부의 자기 자신으로부터 생성되는 목소리로 받아들여진다." 에머슨은 "천재의 본질"이 "자발성Spontaneity"이라고 결론 내린다(70).

천재를 규정하는 그러한 자발성은 천재를 칭송하는 구경꾼들도 공유한다. 왜냐하면 우선 자발성은 단지 천재성을 연마하는 개인에게 속하기 때문이며, 더 정확히 말해서 자발성은 천재성에 의해 파악되고 훈련되는 개인에게 속하기 때문이다. 천재들은 천재성의 주인이 아니라 천재성의 하인이나 사절단, 또는 도구이다. 천재성이 갖는 자발성은 개인의 의식적 의지 저변에서 그의 통제력을 초월하는, 인간의 에너지 그 이상이다. 천재성은 "규칙에 따른 숙련된 기술, 습관, 실제적 솜씨, 그리고 노동이 아니며 경험적 솜씨는 더욱 아니다. 그것은 결코 인간이 취급할 수 있거나 설명할 수 있고 소통할 수 있는 것이 아니며, 심지어 할 수 있거나 할 수 없다고 논할 수 있는 그 무엇이 아니다. 그것은 항상 자신을 누르는 힘, 즉 자신의 통제에 구속받지 않는 일종의 열광enthusiasm인데, 이 열광은 그로 하여금 자신의

발을 떼어 옮기게 하고 이러저러한 방식으로 끌고 가는, 하인이 아닌 주인이다."(G, 70)[14]

이러한 무의지적 측면은 비록 상이한 방식이지만 많은 사상가에 의해 뒷받침되었다. 니체는 "천재성"이 인간의 합리성이나 의식적 통제보다 훨씬 더 강한 힘을 갖는 "본능에 거주한다."고 주장했다. 니체는 이러한 힘을 절대영혼이라는 선험적이고 신학적인 개념에 위치시키는 에머슨과 달리 오히려 이러한 힘이 무의지적이고 초월적인 인간의 능력에서 비롯된다고 보는 자연주의적 그림을 그린다. 천재는 "엄청난 힘이 축적되어 있는 폭발물이다. 천재의 전제 조건은 천재를 위해 항상 역사적으로 그리고 생리적으로 오랫동안 쌓이고, 축적되고, 저장되고, 보존되어온 것이다. …… 그리하여 어떤 우연한 자극이라도" 그의 동의를 구할 필요 없이 "천재성을 세계 속으로 충분히 불러낼 수 있다." 축적된 에너지의 과잉, 즉 천재성은 "강이 육지를 범람하는 것과 다를 바 없는 무의지적 숙명fatality"이다.[15] 천재성이 개인적이고 의식적인 통제를 초월하여 존재하는 힘이라면, 우리는 각각의 천재가 개인적인 것 이상의 그리고 개인적인 것과 다른 무언가를 나타낸다는 패러독스에 내재하는 또 하나의 층을 발견하

---

14 이러한 개념들은 훨씬 뒤에 에머슨의 저술, "Art", in *Society and Solitude*, 48~49에서 더 확고해진다. 예술가는 자신의 동료들뿐만 아니라 "모든 사람의" 찬사를 받는 작품을 낳기 위해 "자신의 개성을 버려야 하며, 어떠한 당파성이나 태도나 연령도 초월한 사람이 되어야 한다. 그러면 모든 사람의 영혼이 예술가를 통해 평소에 호흡하는 공기처럼 예술가의 폐를 순환한다. …… 즉 그는 그 자신의 말을 하려고 하거나 그 자신의 일을 하려고 하거나 또는 그 자신의 생각을 내세우려 해서는 안 되고 보편적인 마음을 움직이게 하는 어떤 기관organ이 되려고 해야 한다."
15 Friedrich Nietzsche, *Twilight of the Idols*, in Walter Kaufmann, ed., *The Portable Nietzsche*(New York: Vintage, 1968), 44절, 547~548.

게 된다. 말하자면 "아주 엄격히 말해서 그 자신의 사고는 그 자신의 것이 아니다." 왜냐하면 그가 그러한 사고를 통제할 수도 없고 그 사고의 기원을 완전하게 설명할 수도 없기 때문이다.[16]

에머슨은 스타일에 대해서 이와 비슷한 입장을 취한다. 왜냐하면 에머슨은 다양한 표현의 가능성에 대한 신중한 선택을 포괄하는 것이라는 스타일에 대한 보편적 정의에 반대하고 있기 때문이다. "인간의 스타일은 자신의 통제하에서 오로지 부분적으로만 드러나는 자신의 지적인 목소리Voice와 같다." 그리고 우리의 목소리와 같이, 우리가 스타일의 특징적인 높낮이를 바꾸려고 애쓰거나 타자의 스타일의 음색을 모방하려고 해도, 스타일은 항상 그것의 독특한 색조를 주장할 것이다.[17] 화려한 술책의 어떠한 무기도 그것을 위장시킬 수도 변형시킬 수도 없다. "당신의 의지대로 어떤 언어를 사용해라. 그러면 당신은 결코 당신의 있는 모습 그대로를 제외하고 어떠한 것도 말할 수 없다." 그리고 당신의 현재 모습, 당신의 품성(그것은 "가장 고차원적 형식의 본성이다.")은 흉내 낼 수 없고, 꿰뚫어 볼 수 없는 "힘", 즉 신비적인 천재 혹은 품성을 결정한다고 주장되어온 다이몬과 같이 "지성보다 더 고차원적이며", "우리의 의지를 초월하는" 힘

---

[16] Ralph Waldo Emerson, "Quotation and Originality", in Poirier, *Ralph Waldo Emerson*, 438. 이후부터 *QO*로 표시한다.

[17] W. Gillman et al., eds., *The Journal and Miscellaneous Notebooks of Ralph Waldo Emerson*(Cambridge: Harvard University Press, 1960), 3: 26을 참조하라. 현대 미학에서 넬슨 굿맨이 마찬가지로 "대안들 가운데 의식적 선택"의 기능으로서 스타일의 개념을 거부하고, 대신에 징후로서의 스타일의 개념을 제안한다. 말하자면 징후로서의 스타일의 개념은 에머슨이 설명하고 있는 개인 특유의 "목소리"와 거의 비슷한 것이다. Nelson Goodman, "The Status of Style", in *Ways of Worldmaking*(Indianapolis: Hackett, 1978), 35를 참조하라.

이다.[18] 그리하여 페트라르카Petrarch가 에머슨보다 오래전에 시적으로 암시한 바와 같이 우리는 자신의 천재성을 넘어서는 독특한 스타일을 결코 추구해서는 안 된다.[19] 스타일이 뽐내는 태도와 제멋대로의 자세 때문에 망쳐질 수 있다면, 또한 스타일이 (그것이 본질적으로 존재하기 때문에) 자유롭고 충실한 자기 표현을 요구한다면 개인은 어떻게 스타일을 추구해야 하는가?

III

"스스로를 믿으라." 그러면 당신은 독특한 스타일뿐만 아니라 진정한 천재성을 획득할 것이라고 에머슨은 과감하게 결론 내린다. "당신 자신의 생각을 믿는 것, 즉 솔직한 심정으로 당신에게 진실해지는 것이 모든 사람에게 진실해지는 것이라고 믿는 것, 이것이 바로 천재성이다." 어떤 것도 "우리 마음의 고결함integrity"보다 더 "신성한" 것은 없기 때문에 타자들을 모방하는 것은 자기에게 그리고 스타일 면에서 "자살행위"나 다름없다. 관례와 기존의 도그마에 순응하는 것은 스타일을 질식시키고, 자기를 모호하게 한다. "그러나 당신 [자신의] 것을 행하라." "그러면 나는 당신을 알게 될 것이다."(SR, 30, 31, 33, 35)

---

18 Ralph Waldo Emerson, "Worship", in *The Conduct of Life*(New York: Houghton Mifflin, 1904), 226; "Character", in *Essays*(New York: Dutton, 1942), 253, 261; "Self-Reliance", in *Essays*, 38(이후부터 *SR*로 표시한다); "The American Scholar", in Poirier, *Ralph Waldo Emerson*, 38을 참조하라.

19 스타일이 천재를 초월하여 확장될 수 없다고 주장하는 그의 소네트Sonnet 68을 참조하라. "표준이 아니더라도 천부적인 다른 스타일로che stilo oltro l'ingegnium no si stende."

라고 에머슨은 말한다.

에머슨에게서 영감을 얻은 니체는 "우리의 품성, 즉 위대하고 진귀한 예술에 스타일을 부여할" 필요가 있다고 주장하면서, 에머슨과 같은 답을 제시한다. "당신 자신이 되어라!"라고 니체는 조언한다. "모든 스타일은 훌륭하다. 스타일은 실제로 우리의 내적 상태를 전달한다." 자기 스타일을 가꾸는 것은 자기에게 충만하고 자유로운 표현을 부여하는 것을 의미한다. 그러므로 다수에게, 그리고 다수의 관례에 순응하는 것은 스타일에는 치명적이다. 니체는 스타일에 대해 다음과 같이 권고한다. "우리 자신의 길을 지켜라." 말하자면 "진정한 자기 안에 내재하는 근본적인 법칙"을 따르라.[20] 비트겐슈타인도 이와 마찬가지로 스타일이 단순한 기술의 문제가 아니라 "정신"의 문제이기 때문에 "자신의 내부 깊은 곳에서 생생하게 자라나는 것"이라고 주장한다. 또한 그는 스타일과 품성의 관련성을 확인하면서, "스타일은 사람 그 자체이다Le style c'est l'homme même."라는 뷔퐁Buffon의 잘 알려진 격언을 인용한다.[21]

그러나 스타일이 단지 자기 표현에 지나지 않는다면, 그것은 위대하고 힘든 업적, 즉 (니체의 용어로는) "위대하고 진귀한 예술"(GS, 232)과 같은 규범적인 미학적 힘을 어떻게 획득할 수 있는가? 왜냐하면 우리 모두 의식적인 의사소통 행위에서만이 아니라 몸의 자세, 걷는 모양 그리고 제스처의 버릇과 같은 비반성적 행동에서도 어쩔 수 없이 우리 자신을 표현할 때가 있지 않은가? 그런데 이러한 비반성

---

20 Nietzsche, *S*, 127, 129; *Ecce Homo*(Leipzig: Kröner, 1930), bk. 3, 4절(나의 번역); *The Gay Science*, trans. Walter Kaufmann(New York: Vintage, 1974), 338절. 이후부터 *GS*로 표시한다.

21 Ludwig Wittgenstein, *CV*, 3, 53, 78.

적 행동도 개인의 스타일을 시사하는 것이 아닌가? 단순한 자기 표현이 아니라 독창적인 자기 표현으로 스타일을 재정의함으로써 이러한 질문에 대응한다고 해서 이에 수반되는 난제들을 모두 피할 수 있는 것은 아니다. 왜냐하면 에머슨, 니체 그리고 비트겐슈타인은 한결같이 충실한 자기 표현이라는 관점에서 독창성을 정의하기 때문이다. 에머슨은 "독창성"이 "존재being, 우리 자신이 되는 것, 우리가 보는 것과 우리의 현재 모습 그대로를 정확하게 알리는 것이다."(QO, 438)라고 말한다. 비트겐슈타인이 설명하고 있듯이 "당신이 당신 자신이 아닌 다른 어떤 사람이 되기를 원하지 않는다면, 이미 거기에서 훌륭한 독창성이 개시되는 것이다." "거짓말을 하지 않는 사람은 이미 충분히 독창적이다. 왜냐하면 결국 소망할 가치가 있는 독창성은 일종의 영리한 속임수일 수도, 개인적인 기묘한 버릇일 수도 없기에, 그 독창성은 당신이 바라는 만큼 독특한 것이기 때문이다."(CV, 60)

틀림없이 이러한 관점은 세련된 감정을 드러내고 있지만, 정말로 설득력 있는가? 우리가 아무리 정직함의 진가를 인정할지라도, 정직함이 독창적 스타일을 설명하기에 충분한 것 같지 않다. 자신이 아닌 다른 사람이 되려고 노력하지 않는 겸손하고, 정직하고, 대체로 평범한 사람들, 즉 아마도 그렇기 때문에 여전히 독창성을 결여하고 있고 스타일이 없어 보이는 그들에 대해 생각해보라. 물론 그들은 우리가 앞에서 확인했던 중립적 의미에서 개인적인 말투나 제스처의 스타일을 지니고 있을 것이다. 이 중립적 의미를 따르면, 우리 모두가 개인적인 지문 패턴을 갖고 있듯이, 사람은 누구든지 어떤 유형의 개인적 스타일이나 품성을 지니고 있다. 그러나 이런 종류의 스타일이 아무리 정직한 것일지라도, 그것은 우리가 칭찬하거나 획득하려고 분투하는 것이 될 수 없다. 말하자면 그것은 피할 수는 없지만 훌륭한 본보기는 되지 못한다.

  비트겐슈타인은 독창적 스타일이란 우리 자신에게 진실한 것이라는 개념에 대해 이미 다른 사람들이 "훨씬 더 잘" 제시했다고 주장하면서(CV, 60), 그것에 대한 논의는 하지 않는다. 그러나 그는 또한 독창적인 천재성을 과감하게 우리의 품성에 진실한 것과 동일시함으로써 그러한 스타일의 개념을 강화시킨다. 단순한 재능은 "전체 인간"(ganzer mensch, CV, 65)을 표현하는 데 충분하지 않다. 천재는 "품성 자체가 거침없이 드러나는(sich ausspricht)" 것을 필요로 한다. 우리 자신이 되는 것이 왜 독창적 스타일을 낳게 되는지를 보여주는, 아마도 가장 명료한 논의를 제공한 사람은 니체일 것이다. 그러나 그러한 논의는 자기에 대한 자유로운 표현인 스타일이 동시에 자기에게 강요되는 힘들고 벅찬 구속, 즉 "스타일의 구속"(GS, 290절)으로 어떻게 묘사되어야 하는지를 설명해주는가? 또는 그러한 논의는 스타일이 품성이나 천재성과 공유된다는 중립적이고 규범적인 의미에 대한 보편적인 혼동을 단지 반영하는 것이 아닌가?

  니체의 첫 번째 전략은 생명-존재론적bio-ontological이다. 모든 개인의 독창성은 그를 생성시킨, 반복될 수 없는 결합의 요소들이 갖는 특이성uniqueness 때문에 존재론적으로 보장받는다. "모든 사람은 그가 세상에서 오로지 한 번만 독특한 존재가 될 것이라는 것과, 상상할 수 있는 어떠한 우연chance도 잠시 동안이라도 그 자신과 같은, 기묘하게도 각양각색의 개체적 분류들을 단일체로 묶을 수 없다는 것을 실제로 너무나 잘 알고 있다."(S, 127) 우리는 모든 사람이 어떤 점에서 독특하다는 것, 즉 정확한 유전적 체질, 신체적 특징, 지문 그리고 전기적 자료에서 미약하나마 서로 다르다는 전제에 동의할 수도 있다. 그러나 이와 같은 전제는 그러한 사소한 차이들로부터 생기는 특이성이 규범적이고 중대한 의미의 독창성을 구성한다는 결론에 이르지는 않는다. 우리가 자동적으로 그리고 존재론적으로 독특하다면, 독창적 스타일은 왜 그러한 노력을 필요로 하며, 또한 그것은 왜 소수의 선정된 사람에 의해서만 성취되는가?

그러나 니체는 스타일의 독창성과 관계있는 아주 사소한 특이성의 어떤 차원이나 정도를 무시하지 않는다. 그 대신에 니체는 (에머슨 이후에) 다음과 같이 주장한다. 우리가 소심하게도 사회의 "관습과 평판" 뒤에 숨어서 우리의 특이성, 즉 우리 "자신의 진정한 자기"를 대체로 짓누르기 때문에 독창성이 너무 진기하고 힘든 것처럼 보인다는 것이다. 진정한 예술가들은 "모든 인간이 독특한 기적의 산물이라는 법칙"을 밝히기 위해 관례에 저항함으로써 자신들의 모습을 부각시킨다. "그들은 우리에게 존재하는 그대로의 인간의 모습, 즉 인간은 스스로 자신의 모든 근육의 최종적인 움직임까지 더욱 특이하게, 그리하여 특이하지만 엄격하게 일관성을 지키는 가운데 아름답다는 것을 과감히 보여준다. 그런데 그들이 그러한 인간의 모습을 보여주는 것은 주목할 가치가 있으며 또한 그들은 결코 지루한 방식으로 그것을 다루지 않는다."(S, 127, 129)

에머슨의 경우처럼 니체의 수사학은 개인의 독특한 "진실한 자기"와 그 자기를 숨기고 짓누르는 외적인 사회 관습이라는 날카로운 이분법을 제시하고 있다. 하지만 그러한 이분법은 명백히 문제가 있으며, 특히 이 문제를 설명하기 위해 존재론적 관점을 끌어들일 때 더욱 그렇다. 첫째, 우리가 자기의 특이성을 자기를 구성하는 데 수반되는 광대하고 반복되지 않는 요인들이 결합한 산물이라고 간주한다면, 왜 사회적 요인과 관습이 "각양각색의 개체적 분류"를 구성하는 요소들이 될 수 없는가? 말투나 걸음걸이의 개인적 스타일은 말

씨나 신체 행위 등 공유되는 사회적 실천과 분리되는 것이 아니라, 그러한 사회적 실천을 통해 발전된다. 언어뿐만 아니라 근육의 움직임에 대한 정밀한 스타일과 유형조차도 사회적 맥락 속에서 배우게 된다. 심지어 개성을 표현하는 데 있어서도 자기는 사회적으로 구성되기 때문에 우리는 사회적 관습이나 신념과 전적으로 동떨어진 또는 그것들과 대립되는 "진정한 자기"를 호소할 수 없다.

더구나 니체 자신의 형이상학은 고정되고 자율적인, 변화하는 상황을 회피할 수 있고 자기에게 영향을 미치는 요소들로부터 독립적인 "자신만의 진정한 자기"를 소유하고 있는 개인이라는 개념을 받아들이지 않는다. "본질적으로 성향을 타고나는 존재"라는 바로 그러한 개념은 "우리가 절대적으로 깨트려야만 하는 독단적인 개념"이라고, 니체는 불만을 토로한다. "실제 세상에서 …… 모든 것은 그 밖의 모든 것과 결속되어 있고 그것들에 의해 좌우된다." 말하자면 "어떠한 사물이 존재하는 것은 그냥 존재하는 것이 아니라 다른 모든 역학적인 양dynamic quanta과의 긴장 관계 속에 있는 그 양이 존재하는 것이다. 사물의 본질은 다른 모든 양과의 관계 속에서 존재한다."[22] 그러므로 자기는 마찬가지로 긴장의 역동적이고 발전적인 통일성을 초래하는 변화하는 다양한 요소로부터 형성되는 변화무쌍한 구성체임에 틀림없다. 고정된 존재로서가 아니라 발전하는 구성체로서의 자기라는 개념은 마치 에머슨이 "영혼이 된다the soul becomes."라는 언명에서 먼저 예시했듯이 "존재하는 그대로의 모습이 되어라."라는 니

---

22 Nietzsche, *Will to Power*, 559, 584, 635절. 나는 *Pragmatist Aesthetics*(Oxford: Blackwell, 1992), 2nd ed.(New York: Rowman & Littlefield, 2000), 3장에서 니체 철학의 형이상학적 측면과 그것이 탈구조주의, 프래그머티즘 그리고 분석철학과 맺고 있는 관련성을 탐구한다.

체의 지령에서도 함축적으로 표현된다.[23]

IV

이미 존재하는 그대로의 우리뿐만 아니라 앞으로 될 수 있는 어떤 존재로서의 우리라는 의미를 포함하고 있는 자기의 이중 개념은 자기 표현으로서의 스타일을 옹호하기 위한 니체의 두 번째 전략이다. 이것은 중요하다. 왜냐하면 이것은 자기 표현을 자동적이고, 이미 보장된, 천부적으로 타고난 것이라는 의미보다 훨씬 더 중요한 의미로 만들어주기 때문이다. 자기가 이미 획득된 존재가 더 이상 아닐 때, 자기는 더욱 고차원적인 이상을 지향하는 발전의 통로가 된다. 그리고 우리가 규범적으로 현존하는 자기들이라고 부르는 것은 더 나은 미래를 향해 열려 있는 우리의 발전적인 궤도 내에서 완성된 단편들일 뿐이다.

따라서 자기의 독창성을 구성하는 것은 고정되고, 현존하는 본질present essence이 아니라 더 고차원적인 자기 달성self-achievement을 지향하는, 새롭고, 끝없이 열려 있는 발전의 통로이다. "우리 각자는 인간존재의 요체로서 자신 내부에 생산적인 특이성을 지니고 있다." 그

---

23 에머슨에 대해서는 SR, 44를 참조하라. 니체에 대해서는 『이 사람을 보라』의 부제, "어떻게 사람은 자기의 모습이 되는가Wie Man Wird, Was Man Ist"를 참조하라. 이러한 생각은 『즐거운 학문The Gay Science』의 "너의 양심이 무엇을 말하는가?―너는 존재 그 자체의 인간이 되어라."(270절)에서도 나타난다. 니체가 『즐거운 학문』을 쓸 때 에머슨을 다시 읽고 있었다는 사실을 기억하라. 이 책의 초판본에는 에머슨으로부터 인용한 경구가 나온다. 더 상세한 것은 월터 카우프만Walter Kaufmann의 영역본 서문을 참조하라.

러나 "고생과 짐의 사슬은 이러한 특이성과 연결되어 있다." 그리고 이러한 발전적 사슬을 통해 우리의 길을 열어감으로써 독창성은 달성된다. "당신 이외에 어느 누구도 갈 수 없는 유일한 통로가 세상 속에 있다. 그것은 당신을 어디로 인도하는가? 묻지 말고 그것을 따라가라." 당신만의 진정한 자기의 근본적인 법칙, 즉 "당신의 진실한 본성은 당신 내부에 깊이 숨겨져 있는 것이 아니라, 잴 수 없을 만큼 당신을 초월한 곳에 있다."(S, 129, 143)

그러나 현재 독특한 자기 스타일화는 "너 자신이 되어라."라는 요구의 일상적인 의미로는 거의 포착될 수 없다. 자기 스타일화는 독창적이고 특이하며 쉬운 일이 아니다. 왜냐하면 바로 더 고차원적인 자기가 되기 위해 일상적인 자기가 되기를 중단해야 하기 때문이다. 이러한 요구는 문화에 짓눌려온 우리의 독창적인 본성으로 돌아오는 것을 의미하지 않는다. 역으로 이러한 자기 완성self-perfection의 기획은 문화를 필요로 한다. 우리가 우리 자신 속에 이미 존재하는 더 고차원적인 자기를 발견하지 못하기 때문에 우리는 고차원적인 자기를 구축할 수 있는 지침을 찾아야 한다. 그러므로 고차원적인 자기의 본보기들이 우리를 고무시키는 데 필요하며 모방의 모델(하지만 비천한 흉내 내기의 모델은 아니다)로서 제공될 필요가 있다. 이러한 점에서 니체는 쇼펜하우어를 "교육자"로서, 즉 고무적인 모델로서 찬미한다. 왜냐하면 우리는 "철학자가 본보기가 될 수 있는 한 그로부터 이점을 취할" 수 있기 때문이다(S, 136).

자기 스타일화는 자기의 천부적 특이성의 자유로운 표현은커녕, "구속constraint"의 측면을 내포하고 있다. 즉 자기 스타일화를 위해서는 모델의 문화뿐만 아니라, 예술적 기교artistry에 의해 천부적인 것을 다시 가공하고 심지어 제거시키는 것까지도 요구된다. 우리는

"[자신의] 본성의 모든 강함과 연약함을 관찰해서, 본성의 강함과 연약함이 예술과 이성으로 나타나고, 심지어 연약함이 눈을 즐겁게 해줄 때까지 본성의 강함과 연약함을 예술적 계획에 적합하게 만들어야 한다. 여기서 엄청난 제2의 본성이 부가되고, 타고난 본성의 일부가 제거된다. 말하자면 오랜 실천과 일상의 노동을 통한 두 번의 계기가 있게 된다. 여기서 제거될 수 없는 추함이 숨겨지지만 추함은 재해석되어 숭고함으로 간주되었다."(GS, 290절)

이와 같이 숨김concealment에 대한 옹호는 독창성이 정직한 자기 표현을 의미하거나 존재하는 모습 그대로가 되는 것을 의미한다는 관점으로부터 우리가 얼마나 멀리 왔는지를 보여준다. 더 고차원적이고 다시 스타일화된restyled 자기라는 개념은 더 나은 어떤 존재가 되기 위해 우리의 존재 모습 그대로를 가장하고 변형시키는 것을 요구하는 것 같다. 우리는 존재 모습 그대로 되어야 한다는 지령과, 그대로 되어야 할 뿐만 아니라 어떤 모습이 되도록 투쟁해야 한다는 것 사이의 명백한 모순을 어떻게 해결해야 하는가? 우리는 정직한 자기 표현으로서의 독창적인 스타일의 개념과 기예적 자기 변형self-transformation으로서의 독창적인 스타일의 개념을 어떻게 화해시켜야 하는가?

이러한 질문들은 에머슨이나 니체 같은 사상가들과 상관없어 보일 수도 있다. 왜냐하면 그들은 일관성이라는 관념을 비난하는 것으로 유명하진 않기 때문이다. 그렇지만 (그들의 관점에서 더 좁은 의미의) 다른 형식의 일관성에 대해 그들을 자유롭게 해주는 것은 품성이나 취미의 일관성에 대한 그들의 주장이라는 점을 기억하라. 에머슨에 의하면 행위를 유발하는 개인의 마음의 "고결함"이 가끔 변덕스럽고 일관성이 없어 보이기도 하는 행동에 더 고차원적인 일관성을 보증해준다. "결코 두려워 말라. 당신은 어떠한 변화무쌍한 행위에서도 일관성을 지킬 것이다. 그러므로 그 행위들은 각자 정직하고 천부적이다. 그 행위들은 아무리 서로 다르게 보일지라도 우리의 의지 때문에 조화를 이룰 것이다."(SR, 33, 38) 니체도 이와 마찬가지이다. 니체가 자신의 "여러 가지 스타일의 가능성, 즉 한 사람의 재량에 따라 추구되는 다종다양한 스타일의 예술"에 긍지를 갖고 있지만, 그는 그러한 예술이 틀림없는 어떤 한 사람의 스타일의 예술, 즉 스타일의 다양한 표현을 가능하게 하는 어떤 한 사람의 명확한 목소리와 취미라고 주장한다. 예술적으로 구성되는 품성 속에서 추구되는 변화무쌍한 스타일의 예술은 틀림없이 "한 사람의 유일한 취미의 구속이 크고 작은 중대사들을 어떻게 지배했고 형성했는지를 입증해준다. 그것이 한 사람의 유일한 취미라면, 이러한 취미가 좋은 것인지 나쁜 것인지는 우리가 생각하는 것보다 그다지 중요하지 않다."(EH, 3장 4절; GS, 290절)[24]

비트겐슈타인은 논리적 일관성에 관심을 갖고 있었지만, 그럼에도 불구하고 이중적 자기double-self에 대해 그들과 똑같은 윤리적 패러독스에 휘말려 있는 것 같다. 이중적 자기는 지금 있는 그대로의 모습이라는 정직한 표현과 우리 자신을 다른 사람으로 만들거나 혹은 더 나은 존재로 만들기 위한 완전한 노력이라는 정직한 표현 이 양자를 모두 요구한다. "너 자신을 개선시켜라, 그러면 너는 세계를

---

[24] 니체는 『이 사람을 보라』에서 스타일과 예술이라는 단어를 언급할 때 복수명사인 Stillen이나 Künste(예를 들어 "스타일의 예술들" 또는 "스타일들의 예술" 또는 "여러 가지 스타일들의 가능성" 등으로)를 사용하기보다는 단수명사("viele Möglichkeiten des Stils", "die vielfachste Kunst des Stils", 즉 "여러 가지 스타일의 가능성", "다종다양한 스타일의 예술")를 사용한다.

개선시키게 될 것이다."라고 그는 자주 말한다.[25] "삶이 문제의 여지가 있다는 사실은 당신의 삶의 모양shape이 삶의 형mould에 맞지 않는다는 것을 보여준다. 그러므로 당신은 당신이 살아가는 방식을 바꾸어야만 한다."(CV, 27) 그러나 개선적인 자기 변형의 이상과 이미 위에서 인용한 비트겐슈타인의 주장, 즉 "당신이 당신 자신이 아닌 다른 어떤 사람이 되기를 원하지 않는다면, 이미 거기에서 훌륭한 독창성이 개시되는 것이다."라는 주장은 어떻게 화해할 수 있는가?(60)

내가 보건대 가장 그럴듯한 해결은 기교적 자기 변형의 시도가 이미 존재하는 그대로의 모습에 대한 명백한 인식과 진실한 표현으로부터 시작되어야 한다고 주장하는 것이다. 비트겐슈타인이 제시하고 있듯이 "고백은 당신의 새로운 삶의 일부가 되어야 한다." 왜냐하면 "인간은 자신을 잘못 판단한다면 결코 위대해지지 못할 것이기" 때문이다(CV, 18, 49). 간단히 말해서 우리는 이미 존재하는 자기, 즉 자기의 재능, 잠재력, 매우 유망한 성향에 의존해야 한다. 그러나 우리는 그것들에 만족한 채로 있어서는 안 된다. 우리는 현재의 자기를 출발점으로 하여 더 고차원적인 자기에 이를 수 있다. 우리가 음악에 대한 어떠한 실제적 재능도 없고 단지 수학적 재능만 갖고 있다면, 우리는 음악가로서가 아니라 수학자로서 더 고차원적인 자기를 추구해야 한다. 우리가 아무리 "격렬하게" 혁명적인 삶을 칭송한다 할지라도, 우리는 그와 같은 삶이 우리의 재능과 감수성에 적합하지 않다고 느낄 수도 있다. (몽테뉴의 감정sentiment이라는 개념을 연상하게 한) 새뮤얼 존슨의 문구로 이것을 바꿔 쓰자면, 그러한 본질적 영

---

[25] 이 인용문은 레이 몽크Ray Monk의 비트겐슈타인 전기, *Ludwig Wittgenstein: The Duty of Genius*(New York: Penguin, 1991), 17~18에서 인용했다.

웅(성인이나 금욕주의자든 니체적 초인이든 간에)은 모방되어야 하는 것이 아니라 칭송되어야 한다. 취미, 재능, 상황이 전혀 다른 대부분의 우리는 그들을 모방해서는 안 된다.

"어떻게 지금 존재하는 모습 그대로가 되는가."에 대한 패러독스, 즉 너 자신에게 진실해지지만 또 다른 고차원적 자기가 되는 것의 패러독스는 당신의 고유한 방식으로 기교적으로 당신 자신을 변형시킴으로써 해결될 수 있다. 그러한 방식은 이미 당신에게 존재하는 타고난 재능과 잠재력의 관점으로부터 취해지는 것이다. 물론 이러한 합리적 메시지는 니체가 전개한 역설적 수사법보다 훨씬 덜 매혹적이다. 그러나 그럼에도 불구하고 그것은 강조할 가치가 있는데, 아마도 바로 그것의 역설적 공식화가 지닌 매력이 중요성을 더 높여줄 것이다.

우리 자신을 변형시키는 가운데 우리 자신이 되어야 한다고 주장해야 하는 한 가지 이유는 더 고차원적인 자기의 모델, 즉 이미 주어져 있는, 표준화된 모델로의 자기 변형을 막는다는 것이다. 영웅이나 존중받는 삶의 모델들은 언제나 이미 존재하며 사회적 삶에 영향을 미친다. 그런데 그들은 체제 순응적인 모방을 강요하는 힘 때문에 새로운 표현을 질식시킬 수 있다. 에머슨과 니체 그리고 비트겐슈타인은 개선적인 자기 변형을 옹호하면서, 우리가 우리 자신이 되어야 한다고 주장한다. 왜냐하면 모든 사람에 의해 반드시 실현되는, 독특하며 더욱 고차원적인 자기가 결코 존재하지 않기 때문이다. 모든 사람이 채택해야 하는 한 가지 삶의 스타일은 없다. 말하자면 한 가지 삶의 방식이 아니라 정말로 헤아릴 수 없는 많은 방식이 비트겐슈타인이 말하는 "삶의 형"에 어울리는 것이다. 이처럼 개선론meliorism과 경험적, 다원론적 개인주의의 종합은 프래그머티즘의 정신을 나타낸다. 그리하여 우리가 살아가는 더욱 단순하고 일상적인 방식들에 대한 (니체가 대체로 결여하고 있는) 존중은 더 잘 살려고 하는 욕망과 결부되어 있는 것이다.[26]

V

스타일과 천재에 대한 개선론적 개념과 관련해 풀어야 할 한 가지 패러독스가 더 제기된다. 스타일이 품성의 관점에서 정의될 때조차 스타일은 "오랜 실천과 일상의 노동"을 요구하는, (니체의 언급처럼) 여전히 "위대하고 진귀한 예술"이다. 마찬가지로 천재도 의지, 용기 그리고 끈질긴 근면함이라는 비범한 능력에 의존하는데, 이 비범한 능력을 위해서는 (토머스 에디슨의 열역학의 용어로) 들뜬 영감보다는 고된 땀이 요구된다. 비트겐슈타인에 의하면 천재는 품성의 의지력과 끈질긴 용기에 의존한다. 왜냐하면 "천재가 극복해야 하는 장애물은 지성의 문제가 아니라 의지의 문제"이기 때문이다. "영리함이 아니라, 심지어 영감도 아니라 용기가 …… 큰 나무를 자라게 하는 겨자씨이다." "천재는 용기와 더불어 훈련되는 재능이다." "용기는 항상

---

[26] 나는 이러한 문제들을 *Practicing Philosophy: Pragmatism and the Philosophical Life*(New York: Routledge, 1997), 1~3, 5장에서 매우 상세하게 다루고 있다. 나는 또한 이 책에서 에머슨과 니체 그리고 비트겐슈타인에 이르기까지 종종 나타나는 편향된 개인주의 때문에 가끔 무색해지는 자기 실현이라는 중대한 사회적 차원을 강조한다. 사회적 맥락과 문화적 전통은 바로 개인에게 독특한 자기 표현의 원천을 제공하는 것으로서, 우리가 타락하려 할 때 자신에게 경고를 주거나 자신을 개혁할 수 있는 중요한 비판적 피드백을 내포하고 있다. 실로 일종의 생산적인 변덕스러움, 즉 단순한 순응주의가 아닌 변덕스러움이 존재한다는 점에서 천재와 기벽의 차이를 설명할 수 있는 한 가지 방식이 존재하는 것이다.

독창적이다."(*CV*, 17, 36, 38) 에머슨과 니체는 마찬가지로 이와 같이 용기 있는 의지를 주장하며, 자기 충족의 자기 스타일 가꾸기를 완벽하게 추구하기 위한 불굴의 노력을 강조한다.

자애의 덕을 설파하는 것으로 소문난 니체는 위대함을 위해서는 "단호한 의지력", 즉 자기 스타일 가꾸기에 있어서 노력하고 "겪어야 할" "인내심"뿐만 아니라 "위대한 고통을 가하는 의지"가 요구된다고 주장한다. 그러한 의지는 자기 스타일 가꾸기라는 "목표"를 추구하는 "자신의 고유한 방식을 지키기" 위해 정신을 산만하게 하는 타자들을 무시할 수 있는 "끈기 있는" 결심 ─ "있는 그대로의 그들이 되기 위해", "새롭고 독특하며 비교할 수 없고, 그들 스스로에게 법칙을 부여하면서, 스스로를 창조하는" 자신이 되는 것 ─ 을 필요로 한다(*GS*, 283, 290, 325, 335, 338절). 에머슨은 마찬가지로 자기 신뢰self-reliance를 스스로 완성하는 것을 옹호하면서, 정력적인 "끈질긴" 노력, 즉 우리의 길을 추구하고 타자들의 주장과 인습을 단념하는 의지를 주장한다. 인간은 자신을 "감독자task-master"로 간주해야 하며, 자신의 천재성을 깨닫고 "자기 수양self-culture"을 완수하기 위해 "용기와 불변성"과 함께하는 "성실한 그의 의지"를 유지해야 한다(*SR*, 35, 46, 47, 51). 그는 사회의 매혹적인 것들을 단념해야 하는데, 그것들이 "자신을 초월하여 스스로를 끌어올리기 위해 지속적으로 노력하는" 데 있어서 집중력을 산만하게 할 때는 가족이라는 생득적인 인연까지도 단념해야 한다. 에머슨은 "천재성"은 "일을 더 잘할 수 있고, 보다 유용하게 일할 수 있는 능력이다."라고 기술한다.[27]

---

[27] Ralph Waldo Emerson, "Circles", in Poirier, *Ralph Waldo Emerson*, 168; "The Transcendentalist", in *ibid.*, 105를 참조하라.

그러나 이렇게 강한 의지의 노력과 자발적인 분투가 크게 울리는 동안 우리는 마찬가지로 자발적이고 무의지적인 자기 단념의 소리를 듣지 못했는가? 니체는 천재는 자애self-regarding라기보다 오히려 "자신을 헛되이 쓰는 것이며, 이것이 곧 천재의 위대성이다. 자기 보존의 본능은 중단된다."라고 말한다. 위대성을 지향하고 우리 자신을 창조하는 것은 "위험을 무릅쓰고 사는 것"을 의미하며, 또한 "우리가 우리 자신과 다른 것들로부터 무언가를 배우고 싶다면, 가끔 우리 자신을 잃고" "우리 자신을 풍성하게 하는" 것을 의미하기도 한다.[28] "포기 없이는 어떠한 위대성도 있을 수 없다."고 에머슨도 반복적으로 언급한다. 자기 수양의 노력이 도달하고자 하는 절대영혼Soul의 가장 고차원적인 영역은 정확히 말해서 "우리 자신을 잊는 것, 놀랍게도 우리의 예절propriety을 벗어나, …… 어떤 방식이나 이유도 의식하지 않고 무언가를 하는 것", 즉 천재의 도구가 된 것처럼 천재의 영혼에 의해 주입되고 압도되는 것이다.[29] 그러므로 천재는 개인의 의지, 자존심 그리고 자아ego를 자기보다 더 고차원적인 것에 굴복시키는 것, 즉 그럼에도 불구하고 자기에게 어떤 이기적 특색을 초월하는 천재의 진실한 특성을 부여하는 것에 굴복시키는 것을 의미한다.

비트겐슈타인은 "내가 행하고 있는 것이 정말로 노력할 가치가 있는가?" 하고 질문을 던진 후, 곧바로 이 질문에 다음과 같이 답변한다. "그렇다. 하지만 빛이 천상으로부터 비칠 때에만 그러하다. 그런데 나는 왜 나의 수고의 결실을 도둑맞을까 봐 염려하는가?"(*CV*, 57~58) 천재의 가치는 개인적 속성과 자신의 자존심에 대한 사소한

---

28 Friedrich Nietzsche, *Twilight of the Idols*, trans. W. Kaufmann, in *The Portable Nietzsche*, 44절; *GS*, 283, 305절을 참조하라.

29 Emerson, "Works and Days", 181; "Circles", 175.

주장들을 초월하기 때문이다. 온화한 "천상으로부터의 빛"에 의해 권력을 부여받았기 때문에 우리는 고군분투하는 어떠한 의지나 계산적인 의식도 필요로 하지 않는다. 자발성이 지배한다. 말하자면 마치 우리가 더욱 심원한 힘을 갖는 사유의 도구가 된 것처럼 기계적 연장들은 사유를 고무시키는 도구로 변형된다. "나는 정말 나의 펜으로 사고한다. 왜냐하면 나의 머리는 내 손이 쓰고 있는 것에 대해 종종 아무것도 모를 때가 있기 때문이다."(17)

우리는 천재를 위해 우리 자신을 독려하고 또 훈련시켜야 하지만 궁극적으로 그것을 성취하기 위해 여전히 우리 자신을 "내버려두거나let go" 단념해야 할 필요가 있다는 패러독스를 어떻게 받아들여야 하는가? 천재와 스타일이 자기의 의지적 노력과 능력을 초월한 힘의 자발적 표현이라고 칭송될 때, 천재와 스타일은 힘든 일과 용기 있는 의지의 기획으로서 개인에게 어떻게 권장될 수 있는가? 자발적 본성과 의도적 노력이 모순되는 것처럼 보일 수도 있다. 하지만 그것들이 통합된 단계들을 통해 행위의 더 고차원적인 조화를 이루어갈 때, 가장 영향력 있는 결과들을 산출한다. 그러한 묘기는 마치 우리의 가장 부지런한 노력을 자발적이고 무의지적인 힘, 즉 개인적 힘 그 이상의 것이 풍성하게 초래될 수 있는 지점까지 인도하는 것 같다.

이것이 신비적인 희망의 공허한 만트라처럼 들린다면, 가장 자연적이고 가장 일상적인 성공적 행위의 현상을 통해 논증해보자. "우리는 우리 자신의 힘으로 옥수수를 갈지 못하고 또한 직기를 들어 올리지 못하지만", "우리는 북풍이 우리의 도구 위에서 작용하도록 하기 위해 적당한 위치에 방앗간을 지을 수 있다." 그리고 이것은 손을 이용하는 노동에도 똑같이 적용된다. "우리는 근육의 힘으로 일을 거의 하지 않는다. 그러나 우리는 중력의 힘, 즉 지구의 무게를 우리가 휘두르는 삽이나 도끼에 실리게 하기 위해 적절한 태도를 취한다." 간단히 말해서 "우리는 우리 자신의 힘을 이용하지 않으려고 하지만, 매우 무한한 힘을 실어 오려고 애쓴다."[30] 그러나 우리 자신을 중추적 위치에 놓기 위해 우리의 모든 지혜, 힘 그리고 노력이 필요할 것이다. 비트겐슈타인은 천재가 가지는 창조적인 잠재적 빛의 이미지를 다시 전개하면서 이러한 입장을 더욱 명료하게 천재의 본향으로 끌어온다. "다른 정직한 인간에게 빛이 내재하지 않는 것과 마찬가지로 천재에게도 빛이 내재하지 않는다. 그러나 그는 특별한 종류의 렌즈를 갖고 있어서 불을 지필 수 있는 지점으로 그 빛을 모이게 할 수 있다."(CV, 35)

우리는 이러한 사상가들이 채택한 다원론과 부합하는 이미지를 정교하게 다지고자 할 때, 그들의 문체에 주로 결여되어 있는 남성격이나 여성격 등의 성 변화gender inflection를 통해 그 이미지를 풍부하게 할 수 있다. 우리의 빛이 스타일의 불꽃을 만나도록 인도하고, 스타일의 불꽃이 천재의 광채를 드러내게 하기 위해, 우리 각자는 자신의 렌즈 색조와 렌즈 두께, 초점의 대상과 영역, 지형의 기울기, 태양을 향한 방위각을 고려해야 한다. 여기에 주의 깊은 근면함과 위험을

---

[30] Emerson, "Art", 42. 또한 Ralph Waldo Emerson, "Civilization", in *Society and Solitude*, 27을 참조하라. "당신이 사다리 위에서 넓은 도끼를 손에 들고 나무를 토막 내고 있는 목수를 보았다고 상상해보라. 얼마나 어색한가! 그는 얼마나 비효율적으로 일하고 있는가? 그러나 땅 위에서 목재를 손질하고 있는 목수를 보았다고 생각해보라. 이제 목수의 연약한 근육의 힘보다 중력의 힘 때문에 도끼는 아래로 끌어내려진다. 즉 지구 자체가 나무를 토막 낸다." 에머슨은 "우리 자신의" 개인적 힘을 초월하는 능력을 천재라는 개념에 끌어들이면서, 중력과 같이 주로 자연스런 우주적 힘을 강조한다. 그러나 우리는 개인을 천재로 변형시켜 빛을 발하게 할 수 있는, 개인의 "유한한 힘"을 초월하는 부분으로서 사회와 문화적 전통의 힘을 또한 인정해야 한다.

무릅쓴 단념, 이 양자 모두에 대한 임무가 있다. 왜냐하면 의도적으로 한계로 몰고 가면서도, 한편으로는 있는 그대로 내버려둘 때 훨씬 더 전진할 수 있기 때문이다. 그러나 시도, 용기, 정직을 통하여 이러한 요소들의 균형, 즉 자기 자신에게 적절한 균형, 늘 변화하는 균형을 모든 사람은 발견해야 한다. 이제 한 가지 마지막 패러독스로 이 글을 마친다. 바로 숭고성이라고들 말하는 다른 것과 마찬가지로, 천재와 스타일에 대한 궁극적인 공식이 공식화할 수 없는 구체적인 실제적 실천 속에 존재한다는 것이다.

옮긴이의 말

이 책의 원제는 "Performing Live: Aesthetic Alternatives for the Ends of Art"인데 우리는 이를 "삶의 미학: 예술의 종언 이후 미학적 대안"이라고 풀이했다. 원서는 원래 총 10개의 장으로 구성되어 있었으나 지은이의 제안에 따라 대중예술에 관한 1부의 2장을 「엔터테인먼트: 미학을 위한 하나의 제안」으로 대체하고 텍스트를 총 8개의 장으로 재구성했다. 이러한 변화는 이 책의 제목이 암시하듯 미학이란 학문을 이론적 차원에서 '생생한 실행'의 차원으로 끌어올리기 위한 지은이의 프래그머티즘적 의도가 반영된 것이다. 이미 지은이가 한국어판 머리말에서 밝히고 있듯이 프래그머티즘의 입장에서 번역 작업은 원본의 재생산이나 복제품의 전달이 아니라 변화하는 상황에 맞게 좀 더 유용하고 갱신된 텍스트를 독자들에게 제공하는 일일 것이다.

이처럼 우리가 살아가는 변화무쌍한 상황에 비판적으로 대처하기 위해 좀 더 "유용하고" "갱신된" 것을 제공하려는 프래그머티즘적인 개선론pragmatic meliorism의 입장은 이 책이 지향하고 있는 '삶의 미학'의 방향이라고 하겠다. 지은이는 전반부에서 20세기 말 쟁점화된 예술의 종말 이론을 통해 모더니즘 미학을 반성적으로 검토하면서 오늘날 대중예술과 도시의 삶 속에 내재된 미를 재발견하고 그것의 가치를 탐구한다. 후반부에서는 오늘날 자본주의 논리로 인한 경제적 급성장이 삶의 의미와 가치를 질적으로 평가하기보다 수량화·물량화한 점을 비판하면서 양적으로 팽창하였지만 획일화된 규범적 스타일에서 벗어날 수 있는 통로를 자기 스타일화self-stylizing를 통해 모색한다. 자기 스타일화는 예술가의 창작 활동만이 아니라 우리 각자가 몸과 마음을 건강하게 단련시키는 일, 말하는 태도를 기르는 일이나 몸단장을 하는 일, 개성 있는 패션 감각을 가꾸는 일, 자신의 집을 꾸미는 일, 친구를 사귀는 일, 이상적인 직장생활을 영위하는 일, 비판적인 사회·정치적 역할을 수행하는 일 등 몸과 관련된 생활 속의 모든 실천의 아름다움을 다루는 '실행performance'을 통해 추구된다.

세계 내 존재인 우리 모두는 실천적 행위자로서 '실행하는' 예술가이다. "철학하는" 일에 몸담고 있는 철학자로서 지은이는 미학을 이론적 탐구의 대상으로 규정하는 것이 아니라 실천을 이끌어내는 철학적 교과로 자리매김하고자 한다. 그는 이러한 취지를 실현하기 위해 펠덴크라이스 기법이라는 육체적 분과의 훈련을 실행했는데, 이것은 지은이 자신의 잘못된 몸의 감각적 습관을 개선하고 나아가 정신을 함양함으로써 자기 수련self-cultivation의 경지에 도달하기 위함이었다. 슈스터만은 자신이 실행한 펠덴크라이스 기법뿐만 아니라 다른 육체적 분과의 훈련들도 소개하면서, 이 훈련들이 자기와 타자의 관계, 자기와 환경의 관계를 터득하는 자기 인식에서부터 궁극적으로는 도덕적 자기 완성을 지향하는 것임을 밝힌다.

이 모든 실천적 행위praxis의 모색은 소크라테스 이래 모더니즘 미학에 이르기까지 철학의 주도적 흐름에서 경시되어온, 정감적 본성 affectional nature의 가치를 재평가함으로써 시작된다. 자발적인 실천은 눈에 보이지 않는 추상적 개념이나 언어적 추론의 객관화된 지침을 통해서 이루어지는 것이 아니라 정감적 본성의 작용을 통해 이루어진다. 추론적 이성은 지식의 습득이나 인식을 가능하게 하지만 마음에 감응을 일으키지 못하므로 직접적인 실천을 낳는 데에는 많은 한계를 지니고 있다. 오로지 정감의 작용만이 행위를 자발적 실천으로 인도하는 강력한 힘이 될 수 있다. 삶 속에서 맛볼 수 있는 작은 기쁨에서부터 진리를 발견하는 쾌에 이르기까지 정감의 작용은 필수 불가결하며, 이것이 이 책의 전반을 관통하고 있는 '삶의 미학'의 기초적 핵심이다. 그런데 정감의 작용을 통한 모든 실천은 비판적인 자기 반성의 훈련을 필요로 하는 것이다.

이 책을 완성하는 작업도 자기 반성적인 고통을 수반하는 쾌를 경험하지 않으면 불가능한 일이었다. 언어의 사회성 때문에 오는 번역의 한계를 극복하기 위한 노력이 더러 한계에 부딪힐 때가 있었지만 하나하나씩 해결할 때마다 맛보는 쾌는 이 책을 완성하는 동력이 되었다. 또한 문제에 부딪힐 때마다 면밀한 검토와 더불어 작업을 지속할 수 있도록 작은 쾌를 함께 나눈 이학사 편집부에게 진심으로 감사의 말씀을 드린다.

옮긴이 허정선 · 김진엽

찾아보기

ㄱ

가다머Hans-Georg Gadamer 49~51, 53, 102, 298
감각운동 235, 252, 271, 277
감각적 감지 250
감각적 지각 36, 198, 201, 250
개선론 33, 82, 86, 257, 338
개인주의 11, 125, 234, 338~339
건강 201, 203~204, 206, 230, 266
경험적 몸미학 205, 223~224, 237, 240~241, 249~251
계층 105, 141~142, 190
고통 186, 200, 212, 221, 224~225, 255, 300, 317, 340
공동체 10, 29, 124~126, 156, 169, 182, 190, 278, 286, 289, 308
과학 22, 43~44, 56, 64, 67, 158, 217, 248, 322
관념론 14, 22, 98, 106, 233

광고 136, 196, 206, 221~222, 238~239, 291
괴테Johan Wolfgang von Goethe 187, 317~318, 320~321
교육 10, 91, 119, 243, 280~281, 285
구술 143~144
구획화 9
군중 문화 82
굿맨Nelson Goodman 42, 53, 55, 64~70, 74, 77, 326
그라비나G. V. Gravina 43
그람시Antonio Gramcsi 34, 81, 105
근육 101, 158, 179, 201, 206, 214~215, 229, 235, 237, 250~252, 266~268, 271, 274, 276, 331~332, 342~343
금욕주의 106, 315
기능적 통합(펠덴크라이스) 235
기술 49, 78, 109, 195, 217, 219, 224, 241, 247~248, 262

깁슨William Gibson 197, 224

ㄴ

넬슨Willie Nelson 153, 157
노자 160, 168
뉴튼존Olivia Newton-John 127
느낌 13, 16~17, 32, 53, 57, 60, 63~64, 67~68, 108, 112, 143, 196, 206, 217, 224~225, 262, 268, 271
니체Friedrich Nietzsche 36, 98~102, 214~216, 227, 292, 297, 301, 314~318, 321, 325, 328~341

ㄷ

다윈Charles Darwin 137, 213
다이어트(식이요법) 196, 205~206, 228, 237
단토Arthur Danto 24, 42, 53, 55, 69~71, 74, 76~77
대중문화 33~34, 49, 81, 83, 105
대중예술 32~34, 75~76, 81~86, 98~99, 102~103, 105, 112, 314
대행자(대행) 47, 77, 215, 240, 264
데리다Jacques Derrida 51, 168
데모크리토스Democritus 305
데카르트René Descartes 213
도시 34~35, 101, 120, 122, 126, 134, 136, 138, 160~191, 195, 229, 294, 309
독일 문화 309
뒤샹Marcel Duchamp 42
듀이John Dewey 27~28, 42, 44, 53~59, 62, 64~67, 74, 77, 112, 204, 217, 254, 314, 322
듀크Daryl Duke 121, 129
들뢰즈Gilles Deleuze 224
디오게네스(견유학파)Diogenes 201, 232~233
디오게네스 라에르티우스Diogenes Laertius 305
디키George Dickie 46, 60~61
땅에 닿기 242, 267~269

ㄹ

라디오 119, 123, 219
라이프스타일 32, 34, 38, 124, 127, 291, 312
라이히Wilhelm Reich 37, 199, 201~203, 241, 247, 255, 264~266, 268, 277
라캉Jacques Lacan 216
랩 33~34, 83, 120, 122~127, 172, 281, 294
레비나스Emmanuel Levinas 168
로웬Alexander Lowen 216, 242, 246~

247, 264~268
로저스 Jimmie Rogers 122, 135, 139
로티 Richard Rorty 33, 42, 295~296
록 음악 120
루소 Jean-Jacques Rousseau 287
리터 Tex Ritter 121, 135

ㅁ

마사지 205, 229, 236
마슬로우 Maslow Abraham 61
마음 12, 15, 44, 60, 77, 90, 93~94, 131, 138, 156, 180, 196, 204, 235, 270, 275, 323, 325, 327, 335
맑스 Karl Marx 218
매체 15, 23~24, 35, 117, 145, 165, 195~198, 201, 208~224, 241~242, 245, 255~256, 278, 296, 298
맨드렐 Barbara Mandrell 125~126, 137
멈퍼드 Lewis Mumford 35, 174~177
메를로퐁티 Maurice Merleau-Ponty 202, 204, 216~218, 223
멜라미드 Aleksandr Melamid 75
모더니즘 31, 158, 313
모더니티 231
몸미학 8, 14~17, 27, 36~37, 197~209, 224, 228, 233, 236, 240, 249, 251, 253, 276
미국 문화 124, 134, 283, 285, 307~308
미드 George Herbert Mead 288
미적 경험 8, 14, 23~35, 41~80, 110~112, 116, 175~176
민족성 124, 300
민주주의 Democracy 81, 220, 291, 322
밀리 바닐리 Milli Vanilly 150~151

ㅂ

바르트 Roland Barthes 51, 167~168
바른 행동 198, 200, 253~255, 258, 277
바움가르텐 Alexander Baumgarten 26, 36
바타유 Georges bataille 224
바티모 Gianni Vattimo 24
바흐친 Mikhal Bakhtin 34, 81, 105
번 David Byrne 122
베르그손 Henri Bergson 44
베를린 161~169, 174, 177, 186, 188, 309
베버 Max Weber 25
벤야민 Walter Benjamine 22~23, 35, 48~49, 77, 90, 106, 143~145, 149, 158, 167, 172, 174~190, 215
보들레르 Charles Baudelaire 172, 174, 182~183, 185, 187, 189~190
보디빌딩 203, 205~206, 229, 237

보편주의 204, 287
본능 100, 245, 257~258, 271, 325, 341
본질 55, 57, 102, 180, 244, 269, 292~294, 297, 324, 332~333
본질주의 27, 292~294, 299
부재 35, 63, 160~169, 174, 176~191
분석적 몸미학 204, 224
뷔퐁Georges-Louis Leclerc Buffon 328
브룩스Garth Brooks 125, 127, 139, 146
블레이크William Blake 170
비미적 48, 57, 64
비어즐리Monroe Beardsley 42, 55, 59~66, 74
비트겐슈타인Ludwig Wittgenstein 79, 292, 314~316, 318, 328~330, 336~339, 341, 343

ㅅ

사이버공간 27, 77, 197, 224, 278
사이보그 71~72, 74, 78, 231
산책자flâneur 35, 171, 182~185, 189
삶의 예술 8~9, 16~17, 32, 35, 37~38, 56, 197, 231, 286, 314
생체에너지학 37, 199, 203, 205, 223, 241~242, 246~247, 251, 256, 264~277

서사 22~25, 27, 76, 128, 143~144, 146~147, 153, 156~158, 189
선Zen 199, 206, 223
성sex 204, 275
성형외과 230
세계화 278~279
세네카Senaca 312
세넷Richard Sennett 176, 178
셰익스피어William Shakespeare 41, 86, 88
소크라테스Socrates 91, 187, 199, 211, 231~232, 297, 317
쇼펜하우어Arthur Schopenhauer 99, 305, 334
순수성 114, 128~130, 133~134, 137~138, 143, 150~153, 158, 211~212, 306
슈왈츠제너거Arnold Schwarzenegger 203
스타일 8, 15~16, 27, 34, 37~38, 54, 139, 203, 282, 291, 310~312, 314~320, 326~344
스테레오타입 120, 156~158
스트레이트George Strait 129~132, 147, 153
습관 14, 52, 141~142, 179, 199~202, 215, 219~220, 223, 246, 249~254, 257~263, 273~275, 324
시 12, 25, 71, 104

신념 22, 26, 106, 121, 214, 243, 247, 254, 296, 302, 332

실러Friedrich Schiller 96~97, 112

실재 60, 110, 117, 137~139, 148~149, 151, 153, 208, 210, 322

실천적 몸미학 207, 224

실체 12, 61, 64, 74, 100, 149, 158, 169, 178, 208~209, 213~214, 230, 238, 267, 298

실행 15, 95, 115, 199, 205~206, 230, 249, 251, 261, 271

ㅇ

아도르노Theodor Adorno 46~47, 49, 81, 102~103, 227, 231, 238~240

아리스토텔레스Aristotle 43, 92, 108~109, 169, 312~313

아시아 문화 283

아우구스티누스Augustine 268

아우라 23~24, 49, 106, 128, 145, 158

아프리카 문화 135, 283, 294

아프리카계 미국 문화 283

알렉산더F. M. Alexander 37, 199, 201, 203, 205, 223~224, 241, 245~246, 250~277

알베르티Leon Batista Alberti 43

애커프Roy Acuff 135~136, 139

애플봄Peter Applebome 126

억제 141~142, 156, 258~260, 263, 266~267, 273~274

언어 31, 35, 38, 53, 83, 87, 168, 216, 223, 233, 239, 242, 257, 280, 284, 288, 292, 300, 309, 326, 332

에디슨Thomas Edison 339

에로스 187~189, 264

에머슨Ralph Waldo Emerson 195, 278, 306, 314~318, 321~329, 331~333, 335, 338~341, 343

에어로빅 205, 229, 234, 237

엘리엇T. S. Eliot 21, 71, 103~105, 109, 139, 280, 301~303, 313~314

엥겔스Friedrich Engels 172~173

역사주의 28~30

영혼 10~85, 92, 106, 173, 211~215, 230, 244, 317~318, 320~325, 332, 341

영화 34, 78, 83, 86, 90, 112, 121~122, 130, 132~133, 135, 137~138, 147, 150~154, 219~221, 238

예술가 10, 38, 75, 77, 111, 291, 313~314, 316, 321, 325, 331

예술을 위한 예술 30, 45

예술의 자율성 24, 26, 49

예술의 종말 21~22, 24~25, 27

오트리Gene Autry 121, 135

와런Lesley Ann Warren 147

와일드Osca Wilde 41

요가 199, 203, 205, 223, 229~230, 235~237, 272
운동 200~201, 203, 222, 229~230, 232~234, 253, 265, 269~270, 272
운동감각 217, 251, 253, 258, 261~262, 271, 275
워즈워스 William Wordsworth 170
워홀 Andy Warhol 69
월하임 Richard Wollheim 26
윌리엄스 Hank Williams 121~122, 136, 306
유대인 166~167, 185~186, 280, 285, 294, 300, 307~309
윤리학 9~10, 12, 14, 203, 290~291, 313~314
의도성 54, 240
의식 61~62, 65, 68, 112, 179, 202, 214~215, 230~231, 240, 243, 246, 257, 261, 269, 342
의식적 통제 251, 257~258, 264, 268~269, 271, 275, 325
의지 7, 200~201, 253~254, 268, 322, 324, 326, 336, 339~342
이데올로기 26~27, 31, 165, 202, 223, 229, 232, 240, 249, 262, 269, 284~285, 291, 293, 307
이슬람 285
인식론 epistemology 157, 169, 198, 202, 204, 250
인정 281, 295~296
인종 37, 125~126, 186, 280, 283, 288, 293, 301
일시성 146

ㅈ

자기 수련 11~12
자기 스타일 34, 314~315, 328, 340
자기 지향적 몸의 학 236
자기 통달 233, 274
자기를 아는 것 198~200, 207, 251~253, 255, 274, 277, 297
자발성 182, 260, 270, 275, 324, 342
자연 56, 77, 100, 115~116, 118~119, 170, 241, 247, 320
자연주의 27~31
자유 44, 97~98, 112~113, 115, 163, 171, 174, 178, 181~182, 190, 201, 220, 234, 260, 279, 281, 286, 289
자유주의 11, 249, 286, 289, 295
작용 207, 218, 220, 223, 225, 240, 251, 269
재능 246, 249, 317, 319~320, 324, 330, 337~339
재즈 120, 145
재현적 몸미학 237
전체론 235

정당성(정당화) 24, 76, 102, 116, 220, 241, 281~282, 289

정보 23, 43, 48, 68, 71, 77, 185, 215, 220, 272, 301~302

정서 13~14, 64, 75, 121, 139, 142, 146, 153, 156, 265, 275

정신 10, 14, 50, 91, 93~94, 98, 105~106, 158~159, 173, 179, 199, 210, 232, 238, 240, 243, 265, 271, 303, 321, 328, 340

정치학 14, 190, 281, 289, 292~293, 301

제도 25~26, 29, 31, 38, 52

제임스William James 44, 118~122, 137~138, 141, 143, 157~158, 217, 224

젠더 222, 288

존스George Jones 125, 136, 146

존슨Samuel Johnson 95, 319, 337

존재론 60, 102, 168, 202, 204~205, 251, 330~331

종교 22, 24, 30, 44, 291, 322

주체 44, 47, 77, 90, 108, 116, 161, 182, 215, 280, 301, 317

지성주의 178~179, 181

지식 8, 13~14, 36, 85, 93, 99, 102~103, 137, 198~200, 204, 210, 213~214, 220, 249~250, 253, 255, 277, 309

직접성 46, 49~53, 58, 68, 102, 143, 213, 217, 219

진리 13, 49~50, 71, 85~86, 91~92, 98~99, 101~105, 108, 160, 168~169, 210~211, 213, 244~245, 321~322

진정성 27, 34, 119, 121, 128~129, 132, 134~139, 142~154, 287, 306

진화 244, 246, 257, 262, 266~267

짐멜Georg Simmel 35, 167, 171~175, 178~182, 188

ㅊ

차이 8, 34, 37, 65, 163, 168, 180, 182, 272, 280, 282~283, 287, 289, 292~295, 299~300

찰스Ray Charles 136, 287

창조성 38, 291

천재 23, 27, 38, 99, 105, 291, 311~344

천재성 50, 304, 315~340

춤 12, 95, 115, 125, 138, 148~149, 162, 205, 261

취미 13, 44, 75~76, 83, 118, 163, 243, 291, 304, 310, 335~336, 338

ㅋ

카벨Stanley Cavell 36

칸트Immanuel Kant 26, 36, 44, 96~97, 107, 112, 139, 260, 268, 320
캘런Horace Kallen 285
컨트리 뮤지컬 27, 34, 121~122, 128, 133~134, 138, 143, 147, 152, 157
컨트리 뮤직 34, 119~157, 306~307
켈러맨Stanley Keleman 216, 244, 246~247, 264
코마르Vitaly Komar 75
콘리John Conlee 119~120
쾌 8, 13~14, 24, 29, 32~33, 44, 46~47, 49, 62, 71~72, 75, 80, 84~85, 89, 91~98, 102~112, 117, 161, 214~215, 221, 224, 236, 245, 255
쾌락주의 13, 46, 107, 109, 245, 269, 315
퀘백 289
크리스토Javacheff Christo 165

ㅌ

타자 8, 13, 16, 37, 177, 186, 189, 218, 233, 236, 263, 277~310, 319, 326~327, 340
타자 지향적 몸의 학 236
테일러Charles Taylor 287, 289~292, 295~296
테크노 뮤직 27, 34, 120, 126, 162
텐Hippolyte Taine 312

토대주의 62
토마스 아퀴나스Thomas Aquinas 43
통일성 12, 14, 33, 50~51, 56~57, 60~63, 75, 77, 92, 169, 174~176, 243, 285, 297, 304, 314, 332
투홀스키Kurt Tucholsky 164~165, 177
트라볼타John Travolta 126
특성distinction 43, 45, 60~61, 64, 66, 85, 95, 124~126, 140, 219, 288, 292~293, 298, 300, 317~318, 322~323, 341
티핀Aaron Tippin 119

ㅍ

파커Charlie Parker 145
파편화 75, 77, 143
퍼포먼스 8, 32, 38, 88, 95, 273
페미니즘 124
페트라르카Francesco Petrarch 327
펠덴크라이스Moshe Feldenkrais 15, 37, 199, 201, 203, 205~206, 216, 223, 235~236, 241, 243, 248, 252, 255~256, 270~277
편견 16, 36, 118, 120, 181, 198, 231, 236, 280, 298~299
포드Henry Ford 134
포스트모더니즘 9
폰다Jane Fonda 221

표준화 201, 221, 240, 338
푸코 Michel Foucault 201~202, 204, 218, 223, 232~233, 243, 247, 314
품성 8~10, 12, 14~16, 203, 313~321, 326, 328~330, 335~336, 339
프라이드 Chrley Pride 136
프랑스 문화 285
프랑케 Astrid Franke 161
프래그머티즘 7~9, 28, 42, 84, 106, 110, 115~117, 152, 157~158, 160, 189, 220, 308~309, 314, 332, 338
프래그머티즘 몸미학 205~207, 209, 224
프로이트 Sigmund Freud 243
플라톤 Plato 10, 43, 85, 91, 169, 210~215, 312

ㅎ

하버마스 Jürgen Habermas 26
하이데거 Martin Heidegger 36, 49, 77, 102, 168
한나 Thomas Hanna 216, 247~248
합리성 13, 170, 231, 246, 256, 262, 277, 325
해석 52, 55, 70~71, 74, 111, 221
해석학 46, 53
해체 46
행복 36, 47, 151, 199, 201, 221, 230, 244, 255
향유 13, 71, 102, 107, 109, 111~112
헉슬리 Aldous Huxley 255
헤겔 Georg Wilhelm Friedrich Hegel 21~22, 24, 97~98, 102, 112, 218, 297
헤라클레이토스 Heraclitus 297, 318~319
헤르더 Johann Herder 287
형식주의 26, 71
형이상학 24, 168, 322, 332
호르크하이머 Max Horkheimer 102, 227, 231, 238~240
호쿠사이 Katsushika Hokusai 65
호흡 15, 199, 223, 234, 236, 251~252
혼합 282, 294
화장품 196, 228
환경 161, 175, 242, 244~246, 248~250, 265~266, 311~312
훌륭한 삶 198
흄 David Hume 44, 137, 244